中央民族大学国家“十一五”“211工程”建设项目

胡起望

民族学研究集锦

中央民族大学出版社
China Minzu University Press

图书在版编目(CIP)数据

胡起望民族学研究集锦/胡起望著.—北京:中央民族大学出版社,2009.8

ISBN 978-7-81108-704-8

Ⅰ.胡… Ⅱ.胡… Ⅲ.民族学—文集 Ⅳ.C95-53
I207.915

中国版本图书馆 CIP 数据核字(2009)第 103597 号

胡起望民族学研究集锦

作　　者　胡起望
责任编辑　黄修义
封面设计　李志彬
出 版 者　中央民族大学出版社
　　　　　北京市海淀区中关村南大街 27 号　邮编:100081
　　　　　电话:68472815(发行部)　传真:68932751(发行部)
　　　　　　　68932218(总编室)　　　68932447(办公室)
发 行 者　全国各地新华书店
印 刷 者　北京华正印刷有限公司
开　　本　880×1230(毫米)　1/32　印张:12.875
字　　数　328 千字
版　　次　2009 年 8 月第 1 版　2009 年 8 月第 1 次印刷
书　　号　ISBN 978-7-81108-704-8
定　　价　35.00 元

胡起望教授

作者在日本国立金沢大学给学生上课

作者夫妇盛夏夜晚和金沢大学师生在河堤上看烟花

右一：岡田宏二，日本大东文化大学教授、中央民族大学历史系客座教授。右三：白鸟芳郎，日本上智大学名誉教授、民族学家、瑶学者。左二、左三：作者夫妇。左四：古岛和雄，日本东京大学名誉教授、中国史专家

白鸟芳郎教授（右一），民族学家、瑶学者

右一作者　左一阿伊努人，日本北海道白老文化传承保存财团山丸理事长，摄于北海道白老町阿伊努传统建筑前

日本北海道阿伊努人在房前起舞迎接来访客人

民族学社会学教材与研究丛书

总　序

民族学与社会学学院的前身是建立于1952年的中央民族学院研究部。在20世纪五六十年代,研究部曾汇聚了中国大部分民族学与社会学的顶尖人才,如中国民族学与社会学的开拓者潘光旦、吴文藻、杨成志、吴泽霖、费孝通、林耀华和李有义等人,以及他们的学生陈永龄、宋蜀华、施联朱、王辅仁、吴恒和王晓义等著名学者。

20世纪80年代初,研究部更名为民族研究所,不久又建立了中国第一个民族学系,20世纪90年代扩大为民族学研究院,2000年更名为民族学与社会学学院。半个世纪以来,名称和建制的变化,并没有影响她致力于民族学教学与研究的宗旨,经过几代人的努力,从该院毕业的民族学专业的学士、硕士和博士已遍布全国各地,多为栋梁之材。同时出版了大量在国内影响巨大的专著和教材。如潘光旦、吴文藻、费孝通等人的文集,林耀华先生主编的《民族学通论》、宋蜀华先生的《民族研究文集》、陈永龄先生的《中国民族学史》(英文版),还出版了全所历年研究成果的论集《民族研究论文集》(1981－1993年,共九册),这些出版物的共同特点是，以实地调查的材料为基础，以中国的56个民族为主要研究对象。几十年来，这已成为我院几代人的学术传统。

民族学（文化人类学）毕竟是一个自西方传来的学科，在中国发展历史较短，几十年来又多次受政治运动的干扰，所以与我国一些传统的老学科相比，中国的民族学无论在专业的理论、方法和研究成果方面，都是一个比较年轻、比较薄弱的学科。因此，今后本学科的重点是加强民族学专业的基础理论和方法的建设。为此，我们认为需要长期坚持两个方面的工作：

一、积极了解和借鉴国外学者有关的理论、方法和实践。这就要求我们既要翻译、介绍国外一些经典的名著，又要随时掌握国外研究的动向，将其最新的代表性作品翻译介绍给国内的读者和同行。

二、也是更重要的一个方面，继承我院50年来的传统，坚持实证性的研究方法，以中国的56个民族为主要研究对象，紧密联系实际，加强实地调查，以此为基础，进行理论总结，为建立独树一帜的、有中国特点的民族学理论而努力。

我们认为有必要使我们的学科建设和理论研究进一步系统化、规范化，并且在研究成果的基础上不断更新我们的教材。因此，我们于2000年成立了“民族学教材与研究丛书编委会”，目的是以民族学与社会学学院为基础，系统地编辑出版民族学专业的教材和以实证性研究为主的专著、调查报告及论文。

编委会将重点支持以下内容的教材和著作：

1. 民族学专业主干课和紧缺的必修课教材。

2. 以实地调查资料为基础的专题研究著作。

3. 国外民族学名著或前沿理论与方法的译著。

4. 有重要学术资料价值且规范的田野调查报告。

5. 本院教师实证性研究的论文集。

我们要求教材的编写者，应具有多年讲授该课程的资历，并且发表过有关的研究论文。我们要求丛书中的教材和论著应参考并引用国内外最新的相关研究成果，能够与国际学术界对话。

我们希望经过若干年的努力，本套丛书能够为民族学与社会学学院50年学术传统的发扬光大，为中国民族学学科的建设和中国民族学在国际学术界中较高地位的确立做出贡献。

杨圣敏

胡起望教授简历

1933年7月2日，胡起望出生在风景优美的浙江省杭州市西湖边清波门直道36号的一个职员家庭。三岁时母亲辞世，在他的青少年时期，全家人依靠父亲的工资维持生活，可以说家境并不算富裕。抗日战争爆发后，因为父亲就职的交通银行杭州分行被迫迁移，而先后举家迁到浙江省金华地区永康、龙泉等地，生活很不安定。胡起望在战争动荡中度过了童年和少年时光。抗日战争胜利后，回到杭州，胡起望考入杭州树范中学读书。父亲升任襄理，亲友也多方照顾，生活景况也逐渐好起来。然而，到新中国成立前一年，又因为父亲长期生病，收入减少，加之国统区通货膨胀，物资供应短缺，因为全家生活都是依靠父亲的工资，胡起望家的生活状况又急转直下，他也转学到杭州安定中学。

杭州解放后，1951年7月，胡起望又转学到上海南车站路大同大学附中一院读书。在这所高中读书期间，胡起望加入了中国新民主主义青年团。一年后，中学毕业。通过第一次全国高校统考，旋即考入南京水利学院学习。但在这所大学仅仅读了一个多月，1952年10月又分配到当时全国少数民族研究的最高学府中央民族学院少数民族语言文学系瑶语专业，学习瑶语。在大学期间，曾深入到广西省兴安县两金区财喜乡老书村盘瑶聚居村落，去研究瑶族的社会历史文化和学习瑶语。进村后，和瑶族老乡同吃、同住、同劳动，增进了与当地瑶族民众的感情，在已有瑶语学习基础上，也学会了讲地道的当地盘瑶话。后来到这一带瑶族地区调查时，老乡还会问他："你是哪个村子的?"

1956年9月毕业之后，接着考入中央民族学院历史系研究班，师从苏联专家切博克萨罗夫和我国著名民族学家林耀华教授学习，认真汲取苏联专家和老一代学者的民族学、人类学理论与方法。

1958年，随全国少数民族社会历史调查第二批调查队赴广西，参加少数民族社会历史调查瑶族调查组，进行瑶族社会历史调查研究。1959年9月，研究生毕业后，留校任教。其间，先后撰写并刊印了《广西凌乐县瑶族社会历史调查报告》、《大瑶山岳峒公社瑶族社会历史调查》、《湖南江华县关于瑶族解放前资本主义萌芽的调查报告》、《广东连南县关于瑶族解放前资本主义萌芽的调查报告》、《解放前瑶族社会性质调查》和《瑶族的来源问题》等调查报告，参与编写了《瑶族简史简志合编》（初稿）和《中东南地区少数民族史》。以后，除了参加瑶族社会历史调查，指导两位来自越南的留学生外，曾经到北京市房山县参加“四清”运动。1961年，胡起望与同专业同学项美珍结婚成家，育有两位千金，夫妻携手互助，家庭生活幸福。

改革开放之后，胡起望以更大的干劲投入了民族研究工作，曾担任中央民族学院民族研究所中东南民族研究室主任。除从事研究工作外，还在中央民族学院民族研究所指导民族学专业硕士学位研究生。1989年3月，加入中国民主同盟。他长期从事少数民族研究和教学工作，对少数民族地区，特别是瑶族地区作了广泛、深入、细致的调查研究，曾到过广西、湖南、湖北、广东、海南、云南、贵州、新疆、青海、甘肃、内蒙、宁夏等省（区），着重对瑶、苗、壮、布依、侗、黎、畲、高山、水等民族进行多次不同规模的调查研究。其间，数次陪同全国人大副委员长、民盟中央主席、社会科学家费孝通教授前往各瑶族聚居地区考察。

自1982年起，胡起望多次到国外进行讲学、参加国际学术会议。1982年12月至1984年6月，经费孝通教授推荐，任日本东京大学东洋文化研究所外国人研究员，在中根千枝、白鸟芳郎教授的指导下，进行研究。其间，1983 年 8 月，在日本东京参加了第 31 届国际亚洲、北非人文科学会议，还到日本各地实地考察阿伊努人等文化。

1986—1992 年，先后五次到香港中文大学人类学系讲学。1986 年 5 月，在香港参加了第一届瑶族研究国际研讨会。1987 年 12 月，在香港参加盘瓠与盘古国际讨论会。1990 年，在北京参加民族研究国际讨论会。1992 年，在广西贺县参加瑶族研究国际研讨会。先后参与主编了数种重要的瑶族研究国际学术讨论文集，在瑶族研究国际学术合作方面作出了重要贡献。

1990—1992 年，赴日本国立金沢大学讲学。1992 年，应法国科学研究中心的华南和印度支那研究所所长勒穆瓦那博士的邀请，用两个月的时间到法国各地访问了居住在那里的瑶族，住在当地瑶人家中，对他们各方面情况作细致的调查，并就法国瑶族的情况与中国的瑶族进行了比较，写有《法兰西瑶族》一文，发表在日本圣德学园岐阜教育大学 1995 年纪要第 29 集上。1993 年，到泰国参加国际瑶族会议，并进行民族调查。1994 年 4 月至 2001 年 4 月，任日本岐阜圣德学园大学教授、研究生导师。

胡起望教授先后主编和合著出版专著共 20 余部。他的研究主要集中在瑶族研究方面，在国际瑶族研究学界具有很高的地位。他几乎走遍了全国各主要的瑶族聚居区，进行有关历史、语言、文化方面的实地考察。1981 年以后，多次陪同费孝通教授访问瑶山，亲身感受了费先生对瑶族地区和瑶族民众的深切关怀，亲眼目睹了瑶山发生的巨大变化。胡起望的主要著作也多集中在瑶族研究领域。著有《盘村瑶族——从游耕到定居的研究》（合著）、《桂海虞衡志辑佚校注》（合著），合作主编了《瑶族研究论文集》、《瑶族研究论文集——1986 年瑶族研究国际研讨会》，并发表了《大瑶山盘瑶的社会组织》、《花蓝瑶的亲属称谓》、《试论瑶族游耕》、《近代小瑶山地区土地关系的历史研究》、《瑶族的产育制度》、《瑶医简述》、《法兰西瑶族》、《论瑶传道教》、《〈明史·广西土司传〉校补》、《瑶族传统文化与现代化的几个问题》、《盘瑶语的“巧话”》等许多瑶族研究方面的论文。他与青年教师覃光广两人合著《桂海虞衡志辑佚校注》，学术界对该书的评论说“通古晓今精妙释文”，被日本东洋大学人类学科定为必读书。在著名社会学家、民族学家费孝通教授倡议下，他和范宏贵教授合著《盘村瑶族——从游耕到定居的研究》一书，是改革开放之后国内学者通过实地调查撰写的第一本瑶族民族志著作，得到费孝通教授赞许并作序，学者们对此评价说“为民族学的微型调查作出了可喜的尝试”，具有学术里程碑的意义，被评为哲学社会科学优秀科研成果一等奖。

此外，胡起望教授在跨界民族研究、民族学理论与方法等方面也有不少著述，主编或与他人合编有《中国少数民族历史人物志》（共四辑）、《苗族研究论丛》、《中国民族史》、《中国少数民族节日》、《文化人类学词典》等。在国内外学术刊物发表民族学、民族史、语言文字的论文有《从民族学资料看数量观念的发展》、《蔡元培与民族学》、《日本的阿伊努人》、《中东南民族的社会历史特点》、《跨境民族初探》、《汉文字在华南各民族中的重大历史作用》等。

目　录

蔡元培和民族学 ……………………………………………… (1)
跨境民族初探 ………………………………………………… (11)
从民族学资料看数量观念的发展 …………………………… (47)
民族学研究新的发展 ………………………………………… (70)
开拓民族研究的新领域 ……………………………………… (82)
苗族的姓名 …………………………………………………… (115)
东邻馆藏“苗图”实录 ……………………………………… (133)
苗族研究概述 ………………………………………………… (147)
乾嘉苗民起义参加人供单简述 ……………………………… (176)
畲族的姓名 …………………………………………………… (196)
日本的阿伊努人 ……………………………………………… (206)
日本的民族学 ………………………………………………… (221)
从日本的国会辩论看雾社起义 ……………………………… (226)
范成大和他的《桂海虞衡志》 ……………………………… (237)
邝露和他的《赤雅》 ………………………………………… (247)
《明史·广西土司传》校补 ………………………………… (257)
广西少数民族在历史上对祖国经济文化发展的贡献 …… (265)
中东南少数民族的社会历史特点 …………………………… (276)

汉文字在华南各民族中的重大历史作用（上） …………（285）
汉文字在华南各民族中的重大历史作用（下） …………（304）
壮族“土俗字”的现状和前景 ……………………………（353）
桂西访古记 ……………………………………………（369）
访日散记 ………………………………………………（380）
胡起望教授专著、文章目录 ……………………………（393）

蔡元培和民族学

蔡元培先生是我国近代著名的教育家、思想家，也是我国近代民族学研究的先驱。他在西方民族学的介绍以及我国近代民族学的初创方面，有着不可磨灭的功绩。

蔡元培生于 1868 年，卒于 1940 年。1980 年是他去世的 40 周年。从蔡元培开始的旧中国的近代民族学的发展，到新中国的马列主义民族学的成长，走过了一条十分迂回曲折的道路。总结和研究这一段过程，对过去的批判继承和未来的勇敢探索，都有很大的好处。本文试图就蔡元培与民族学的关系，看一看我们的前人是怎样看待民族学的，他们围绕民族学又做了些什么样的工作。

在蔡元培以前，西方的民族学著作，通过翻译，已陆续介绍到我国，但是，当时对这门学科的名称各异，有的译作“民种学”①，有的译作“人种学”②，也有的译作“人类学”③ 等。而正式称为“民族学”的，实开始于蔡元培。

1926 年，蔡元培在《一般》杂志第 1 卷第 4 期上发表《说民族学》一文，正式提出“民族学”的名称，并指出：“民族学是一种考察各民族的文化而从事于记录或比较的学问。偏于记录的、名为记录的民族学，西文大多数作 Ethnographie，而德文又

---

① 林纾、魏易译：《民种学》，光绪 29 年（1903 年）北平京师大学官书局出版。

② 蒋智由：《中国人种考》，光绪 30 年（1904 年）初刊《新民丛报》，其中称人种学。

③ 孙学语：《人类学纪略》，载《科学》第 2 卷第 4 期，1916 年 4 月。

作 Beschrelbende Volkerkunde。偏于比较的，西文作 Ethnologie，而德文又作 Vergleichende Volkerkunde。”[①] 此后，尽管还有“文化人类学”、“社会人类学”等各种不同的称呼，学科的定义与内涵也不断发生变化，但“民族学”这一名称，终于慢慢地为大多数人所接受。因此说，追根溯源，蔡元培实是我国采用“民族学”这一名称的第一人。

蔡元培早年曾任绍兴中西学堂监督，1907 年留学德国，次年迁居莱比锡，学习哲学、文学、文明史和民族学达三年，[②] 在那里受到了进化学派的影响。这个以摩尔根为代表的学派，尽管有许多缺点，但是他们通过比较的方法，证明了人类文化的统一性，以及确定文化现象发展的连贯性，这在科学的发展上无疑是起到了进步的作用。蔡元培于 1912 年学成回国后，曾几次发表题为《美术的起源》[③] 的文章，指出“考求人类最早的美术，从两方面着手，一是古代未开化民族所造的，是古物学的材料。二是现代未开化民族所造的，是人类学的材料。”[④] 蔡元培在这里说的“古物学”，就是“考古学”；他所说的“人类学”，也就是他后来所说的“民族学”。在这些文章里，他鉴于古代文物是“静的，且往往有脱节处”，因此不得不借助于民族学材料来加以说明，所以认为“考求美术的原始，要用现代未开化民族的作品作主要材料”。[⑤] 从而表明了民族学调查研究的重要性。在文

---

① 《蔡元培选集》，第 255 页，中华书局版，1959 年。

② 参阅蔡尚思：《蔡元培学术思想传记》第 2 章：事迹背景，棠棣出版社，1950 年。

③ 《美术的起源》曾先后发表三次。第一次发表在北京大学日刊 630—658 号，约 4 万字。第二次改写后发表在《绘学杂志》第 1 期，2000 字左右。第三次修改稿发表在《新潮》第 2 卷第 4 期（1920 年 5 月），约 15000 字。

④ 《蔡元培选集》，第 118 页，中华书局，1959 年。

⑤ 《蔡元培选集》，第 118 页，中华书局，1959 年。

章里，蔡元培利用世界各地“未开化民族”的材料，探讨了装饰、绘画、舞蹈、音乐的起源和发展。他用世界各地一些民族中现存的文身习俗，与我国史书记载中荆蛮的“文身断发”（《史记·吴太伯世家》）、“越人断发文身”（《庄子》）相印证；并认为早期的人类，无论是文身或头饰、颈饰、腰饰等，都是根据当时对于美的观念，对人体或自然界的螺壳、鸟羽、兽牙，以及植物的果实、花叶，进行含有“均齐感”与“节奏感”的加工结果。从这里也开始发展了原始社会的美学。以后，原始社会的人们又在各种日用器物上绘制和雕刻图案，在山洞岩壁上涂画各种野兽形象和人们活动的场景，发展了绘画和雕刻艺术。在文章中，蔡元培还进而研究了原始社会的舞蹈、歌咏和最早的戏剧，指出了它们的种种特点，例如认为“音乐的发端，不外乎感情的表出”，“初民的唱歌，偏重节奏，不用和声。他们的音程也很简单，”“初民的乐器，大部分是为拍子设的”①，等等。蔡元培在后来的几次关于《美术的进化》演讲中，也提出了“观各种美术的进化，总是由简单到复杂、由附属到独立、由个人的进为公共的”② 看法。他通过自己的研究，在我国进行了利用少数民族民族学资料研究原始社会史的最早尝试。

1917—1927年时期，蔡元培任北京大学校长，“循‘思想自由’原则，取兼容并包主义”。“对于教员，以学诣为主”③。主张教授治校，培养学术研究风气，还创办研究所，招收女学生，积极推进我国的高等教育事业。这在当时，对发展我国科学文化，是起了一定的进步作用的。1924年8月．蔡元培依北洋政府教育部电请，赴荷兰及瑞典出席国际民族学会会议。9日，到

① 《蔡元培选集》，第135、第133页，中华书局，1959年。
② 《美术的进化》，载《北京大学日刊》第807号，1921年2月15日。
③ 《致〈公言报〉并答林琴南君函》，载《公报言》1919年4月1日。

海牙；29 日，到斯德哥尔摩。会议专门讨论哥伦布未发现新大陆前的美国民族问题，即美国的印第安人的问题。蔡元培亲自写了一篇论文，由谢寿康译为法文，送交会议。在与会期间，蔡元培遇见过去留学莱比锡的同学、德国民族学家但采尔教授。但采尔向他推荐汉堡民族博物馆的资料十分丰富，劝他去汉堡进行研究。[①] 11 月 21 日蔡元培到德国，报名入汉堡大学，专心研究民族学，直到 1926 年 2 月，依北洋政府电促，才回到上海。回国以后，就陆续发表《中国古代之交通》、《说民族学》、《民族学上之进化观》等文章。在《中国古代之交通》（1926 年 8 月《交通大学三十周年学术专刊》）中，指出“经籍上说及交通工具者，莫先于禹之乘四载”，即“水行乘舟、陆行乘车、山行乘欙、泽行乘楯”。[②] 蔡元培用中国过去与近代各“未开化民族”事例，详加论证，认为“车为最进步，舟为最普及，楯为最先出，而欙为最希有”。其实，“四载之中，最普通者，实不过舟车二种。惟就初民观之，车之发展，后于舟耳。”这是蔡元培继利用民族学资料研究精神文化中美术、绘画、音乐、舞蹈的起源与发展后的又一次广泛利用少数民族民族学资料研究人类物质文化中交通工具的发展的尝试。

1926 年冬，蔡元培发表了《说民族学》一文。在文中，他研究了我国古代记载中的民族学材料，指出《山海经》、《史记》的四夷列传、《蛮书》、《诸蕃志》、《真腊风土记》等都是一些记录民族学材料比较丰富的著作。在《说民族学》中，蔡元培还论述了民族学与人类学、民族学与人种学、民族学与考古学、民族学与历史学，以及民族学与社会学、心理学的关系，他认为民

① 高平叔记：《蔡元培口述传略》下。

② 欙，音擂。书予乘四载注：“山史作桥、汉书作梮，屐下施铁锥也。”楯，音盾。

族学“注重各民族文化的异同”，“绝不是人类学所能收容，久已离人类学而独立”。[1] 但民族学中关于各民族体质特征的研究，却包括有人类学的方法与内容在内。认为人种学主要“研究人类种族的差别”，但民族学在研究各民族文化传演的过程中，也要注意到他们种系的差别，因此与人种学也有互相交错的地方。又认为考古学上获得的器物等，往往需要用民族学的材料来加以解释。而民族的分布、迁徙、经济及文化传播与地理学也是分不开的。还认为民族学注意人类精神的进化与社会的变迁，因此，也可以算是历史科学的一部分，而跟社会学、心理学、语言学、经济学、美术史、文学等都有一定的关系。这样，他就在理论上奠定了“民族学”这一门学科研究的主要内容，以及与其他各门学科之间关系的最早基础。

《说民族学》指出西方民族学的发展，大都是从殖民地民族情况的调查研究开始的，这一方面是出于“求知的欲望”，即想了解殖民地民族情况的目的；另一方面也是服务于帝国主义大民族主义的需要，把殖民地人民看成为“劣等民族”，“不妨受高等民族的压制”。指出了西方民族学这一学科的阶级属性。在《说民族学》一文的最后，蔡元培指出：“至于中国历史上断片的事实，因吾国先史学尚未发展的缘故，一时不易证明的：‘于民族学得了几种旁证，可以明了一点的’也就不少”。他列举了《诗》中《生民篇》称周朝的始祖是姜嫄，《玄鸟篇》称商朝的始祖是有娀，都是妇人。又古代姓先于氏，而姓字从女，在习惯于父系制家庭的我们，不知道它的原因。但“在民族学考得初民族父系制以前，先有一个母系制的时代，就可以知道以妇人为始祖的缘故了”。又如“《左氏传》述郯子语古代有以龙名官，以鸟名官的帝王。《说文解字》重闽皆蛇种，故从虫；北狄犬种，

① 《蔡元培选集》，第259页，中华书局，1959年。

故从犬，用民族学的眼光看起来，都是图腾（Totemismus）的遗迹”。蔡元培用实例说明民族学资料对研究原始社会的社会组织有着十分重大的意义，从另一个侧面说明了开展民族学研究的重要性。

对于我国近代民族学的发展，蔡元培不仅著文倡导，进行研究，并且自1928年任中央研究院院长后，就积极组织调查研究工作。我国最早的一批关于少数民族情况的调查报告，就是在蔡元培的组织支持之下进行的。在民族学的领域里，蔡元培开辟草莱，积累资料，唤起了国内外人们对于少数民族情况的注意。

1927年，蔡元培任大学院院长，并由大学院筹办中央研究院。1928年以后，蔡元培任中央研究院院长，在研究院里，他于社会科学研究所之下分设法制学、经济学、社会学、民族学四个组，并亲自兼任民族学组的主任。在民族学组里开展了下列各项的研究。

一、广西凌云瑶族的调查及研究。

二、台湾高山族的调查及研究。

三、松花江下游赫哲族的调查及研究。

四、世界各民族结绳记事与原始文字的研究。

五、外国民族名称的汉译。

六、西南少数民族研究资料的收集。①

中央研究院在蔡元培的主持下，曾先后对广西瑶族、台湾高山族、黑龙江赫哲族、湘西苗族等进行了民族学调查，并发表了一些文章和著作，如《广西凌云瑶人调查报告》（颜复礼、商承祖），《台湾番族调查报告撮要》（林惠祥），《台湾番族之原始文化》（林惠祥），《松花江下游的赫哲族》（凌纯声），以及《广

① 引自《三十五年来中国之新文化》，载《蔡元培选集》，第276页，中华书局，1959年。

西凌云瑶语》（李方桂），《广西瑶歌记音》（赵元任），《汉画所见游戏考》（赵邦产），《倮罗标本图说》（林惠祥、卢作孚），《仓洋嘉错情歌》（于道泉），《记广东北江瑶山荒洞瑶人之建醮》（姜哲夫），《关于么些之名称分布与迁移》（陶云逵），《湘西苗族调查报告》（凌纯声、芮逸夫）等。其中广西凌云瑶族调查在1928年7~8月进行，是中央研究院刚成立不久后的第一次，也是我国近代民族学最早进行的一次少数民族调查。调查选择在广西右江流域瑶族居住较多，而情况也比较复杂的凌云县山区进行。他们记录了瑶族几个支系的生活习俗与部分语调，并于1929年出版了调查报告。报告相当粗疏简略，也存在一些问题，但是报告注重照片，为后人留下了不少当时瑶族群众的生动形象。继广西凌云瑶族调查后，中央研究院民族学组在1929年由林惠祥去台湾调查高山族，1930年由凌纯声、商承祖到东北调查赫哲族，1933年5~8月又由凌纯声、芮逸夫、勇士衡到湖南西部调查苗族，都先后有报告出版。其中《松花江下游的赫哲族》分上、下两册，近700页，是一部篇幅较大的著作，它由蔡元培亲自"精审指正"，包括物质文化、精神文化、家庭、社会、语言、民间文学等各方面的内容，有图片330余幅，是蔡元培所说的"记录的民族学"的一个标本。

1930年5月，中国社会学社在上海成立，蔡元培被邀请参加成立大会，发表了《社会学与民族学之关系》的讲演，他认为"社会学的对象，自然是现代的社会"。但要知道现代社会的真相，必须知其成为这样的经过。一步步地推上去，就要推到"未开化的社会"，如果推到原始社会的状况，就必须以"现代未开化民族的状况作为佐证"，然后可以把远古社会想象起来。例如我国过去有钻木取火的习惯，在民族学上，知道Samoa（萨摩亚）人和Berneo（婆罗州）人等均尚有钻木生火的方法。我们从前有结绳而治的习惯，在民族学上，知道古代墨西哥人与秘鲁人，现代广西瑶人与台湾番人（高山族）都有结绳记数的方法。这就是民族学可以补助社会学之点（《社会学刊》第一卷第四期）。从讲演中可以看出，由于我国对瑶、苗、高山、赫哲等族的民族学调查已经开始，所以蔡元培在讲述时，不仅能列举世界各地的民族学资料，还能运用我国民族学资料来说明我国古史上的一些问题了。

蔡元培先生晚年接受马克思主义，1933 年 3 月，他与陶行知、李公朴、陈望道、叶公绰等一百多人发起组织马克思逝世五十周年纪念会，发表缘起，并于 3 月 14 日在上海青年会举办的科学的社会主义讲座上，主讲了第一讲《科学的社会主义概论》,[①] 到 1934 年 12 月他又在南京中央大学发表了《民族学上之进化观》的讲演（载《新社会科学季刊》第一卷第四期），指出“这个民族学上的进化问题是我平日最感兴趣的”问题。他从民族学材料的比较研究当中，总结出人类文明的进化，都是“由近及远”的，“即人类的目光与手段，都是由近处而逐渐及于远处的”。[②] 如美术的发展，从人自身的装饰，然后发展到日用器物，以及于房屋建筑与城市设计。如交通的发展，从人力的车、轿开始，发展到兽力车，以至蒸汽火车、汽车、电车。如饮食的发展，从生食兽肉开始，发展到吃稻麦等农作物，等等。又如算术的发展，从以人的手指为计数工具开始，进化到以石块、树枝计数，再发展到珠算、筹算，以至笔算、机算，等等。而在这一切进化过程中，“旧物并不因新物产生而全归消失”，如人类由鱼、鸟、兽、猴、类人猿等动物进化而来，但并不因人类的诞生而低等动物全归于消失；相反，却都并存于世界上。蔡元培用这个例子来说明各民族中尽管已有了都市美化，却也同时保存

---

① 《申报》1933 年 3 月 14 日。

② 《蔡元培选集》，第 303、第 307 页，中华书局，1959 年。

着个人的装饰或文身习俗；数学虽已发展成为一门高深的科学，但是以手指计数的方法却仍然存在着；汽车、电车尽管已流行于世，但人力车、船却并未因之禁绝于世一样，说明社会上事物的发展，新质往往与旧质同时并存的现象。对于这种情况，蔡元培很想再作深一步的探讨，他说："世界之复杂，诚不可思议也。惟此种公例，我尚在研究中，现今不过略举所想到者，拉杂言之罢了。"① 蔡元培的这种社会事物由低级到高级，由简单到复杂，由近及远的进化思想，对于资产阶级的那种任何事物都是自古以来就是一成不变的形而上学的观点，当然是一个进步，但是，对这种进化的原因、动力等却由于他本身的局限，未能予以进一步的说明。

在蔡元培逝世的前一年，1939 年 7 月，他为李玄伯所作《中国古代社会新研究初稿》一书撰写序言，还一再强调民族学研究的重要，并为李著中结合民族学资料论证中国古代社会取得的成果感到高兴。他说："吾国号称有五千年历史，但较为明备的，不过 2600 余年，即自春秋所记鲁隐公元年之事以至现在。至于 2600 年以前的史事，大都不易了解；非以史前学考古学之所得为补充，而以民族学之所叙为此证不可。"蔡元培认为李著中有"精当的各点"五项，即证明中国有图腾制；证明中国曾有祀火之典，与希腊、罗马、印度相同，而木主的代表、社神的普及、方明的位置，均为祀火的演变；证明中国曾有母系制；昭穆之制，不能以孙可为王父尸，子不可为父尸之别嫌为解；而兄终弟及时期，尤滋聚讼，著者现以民族学中经常提到婚姻等级来解释之，其义乃明，等等。这也是蔡元培自己在我国开创和宣传近代民族学所取得的成果之一。

1940 年 2 月 5 日，在毛泽东、吴玉章等同志的发起、赞助

① 《蔡元培选集》，第 303、第 307 页，中华书局，1959 年。

下，延安正式成立陕、甘、宁边区自然科学研究会，推蔡元培等为名誉主席团成员，[①] 2月20日，他又被推为延安各界宪政促进会成立大会的名誉主席团成员之一。[②] 但此时他已是74岁高龄，长期留居香港养病，3月3日失足仆地，3月5日去世。毛泽东同志的唁电称他为“学界泰斗、人世楷模”。周恩来同志的挽联称赞他：“先生之志在民族革命”、“先生之行在民生自由”。蔡元培的一生，追求进步，尤其是“五四”前后，支持新文化运动，主张文学革命，提倡白话文，提倡以科学与民主为内容的新思想，反对封建复古主义的思想，反对封建的吃人礼教，在当时起了很大的影响。后来他又参加中国民权保障同盟，不满当时的反动统治，在民主运动中做了不少工作。当然，由于他接受的教育与所处的时代，不免有一定的局限性，但是，作为我国近代民族学的先驱，是值得人们怀念的。

对蔡元培提倡、组织并推动的近代民族学的一些作品，我们必须予以正确的估价，并利用它来为新中国的民族学服务。必须看到在搜集、保存大量少数民族的民族学资料方面，人们是不会忘记蔡元培先生和那些直接从事调查研究工作的学者们的。

载《民族学研究》第一辑，民族出版社，1981年。

① 延安《新中华报》1940年3月15日。

② 延安《新中华报》1940年2月26日。

跨境民族初探

跨境民族是一个新的概念。在中国的《辞海》、《大百科全书·民族卷》和《民族词典》中，都没有收入"跨境民族"这一名词。在日本学术界，情况大致也是一样。

随着人们的世界性迁居，不少民族的人，跨过国界，越境居住，在另一个国家里形成了自己的居民集团，成为跨境民族。又因为他们与当地的不同民族交往、彼此影响、互相吸收，以及在不同国家背景下现代化对传统文化的冲击，所以，他们在各国内又都带有地区性的特点。随着交通工具的发达、人们来往的方便、接触的容易、认同感的加强，这种种原因使得跨境民族的研究，在民族学（文化人类学）中显得日益重要。聚集各国的学者，共同研究跨境民族的形成、发展、特点和规律，以及其他有关的一些问题，就成为民族学——文化人类学的重要课题，是民族学者与文化人类学者的共同任务。

什么是跨境民族?

跨境民族就是分别在两个或两个以上的国家里长期居住，但又保留了原来共同的某些民族特色，彼此有着同一民族的认同感的民族。他们虽然长期分居不同国家，受当地主体民族或其他民族的不同影响，在语言、服饰、物质文化与精神文化等各方面有了不同程度的变化，但是在他们传统文化的底层，以及日常生活的深处，与原来的民族传统仍有着千丝万缕的联系。汉民族就是世界上人数最多的跨境民族，他们不仅在中国周边的各国中居住。例如在新加坡华人要占总人口的74%（1970年），在马来西亚要占总人口的35.1%，在文莱要占总人口的27.6%，在泰国要占10%。[1] 而且在美洲和欧洲的大城市中形成了自己小聚居区，在世界各国具有一定规模的“唐人街”共有59个，其中美国就占12个，如华盛顿、旧金山、芝加哥、纽约等地的“唐人街”就是汉民族在海外的一个集中居住地。日本横滨的中华街、神户的南京町，也是汉民族跨境而居的集合点。所谓对华侨的研究、对海外客家人的研究等，实际上都是对跨境民族的汉民族研究的一个重要部分。

跨境民族与跨界民族是两个稍有不同的概念。跨界民族是指同一民族在相邻的两国间跨国界而居，他们的地理分布，基本上连成一片，民族居住地区因国界而划分成为两部分，他们是具有不同国籍的同一个民族。跨界民族是跨境民族的一部分。跨境民族是指跨国境而居住的同一个民族，他们的地理分布可能并不连成一片，有的从居住的第二国迁入第三国、第四国，他们不仅可以跨国居住，有的还远渡重洋，成为跨海洋而居住的民族。跨境民族是一个比跨界民族更宽的概念。跨境民族的一部分是跨界民族，但有的民族因各种原因有了世界性的迁居，他们就不仅是跨界民族，而成为跨境民族。

跨境民族的历史，可以追溯得十分久远。世界著名的犹太（Jews）民族和吉卜赛（Gypsies；Gipsies）民族就是两个影响广泛的跨境民族。犹太民族使用希伯来（Hebrew）语文，早在纪元前11世纪，曾建立以色列——犹太王国，纪元前935年分裂为以色列王国和犹太王国，后来以色列王国为亚述所灭；犹太王国被新巴比伦所灭，后又重建，但在纪元前63年为罗马所并吞。纪元66~70年和131~135年，犹太人两次掀起反罗马大起义，都被镇压，绝大部分犹太人被赶出原居住地，分散欧洲各地。长

① 引自大林太良编：《东南アジアの民族と歴史》，第304页，山川出版社，1984年。

期遭反犹主义者的迫害和屠杀。现在全世界约有 1500 万犹太人（1975 年），居住美国约 600 万人，以色列约 369 万人（1978 年），苏联 181 万人（1979 年），法国约 50 多万人，阿根廷约 45 万人，英国约 48 万人，阿拉伯各国约 15 万人。大约在 12 世纪初，流居印度孟买的犹太人，曾移住到中国的开封等地，被称作“蓝帽回回”，但绝大多数人已为当地居民所融合，只有个别人还回忆起自己祖先的民族属性。分居世界各地的犹太民族，大都已改用居住地的语言，但还保留了犹太教的信仰，成为历史悠久、影响广泛的跨境民族。自称“罗姆”（Roma）的吉卜赛民族，在法国被称为波希米亚人（Bohemen），在西班牙、苏联被称作茨冈人（Tsiganes）。其先民大约是印度北部的多姆（Doma）人，纪元 10 世纪中，因突厥人南进而向外逃亡，15 世纪遍布欧洲各地，16 世纪后开始迁往美洲。他们能歌善舞，以沿街卖艺、占卜、算命以及干杂活为生，驾驭大篷车浪迹世界各地。现在共约有 900 万人（1975 年），其中在欧洲各国有 500 万人，北美及南美各国有 190 万人，中东及北非有 100 万人，其余的居住在亚洲。这是一个闻名遐迩的乐天善良的跨境民族。他们为了捍卫自己的权利，保护和发展自己的民族语言和文化，1965 年成立了罗姆人国际委员会，1971 年在伦敦召开了第一届罗姆人代表会议，这也许是跨境民族的第一个国际组织。

到了近代，随着全世界各民族人民的关系日益紧密，因各种原因而发生的不同规模的迁居频繁发生，世界上许多民族都成了跨境民族。日本的大和民族，随着第二次世界大战后往巴西的移民，在巴西形成了富有日本民族特色的小居住区。朝鲜民族也是一样，除了居住在朝鲜半岛上的南、北朝鲜的朝鲜族人以外，中国有朝鲜族近 200 万人（1990 年），他们除了极少数人于明末清初已居住辽东地区外，绝大部分都是 19 世纪 70 年代从朝鲜半岛迁来定居的，“因此，朝鲜族文化同朝鲜半岛的文化有着极深厚的渊源关系”[①]。日本有朝鲜族人约100万人，其中包括正式入境登陆的、归化加入日本国籍的、偷渡入国和混血儿在内[②]，苏联、美国等国家也还有100多万朝鲜族人定居。居住在各国的朝鲜族人都有很强的民族认同感，尽管不少人属于不同的国籍，但这并不妨碍他们的民族意识。他们的共同族源，以及使用相同的语言，保留传统民族服饰和同样的民族文化与风俗习惯，使他们产生民族亲近感。有的尽管已经改操居住国的语言，在服饰、习俗上也发生了一些变化，但是“血浓于水”，这并不妨碍他们同根一脉的民族认同意识。

跨境民族的发展，也改变了一些国家对移民的态度。以澳大利亚为例，中国著名的民族学家、社会学家费孝通博士指出，现在的“澳大利亚已经不是个民族熔炉，而是个民族拼盘”。[③]不同民族的人进入澳大利亚以后，不像过去那样毫无联系，而是几十家、几百家一起住在城市的一个地区，立住了脚跟，就到本国去招引亲戚朋友，人数越来越多，“形成一个保持自己原来语言和生活习惯的社区”。[④] 以澳大利亚的东部城市悉尼为例，那里的马耳他（Maltese）人聚居区从1947年的750人增加到15000人；意大利（Italians）人聚居区从1000人增加到20000人；南斯拉夫（South Slave）人聚居区也从300人增加到20000人。另一大城市墨尔本的情况也与此相同。现在澳大利亚人中有140个不同的民族成分，90种不同的言语。在这种情况下，澳大利亚当局于1977年成立民族事务部的顾问机构，各政府部门设民族联络员，处理有关民族关系的事务，促进和发展各民族之间的团结。

① 严圣钦：《朝鲜族》，载《中华民族》，第88页，华夏出版社，1991年。

②③ 原尻英树：《在日朝鲜人の生活世界》，第55页，弘文堂，平成元年(1989)。

④ 费孝通：《写澳大利亚》，引自《费孝通外访杂写》，第152页，中国展望出版社，1988年。

跨境民族的发展，以及各国跨境民族的认同，对于改善各跨境民族的境遇、增进各国人民的友谊、加强互相了解、促进互助互利，以及共同捍卫和平的事业，都有很大的好处。

严格来说，跨境民族可以有广义的和狭义的两种。狭义的跨境民族，就是同一个民族分居在不同国家，他们的民族名称、生活习俗、语言文字等基本上保持一致，民族认同感很强，不少分居海外的居民都希望寻根问祖，与本民族同胞保持密切的联系。世界上有许多跨境民族都属于这一类。中国汉民族的海外华侨，逢年过节，心向故地；每遇机会，携带儿孙，归访家乡，扫墓叙旧，骨肉情深。长期居住中国湖南省西部和贵州省的苗族，在清代后期有一部分人曾迁去越南、老挝、泰国、缅甸以后，又辗转迁居美国、法国、澳大利亚等国。这些远跨数国的苗族人民，有着强烈的民族认同感，只要条件具备，就不远万里，赶回国内与本民族同胞共度节日，那种民族亲情的流露，令人感动。

广义的跨境民族，则是在迁出数百年或更长时期以后，迁出的部分在当地有了一定的发展变化，他们或者受当地主体民族影响，或者在发展中与原来的部分在某些方面产生了差异，在语言的词汇、语音、语法，以至习俗、服饰、直至民族名称等方面，都带有自己鲜明的个性，但是，只要他们存在着同一民族起源，互相认同的民族意识，他们就是广义的跨境民族。例如居住在越南的山由（Sandiu）人，他们是明、清时期从中国广东陆续迁入越南的汉民族后裔，现在共有 40000 多人，居住在越南的太原、宣光、鸿基、广宁一带，讲汉语的广东方言，通晓汉文，他们与华侨稍有不同，已是越南的少数民族之一。但实际上也可以说是广义上的跨境民族汉民族的一部分。居住在苏联中亚吉尔吉斯共和国的普尔热瓦尔斯克城、奥什城附近，以及哈萨克共和国江布尔以东地区的东干（Dunggans）人，共有 50000 多人口，他们是 1862—1877 年中国西北回民族起义失败后，从中国陕西、甘肃、新疆被迫迁去的回民，现在还使用汉语的陕、甘方言，但在词汇中已吸收不少突厥语、阿拉伯语和俄罗斯语的单词。“东干”一词，在俄罗斯文献中也是对中国回族的称呼。因此，完全可以把苏联的东干人看成是中国广义的跨境民族回族的一部分。

这种广义的跨境民族与狭义的跨境民族，只是为了更好地理解跨境民族的含义而作的一种解释，在实际上，有时也很难区分，哪个是广义的跨境民族，哪个是狭义的跨境民族。正如有的跨境民族，他们又是跨界民族一样；有的广义的跨境民族，他们又是狭义的跨境民族，在这方面过分地追求他们的差异，在事实上也许并无很大的意义。

二

跨境民族的形成，大致有以下两种情况。一种是原来居住同一地区的同一民族，并非由于迁居，而是由于国界的划定而成为跨境（界）民族。例如中国新疆的柯尔克孜族，原来从叶尼塞河流域迁到帕米尔高原和天山地区的深山之中，清代后期，由于国界的划分，成为跨境民族。1844 年新疆建省时，在中国境内的柯尔克孜族只剩下少数，[①] 主要居住在新疆西部的克孜勒苏柯尔克孜自治州及其附近一带。居住在朝鲜半岛的朝鲜族，由于朝鲜人民共和国和大韩民国的成立，将一个在半岛上统一的朝鲜民族划分成北方约 1700 多万人、南方约 3900 多万人的跨境（界）民族，他们在短短的几十年中，虽然大体上保持了民族文化特性的一致，仅在语言方面出现外来语借词的不同等若干方面的小有差别。但是，随着朝鲜半岛的统一，他们在半岛上仍将由跨境民族转化为统一的民族。这是一个由统一民族因国界变化而成为跨

① 费孝通：《写澳大利亚》，引自《费孝通外访杂写》，第 152 页，中国展望出版社，1988 年。

境民族的典型实例。

另一种是由于民族人口迁居的结果而形成的跨境民族，这在跨境民族中要占绝大多数。这种迁居的原因，既有政治的，又有经济的；既有被迫的，又有自愿的。但是，世界上的事物总是复杂的，有时会出现几种情况综合发生的迁居。在长时期里，他们往往不仅仅是出于一种原因才进行移居，而有时是上述几种情况的综合，人们还很难说清是出于哪一个单独的原因。中国新疆的乌孜别克族，现有人口 14000 多人（1990 年），主要散居在南疆各地及北疆伊犁一带。他们的民族名称源于纪元 14 世纪蒙古钦察汗国的乌孜别克汗，后来有一部分南下到中亚地区，再由中亚因经商关系，陆续迁入中国的新疆，逐渐形成为中国的少数民族。而居住在中亚的乌兹别克族（Uzbeks）约有 1240 万人以上（1979 年），主要居住在苏联的乌兹别克共和国及塔吉克、哈萨克、吉尔吉斯、土库曼等地。对中国的乌孜别克族来说，主要是由于通商而自然迁徙形成的结果。中国南方广西防城各族自治县的京族，现有近 90000 人（1990 年），原称越族，约在 16 世纪初由越南涂山等地因捕鱼而陆续迁到山心、沥尾、巫头等小岛居住，他们与占越南人口 90% 的越族（4500 万，1978 年）在语言、服饰、文化等方面都有共同之处。此外，还有 50 万多人的越族分居在柬埔寨、泰国、老挝等地。对于中国的京族来说，主要是由于经济生产而自然迁居所形成的跨境民族。至于过去因不堪忍受当地统治者的压迫，而被迫迁徙的情况就更多了。中国新疆的塔塔尔族，有一部分是因经商等从喀山地区经哈萨克斯坦，进入新疆北部居住；但也有一部分却是 19 世纪后半期由于沙俄封建领主的压迫，而越过伏尔加河，来到中国新疆的布尔津、哈巴河等地的。①

从跨境民族的情况来看，大致可以分为四个类型，现分别做一些说明如下：

A 型跨境民族，就是邻国界而居的跨境民族。他们居住的地区连成一片，在经济、文化甚至婚姻嫁娶方面都有着密切的联系。有的居民过去甚至经常在国界两边往复迁居。他们的民族意识较强，有的还有着或远或近的亲属关系，所以并不因国界的存在，而影响他们的联系交往。缅甸东北部的佤族居住区，东与中国云南省沧源、西盟两个佤族自治县连接，他们之间的走亲访友、产品交换、借贷互助、共度节日是经常的事情。又如中国西藏边境的门巴族与珞巴族，他们与境外的同族也是联系紧密，亲如一家。

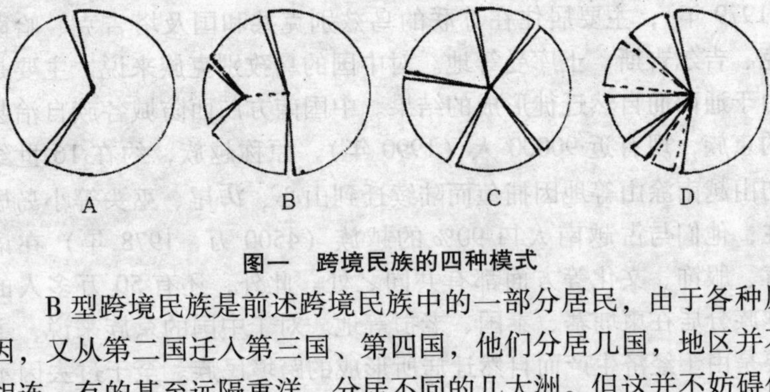

图一　跨境民族的四种模式

B 型跨境民族是前述跨境民族中的一部分居民，由于各种原因，又从第二国迁入第三国、第四国，他们分居几国，地区并不相连，有的甚至远隔重洋，分居不同的几大洲。但这并不妨碍他们寻根问祖，在强烈的民族意识下，访问祖先居地，缅怀民族历史和迁居过程，竭力在异国他乡保存自己民族的传统文化和特色。中国的瑶族除了分居东南亚的越南、老挝、泰国以外，还移

① 杨圣敏：《柯尔克孜族》，载《中华民族》，第 200 页，华夏出版社，1991 年。

居到美国、法国等地。早在20世纪60年代，越南的瑶族青年就到中国北京的大学留学。近10年来，中美双方的瑶族实现了互访，1986年又共同参加了香港中文大学召开的第一届瑶族研究国际研讨会，1990年还在法国瑶族居住地图鲁兹市召开了第三届瑶族研究国际研讨会。作为跨境民族的瑶族，由于国际学术研究的开展而更加紧密。

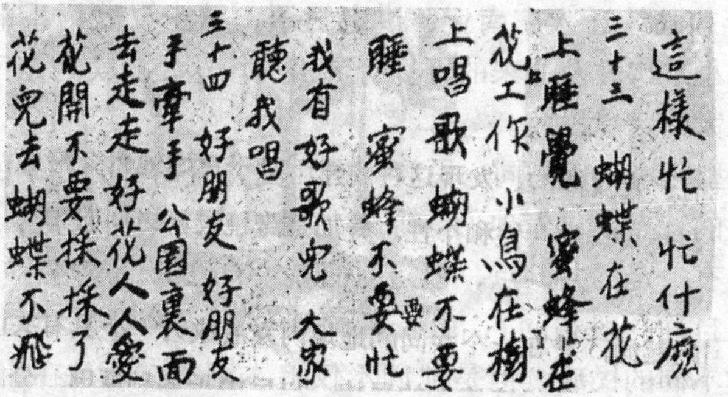
這樣忙忙什麼
三十三 蝴蝶在花
上睡覺 蜜蜂在
花上工作 小鳥在樹
上唱歌 蝴蝶不要
睡 蜜蜂不要忙
我有好歌兒 大家
聽我唱
三十四 好朋友 好朋友
手牽手 公園裏面
去走走 好花人人愛
花開不要採 採了
花兒去 蝴蝶不飛

图二　瑶族长期使用汉文，这是老挝北部瑶族农村的儿童识字课本，说明迁到东南亚的瑶族仍和中国瑶族一样，保持着使用汉文的习惯（引自岩田庆治：《东南亚少数民族》）

C型跨境民族是同一民族分居在若干国家，他们有的在居住国人口中还占有较大比重，有的因为居住地就是原来的祖居之地，所以不需要寻根问祖。但是共同的族源、历史、语言、文化和习俗，使他们互相认同，以各种形式，在一定程度上保持联系。这一类型的跨境民族形成的时间较久，有一定的历史渊源。例如拉丁美洲印第安（American Indians）人的一支奇楚亚（Quechuans）民族，他们分居在拉美诸国，据1978年统计，秘鲁有720万人，占全国人口的49.9%；玻利维亚有130万人，占全国人口33%。此外，在阿根廷有30万人，智利有8万人和哥伦比亚有1万人等。他们讲属于安第斯—赤道语系的奇楚亚语，原来崇拜太阳神，并有图腾信仰，现已改信天主教，但仍保留传统的信仰。又如居住东南亚的寮族（Lao 或 Laosians），汉文有时又译作“佬族”、“老龙族”等。据 1978 年统计，他们在泰国有 1200 万人，占全国人口的 35%；在老挝有 200 万人，占全国人口的 67%；其余 70 万人，分居越南、柬埔寨、缅甸诸国。他们在历史上与中国的壮族、傣族、布依族等出于同源，大约在 2000 年前陆续迁入东南亚，讲老挝语，属于汉藏语系的壮侗语族，信小乘佛教及原来的万物有灵信仰。这是南美与东南亚地区两个较大的跨境民族。

D 型跨境民族是同一民族分居几国，有的部分在别的国家有了较多的特点，尽管他们与原来的民族出于同一族源，在语言、文化上有一定的共同点，但是他们有了自己的民族名称（主要是他称、自称一般相同），由于各国划分民族的标准和理解不一，被看做不同的民族，但是他们不仅追本溯源，而且在相逢之际，也因彼此共同点的发现而倍感亲切，正像家族中的远房兄弟一样彼此都有一家人的感觉。居住在越南的岱（Tay）人和侬（Nung）人，前者约 85 万人（1978 年），后者约 53.5 万人，分别讲岱语和侬语，都属于汉藏语系壮侗语族的壮傣语支，他们与中国的壮族都源于古代的骆越，在越南被看做两个不同的少数民族，而且分别有了不同的族称。但是，从族源、语言、传说、历史、文化和习俗来看，他们都可以说是与中国壮族有关的跨境民族。

世界上的事物总是复杂的，跨境民族的类型也不仅仅是本文中所说的几种模式，也许会发生几种模式综合出现的情况，也可能出现例外的情况，希望能通过更多的分析研究，对跨境民族的类型提出更为完整的各种模式。

三

一般来说，跨境民族的发展是有一定规律的。发现这种规律，对于更好地研究跨境民族、认识跨境民族的现在和未来、理解跨境民族的共性和个性，并加强跨境民族之间的相互了解，增进和发展彼此的联系，都有一定的好处。

第一，跨境民族通常都有共同的起源，并在一个共同的地域内发展成为一个具有共同语言、共同传统文化、共同民族心理和一定共同经济联系的民族，以后由于各种原因，分居不同的国家。在不同的国家里，他们与不同的民族交往，互相影响、互相吸收，而在与本民族共同的共性以外，又具有自己的地区性特点。这种特点有时只是一些细微的差别，有时却具有鲜明的个性，在各方面都有较大的变化和差异，但是，他们传统文化的本质和基础，却还都是原来民族所共有的东西。这是跨境民族之所以成为跨境民族，而不是两个互不相干的民族的基础。

第二，跨境民族在迁入别的国家以后，为了在生活上与当地的民族相适应，首先在语言上从吸收当地的新词汇，即所谓的外来借词开始，在对外联系方面，使用当地通用的民族语言，而将本民族语言和文字保留在聚居村落或家庭内部使用。由于居住时间年长月久，有的居民就会改操当地通用的语言，而忽视和淡化了自己原来民族语言的作用。与此同时，在房屋建筑、室内陈设、生活方式，或者有时在服饰等诸方面都沾染当地的风俗，逐渐吸收，慢慢改变。而保留较久的则往往是风俗习惯、信仰节日、历史传说、家庭伦理等属于无形文化方面的东西，这也是他们与别的国家中的同一民族进行认同的依据。

第三，跨境民族在别的国家中，特别留恋和珍惜本民族自己的传统文化，在保存传统文化方面，会出现一种特殊的现象，但这并不奇怪。这就是迁居异国的跨境民族在传统文化的保持上，往往会比原居住地的民族居民所保留得更为原始和古老，往往一些在原居住地已消失了的东西，但在跨出境外的那部分民族居民中却能完整的见到。例如汉民族的过节、过年、祭祖等习俗，在中国内地往往已被淡忘、简化或者改革了。但是在东南亚的华侨中，却往往以隆重的仪式，竭力仿照过去的模样，在郑重其事地进行着。有些在中国内地已见不到的礼仪，但在海外却能重见。在跨境民族的发源地，传统已经变化了，但在迁出的那一部分人中却顽强地保存着。这几乎是跨境民族中常见的现象，成了一个规律。从跨境民族的各部分比较研究中，可以更好地了解和认识这个民族的传统文化。这也是跨境民族研究中的一个重要作用。

图三　1902 年日本学者鸟居龙藏在贵州所摄的白苗男子服饰，现在去贵州已看不到了。但是在老挝北部的白苗男子中却依然保留着。(左：引自鸟居龙藏：《苗族调查报告》。右：引自岩田庆治：《东南亚少数民族》)

第四，是由于跨境民族长期分居不同国家，在不同条件下进行发展，传统文化对当地的适应性逐渐加强，通过新因素的不断吸收融合，新的民族意识逐渐加强，因此跨境民族的分野将逐渐加深。在一定历史条件下，就会分化成为新的独立民族，这是一个自然的、不可抗御的规律。世界上有许多民族，就是从一个共同的人们共同体中，在不同条件下，逐渐分化、形成的。研究跨境民族的形成、发展及其未来的预测，有助于对民族形成问题的研究。

第五，跨境民族具有民族性、国际性、群众性和复杂性。因为跨境民族是一个民族问题，它不同于一般的政治、经济、文化问题，而是一个综合性的民族问题，所以说它具有民族性。跨境民族分居两国或两个以上的国家里，它牵涉国家关系和各国对国内民族的处理和看法，因此它又是一个具有国际性的问题。跨境民族涉及的不是少部分人的问题，而是居住于不同国家的同一民族的所有群众的问题，群众的意志是不可能窜改和抗拒的，他们互相之间的亲近感和认同感，也是不能随意隔离的，因此它又具有群众性。但是各个跨境民族的情况大不一样，有的互相之间差距不大，长期认同；有的却有了较大的差异，在认同方面可能会出现不同意见和概念，实态生活复杂性导致跨境民族成为一个具有复杂性的问题。跨境民族的复杂性不仅表现于国与国之间同一民族的差异，而且也反映在一国之内的同一民族之中，会出现集团性的差别。有的学者对在日朝鲜族人的研究中，就很清楚地反映出这种复杂性的状况。（见图四）对于跨境民族存在的民族性、国际性、群众性、复杂性，只要在研究中充分注意，就会获得更好地研究成果。

跨境民族是一定历史条件下的历史现象，当前的时代，正是一个跨境民族繁荣发展，彼此加强联系，共同溯源、互相关心、你来我往，要求保存和发展传统文化，保持自己的民族特性，在现代化的大潮中，争取民族繁荣和兴旺的时期。这距各自独立发展，逐渐形成一个个新的民族还要相当长的时间。我们既要看到这种发展的可能，又要加强跨境民族的研究，抢救在变化中的种种资料，为跨境民族的友好联系，作出自己的贡献。

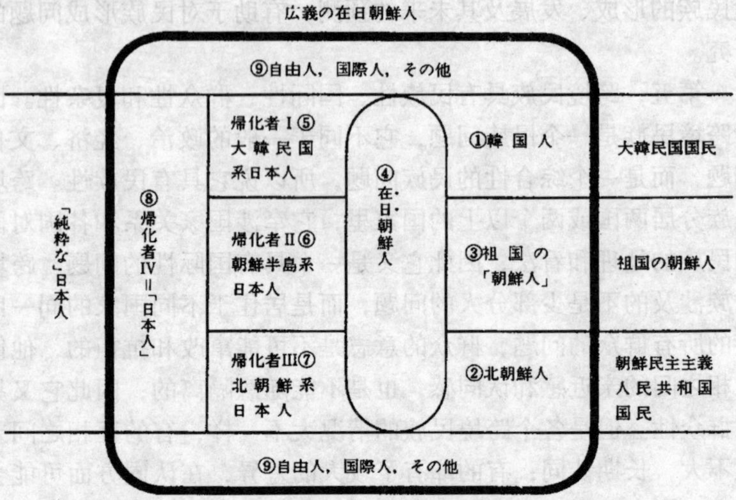

縦線は日本への同化のレヴェル，横線は朝鮮半島の政治的利害の影響のレヴェルを示す。

图四　对在日朝鲜族的研究，反映出跨境民族的复杂性。

（引自原尻英树：《在日朝鲜人の生活世界》）

四

本文着重介绍中国南方少数民族中的跨境民族，以及他们与境外民族的异同情况。中国华南与东南亚之间跨境民族的众多、情况的不同，也许是世界上最值得研究的跨境民族地区之一。由于掌握资料的不足，又缺少必要的实地调查，因此在叙述中间或有不足及失误之处，尚待有识之士给予指正。

中国南方，一般指扬子江以南的广大地区，实际上按习惯可以分作中东南地区、西南地区和更为靠西的青藏高原地区。本文所述的，主要指中东南地区和西南地区，也就是从东南沿海直至云贵高原的这一大片地区。这一地区的少数民族主要是讲汉藏语系诸语言的民族，此外，也有少部分讲南亚语系语言的民族（佤族、德昂族、布朗族）等。按常住人口计算，整个南方（包括青藏高原）共有少数民族34个，这还不包括分居全国的满族及回族，也没有包括有少数人定居在南方的蒙古族（云南省）和维吾尔族（湖南省）。如果将职工、干部、大学生、军人等流动人口的民族成分计算入内，那么可以说，中国南方和整个中国一样，也居住着全国所有的各个民族。

据1990年7月1日普查统计，中国内地总人口为1133682501人，其中少数民族总人口为90447588人。在少数民族总人口中，南方34个少数民族的人口为53452402人，占全国少数民族人口的59.05%。在全国18个100万人口以上的少数民族中，有12个100万人口以上的少数民族居住在南方，其中还包括全国唯一的1000万人口以上的壮族在内。

在这30多个南方常住少数民族中，据不完全统计，有跨境民族20个左右，此外，还有在中国尚未正式确认为民族的克木人和夏尔巴人等。在中国—缅甸边界1977公里、中国—老挝边界500公里和中国—越南边界1150公里的共约3647公里[①]的漫长边界线上，几乎是只要沿边界居住的民族，就没有一个不是跨境民族的。此外，即使居住比较靠近内地的一些少数民族如布依族等，也都是在国外还有居民分布的跨境民族。下面分别就中东南地区和西南地区的跨境民族简况做一些阐述。

中东南地区的跨境民族主要有壮族、布依族、京族、苗族和瑶族。壮族、布依族、京族讲的语言都属汉藏语系的壮侗语族，其族源都出于古代的百越，与百越中的骆越关系尤为紧密。壮族在中国有1550万人（1990年），主要居住在广西壮族自治区的西部，云南省的东南部及广东省的北部等地，其自称因地而异，大致有"布壮"（即"布爽"Pu suang）、"布土"（Pu tu）、"布

① 丁文楼：《塔塔尔族》，载《中华民族》，第240页，华夏出版社，1991年。

侬”（Pu nung）、“布沙”（Pu sa）、“布偏”（Pu pien）、“布泰”（即“布岱”Pu tai）、“布越”（Pu ye）、“高栏”（Gao lan）、“布陇”（Pu lung）、“布东”（Pu dung）、“布曼”（Pu rrlan）、“布敏”（Pu min）、“土佬”（Tu lau）、“布班”（即“布板”、“布蛮”Pu ban）等20多种。“布”（Pu）在壮语中是“人”的意思，“布壮”就是“壮人”，“布土”就是“土人”，“布侬”就是“侬人”，“布沙”就是“沙人”，“布泰（岱）”就是“泰（岱）人”。20世纪50年代初，这二十多种不同自称的人，因其族源、历史、语言、文化、心理特征及经济与地理分布基本上一致，被确认为一个民族，即“僮族”。1965年改写作“壮族”。中国壮族的上述这些支系，在越南却因其自称不同，而分别称之为“侬（Nung）人”、“岱（Tay）人”和“高栏（Gao lan）人”等。实际上他们也就是中国壮族中的自称为“布侬”、“布泰（岱）”和“高栏”的人们。

中国的“布侬”主要居住在云南省东南部的广南、砚山等县和广西的西南部边界一带，多姓农、姓赵。唐宋时史书中的侬峒和宋代著名起义首领侬智高都与布侬有一定关系，表明他们在唐宋时已居住在中越边界一带。布泰（岱）主要分布在中国广西龙州、钦州、防城一带及云南省文山壮族苗族自治州的北部，讲壮语的南部方言。高栏人的居住地区在广西的钦州、横州（今横县）、防城等地。上述壮族的几个支系的人，居住地都与越南比较接近，迁居十分方便。尤其在过去国界观念在当地居民中比较淡薄，因各种原因很容易迁出境外居住。

越南的侬人分布在北部的高平、谅山、河江、北江、老街等地，1978年的统计约53.5万人。他们从中国广西迁入越南已有100～300年的历史，从他们内部还分别有“雷侬”、“英侬”、“万承侬”、“归仁侬”、“崇善侬”、“昭侬”等不同名称，使人十分清楚地感觉到他们与中国壮族的不可分割的关系。“雷侬”

系指从中国广西大新县下雷地区迁来的布侬；“英侬”系指从大新县龙英地区迁来的布侬；“万承侬”系指从大新县万承州迁来的布侬；“归仁侬”系指从广西靖西县（旧称归顺州）迁来的布侬；“崇善侬”系指从广西崇善（今崇左县）迁来的布侬；“昭侬”系指从广西龙州迁来的布侬，这些名称都说明了他们与上述各地中国壮族中布侬的关系。越南的岱人主要分布在北部的红河上游的丘陵地带，尤以谅山、高平两地为最多。约有 85 万人。由于岱、侬族十分接近，所以近来越南将他们合并而称之为“岱侬族”，这样就更好地说明他们与中国壮族是跨境民族的关系。① 越南的高栏人约有 2.3 万人，主要分布在广宁、谅山、安沛、宣光等地，是 20 世纪初从广西廉州、钦州、上思等地迁去越南，原来在越南被看做侬人的一支，但因他们多与越南的瑶族杂居，在文化上吸收了一些瑶族的因素，因此又将他们与越南的山宅人划在一起被称作“高栏—山宅人”。实际上高栏人使用高栏语，与岱人、侬人完全能够通话，尽管妇女的服饰、房内陈设，以及信仰方面已接受了瑶族的影响，但他们自称仍为“温壮”（Hun zhuang），意为“壮人”，尤其是与岱、侬人杂居的部分，更多地保留了传统文化的特点。②

中国的壮族与越南岱族、侬族、高栏人不仅同一族源，历史上从中国迁出的时间不是很久，使用同一的语言，还有着共同的传统文化和风俗习惯，而且彼此的交往也一直不断，保持了商品交换、亲友走访甚至婚姻嫁娶的关系。据 1953 年调查，中国广西龙州县边境的板罗村、都钦村、板闭村、板陋村共 20 个村寨

① 申旭、刘稚：《中国西南与东南亚的跨境民族》，第 1 页，云南民族出版社，1988 年。

② 参阅范宏贵：《我国壮族与越南岱族、侬族的古今关系》，载云南大学《西南边疆民族历史研究所研究集刊》，总第三期。

的统计，历年来中国壮族姑娘嫁去越南的有 78 人。越南岱、侬族嫁来中国的有 98 人，还有来上门入赘的男青年 6 人。其中板闭村共 39 户，206 人，中越之间壮族、侬族、岱族通婚的有 14 人，占总人数的 6.5%；板陋村共 38 户，224 人，中越两国跨境民族通婚的 17 人，占该村总人数的 7.5%。①

中国壮族和越南的岱族、侬族等都过“三月三”、“中元节”、“牛魂节”等民族节日。过去都使用汉字为基础改制而成的“土俗字”。很多民间传说、歌谣都是相同的。他们的房屋建筑都是传统的“干栏式”房屋，婚姻中也都有不落夫家的习惯。但是越南的岱族、侬族由于长期居住越南，所以在语言中也吸收了不少越南主要民族越族语言的单词，服饰方面也从蓝色转变为棕色等，显示出自己地方性的特点。至于高栏人则接受了瑶族的影响，已见上述。

中国布依族共有 254 万人，主要居住在贵州省的南部和西南部，他们和壮族的关系密切，语言、风俗习惯等有很多是相同或相近的。历史上称作“仲家”，民族起源也与古代的百越有关。自称有“布依”（Pu yi）、“布越于”（Pu ye yi）、“布那”（Pu na）等。布依族在越南因其迁去的祖居地不一，以及自称不同等原因而有不同的称呼。自称为“布依”（Pu yi）的居民大约在 19 世纪中叶从中国贵州省的望谟、罗甸等县迁到越南的北部河宣省一带。其中溯若桂河进入河宣省山区同文县的，已同化于当地的岱、侬族。沿着任河到河宣省管薄的，与侬、岱、苗、瑶、华（汉）等族杂居在决进乡的那卜、伯内、龙堂、宾进、南良、铜星等村，仍自称“布依”，现约有 1300 多人。原居于中国贵州省都匀府的布依人，被称为“都依人”。他们在 200 多年前迁到了

① 参阅越南社会科学院：《越南北方少数民族》，范宏贵等中文译本，1986 年广西民族学院民族研究所印。

云南省的马关、河口一带，然后跨过边界到越南黄连山省的孟姜县定居，现在约有 1000 人。自称“布那”（Pu na）的也来自中国的贵州省，所以邻近民族又称他们为“贵州人”，现在主要聚居在莱州省西北边远山区封土县的三个乡，共有人口 1687 人。还有一部分自称“热依”（Ze vi）的布依族，共有 25000 多人，主要分布在越南的黄连山省、河宣省、莱州省、高平省的一部分县中。他们现在主要通用越语和侬语，自己原来的语言已退居次要的地位。都依人和布那人也以使用汉语为主，只有自称布依的还继续讲布依语或侬语。

中国的布依族主要耕作水田，但迁去越南后，很多人住在海拔 1000 米以上的山区，因此，山地耕种占有较多的比重。他们的信神祭鬼、姑舅表婚、兄终弟及的转房制、木棺土葬等习俗基本相同。但中国布依族双层式的干栏房屋，到越南已大都改成土木结构的平房，服饰上也有了较大的变化。越南学者认为：“很多布依人刚移居到越南时所盛行的独特的民族风俗习惯，现在已经消失。”“很有可能在不久的将来，（布依族）余下的部分也将被同地区的兄弟民族所同化完毕。”①

和壮族、布依族相反，中国的京族主要是从越南迁入的。中国现有京族 19000 人，大约在 300 多年前，他们的祖先从越南迁到防城县的山心、沥尾、巫头三岛，以后再迁入恒望、潭吉、红坎等地。他们使用的京语和过去曾使用过的文字“字喃”，以及隆重的传统节日“唱哈”，悠扬悦耳的独弦琴等传统文化，都与越南的越族相同。只是在对外联系时，都已使用汉语、汉文，平时的服饰，也与当地的汉族相同。越南共有越（viets）族 4500 多万人，占全国人口的 90%，自称亦为“京”。源自中国古代百

① 参阅范宏贵：《我国壮族与越南岱族、侬族的古今关系》，载云南大学《西南边疆民族历史研究所研究集刊》，总第三期。

越的一支骆越，原住北部，后来逐渐南移，至19世纪中叶直达南端。北上的人数很少，主要就是中国的京族。中国京族原来也叫“越人”，1958年始改用今名。中国京族与越南越族的关系较紧密，过去每逢“唱哈节”时，要从越南请哈妹前来唱歌，隔国界的亲友也互相走访。作为跨境民族的越族，除了在中国有京族外，还有50多万人分布在柬埔寨、泰国和老挝等国。

中国的苗族和瑶族，在华南都算是人口较多的少数民族。苗族现有740万人，主要居住贵州省、湖南省西部、广西壮族自治区的北部、云南省南部及海南岛等地。自称有“蒙”（Mong）、“果雄”（Go shion）等，他们和中国南方最古老的民族“三苗”有一定的关系。由于长期发展的结果，苗族有很多以服饰颜色等命名的“红苗”、“黑苗”、“花苗”、“白苗”、“青苗”、“长裙苗”、“短裙苗”等他称（主要是汉称），他们的内部语言、服饰差别较大，东部的苗族与西部的苗族甚至不能用本民族的语言通话。中国苗族在清代后期，曾于湘西、贵州一带掀起大规模农民起义，起义失败后，有的苗民被迫逃往外地，有的逐渐越界进入东南亚各国。近几十年来，还从东南亚迁入到了欧洲和美洲。

据不完全统计，现在分布世界各地的苗族约有近100万人，以在东南亚的为最多。“在越南北部、缅甸、泰国等国境之内，也有为数并不太多或为数极少的苗人，栖息生存于其间”。[①] 现在在越南有苗族40多万人，老挝约20万人，泰国在6万人左右，缅甸可能有近1万人。越南苗族自称亦为“蒙”（Mong），因前面的辅音中有吐气音，所以有时写作“hmong”，有人用汉字将它译作“赫蒙”人，这是不对的。越南的苗族也和中国的苗族一样，分作“红苗”（蒙西，Mong si）；“白苗”（蒙豆，

① 参阅越南社会科学院：《越南北方少数民族》，第249、第240页，范宏贵等中文译本，1986年，广西民族学院民族研究所印。

Morlg doll)；“黑苗”（蒙那，Mong na)；“花苗”（蒙冷，mong leng）或称“青苗”（蒙佐，Mong zhou）和“汉苗”（蒙刷，

(一)中国云南省边境瑶族

(二)泰国瑶族

(三)中国云南省瑶族的神像

(四)泰国瑶族的神像

图五　中国云南省的瑶族（一）和泰国瑶族（二）的服饰完全相同。他们在宗教仪式中使用的神像（三）云南省瑶族的神像与（四）泰国瑶族的神像也完全一样。由此可见，作为跨境民族的瑶族，彼此关系的密切。美国瑶族还给云南省勐腊县瑶族寄来信、长诗、照片和录音带，寻根问源。

（一）、（三）作者摄自云南省西双版纳勐腊县瑶族地区。

（二）、（四）引自白鸟芳郎主编:《东南ジア地民族誌》。

Mong sua）等。最早迁入越南的约有300年历史，其余的都是近100多年来所陆续迁入的。他们在越南北部与各少数民族形成大分散、小聚居的分布局面，大都在海拔1000米以上的高山上。老挝的苗族原来人数较多，后因战乱，作为难民逃往泰国，又从

泰国移民美国、法国等地。现在约有20万人居住在丰沙里、川圹、会晒、桑怒、琅勃拉邦、沙耶武里、甘蒙等省，其中以川圹省的为最多。老挝苗族也有几个支系，以白苗（蒙豆）最多，青苗（蒙佐）次之，黑苗（蒙那）最少。泰国苗族的自称亦为“蒙”（Mong），有白苗（蒙豆）和青苗（蒙佐）等。主要居住泰国北部清莱府、达府、碧差汶府和清迈府，以前两个府的苗族人口为最多。此外，在难府、彭世洛、南邦、帕府、夜丰颂、黎府及泰国西部也有分布。如果不包括老挝苗族难民在内，泰国有苗族村寨255个，是除了克伦族以外，分布最广的山地民族。在缅甸的苗族人口不多，主要在果敢区的大水塘、家地峁、野牛坝、八威、曼洛、八马寨、宋干、麻栗坝、蛇甸坝、嗄门、登尼等地。[①] 此外，在美国约有苗族6万人以上，在法国有苗族6000人，法属圭亚那有1300人，在加拿大、澳大利亚、阿根廷也都有苗族的分布，苗族已成为了世界性的跨境民族。

东南亚各国的苗族，在迁徙过程中，曾受汉族的影响，在越南的苗族大都兼通云南话，但基本上保存了自己的语言、服饰和习俗。老挝苗族随着1975年抗美战争结束，大批外逃。苗族王宝将军率领的苗族军人移民到美国并建立了庄园。泰国苗族由于刀耕火种破坏了森林和土地资源，并因种植罂粟、发展了畸形的经济，引起政府的重视，成立山地民族研究中心，予以引导，帮助他们发展生产和文教卫生事业。1977年和1979年，有两批苗族难民近1000人，从泰国转往法属圭亚那，当地政府在第一批苗民到达时划出200多公顷土地帮他们建立村寨，本郡政府为每人每天提供40法郎的生活补助，在一年多以后，大都已能自立，在遥远的异国建立了新的家园。据调查，他们大多保留了原来的

① 胡耐安：《中国民族志》，第201页，（台北）商务印书馆，1964年。

文化特征和传统的风俗习惯。[1] 作为跨境民族的苗族研究，已引起很多国家的文化人类学者的注意，他们的传统文化在异民族文化包围之下，又有现代化的冲击，如何更好地保存和适应，已成为很多学者关心的课题。[2]

中国瑶族共有213万多人，居住在广西、湖南省南部、云南省南部和广东省北部等地的山区。他们崇信盘王（盘瓠）或女神密洛陀。自称“勉”（Mien）的瑶族讲瑶语支的语言，约占瑶族人口的50%；自称“布努”（Pu nu）的讲苗语支的语言，约占人口的40%；自称“拉珈”（Lakia）的讲壮侗语族侗水语支的语言，只占瑶族人口的1%以下；自称“炳多优”（Bing doujiu）的讲的语言接近汉语的某种方言。作为跨境民族而移居东南亚和欧美各国的主要是自称“勉”的这一支系，汉称有“盘瑶”、“板瑶”、“过山瑶”、“蓝靛瑶”、“山子瑶”等名称。除中国以外，居住世界各国的瑶族共约40多万人。其中居住越南最多，约34.6万人。其分布地区沿越南—中国、越南—老挝边界一直延伸到北部平原及沿海省、区。瑶族人口占全省人口10%以上的有安沛、北太、河江三省，在越南北部16个省的86个县中，有4个县的瑶族人口占有较大比重，如渭川县（占41%），文安县（占41%），元平县（占39%），北江县（占30.8%）。在瑶族居住的881个乡中，有20个乡全部是瑶族，有165个乡瑶族人口占一半以上。[3] 可见瑶族在越南的一部分县、乡中占有相当大的比重。越南瑶族的名称、自称都比较复杂，按服饰分，有红瑶、窄裤瑶、顶板瑶、白裤瑶、青衣瑶、蓝靛瑶等，按自称

---

① 引自申旭、刘稚：《中国西南与东南亚的跨境民族》，第125页，云南民族出版社，1988年。

② 潘征峰：《东南亚苗族的长途迁徙》载《东南亚》1986年，第1期。

③ 梁红奋：《越南苗族》，载《云南省历史研究所研究集刊》1981年第3、第4期。

分有由勉（Jiu mien）、金门（Kenmen）、标勉（Biatl mien）等。但是从语言看，他们讲的都是中国“勉”支系瑶族所讲的勉语，不过在他们内部也还有方言的差别。在越南根据其自称而称作僈（Man）族。泰国瑶族据1982年统计，包括难民在内有58000多人，主要居住在泰国北部的清莱府和披天府，其次在难府和南奔府等地也有居住。自称亦为“勉”，使用的也是勉语。老挝的瑶族因前些年不断有难民外流，所以准确的人数不易掌握，大致在5000人至二三万人之间。主要分布在中国—老挝边界包括丰沙里、南塔在内的各省。有蓝靛瑶、高山瑶、顶板瑶、红瑶、白裤瑶等名称，但讲的也都是勉语。缅甸的瑶族人数很少，主要居住在缅甸、泰国、老挝三国交界的金三角地区，可能只有一百多人。

瑶族在美国有13000多人，主要居住俄勒冈和加利福尼亚等州，他们组织有自己的瑶族协会，为维护自己利益、保存传统文化而努力。此外，在欧洲的法国也有瑶族居住，他们也组织了自己的协会，在1990年还与法国的科研机构“Centre d’Anthropologie de la Chine du Sud et de la Péninsule Indochinoise”一起，支持瑶族研究的国际研讨会在法国召开。在加拿大有瑶族约5000人，此外，还有瑶族居住在墨西哥、巴西、瑞典和一些非洲国家。瑶族也是一个近若干年来形成的世界性的跨境民族。关于对作为跨境民族瑶族的研究已有不少论著，在文化人类学研究中占有自己的一页。①

西南地区的跨境民族主要有傣族、彝族、哈尼族、傈僳族、

---

①　参考白鸟芳郎编：《东南アヅァ山地民族誌》（中文译本，黄来钧译、喻翔生校），云南省历史研究所东南亚研究室印行，1980年。

胡起望：《近代国外瑶族研究概述》，载《中央民族学院学报》1986年第1期。

范宏贵：《瑶族从中国迁入越南浅谈》，载《广西民族研究》1986年第4期。

拉祜族、怒族、独龙族、景颇族、阿昌族和佤族、德昂族、布朗族等。其中傣族讲的是壮侗语族壮傣语支的语言，其族源和壮、布依、侗、水等族一样，也起源于古代的百越，尤其与滇越的关系密切。彝、哈尼、傈僳、拉祜、怒、独龙族讲的是藏缅语族彝语支的语言，他们与古羌人都有一定的关系。景颇语属藏缅语族的独立语支——景颇语支，阿昌族的语言则属于缅语支，与缅甸人（Burmese）讲的语言相近。景颇族与阿昌族都与我国古代的“寻传蛮”有关。上述各民族迁入东南亚的时间不一，情况也不相同。

中国傣族有102万多人，主要聚居在云南省西南靠边境的弧形地带，自称为“傣”（Tai），但内部又有“傣哪”（Tai na），意为“上傣”，主要居德宏傣族景颇族自治州；“傣泐”（又作“傣仂”Tai 1e）因居住的西双版纳又称“勐仂”而得名；“傣绷”（Tai bong），主要居住云南省瑞丽县及潞西县遮放以南地区及澜沧、耿马等县；“傣端”（Tai due），主要居住云南省金平县一带。使用的文字也分为上述四种，但都源于婆罗米字母，属于拼音文字类型。傣族信小乘佛教，住“干栏”式竹楼，男子有文身习俗，妇女着窄袖紧腰短衫，下穿筒裙。传统文化富有特色。

居住泰国的泰人，又称“暹罗人”（Siamese），他们虽与中国壮族、傣族出于同源，但他们迁出历史较久，共分四大支系。中部泰人受孟高棉人文化影响较深；东北泰人是原来的寮人受中部泰人同化，但仍保留寮人的生活习俗；北部泰人在13～18世纪曾以清迈为中心建立“兰那国”，故又称兰那泰人，自称“昆勐”，意为本地人；南部泰人由各部泰人移民及孟人，马来人混合而成。因此泰国的泰族已形成了具有自己历史传统和文化特色的民族，与中国的傣族是兄弟民族的关系。

作为跨境民族的傣族，在东南亚主要有掸人（Shans）、泰人

(Tai、越南、老挝）和泐人（Le）等。掸人主要居住在缅甸的掸邦，其余散居在克耶邦、克钦邦、克伦邦和缅甸中部等地，共约250万人，另有少数居住在泰国。自称也是“傣”，和中国傣族一样，因居住地区不同，而有“傣卯”（Tai mau）住南坝、木姊；“傣密必拉”（Tai mibila）住密支那；“傣腊戍”（Tai lash-iu）住腊戍；“傣痕”（Tai hen）住南掸邦等。中国傣族在古代也曾称作“掸”，纪元1~2世纪，住在滇缅边境的掸国王雍由调曾三次遣使赴洛阳朝贡，被东汉朝廷封作“汉大都尉”，授予金印紫绶。掸人以后陆续南移，13世纪曾在缅甸北部一度建立阿瓦王朝。中国的元、明、清王朝都在此建立兴威、勐密、八莫、勐养等土司，归云南管辖。1948年缅甸独立后，33个土司邦联合为掸邦，他们和中国傣族跨国界而居，通婚姻、做贸易，隔界河相望，互相音信往来，亲如一家。这里的掸人又分为“普通掸族”和“中国掸族”，即“旱傣”和“傣那”，这也表明他们是中国傣族的分支。云南省佛海县（今属勐海县）的傣族“与境外（指缅甸）多有姻亲关系，往来亲密”。①

越南和老挝的泰族共有94万多人，其中越南76万多人，老挝18万人。主要分布在越南的山罗、莱州、清化、义静、黄连山等省和老挝的桑怒省、阿速坡省、波罗芬高原和其他各地。有黑傣（傣丹）、白傣（泰考）、红傣（傣登）等支系，也有以居住地分别命名的习惯，如老挝泰人中的“傣怒”主要居住桑怒省；“傣眉”居住甘蒙省；“傣普”居住在沙湾拿吉省等。越南、老挝的泰人也住竹木结构的两层楼房。此外，越南、老挝、泰国还住有泐人，他们和中国傣族中的傣泐关系密切。越南泐人被称为“卢（Lu）族”、“卢”、“泐”发音十分接近。越南卢族3900

① 《傣族社会历史调查》（西双版纳之一），第28页，云南民族出版社，1983年。

人，住莱州省封土、兴湖、奠边等县，他们与中国的泰泐不仅同源，而且语言、风俗习惯也是相同的。老挝“泐族”有40000多人，住丰沙里、琅勃拉邦、南塔、乌端木塞等省。泰国“泐人”约80000人，自称亦为“傣”（Tai），居住南奔府、南邦府、清莱府的清孔、清坎、清迈府和帕耀府等地。他们的语言、习俗更接近中国的“傣泐”人。传说祖先自云南省西双版纳迁来，他们的村寨有的以中国原祖居地命名如景洪寨、勐笼寨等，景洪、勐笼都是中国西双版纳傣族地区的地名。[①] 缅甸掸族使用的掸文与中国傣族的傣绷文相同，上述越南、老挝的泰族和泐族使用的文字就是中国傣族的泰泐文。他们的历法、节日、习俗等传统文化都有相同的地方。现在“泰学”已成为国际性的一门专门学问，前几年在泰国和中国都曾开过国际性的学术讨论会。国际协作研究也正在展开。这实际上是跨境民族研究的重要部分。

彝语支中的跨境民族比较多，由于篇幅的限制，只能作一个概略的叙述。中国的彝族有657万多人，支系较多，自称有“诺苏”（No su）、“纳苏”（Na su）、“聂苏”（Nie su）等，“诺”、“纳”、“聂”都是“黑”的意思，在彝族人观念中有深、广、高、强等意义，“苏”为群体、人们、家族之意。主要分布四川省南部、云南省、贵州省西部和广西的西北角。其族源与古羌人有一定的关系。彝族在历史上有比较发达的文化，彝文古称“爨书”、“韪书”、“倮倮文”等，是一种音缀文字。用彝文写成的典籍十分丰富，保存了不少历史资料。[②] 彝族在服饰、节日、历法、家族组织、歌舞艺术等方面都有自己的特点。

彝族在东南亚各国定居的居民不多，大约在越南和老挝各有2000多人。他们的先人都是从云南省迁移出去的。在越南主要

① 王国祥：《泰国的仂人》，载《东南亚》1987年第4期。
② 参阅方国喻：《彝族史稿》，四川民族出版社，1982年。

居住河宣省同文县至高平省保乐县的越南—中国边境。在老挝居住在丰沙里省府的附近。中国彝族在历史上曾被称作“倮倮”（玀玀）（Lolo），在越南、老挝的彝族也以“倮倮族”为名。越南倮倮族的迁入时间较早，约有300年的历史。而老挝倮倮族的迁入还只是19世纪后半叶的事情。① 但由于他们多与当地的汉、苗、哈尼、克木人接触，会讲他们的语言，生活与习俗也逐渐与汉人相同，与中国的彝族有了较大的差异。

中国的哈尼族共有125万多人，支系较多，自称也有“哈尼”（Ha ni）、“豪尼”（Ho ni）、“碧约”（Bi yo）、“卡多”（Kha do）等。聚居在云南省南部红河下游与澜沧江之间的山区地带。哈尼族在越南、老挝、缅甸、泰国都有分布，但使用的族称不一。在越南被称作哈尼族，有10000人左右，主要分布在中国、老挝、越南三国交界的莱州省、黄连山省边境地区，他们的祖先大多从云南省的金平、绿春两县迁去，时间早晚不一。他们十分怀念故土，每逢节日或婚嫁之际，都要唱历史长诗，叙述祖先的起源和搬迁。老挝哈尼族被称作“卡戈”（Kha go），这和中国哈尼族的自称之一“卡多”（kha do）十分接近。而当地汉人称他们为“阿卡”（A kha），也有10000人左右，主要居住中国—老挝的边界和丰沙里县、孟夸县、南帕河南岸等地，他们迁入老挝约有200年的历史。有祖先来自湖南、湖北、贵州的说法，这在中国并不是哈尼族居住的地区，很可能是老挝的卡戈人受汉族影响，接受了汉族传说的结果。缅甸哈尼族被称作“高族”（Gaos），自称亦为“阿卡”，有60000人左右，主要居住掸邦东部景栋一带。泰国哈尼族被称作“阿卡族”（Akha），共有35000人，主要居住在清莱府的夜庄、夜赛、清盛、清孔等县及

---

① ［老挝］昭坎曼、翁谷达拉纳：《丰沙里的民族》（中译文），载《广西民族学院学报》1980年第4期。

清迈府的夜艾县。他们的大部分是近几十年来从缅甸掸邦辗转迁来此地的。①

中国傈僳族有57万多人，分布在云南省西北部怒江傈僳族自治州及其附近，与其接界的四川省部分地区也有少数人居住。他们的自称为“傈僳”（Li su），由于服饰主要颜色的不同，而有“白傈僳”、“黑傈僳”、“花傈僳”之分。在社会组织方面，傈僳族有由同一祖先的后代组成的集团叫“初俄”，即氏族。每一氏族各有虎、熊、猴、蛇、羊、鸡、鱼、竹、菜、柚木、犁、霜、火等名称，这些名称也就是该氏族的图腾（Totem）。同一氏族（初俄）之下，有若干个家族（体俄），每一家族由父系的2~4代人组成。缅甸有傈僳族50000人，居住于北部的克钦邦和掸邦，迁入的时间大约是在19世纪时云南省爆发的几次傈僳族大起义失败之后，傈僳族人民沿独龙江或沿怒江分散到缅甸各地的。泰国有傈僳族3000人，主要是在21世纪，由缅甸景栋地区辗转迁来清莱府和清迈府的清迈、夜丁、夜芳等县及夜丰颂府东部边缘地区的。中国、缅甸、泰国都统一称作傈僳族，但他们的语言差别较大。泰国傈僳族还保留6个氏族的名称，还有9个因与汉族通婚而演变来的名称，但各氏族间常有对立和冲突。缅甸傈僳族除农业外，还种植果园、菜园，进行木材加工，在当地山区民族中是比较善于经营的。

中国的拉祜族共有410000多人，自称“拉祜”（La hu），在拉祜语中，“拉”为“虎”，“祜”为“烤食”之意，“拉祜”即

① 据［美］F. V. 格朗菲尔德：《泰国密林中的游迁者——阿卡人》介绍，泰国第一个阿卡族村寨建于1905年，第二个村寨建立于1925年，大部分阿卡人是在第二次世界大战后，因缅甸掸邦的战乱才迁入泰国的。中译文载云南省民族研究所：《民族研究译丛》第5期。

东南亚阿卡族社会情况可参阅岩田庆治：《東南ァジアの少数民族》，日本放送出版协会，昭和46年（1971）。

为烤食虎肉之意。支系有“拉祜纳”（Lahuna，白拉祜），“拉祜西”（La hu si，黄拉祜），“拉祜普”（La hu pu，白拉祜）之分。大部分住在云南省澜沧江以西地区。历史上曾有“倮黑”之称。他们的社会经济发展很不平衡，澜沧东北部、双江、景东、镇源一带拉祜族已形成封建地主经济，但耕作粗放，产量较低；而澜沧西南部、孟连、西双版纳的拉祜族生产落后，生活贫困。金平县的拉祜族旧称苦聪人，在森林中从事原始的迁徙农业，住一人高的简易草屋，以兽皮或蕉叶蔽体。

拉祜族在东南亚共有90000人左右，现在以在缅甸的拉祜族为最多，有50000多人，分布在掸邦东部各地及佤区的一部分。除人数最多的拉祜纳（黑拉祜）和人数次之的拉祜西（黄拉祜）以外，还有人数较少的“拉祜尼”（La hu ni，红拉祜）。缅甸拉祜族的先人大约是18世纪以来，历次大起义失败以后，逐渐南迁进入缅甸各地的。泰国有拉祜族30000人，居住在北部清莱府滨河流域一带，以及南邦府的汪诺县、达府的夜速县、夜丰颂县、拜县等地，人们称他们为“么舍族”（Yo she），和缅甸的拉祜族一样，泰国么舍族也有三个支系，但以拉祜西的人口最多，拉祜纳最少。在中国哈尼族中并没有拉祜尼（红拉祜）这一支系，他们的语言、服饰、风俗习惯都和拉祜纳（黑拉祜）相近，只是在妇女的外衣上多缝了红色布条。因此一般意见认为，拉祜尼（红拉祜）可能是从拉祜纳（黑拉祜）中分化出来的一支。老挝有拉祜族2000人，分布在会晒、南晒、丰沙里等地，泰国和老挝的拉祜族都可能是通过缅甸逐渐迁入的。越南的拉祜族有4000人，主要聚居于莱州省孟底县的山区，有黄拉祜、黑拉祜、白拉祜三个支系，以黄拉祜的人口为最多。他们是18世纪中期以后，称作苦聪的一支南下迁住到金平、绿春，然后由金平、绿春迁入越南的。在泰国与缅甸交界地区的拉祜族，因受汉人和掸族的影响较深，而分化出拉祜萨格西（La hu sa ka shi）的小支系。有的拉祜族受哈尼族的影响，如拉祜尼妇女服饰就吸收了哈尼族的短身对襟上衣，在语言上吸收了傣族、哈尼族的单词，加上异族通婚的增加，那里的拉祜族正在起着变化。

中国的怒族有27000多人，独龙族5800多人，怒族主要分布在云南省碧江、福贡、贡山三县，独龙族居住在贡山县的独龙江两岸，人口都不太多。怒族自称“怒苏”（Nu su）、“阿怒”（A nu）、“阿龙”（A 1ung）等。农业生产比较落后，不久前还使用木、竹锄农具，刀耕水种，收获量低。他们在缅甸有10000人左右，是隔界而居的跨境民族。独龙族自称“独龙”（Du 1ung）。过去不仅使用原始的竹、木工具，保留原始的商品简单交换形式，并有由同一祖先传下来的血缘氏族集体“尼勒”。只是由于由父系祖先传下来的直系后代所组成的家族“克恩”的作用日益扩大，氏族组织逐渐解体。“克恩”由家族长处理内外事务，内有若干个父系大家庭，住在同一间长屋里，共同生产、共同消费。独龙族在缅甸有1000多人，他们和怒族都住在缅甸北部克钦邦的山区。

景颇族是个跨境而居的民族，在我国的称为景颇（Jing po），在印度阿萨姆的自称为“新福”（Shin fu），在缅甸的缅族称之为“克钦”（Ke chins）。[①] 中国的景颇族共有12万人左右，自称除“景颇”外，还有“载佤”（Zai wa）、“喇期”（La chi）、浪速（Lang suo）等支系，主要聚居在云南省的陇川、盈江、潞西、瑞丽、梁河五县境内。近百年来，景颇族的农业生产还比较低下，根据血统和出身的不同，人们被划分成官种（贵族）、百姓和奴隶三个等级，互相之间等级森严，百姓不能当官，官种与百姓、奴隶不能通婚。山官是一定范围内的最高政治领袖，由幼子继承。各山官辖区以山岭、河流、道路为界，互相不能侵犯。

① 《景颇族简史》编写组：《景颇族简史》，第1页，云南人民出版社，1983年。

这种以等级制度为基础的山官制度，对当地傣族的土司制度保有相当的独立性。

缅甸的克钦族有560000人，除了居住在1951年成立的克钦邦外，还有少数居住在掸邦北部和缅甸与中国、印度接近的边境山区。与中国景颇族一样，也有景颇、喇期、浪速等支系。缅甸克钦族在1948年缅甸独立前还存在早期奴隶制向封建制过渡，农村公社向封建领主制过渡，以及封建地主制三种社会类型。居住在江心坡三角区和户拱河谷的克钦族社会中，直到20世纪30年代还有大量奴隶存在。1925年英国人在户拱河谷地向山官赎卖和强迫释放了3466人，占当地总人口的43.8%；1926年又在江心坡三角区释放奴隶8852人，自此以后，这里的奴隶制迅速衰落。但仍保留了幼子继承制的父系家族制度，住竹木结构的茅房，以及和中国景颇族大体相同的服饰与万物有灵信仰，神判习俗等。①

中国有阿昌族27000多人，主要居住在云南省陇川县的户撒、腊撒和梁河县的遮岛、大厂地区。讲的语言属缅语支，有三个差别较大的方言。自称有“蒙撒”（Mong sa）、“汉撒”（Han sa）、“峨昌”（Nguo charlg）等。主要从事水田耕作，但自15世纪以来，家庭手工业、锻铁业逐渐发展，“阿昌刀”为各族人民所喜爱。缅甸也有阿昌族（A changs）约12000人，主要居住在北部地区，他们和中国阿昌族一样，也信仰小乘佛教，种植水稻，并有发达的打铁手工业，以擅长打制铁锄、刀、剑而著称。

中国讲南亚语系语言的三个民族，都是与东南亚国家有跨境关系的民族。中国有佤族570000多人，居住在云南省西部沧源、西盟、澜沧、孟连、双江、耿马、永德、镇康等地，其先民是古

① 绫部恒雄、永积昭编：《ビルマ》：民族と言语（田村克己），弘文堂，昭和58年（1983年）。

代的濮人。自称有“布饶”（Bu rao），意为种旱谷地的人；“阿佤”（A wa），意为“有木栅栏寨门的人”；“佤”（Wa），意为“有竹木寨门的人”等。佤语也分为与上述三种自称相适应的方言。佤族在缅甸有80000人，主要分布在掸邦的滚弄县，原称佤区的地方，这里与中国的沧源、西盟两个佤族自治县毗邻。泰国有佤族11000多人，被称作“拉佤”（La wa或写作“喇佤”），主要居住在北部和西北部清迈、夜丰颂、清莱、难府等府。中国、缅甸、泰国的佤族居住地基本上连成一片，泰国的拉佤族是由缅甸南下迁入的。长期以来，他们迁徙频繁，来往密切。中国孟连县公良乡隔南卡江同缅甸的永邦相望，其中的公良寨佤族就是由缅甸孟养的三木倒迁来的，邦宋寨佤族是由缅甸的德欧下边迁来；双江县大勐峨寨的大部分佤族是从缅甸的大蛮海迁来，“所以勐峨佤族与大蛮海佤族一直保持着联系，1940年以前，每年还给大蛮海的头人送谷子和牛”。[①] 勐峨和南协弄两乡都产棉花，南协弄将棉运销缅甸，换回纱、布匹或衣服。西盟佤族自治县马散寨佤族与缅甸佤区南抗武的佤族自认为双方的“窝朗”（头人）原来是兄弟，双方村民关系密切，来往不断。佤族的社会发展不平衡，在各地有较大的差别，在这方面，中国与缅甸的佤族大体相似。他们信仰多种鬼神，祭鬼时要剽牛多头，过去还有猎人头祭鼓的习俗，现在已有了不同程度的改革。泰国拉佤族没有猎人头的习俗，但是在砍伐山林，开辟耕地时，也要以鸡、猪、酒举行祭鬼仪式，反映他们还存在浓厚的原始宗教信仰。泰国拉佤族变化比较快，据调查，现在只有1/6的村寨还讲佤语，其余的都已使用泰语，在服饰上的变化也比较快。[②] 据说在湄公

① 《佤族社会历史调查》（三），第92、第112页，云南人民出版社，1983年。

② ［泰］汶吹、西沙瓦：《泰国的拉佤族》（王文达中译），载《东南亚资料》1983年第1期。

河和瓜莲河流域的不少村落中，也住有喇佤人的后裔，不过已和泰人没有分别了。①

中国的德昂族，原称崩龙族，1985 年改用今名，共有 15000 多人。他们大分散、小聚居，主要散布在云南省的西南部，大多村寨与佤、景颇、汉族杂居。在社会政治制度等方面，与其他民族融为一体，但在社会组织方面，直到 20 世纪 30 年代还保持有父系家长制大家庭的特点，一般有三四代，三四十人一起生活。镇康县有一个达当大家庭，由四代人、十五对夫妇及其子女组成，一个大家庭内共有 89 人。德昂族善于种植经济作物，以产茶叶著名，有"古老的茶农"之称。妇女服饰以藤篾制成腰箍围腰，多达十余个，二三十个，甚为别致。德昂族自称有"德昂"（De ang）、"汝卖"（Ru mai 黑崩龙）、"梁"（Liang 花崩龙）、"布雷"（Bulue 红崩龙）等。在缅甸，德昂族仍称为崩龙族，共约 230000 人，居住比较集中，分布在北掸邦的密支那、昔董、八莫、抹谷、抹密和瑞丽江左岸等地。与中国德昂族不同，他们一般不与其他民族杂居。从历史上看，崩龙族总的来说是由北向南迁徙的，但是这种迁徙有来回往复的现象，中国的一部分德昂族，主要是红崩龙与花崩龙又是缅甸迁入而来的。而中国的迁出部分又形成了缅甸崩龙族里的黑崩龙。缅甸的崩龙族除刀耕火种农业外，也善于种茶，保留了父系大家庭的特点，在一个长屋内住 5 ~ 12 个小家庭，由最年长而又有威信的男子任大家庭的家长，集体生产、共同消费。在宗教信仰、婚姻习俗等方面和中国德昂族也有相同的地方。

中国有布朗族 82000 多人，自称因地而异，有"布朗"（Bu lang）、"阿尔瓦"（A re wa）等，主要分布在云南省西部和西南

① 芮逸夫：《泰国民族》，载《中国民族及其文化论稿》（中册），第 603 页，（台北）艺文印书馆。

部沿澜沧江两侧的山岭地带。在社会组织、服饰、婚姻习俗方面都有自己的特点。在老挝的丰沙里省也有布朗族居住。因20世纪60年代初，寮国战斗部队将老挝几十个民族按居住地势的高低划分为“老龙”（Lao longs）、“老听”（Lao tengs）和“老松”（Lao soungs）三大族系，布朗族和苗族、瑶族、佤族一起划入“老松人”（居住高寒山区的民族）之中，所以他们的人口和社会情况都不太清楚。

此外，中国还有克木（Kh mu 或 Kho mu）人2500多人，主要分布在云南省西双版纳的勐腊、景洪两县。汉称为“插满”或“岔满”。他们的主要部分居住在老挝、泰国和越南。老挝有克木族约30万人，主要居住在北部的川圹省、琅勃拉邦以及南塔、丰沙里、桑怒等省。泰国有克木族约6万多人，居住在泰国的北部山区，以居住区难府为最多。越南的克木人，又叫“舍故人”（Xa gau）、“布腾人”（Pu then）、“僈真人”（Man zan）等，大约有30000多人，主要分布在顺州、马江、奠边、义安等地。他们讲克木语，属南亚语系孟—高棉语族，大都保有原始的万物有灵信仰，一部分信小乘佛教或基督教。从事农业，兼营狩猎、采集、捕鱼等，有精致的竹、木、藤编织手工业。克木人的祖先原住云南省南部一带，曾经相当发达，以后陆续南迁才形成中国境内只有少数，在国外却有绝大多数的情况。①

从上述中国南方的跨境民族可以看出，他们有的来往于国界两边；有的游耕迁徙，越走越远；有的十分相近，难分彼此；有的却有了一定的分化，在某些方面存在着相当的差异。跨境民族

① 参见李道勇：《浅谈克木人及其研究》，载中央民族学院民族研究所：《民族研究论文集》第三集。

高立士：《克木人的图腾信仰和氏族外婚制》，载《思想战线》1986年第2期。

高立士：《克木人の社会历史初探》，载《西南中国诸民族文化の研究》，（日本大阪）中国西南民族研究学会、国立民族学博物馆编印，1990年。

是一个新的重要课题，既可以作理论的研究，又可以进行微观的解剖。现在这方面的论著已经出现了一些，但我相信，经过各国学者的共同的努力，更精彩的成果还在未来。

日本《金沢大学文学部论集·行动科学篇》，第12号，1992年2月。

从民族学资料看数量观念的发展

人类的数量观念是随着社会的发展、科技的进步，由于客观的需要而发展起来的。在古代，由于生产、分配、交换的需要，不仅产生了数的观念，而且也有了各种简陋的度量衡制度。在我国古代，长度有里、丈、尺、寸、分；体积有石、斗、升、合、勺；重量有担、斤、两、钱；面积有顷、亩等。到了现代，由于科学技术的高速发展，数量观念日见繁杂、日趋精密，也日益重要。除了前述的长度、体积、重量、面积以外，在力学、光学、热学、电学、化学等学科里，也有了自己的测量单位。即使同样以长度而言，天文学家根据光的速度一秒钟可走 30 万公里的特性，以光速走一年时间的距离作为测量天体间远近的单位，动辄以十光年、几十光年来说明地球与某一天体间的距离，如仙女座大星云是人类用肉眼所能看见的最远天体，据测算，它离我们约有 220 万光年，即 21×10^{18} 千米那么远。而精密的机械制造，又往往不以厘米、毫米为满足，必须以“丝”为单位来测定制造的工件，一丝等于 1% 毫米，约为火柴棒直径的两百分之一。有些精密机械的制造，误差不允许超过一丝，也就是说，不能有一根头发的 1/7 ~ 1/6 的误差。而物理学家们，更测量出原子的直径是 10^{-8} 厘米左右，原子核的直径只在 $10^{-13}\sim10^{-12}$ 厘米。同为长度距离，天文学家在宇宙中使用的是大得可怕的“天文数字”，物理学家在微观世界里却使用了小得惊人的测量单位。人造卫星的上天，更应了“差以毫厘，失之千里”的古语。卫星的设计制造在任何一方面如果有了细微的差错，都可能导致它远远偏离预定的轨道。因此可以说，到今天，数量观念实际上已成为人类生活中须臾不可分离的重要观念，它是我们科技进步、社会发展的一根重要支柱。

人类早期的数量观念是怎么发展起来的？这可以利用我国少数民族的度量衡资料来加以探索和说明。不过这些少数民族地区度量衡的发展，一般受着两个条件的制约：即一是出于本民族社会经济生产发展的需要，什么样的生产水平决定了它需要什么样的度量衡制度。二是与邻近先进民族的经济文化交往是否密切，先进地区的度量衡制度往往随着交换的进行而传入。它又可以超过当地生产发展水平的需要而存在着。因此，前者决定了这个民族的度量衡只能发展到符合其需要的水平，而后者却可能把先进民族地区的度量衡输入到少数民族地区，使那里的度量衡超出了他们社会经济文化发展的水平。本文在研讨问题时，准备采用那些与本民族社会经济文化相适应的度量衡资料，而排除那种由别的先进民族传入的因素。

一

数是比较抽象的概念。原始人类还不会数数。他们最早产生的只有“多”与“少”的概念，一两只野兽是“少”，一大群野兽是“多”；一两个野果是“少”，一大堆野果是“多”。人类到后来，才利用具体的一个个自然物或自己的手指来计数。“屈指可数”，手指也许是人类最早的计数工具，发明以手指计数的原始人，其功绩也许比发明电子计算机的人要伟大得多，因为只有他们才使人类从“多”、“少”的概念，进入到具体的“1、2、3、4……”的数字概念，并由此产生了至今世界上绝大多数民族通用的十进位计算法，为后来数学的发展奠定了最早的基础。居住在台湾东部的高山族阿眉支系的马太鞍人，过去习惯从拇指数到小指，而在太鲁阁地方的高山族则习惯从小指数到拇指。[①] 世界各民族数手指的方法不尽相同，但是，以手指作为最基本的计数工具，却毕竟是最方便、最普遍的事情。

居住在内蒙古呼伦贝尔盟额尔古纳河畔的鄂温克人，新中国成立前还停留于原始社会末期的发展阶段，主要从事游猎活动，在他们那里数词只有1～100，100以上只能以笼统的“很多”来表示。新中国成立后他们出售猎获物，在供销社里有了几百元、上千元的存款，虽然曾经告诉过他们，每户存款的具体数字，但是每当问他们时，他们总说不清自己有多少存款，只会说：“很多”、“存得不多”、“够吃半年”等。他们对自己养的每一头驯鹿，从名字到特征都记得十分清楚，绝不会搞错，但当1960年9月登记各户有多少驯鹿时，却发现没有一户报对他们的统计数字，由此可以看出他们的思维有对具体事物的直接联系，却缺乏抽象的综合的数字概念。[②] 云南西南部的佤族，过去的数字观念比较差，他们在新中国成立前连最简单的加减法也要借助手指、脚趾或实物才能进行，在阿佤语的马散方言里，100以内的数字比较完整，100以上的数字，只有每次加50的150、200、250……等单位，1000以上的数字，则借用傣语。[③] 西藏珞瑜地区的珞巴族一般只能由1数到20，10个手指数完以后，再用10个脚趾助数，手指、脚趾数完以后，就抓头发，表示数目像头发一样多，无法数清。有些有阅历的人，会以20为一组，数到20个20。知道20个5是100，但不会说1000，只会说10个100，20

① 徐子为、潘公昭：《今日的台湾》上册，第105页，中国科学图书仪器公司出版，1945年。

② 秋浦：《鄂温克人的原始社会形态》，第87—88页，中华书局，1962年。

③ 云南民族调查组：《云南西盟大马散卡佤族社会经济调查报告》，第149—150页，1958年。

个100。[1] 在台湾高山族中，过去也只有从1数到10以及100的概念。1000是10个100，10000是10个10个100（十个十百）。能数到100的并不多，数字一大，就往往用“树叶那样”、“蚂蚁那样”来形容数目众多，不易数清。[2] 在其他民族语言的数词里，也留下了有关这方面的痕迹。如盘古瑶语中，“十”以内的数字是本民族的语言读音，而“十”以上的十一、十二、十三……中的“一”、“二”、“三”则明显地借自汉语，[3] 两者读音完全不同，由此可见他们在历史上，本来是只能数到“十”的，数“十”以上的数字，则是在与汉族接触以后，从汉语里传入的。从这里也可以看到，在数的观念的发展中，“十”以内的数词是一个发展阶段，“十”以上的概念，即十进位的概念，是在后来才发展起来的。

除了十进位以外，世界各民族中也有用过别的进位的。如西方有的国家，曾用过十二进位，把十二个东西叫做一“打”（dozen），十二“打”叫做一“箩”，影响至今，例如在铅笔的包装方面还沿用着这个计数制度。据说这和原始时代的人们发现月亮圆缺十二次以后，气候温度就周而复始地发生一轮变化有关。因为如此，所以世界各民族都把十二个月规定为一年，有的并在日常计算中以十二作为一个进位。在英国，一英尺（foot）等于十二英寸（inch）；一英镑（pound）等于十二盎司（ounce，指金衡、药衡）。比较奇怪的是在19世纪末，曾有一个探险队，在南非的原始丛林中发现了一个与世隔绝的波多那那族，他们的

---

① 社会科学院民族研究所：《关于西藏珞巴族的几个调查材料》，第37页，1978年。

② 徐子为、潘公昭：《今日的台湾》（上册），第104页，中国科学图书仪器公司出版，1946年。

③ 参阅《中国少数民族语言简志·苗瑶语族部分》，第130—131页，科学出版社，1959年。

人口不流动，实行族内通婚。一般学者认为由于血缘过于相近，所以肢节发生畸形，那里的绝大多数人都是12个手指（双拇指）与12个脚趾，因此，他们在数的观念中，很自然地也以12为进位，一斤等于12两，一尺等于12寸，一天有12个时间单位，图腾有12个，甚至妻子也以有12个为荣。① 在我国海南岛黎族的合亩制地区，过去计算复杂的数字，还常以稻秆柴草作实体进行计数，在那里习惯将稻谷以“束”作为最小单位，一束约得净谷二市斤，以六“束”为一“攒”，六“攒”为一“对”，二“对”为一“律”，二“律”为一“拇”。② 这种以“六”为进位的计数方法，也见于文献记载，清代屈大均《广东新语》中就说：“琼州数尚六。禾六束曰一把，钱六百孔曰一贯，物六十斤曰一担。”③ 据说它的起源，与六束稻禾捆为一把（一攒），六把（六攒）捆为一头（一对），便于用扁担挑运有关。相沿成习，遂以六为进位。这与现代的电子计算机，采用“二”进位制，因为电流只有“通电”与“断电”两种情况，因此只能有“0”与“1”两种表现方法是同一个道理。数的观念的发展不能不受到外界物质生产条件的决定性的影响。

“量”，是比较具体的单位。人类开始接触的事物，都是自然存在的单位，野兽是一头一头的、洞穴是一个一个的、石器是一件一件的、野果是一只一只的，这种“一头”、“一个”、“一件”、“一只”的可数单位，是人类度量衡制度中最早的天然计量单位，也是数的观念产生的物质基础。由于有了一头一头的野兽，才会数出一头、两头、三头野兽的数目来，由于有了一件一件的石器，才能计算出一件、两件、三件石器的多少来。所以

① 伍启期：《十二个指头的人与十二进制》。
② 广东民族调查组：《黎族合亩制调查综合资料》，第44—45页，1963年。
③ 屈大均；《广东新语》卷十一，《文语、土语》。

说，具体的“一头（件）、两头（件）、三头（件）、四头（件）……”的数的观念，是在具体的自然单位的“量”的基础上诞生的。没有具体的“量”的单位，就不可能产生具体的“数”的观念，更不会发展到抽象的“一、二、三、四……”的概念。

但是，从自然单位的“量”，发展演变到人为地制定体积、面积、长度、重量等“量”的单位，并不是一蹴而就的，其间经过了一段很长的过程。考察它们的发展可以发现，与人类物质生产的发展、分配、交换有着密切的关系。

二

早期的人类，过着简单的平均主义的生活。新中国成立前还处于原始社会末期的、家族公社正在解体时期的、居住在独龙河谷的独龙族，他们的家庭内，盛行主妇管仓、儿媳轮流煮饭、主妇分食的习俗。吃饭时，无论是汤是饭，不分男、女、老、幼、强、弱，都由主妇平均分给一份。① 在西盟的佤族，也是主妇根据全家人口的多少，一次把饭分完。不论饭量大小，分的数量多少相等，饭量大的不够吃，也只能这样；饭量小的吃不完，可以把剩余的送给别人。② 在这样一些民族里，最早的度量衡概念一般是比较模糊和简略的。佤族马散方言对路程的距离没有“里程”的计算，而只有“递亚”（tia—远）、“太”（tai—较远）、“阿拉”（ara—更远）、“玛拉”（mara—最远）的概念，至于这种远和最远之间的差距到底是多少，却是十分模糊的，是因人、因地而不同的。同样，他们对高、低，亦称“太木”（t'aim—高）、“龙”（loŋ—较高）、“龙龙”（loŋloŋ—更高）、“亮亮”（1iaŋ liaŋ—最高）等，也没

① 云南民族调查组：《云南省怒江独龙族社会调查》，第261页，1964年。

② 云南民族调查组：《云南西盟大马散卡佤族社会经济调查报告》，第107页，1958年。

有一个统一的标准。[①] 额尔古纳河畔的鄂温克人对路程的远近也只能以“大搬家”、“小搬家”来表示，“大搬家”是走得远一点，大约是两天的路程，“小搬家”则是一天的路程。他们对重量的概念则以一个人能背动的重量为一个单位（约60多斤）。在容量方面，则用木碗、皮口袋等作为量具，至于装满与否是很不在乎的。[②] 他们对于自然物的“量”，往往没有大、小、轻、重之间的精细分别。在云南边疆的一些圩场上，过去有的少数民族群众出卖鸡蛋，只讲多少钱一个，而绝对没有鸡蛋大小的区别，也是这方面的一个很好的例子。

在度量衡中，最早产生的是体积的概念。这是因为把自然物分成“堆”和以容器如箩、篮、碗、罐等盛舀物件是最方便易行的事情。居住在我国东北黑龙江省兴安岭地区的鄂伦春族，在过去系以家庭公社“乌力楞”为单位进行狩猎，他们对于猎获物进行原始共产主义的按户平均分配，这种分配并不按重量斤斤计较，而是将腿骨、肋骨、胸骨、油脂和肉等各部分按户数多少分成小堆分配的。兽头与内脏则在煮熟后由全“乌力楞”的男女老幼集体聚食。负责分配的“塔坦达”（家族长）及打中野兽的人却只能拿较次的一份。[③] 由此可见，在原始的狩猎民族中，分配整个猎获物时，是在剁开以后按大致的“堆”作为单位，而不是按重量进行分配的。

在农业民族中，集体合伙的生产最先遇到的就是农业收获物的分配。在没有发明以重量计算之前，论堆分给参加劳动的各户是最容易的事情。长期以来，不少民族只有体积单位，没有重量

① 云南民族调查组：《云南两盟大马散卡佤族社会经济调查报告》，第137—148页，1958年。

② 秋浦：《鄂温克人的原始社会形态》，第87—88页，中华书局，1962年。

③ 秋浦：《鄂伦春社会的发展》，第36页，上海人民出版社，1978年。

单位，就是这种情况的反映。云南贡山县的独龙族用白藤编织成一种细密无隙的竹箩，作为他们的最大容量单位，一“箩”约可装粮 60 斤。① 居住在云南西南部的佤族则有量器“散因”[seiŋ]，各村寨大小不等。据西盟县马散大寨的调查，一大“散因”谷子约有 2.85 公斤，小“散因”则为 1.75 公斤。五大散因为一“块”［k‘uai］，两块为一“担”［tan］，三担为一“亢”［kan］。此外，还有“赛因戛容”（sein kazon）、“赛因士波特”（seiŋ spot）、“洛克亚”（loukiet）、“觉克”（tçok）等，均由长短、粗细不等的竹筒制成，只在家庭内部装量东西或估计收获量时使用，不用于交易和借贷，因各户所制大小不一，所以没有一个统一的折算标准。② 云南怒江地区少数民族在物物交换时，经常使用的量具是“怒比”（升），一个怒比就是一个直径 2.7 寸，深约 6 寸的竹筒。后来，在怒比的基础上，又产生了“钱”和“两”的计量单位，一个怒比为一钱，九钱为一两。在交换时，大约五怒比玉米等于一只鸡，四钱玉米等于一头两拳大的猪，五钱玉米等于一件男麻布上衣等。③ 在镇康县木厂区大寨的德昂族中，也习惯以“筒”为计量单位，一筒玉米约 20 斤，旱稻约 15 斤，水稻约 30 斤。④ 除了使用箩、筒等量器以外，有的民族也习惯以手作量器，以手掌一握（一把）为标准来计算农作物的数量。如贵州台江县巫脚交的苗族过去习惯连杆一起逐棵收割稻谷，以一手的拇指尖与中指尖围拢连接握成一束为一“把”，以两把交叉扎成一“非”，以十非为一“度”。过去习惯以一非折合十斤，但

---

① 云南民族调查组：《云南省怒江独龙族社会调查》，第 100 页，1964 年。

② 云南民族调查组：《云南西盟大马散卡佤族社会经济调查报告》，第 148 页，1958 年。

③ 云南民族调查组：《云南省怒江傈僳族社会调查》，第 16 页，1964 年。

④ 云南大学历史研究所民族组：《拉祜族佤族崩龙族傣族社会与家庭形态调查》，第 99 页，1975 年。

实际上由于田亩肥瘦不同，所产稻粒重量相差较大，根据实地测算，上等田产的稻谷，每非约重老秤五斤（每斤二十四两），折市秤八斤十一两；中等田产的每非约重老秤四斤，折市秤七斤；下等田产的每非约重老秤三斤，折市秤五斤三两。[①] 这里面还没有把人的手各有大小的差异，因此所握的“把”也有大小的因素估计在内。由此可见，在早期的以箩、筒或人手持握作为体积的计量单位，都是很不精确的，它们因地、因人、因其他具体条件的不同，而有着各种较大的差异。

在牧区，以牲畜的头数作为计量的标准，是最自然、最方便的方法。但是，大牲畜与小牲畜，成年牲畜与幼畜之间，毕竟存在着较大的差别。因此，随着社会的发展，也必须有一个合适的折算办法，一般也是以体积的大小来折算的。内蒙巴彦淖尔盟阿拉善旗的王公贵族，过去在向蒙族牧民征收赋税“宝敦阿勒巴”时，就以一只骆驼为一个“宝得”（“大牲畜”之意），以“宝得”作为计算征税的计量单位。每十“宝得”征一“宝得”的“阿勒巴”。其他幼驼、马、牛、羊都以一定的比例折算成“宝得”，如二至三只“陶日木”（两岁的骆驼）等于一只骆驼，一头牛等于一只“陶日木”，一匹马等于一只骆驼，十到十五只绵羊折合一只骆驼等。依此可以计算总共合多少“宝得”，决定春秋两季应该缴纳多少赋税。[②] 这是在牲畜的自然个体的基础上，根据个体体积的大小，以大骆驼为计算单位而产生的折算办法。在四川若尔盖的藏族牧区，则以牦牛为折合单位，一头牦牛等于半匹马或五头羊。[③] 到了南方的农业地区，养的牲畜不多，不能

① 贵州民族调查组：《台江县巫脚交经济发展状况》，第63、第110页，1957年。

② 内蒙民族调查组：《阿拉善旗情况，阿拉善旗调查材料之一》，第58页，1957年。

③ 西藏民族调查组：《藏族简志》下编，第63页，1965年。

像牧区那样简单地将牲畜以头为单位进行大致的折算，而必须具体地分清每头牲畜个体体积的大小，于是，就产生了所谓“拳牛比马”的办法。清代的严如熤在《苗防备览》中曾具体地描写说：“苗民入市与民交易……牛马以拳数多寡定价值，不任老少。其法将竹篾箍牛前肋，定其宽侧，然后以拳量竹篾，水牛至十六拳为大，黄牛至十三拳为大，名曰拳牛。买马亦论老少，以木棍比至放鞍处，从地数起，高至十三拳者为大，齿少拳多价差昂，反是者为劣，统曰比马。”① 这种以拳头量比牲畜的办法，直到新中国成立前后，在云南等地一些少数民族中还继续流行着，不过量的方法各有不同。如在怒族、傈僳族中，一般以成年人的拳头量牛和猪的颈围宽度，以此计算牛、猪的大小。② 碧江县二区饿科罗村的傈僳族，习惯上借一条六拳大的牛，过一年后要还一条七拳大的牛。1952 年，恒妹向普阿那借一只四拳大的猪，定一年后要还一只五拳四指大的猪。③ 而在海南岛黎族的合亩地区，则以角的长度或身的长度来计算牛的大小，并不算它们的重量。④

度量衡制度的统一，必须要有一个统一的政治经济中心。体积计量的统一，也并不例外。我国各少数民族从总的来说，过去在统一的多民族大家庭内，有着共同的政治经济中心，但是，就一个个民族，一块块地区而言，长期以来，却是很不统一，有着很大差距的。因此，反映在各自的体积计量上，自然也是五花八门，各不相同。从我国历史上看，在春秋以前，有公量、家量之分，体积计量也是各不相同的。如齐之公量，由公室颁布，四升

① 严如熤：《苗防备览》卷八，《风俗考上》。
② 云南民族调查组：《怒族简史简志合编》，第 39 页，1965 年。
③ 云南民族调查组；《怒江傈僳族自治州社会概况》上册，第 44 页，1957 年。
④ 广东民族调查组：《黎族简史简志合编》，第 86 页，1965 年。

为豆，四豆为区，四区为釜，十釜为钟。而在卿大夫家如陈氏（田氏）家量，则以上五升为豆，五豆为区，五区为釜，十釜为钟。[①] 在战国时期，各国各自统一度量衡，但各国之间差别仍然很大，如齐、魏以钟为单位，秦、燕以石为单位，卫国以盆为单位等。因此，过去我国各少数民族之中，甚至各村寨之间，计量单位各不相同，也就是毫不奇怪的事情了。

以堆或箩、筒等为单位的容量概念出现的同时，以手指、手臂度量的长度概念也同时出现了。明人朱孟震在《西南夷风土记》中记述云南德宏地区风俗时说："贸易多妇女……度用手、量用箩。"可见在一些少数民族中随着用箩作为量具测量容积的同时，也出现了用手作为量具来测量长度了。《大戴礼记·主言篇》载："布指知寸，布手知尺，舒肘知寻，十寻而索，百步而堵，三百步而里。"可知我国古代中原地区很早也是以人的手指、胳膊和步伐作为计算长度的单位。其实这种情况，在世界各民族中，也几乎是大致相似的。我们知道，英制的"尺"就起源于"脚"（foot）。古代埃及曾以"前腕"作为计算长度的单位，一前腕即为由手肘到伸直的长指尖之间的距离。早在4千年前，埃及的法老就曾命令制作一根黑色花岗石的前腕，约18.24时作为标准器。法律规定日常使用木制的前腕，而每月还必须核对校正一次。金字塔的底边等于500个前腕，它的周长是2000个前腕。埃及人还将一前腕分为24个"指"，每一"指"相当于人手中指的宽度。

在我国西南地区的少数民族中，长期以来也是以人的肢节手臂、手指等作为测量长度的基本单位，一直采用着"度用手"的办法。居住在云南澜沧江两岸的拉祜族，以一个成人双手平伸，从一手指尖到另一手指尖的长度为一"排"（拿），大约相

① 《左传》昭公三年晏子语。

当于五市尺；而以五分之一“排”为一“肘”，[①] 以此作为长度计量的单位，用于丈量木材、布匹等物的长短。在基诺族中，建造房屋时的长与宽度也用“排”计算。在佤族中，亦是以两臂左右伸开的长度为一“托普”（top）；一“托普”又分五“所”（so），即自左手中指至左肘关节为一“所”，左肘关节至左肩为一“所”，左肩至右肩为一“所”，右肩至右肘关节为一“所”。右肘关节至右手中指为一“所”，共五“所”。一“所”又等于两“丁特”（tint‘ɤ），一“丁特”即大拇指与小指伸开之间的长度。[②] 从一些文献中可以看到，这种“拿”的长度还正式作为缴纳赋税的单位。如清雍正八年（1730年）云贵广西总督鄂尔泰的怒、彝输诚奏折中就载有“鹤庆府属维西边外，有怒江三道，过江十余日路，有……怒子……相率来维，将麂皮二十张，出驴皮十张，麻布三十拿……原将此土产作赋，永远隶属圣朝”。[③] 可见“拿”这一长度单位当时在云南西部各少数民族中是十分通行的。除了云南以外，在贵州苗族地区，也盛行这种以手计量长度的办法。黔东南地区的苗族在日常生活中以手指伸开后，从人拇指尖到食指尖之间的长度为一“突”（即一小卡）；以大拇指尖到中指尖之间的长度为一“梭”（即一大卡）；以两手平伸，从左手尖到右手尖的长度为一“晌”。[④] 在西藏墨脱县的门巴族中也把两手平伸的长度为一“庹”，一庹约五市尺左右；并将从手指到肘的长度为一“康”，一康相当于一市尺强。[⑤]

---

① 云南民族调查组：《拉祜族简史简志合编》，第11页，1965年。

② 云南民族调查组：《云南西盟大马散卡佤族社会经济调查报告》，第148页，1958年。

③ 《永昌府文徵》文录卷十。

④ 贵州民族调查组：《台江县巫脚交经济发展状况，资料调查之一》，第107页。

⑤ 《西藏墨脱县门巴族社会历史调查报告》，第16页，1978年。

各族使用名称虽小有差异，计算办法也多少有点出入，但用手臂、手指的长度作为计量标准这一基本办法却都是相同的。

三

与体积、长度的计量比较，重量与面积的计测是后来的事情。这不仅由于计重的标准一时难以寻找，面积的计算比较复杂，而且还由于只有当社会生产的发展，达到在分配与交换中必要有这方面的需要时，才产生这两种计量的办法。在我国少数民族中，除了从汉族地区传入的各种秤、戥以外，很少有本民族特有的计重器具，也从一个方面说明了它晚出于体积、长度计量的事实。因此，在那里农作物等固体往往以大小不等的筒、箩、斗、别、克、桶、束、驮、挑计；酒、油等液体以碗、罐、瓶计；牛、猪、马等家畜以拳计，都很少以重量计算。至于这些容器可称量的实物折合成老秤或市秤若干斤，却都是后来的事情了。云南西盟佤族使用的秤、戥等计重器械，都是从汉族地区传入的。后来，本民族也学习以重量计数，他们以石块为秤锤，用木棍作秤杆，上面任意刻画若干纹道作为记号，可是这些纹道既不代表斤、两，又没有形成固定的单位，只是在分配或借贷时计数用。① 海南黎族合亩制地区过去也不知有秤，新中国成立前十多年才仿效汉族自己制秤，但上面没有一定的刻度，称一次做一个记号，多用于互相借物与分配之用。② 看来人类早期秤的雏形也许就是以任意拾取的石块作秤锤，而在杆上按秤量的多少刻画记号而开始的，至于固定的斤、两单位则是在使用一段时间以后

① 云南民族调查组：《云南西盟大马散卡佤族社会经济调查报告》，第 148 页，1958 年。

② 中南民族学院：《海南黎族情况调查》（第一分册）《合亩制地区》，第 151 页，1955 年。

才逐渐明确下来的。刘向《说苑》载：“十粟重一圭，十圭重一铢，二十四铢重一两。”程回《三器图义》也说：“权以百黍为铢，二十四铢为两，十六两为斤。三十斤为钧，四钧为石。”粟是圆形或椭圆形的小米，为我国北方重要的粮食作物；黍比小米稍大，去皮后叫黄米，煮熟后有黏性，是酿酒、做糕的重要原料。粟或黍不仅被作为计重的原器，而且也被作为计量长度与容积的标准，《说苑》：“度量权衡以粟生，一粟为一分，十分为一寸。千二百粟为一龠，十龠为一台。”《三器图义》：“古者度以北方程黍中，一黎之广为分，十分为寸，十寸为尺，十尺为丈，十丈为引。量容为一千二百黍为龠，十龠为合，十合为升，十升为斗、十斗为斛。”这种因农作物的子实“其粒均齐无大小，故昔人定分寸，度空径，皆用以为准”。（《几暇格物篇》）在农业民族中，早期度量衡制度脱胎于农作物的天然个体单位是十分自然的事情。当然随着粟、黍的生长受雨水干旱、肥力大小、收获早晚、品种差异的多种因素的影响，这种标准器本身会有各种变化，所以，根据它们测定的度量衡，毕竟不可能十分精密，必然存在各种各样的误差。

由于旧社会计重标准的混乱，新中国成立前各地区各行业都有自己的多种多样的秤，如收购棉花的“四邦花秤”比当时通行的市秤要大百分之三十五以上；收购鲜鱼用的“接半秤”折合“钱平秤”一斤半，而出售时用的“钱平秤”却只比现行市秤大百分之十五；购进食盐用的“库平秤”每百斤要比钱平秤大七斤。购进百货用“钱平秤”，出售时用“公议秤”，每百斤要比钱平秤小五斤等。计重器具如此混乱，反映了在少数民族地区，秤量标准也有很大差异。以黔东南苗族地区为例，过去既有十六两一斤的“正秤”，有二十四两一斤的“大秤”，也有十八两三钱一斤的“老秤”。据对台江县一个乡的十四把秤的较量，大秤每百斤要多出三十六斤，小秤每百斤要亏损十八斤，两者上下相差竟达五十四斤之多。[①] 这种计重制度的混乱，一方面与制秤工艺的粗糙、缺少严格的检验制度、各地区各村寨各行其是有关；另一方面是在相当一段时间内，汉族或本族地主以及进入民族地区的商人，利用本民族没有计重工具，而尽量利用计重的办法进行巧取豪夺的结果。

因为度量衡的发生、发展与生产的关系十分密切，所以有的少数民族地区还出现了独特的计量单位。如西双版纳傣族地区，长期以来以种水田为主，很早就发展了灌溉系统。为了合理分配浇灌水量，他们发明了以竹筒作为从灌渠中引水的量器，而以竹节上打洞的大小来决定引出流水量的多少。另外再做一个圆锥形的木质分水器，上面画有刻度表明斤、两、钱、分、厘的单位。以这个分水器去测量竹筒节上圆洞的大小，可以知道这个竹筒是几斤几两的流水量，[②] 用这个办法使得灌渠的流水在各村寨之间能够得到一个合理的分配。这种斤、两、钱、分、厘的单位，既不代表水的重量，又因沟渠流速的不同，一昼夜之间同一“斤”的总流水量也不相等。但是，由于它们是在同一条灌渠内，使用同一个标准去测量和划分进水口竹筒圆洞的大小，因此，它对灌渠内总水量的分配基本上还是比较合理的。由于田地距渠道远近不等，流水经竹筒圆洞分流以后，距离远的田，中途消耗水量大，因此，即使是同样面积的田，因其情况不同，分水量也往往是不等的。如曼景兰寨的纳档、纳秀两块田，同为一百纳面积，但纳档距渠道远，分水后，经过一条小沟才流入田，因此要分配水量二斤；而纳秀田就在渠边，分水以后可以直接灌田，只要分

---

① 贵州民族调查组：《贵州省台江县巫脚交经济发展状况》，第 107—108 页，1958 年。

② 云南民族调查组：《西双版纳傣族社会经济史料译丛》，第43—44 页，1958 年。

水一钱五分就可以了。[①] 景洪地区有大水沟12条，其中闷澜永（意为“菩萨划定的水沟”）一条流经曼火闷、曼列、曼沙、曼竜坎、曼回说、曼东老、曼拉、曼魔、曼水勐各寨，习惯上对每寨的各个田块开多少水口，每个分水口的水洞有几斤或几两大，都有具体的规定。[②] 这是水田灌溉系统比较发达的民族所采用的简便而又独特的计量单位，也反映了少数民族人民在生产中根据经验积累而创造出来的科技才能。

四

人类早期以狩猎为生，他们到处游猎，除了兽皮的大小以外，对土地面积的计量，根本还没有这方面的需要。居住在内蒙古呼伦贝尔盟额尔古纳旗奇乾民族乡的鄂温克族，过去主要以狩猎为主，他们140多人游猎在大约数万平方公里的山林之内，地广人稀，加上狩猎对象是随时迁徙走动的野兽，所以在各民族或各“乌力愣”之间从未划分过各自的猎场，根本谈不到土地面积的概念。后来由于他们学会了在鹿犴常走的阳坡挖洞打坑，放进食盐，然后盖一层土，促使表土碱化，造成引诱野兽前来舐碱的碱场，各“乌力愣”慢慢有了自己的碱场与习惯的游猎区，但是即使这样，出于山林的广大，可开辟的碱场很多，因此互相之间也不存在着计算面积的需要。[③]

在农业民族中，尽管土地是劳动的对象，但在开始的时候，土地面积的计量也是不被重视的。如居住在云南西南部沿澜沧江流域下游两侧山岳地带的布朗族，过去大多数村寨的土地以村寨

---

① 云南民族调查组：《西双版纳傣族社会经济史料译丛》，第43—44页，1958年。

② 云南民族调查组：《西双版纳傣族社会经济史料译丛》，第9—61页，1958年。

③ 内蒙古民族调查组：《额尔古纳旗鄂温克人的情况》，第9—11页，1960年。

公有为主。在曼兴竜等村寨中，一部分由各家族长期占有的土地，均以某种自然物或地势地形如山涧、水沟、山岭、大树为界。树寨之间借用土地，只要送一包烟草，或至多请对方头人吃一顿饭，征得同意后，就可以尽自己力量开垦大片土地。在那里，土地面积大小，就显得十分重要。而当土地被作为生产资料加以出租、买卖以后，土地面积的计量就发挥了它的作用，并逐渐发展起来了。在布朗族中，当租佃关系发展以后，田块与产量关系到收租的多少，因此，田块的大小就有了意义。在曼瓦等土地私有制已有初步发展的村寨，在村寨间以及寨内各家族、各成员之间都发生了租佃关系，因此，租佃土地就必须按子种多少分别交租，如撒种一挑要交租一挑，还收租金半开一元，或交纳收获物的 10% ~20% 。[①] 在独龙族中，当旧的伙友共耕地丢荒以后，新的共耕小集体在征得旧的共耕小集体同意，有时送上一瓶水酒或一些兽肉作为礼物后，即可耕种丢荒的土地，而土地面积的大小与所送礼物多少是没有任何联系的。在土地私有并进行买卖时，尽管这种买卖还处于物物交换的阶段，土地价格也十分低廉，但是土地面积的大小已经起到十分重要的作用。一架最好的火山地，可用一斗粮食或一把砍刀或一头小猪购得，[②] 一架地约等于二亩，可见在土地买卖中，已注意到它们的面积。这些都说明随着生产的发展，私有制的确立，剥削关系的产生，在计量单位中面积的计量虽然比体积、长度、重量出现得晚，但是却日益显得更为重要起来。

如前所述，土地面积的计量开始时不是以土地大小为准进行计算，而是以播种量或收获量的多少来进行计算的。这是与早期

① 云南民族调查组：《布朗族简史简志合编》，第 31、第 35、第 36 页，1965 年。

② 云南民族调查组：《云南省怒江独龙族社会调查》，第 105 页，1964 年。

的农业生产从事刀耕火种的生产方式分不开的，是一种在一定容器的基础上，以撒播或收获多少容器的子实作为计算土地面积的办法。如云南西部的景颇族就以箩作为计算耕地的单位，一箩种子合36～42斤不等。水田与旱地的撒种多少不同，所以折算的面积也不一样，一箩种的水田折合四亩，一箩种旱谷地却才折合二亩半到三亩。一箩种园地（玉米、大烟地）、棉花地约折合0.8箩旱地，一箩种黄豆地则折合五箩种旱地。[①] 这种“箩”的计量单位，在西南各民族中，甚至在同一个民族的不同地区，也有大小的不同，因此其折合耕地面积的多少也不一样。如陇川县户腊撒地区的阿昌族一箩稻谷约40斤，一箩种水田折二亩半；而在梁河县的阿昌族中，一箩稻谷约30斤，一箩种水田要折合田亩。[②] 除了以播种量计算土地面积外，还有以收获量作为面积计算标准的。广西南丹县大瑶寨瑶族，习惯以收获量计算面积，一般水旱田以五挑（一挑约60斤）折合一亩，旱地则三挑折合一亩。[③]

当牛耕业发展以后，人们计算土地面积的办法，就从容器计算法转换到了牛力换算法，即以一架牛一天所耕的土地，作为计算面积的标准。云南西北部的傈僳族就以“架”作为计算土地面积的单位。但因牛力有大小，土地耕作有难易，一天时间有长短，所以“架”所折合的面积，各地也不一样。在碧江、福贡等县各村中，一“架”地为1.7～2.5亩。[④] 这种“架”的单位，在四川凉山的部分彝族地区也很通行，在那里每“架”约合2.5

---

① 云南民族调查组：《德宏傣族景颇族自治州社会概况，景颇族调查材料之一》，第2页，1956年；《之二》第46、第56、第83页。

② 云南民族调查组：《阿昌族简史简志合编》，第12页，1965年。

③ 广西民族调查组：《广西南丹县大瑶寨瑶族社会概况》，第2页，1958年。

④ 云南民族调查组：《怒江自治州概况》上册，第16、第22、第36、第97、第122页，1957年。

亩，布拖县则洛乡平均黑彝每人占有土地 5.04 架，曲诺 1.41 架，萌桂 0.57 架，赤黑 1.02 架。他们在土地买卖、租佃与“赐与”等方面都是以架作为计算的单位。①

在封建社会里，封建领主与地主通过土地束缚与剥削农民，土地面积的计量它显示出特殊的重要性。在广西土官统治的壮族地区，土地面积的计量单位就比较发达，如安平土司（今属大新县）的耕地面积单位就有“半”、“子”、“丢”、“钱”、“籍”、“巴”等。一半折合六亩，一子折合三亩，一丢折合一亩半，一钱折合一亩，一籍折合四分之三亩，一巴折合三分之一亩，面积计量的细致比汉族为甚。② 农民根据耕种田地的多少，有各种各样的负担，如花户每种一钱田，就要纳练勇粮 60 斤和一贯二千文钱。③ 佃丁耕种庄田除了缴纳实物地租外，还要为土官服各种劳役，并要在年节与土官婚丧喜庆时呈送各种礼物。④ 恩城土司统治下的格强屯，其中六户种土官的二十四半田（在当地每半折合五亩），为土官服吹唢呐的劳役，除了喜庆大事时要自带口粮去吹奏外，还要每三天一轮，每两人一班，每天天亮、天晚、半夜三次，每次吹奏唢呐三遍。种这二十四半田的被称作“罾歌手”，社会地位是最低下的。此外，如种“罾膳”（膳田）的，每“半”每年要交银二毫四分；种“罾目”（目男田）的，每半每年除交银二毫二分外，遇土官继任时，每户要给新土官交钱二十四文，每月每半田要交四两米养“老布”；种“罾仗炮”（放炮田）的，每天黎明、中午、黄昏三次，要为土官去放铁炮，每次

① 四川民族调查组：《凉山彝族社会几个方面的情况》，第 17、第 31、第 38、第 39 页，1957 年。

② 广西民族调查组：《广西大新县壮族调查资料》，第 10 页，1957 年。

③ 广西民族调查组：《广西大新县壮族调查资料》，第 26 页，1957 年。

④ 广西民族调查组：《广西壮族地区、庄田经济调查报告资料集》，第 22—24、第 45—46 页，1964 年。

三响，如果放不响，就要受到责罚。种“畱番”（农民自有田）的，交粮最重，每半每年交六百四十文（折合银六毫四分），每逢初一、十五黎明时，还要去土官衙前侍候。地位低下和沉重的劳役赋税负担，往往逼得农民将田送与别人耕种甚至弃田逃跑。[①] 在广西土官地区除了“半”、“子”、“丢”、“钱”……的面积单位外，还有“积”、“两”、“易”、“线”等。在茗盈土司地区，一积田折合五亩，一两田折合二亩，百姓耕种官田，过去缴纳谷租，以后改为缴钱，每积田每年要收四百五十文。[②] 在下雷土司地区，一易大约是谷种 20 斤，相当于二亩田，在那里有挑水田、旗锣田、扫墓田、抬轿田、看猫田、点香烛田、印田、夫役田、斟酒田、土兵田等各种负担专门劳役的田地，如种旗锣田的农民，每户分租一易田，不纳粮上租也不出服役，但每月初一、十五土官行香邦庙时，他们都要穿长衣，戴高帽，去敲锣、扛旗、撑伞，喝道助威。[③] 而在安平土司的其他一些地区，官田也有以“线”来计算的，一“线”相当谷种 18 ~ 20 斤，也折合二亩左右。[④]

在“政教合一”的西藏藏族地区，农奴差巴领种的份地叫“差岗地”，是农奴主折算封建地租的土地单位。“岗”不仅是土地面积的单位，也成为计算负担的单位。随着各地的不同，岗的面积也大小不一，大的岗要合一百多克，小的岗只有二三十克，一般约在四五十克到六七十克之间，“克”相当于汉区的斗，一克青稞约合 25 斤，一克酥油约合 6 斤。一克种子的土地，习惯

① 广西民族调查组：《广西大新县壮族调查资料》，第 220—222 页，1957 年。

② 广西民族调查组：《广西大新县壮族调查资料》，第 251—252 页，1957 年。

③ 广西民族调查组：《广西大新县壮族调查资料》，第 271、第 277—279 页，1957 年。

④ 广西民族调查组：《广西壮族地区庄田经济调查报告资料集》，第 48 页，1964 年。

上都折合一亩。克以下有“车”，一克等于20车。西藏山南地区扎囊县的囊色林溪卡（庄园）中的差巴领种份地多少不一，多者一岗地（规定为21克），少者一批地（一批等于六分之一岗，规定为三克半），差巴耕种份地，必须保证支出名目繁多的内差与外差，内差是为领主囊色林服的劳役，计有耕种领主自营地，为领主割草、炒青稞、捻毛线、送伙食、刷白灰、盖房顶、剪羊毛、织氆氇等，外差是向西藏地方政府噶厦支应差役的总称，要为来往官员及宗（县）政府运送物品，听候使唤，缴纳食物、草料等。所有内外差均按岗摊派，如规定种一岗地的差巴必须自带口粮无偿地耕种三把领主自营地（一把地即二牛抬扛式的耕牛耕一天的面积，约3~5克）。据囊色林溪卡统计，这种内外差共有40个项目，它的总值约为土地报酬的73%。① 在拉萨附近的墨竹工卡宗（县）甲马庄园里，则以一“顿”为二岗，一岗为三“培”，一培等于20克，即一岗为60克。据民主改革前的1956年统计，种一培地的差巴登泽乌珠共出了人役144人日，畜役129头日，折合每岗每年要出人役432个，畜役387个，繁重的劳役使得差巴不能很好地经营自己的场地，往往直到庄稼成熟时还无力将它们及时收回。② 而在四川甘孜藏族地区，差巴地则以“袋”为单位，差巴依领种份地的多少，分别纳人差、牛差、马差或枪差。一“袋”大约下种80斤，在甘孜一带折合三亩八分，在德格一带则折合二亩八分。③

云南西双版纳傣族在新中国成立前也受着封建领主的统治，“召片领”（意为广大土地之主）是当地的最高统治者。在那里

① 西藏民族调查组：《山南地区扎囊县札囊朗区囊包林豁卡调查资料》，第7—8、第16、第20—23页，1964年。

② 西藏民族调查组：《墨竹工卡甲马封建庄园调查报告》，第6、第9页，1964年。

③ 四川民族调查组：《藏族简志》下编，第59页，1965年。

土地面积的计算，以“纳”为单位，纳的大小并不固定，一般以一纳为四分之一亩，也就是说四纳等于一亩。据古老的傣文文书《都竜掌杂记》一书所载，傣历542年（1180年），即景泰元年（1450年）[①]，“召竜法”（天朝皇帝）任命召片领为宣慰使，统领西双版纳，从那时起就决定了召片领在景洪坝子的世袭宣慰田有：宣慰镇附近的1000纳，曼洒寨的1200纳，曼洪寨的1100百纳，曼景蚌寨的1000纳等共计11950纳。[②] 西双版纳也就是十二千纳的意思，与这个数字十分接近。说明很早以来，他们就以“纳”作为计算面积的单位。在召片领统治地区，召片领以纳为单位，将部分土地作为俸田分赐家臣，其余部分作为农奴的份地，利用历史上残存下来的农村公社土地的形式，也是以纳为单位，通过村寨头人分配给农奴耕种，从而榨取各种沉重的封建负担。在村寨里，头人利用自己的权力，往往多占田，占好田，所以发生分配的“纳”数与实际耕种面积不符的现象。“纳”不仅是计算面积的单位，实际上也变成为负担的单位了。如允景洪的曼暖典寨头人叭竜，旧头人鲊喊丙张与群众波报告名义上虽然各种50纳田，但实际上头人叭竜的50纳有13.3亩，旧头人鲊喊丙张的50纳有7.6亩，而群众波报告的五十纳却只有6.7亩。[③] 波报告种着名义上与头人一样，实际上却减少了将近50%的田地，而所担负的负担却丝毫也不会减少。西双版纳一部分地区，在“纳”以上，还有“永”的单位，它的面积大小也不十分固定，一永合子种6~7挑，大约折算田地140纳左右。宣慰镇附

① 按此书所记，年代错乱不清。据傣文《泐史》所述，1180年召片领始祖叭真开始入主勐泐（西双版纳），汉文史籍载元至元二十九年（1292年）以其地建彻里总管府，泰定二年（1325年）再建车里总管府。明洪武十五年（1382年）改置车里军民府，到洪武十九年（1386年）始建军民宣慰使司，以刀坎为宣慰使。

②③ 云南民族调查组：《西双版纳景洪傣族民主改革以前的领主经济》，载《民族研究工作的跃进》，第262—264页，科学出版社，1958年。

近的1000纳田地，召片领将它分为7“永”，交由曼纽、曼模、曼浓坎、曼景兰、曼喝勐等寨耕种，领主为了保证其剥削收入，硬性规定每永产量以曼模寨农民自耕土地的收获量为标准，每永至少要按80挑计算，于是，就发生了曼纽寨将所种的两永地转给曼景兰寨耕种后，每永曼景兰交租25挑以后，不足部分仍要由曼纽补足的现象。[1]“永”不仅是土地面积的单位，也成为了变相的负担单位。在封建社会里，统治阶级就这样利用土地面积的计量单位千方百计为增加剥削量服务。

我国汉族地区的度量衡自周初到清末的3000年间，都有了不同程度的增大，如一尺由原来的19.91厘米增加到32厘米，增长了60%；一斤由228.86克增加到596.82克，增重达1.67倍；一升由193.7毫升增加到1035.5毫升，增重达4.34倍。[2]阮元《积古斋钟鼎彝器款识·商周兵器说》认为：“古度量衡短小且轻，今度量衡长大且重，又何也？自古利权皆由上操也，官吏之征粮帛粟米也，未有不求赢者，数千年递赢之至于此，亦不得不然之势也。”说明其原因是统治阶级为了在不增加税率的情况下，假借统一之名，扩大计量单位，以便加重剥削量的结果。唐代以前，大多征收实物捐税，所以增大计量单位的情况更为严重。司马光说：“尺量权衡，自秦汉以来，变更多矣。彼贪者，知大其量以多取人谷，亦知大其尺以多取人帛，大其权衡以多取人金。”《神灭论》作者范缜亦说：“量之大，盖出于魏晋以来贪政。”由此可知，利用度量衡的计算来加强剥削，并不仅仅存在于我国少数民族地区，而在汉族古代早就是这样了。

载《民族研究》，1982年第1期

---

① 云南民族调查组：《西双版纳景洪傣族民主改革以前的领主经济》，载《民族研究工作的跃进》，第274页，科学出版社，1958年。

② 韩柏生：《试谈我国计量制量度的沿革》，载《计量工作》1964年第2期。

民族学研究新的发展

我国的民族研究从民族识别工作开始，发展到民族学、民族理论与政策、民族史、民族语文的研究，又进一步专门研究民族起源、民族经济、民族关系史、民族传统文化、民族民间文学、民族哲学、民族宗教以及民族体质、民族血液成分、民族群体遗传学等，有的还突破了过去的禁区。在马克思列宁主义理论的指导下，从历史、现状与理论上，对民族群体开展了多层次、多方位的研究。本文企图从文化人类学与体质人类学、群体遗传学等学科间的沟通，从民族的社会科学研究与自然科学研究的联系方面，做一些探讨。不妥之处，望识者予以指正。

一

据不完全统计，我国学术界已对壮、苗、瑶、黎、侗、土家、藏、彝、蒙古、裕固、哈萨克、回、维吾尔、锡伯、柯尔克孜、朝鲜、鄂伦春、鄂温克、达斡尔、赫哲等20多个民族的体质特征进行了专门的调查。调查项目大致包括测量性体征与非测量性体征两大部分：前者包括头部（头长、头宽）、面部（面高、面宽）、本部特征（身高、身体各主要部位尺寸与身高之比）等；后者包括头发（发型、颜色）、眼部（眼裂方向、开度、颜色、蒙古眼褶）、鼻部（鼻梁形状分类、鼻翼宽分类、鼻底面方向分类等）、唇部（上唇皮肤部凸度与高度、上唇厚度）、颏部突度、耳尖点与耳垂分类等。体质特征的研究，不仅可以明确我国各民族的人种系属，而且也可以从体质特征上分别各民族之间的亲疏关系。如对达斡尔族体质特征的调查可以知道，他们大致是胡须少，眼裂狭窄，多数为上斜型，多数有上眼睑褶皱，但发育不显著，蒙古眼褶发达；鼻根高度中等，鼻梁较直，鼻尖和鼻基底多数为水平向前，鼻子较狭窄；唇薄；面部较高，面型较窄；头部短而且偏宽，整个头形偏圆形。身材多数中等偏矮。体型为中等型，但躯干偏高，骨盆也偏宽。表明“达斡尔族人具有典型的黄种特征”。而且与其他一些民族的体质特征相比较，可以看出“达斡尔族与朝鲜族、羌族、满族较接近，与黎族、苗族的关系较疏远”。①

有的学者还从民族体质特征的研究中，提出这一民族与其他兄弟民族的亲缘关系的假设。如对新疆锡伯族的体质特征调查研究结果，认为他们属于“黄种人东亚人种”，与达斡尔族体质特征有相似之处，再从早先锡伯族与达斡尔族在居住上有过近邻的关系，从而认为：“可能提示，这两个民族形成之前，他们之间有较亲近的亲缘关系。”② 这是在体质特征研究的基础上，参考民族史与民族关系史的资料而得出结论的尝试。我们知道，新疆锡伯族原是居住在东北松花江中游与辽河流域一带的，18 世纪中叶清政府平定新疆准噶尔及大、小和卓木之乱以后，为了充实西北边防，将 1060 人的锡伯族官兵，携同随军家属 2000 多人迁到伊犁河南岸驻防。据锡伯族人自己认为，他们是古代东胡族的一支，鲜卑人的后裔；达斡尔族先民原居黑龙江中、上游北岸，清顺治年间（1644—1661）南迁至现在居住的嫩江两岸及其支流地区。据研究，他们可能是辽代契丹人的后裔。查契丹源于东胡，为鲜卑的一支，北魏时始见于史籍。由此可见锡伯族与达斡

---

① 施全德等：《黑龙江省达斡尔族体质特征调查》，载《人类学学报》第 2 卷第 1 期，1983 年。

② 邵兴周等：《新疆察布查尔锡伯族体质特征调查》，载《人类学学报》第 3 卷第 4 期，1984 年。

尔族在早期族源上的确存在着较亲近的亲缘关系，体质特征是人们群体发展中比较稳定的因素，他们在体质特征上的相似之处，可以作为族源研究的启发与旁证。

从民族学、民族语言学以及民族史学的研究中，我们可以知道：鄂伦春族与鄂温克族在明代文献中都属于“乘鹿出入”的“北山野人”，直到清代还包括在广义的“索伦部”之中，他们的语言比较相近，统属阿尔泰语系满—通古斯语族的通古斯语支，因此，他们在体质特征上的类近，是比较自然的事情。而哈尼语属汉藏语系藏缅语族的彝语支，他们的先人在古代很可能与彝族一起，共同源于古羌人，其后自称与他称都比较多，反映其内部支系的情况比较复杂。而布朗族的先人则是汉晋时期“濮”人的一部分，元、明时期统称为蒲蛮，也有一些不同的自称与他称，他们的语言与哈尼语不同，属于南亚语系孟高棉语族的佤崩语支。这两个民族在族源、语言上都有较大的差别，为什么在体质特征上却比较亲近？其原因大概是多方面的。既可能是长期都居住云南地区，在同一自然气候地理条件下，某些体质特征渐趋相近的结果，也有可能是在测试的对象中，所测的只是这一民族的某一支系，而这一支系与相比较的另一民族在历史上恰好有着比较密切的关系。从这里也说明：民族体质特征的研究，离不开民族学、民族史等多方面的知识。民族体质特征研究有时可以作为历史上民族间关系的佐证，有时却可能仅仅是体质上的相似，不一定有助于说明几个民族的来源或证明其语言系属。

又如对华南壮族的体质特征调查研究看出，无论从形态观察项目或各项测量项目的平均值而言，都与我国东北黑龙江和吉林的汉族有较明显的差异，但却与南方的黎族、布依族和彝族的关系接近，而且与华南包括广东、广西、福建、湖南等地在内的汉人也比较相似，“均居华南人类型”。有的学者由此“推测壮族、黎族、广西汉族及广东、湖南和福建的汉族应来源于一个共同祖先——古越人”。[①] 这种认为华南两广、湘、闽等地的壮族、黎族、汉族都可能出于古越人的看法，从民族学、民族史研究情况看，可以知道壮族、黎族（还有布依族）的关系密切，其先人可能是古越人的一部分。但那里汉族的来源却比较复杂，还不能简单地归结为古越人一个来源。

社会现象总是复杂的。众所周知，壮族先人主要出于百越的一部分西瓯及骆越。黎族先人也与骆越的关系十分密切。但华南的汉人来源问题却比较复杂，早在公元前200多年，秦始皇并有天下，略定扬粤，在岭南“置桂林、南海、象郡以适徙民，与粤（越）杂处”[②]，就开始了较大规模的移民。秦始皇在进军岭南时，“使尉屠睢发卒五十万为五军”[③]，屯兵五岭地区，也可以看做是最早的大批中原人来到华南一带。加上以后陆续迁来的汉族，包括带有自己特点的客家人在内，构成了今日华南汉族的基本成分。当然，在这2000多年来，也不能排斥中原来人与越人的通婚，以及越人通过同化融合在华南汉族中的因素，再加上长期以来居住这里的汉族的体质变化，因而造成在某些体质特征上与壮族、黎族相接近的情况。所以说，在研究民族来源的问题上，不能脱离历史背景的大前提，只从某一因素出发，得出华南汉族与壮、黎族都出于古越人的说法是不全面的。当然这也不排斥华南汉人的一部分先人来自古越人的情况。从这里也说明：在民族研究的问题上，沟通各门学科间的联系，互相参照研究资料与成果，从宏观上综合解决问题的必要性。

① 张根标等：《广西壮族体质特征》，载《人类学学报》第2卷第3期，1983年。
② 《汉书·两粤传》。
③ 《淮南子·人间训》。

二

民族体质外貌的研究，除了上述体质特征调查的各个项目以外，还单独发展了一门皮纹学，大致包括指纹、掌纹和肤纹三大部分内容。我国先后曾对回（甘肃与海南岛回族）、黎、苗、瑶（湖南江华、广西都安、广东乳源瑶族）、壮、仫佬、毛南、侗、水、布依、仡佬、景颇、佤、藏、彝、羌、东乡、保安、朝鲜、鄂伦春、鄂温克、赫哲、裕固、土、撒拉等20多个民族的指纹、掌纹或肤纹进行了调查。这些调查研究的结果，对乳源瑶族的研究，从指端纹形特征及指端纹数斗形占45%，尺箕占51.1%，弓形占2%，挠箕占1.9%的状况，说明他们“属于蒙古利亚人种”[①]。对广西隆林彝族的指端纹形分析，以斗形出现率最高（49.47%），尺箕次之（43.93%），最低为弓形（4.38%）和挠箕（2.22%）的情况，与广西壮族、毛南族、侗族平均以尺箕最高（51.38%），斗形次之（43.13%）的情况比较，从而认为这与一般认为欧美白种人箕多于斗，而东方人则斗多于箕的看法有所不同，因此提出广西彝族与壮、毛南、侗族间的指端纹形频率中“在同一人种内存在着一定的民族差异。在不同的人种间，某些民族手纹形又有共同点”的现象，“值得进一步探讨”。[②] 其实，如果从宏观的观点看待问题，据一些研究认为，东方蒙古利亚人种指端纹形的出现频率范围，可以允许斗形在36%~56%，尺箕在39%~57%，弓形在1%~5%，挠箕在1%~4%的幅度内上下摆动的标准看来，可见前述各民族的指端纹型频率都没有

① 黄新美等：《广东乳源必背区瑶族手纹的调查研究》，载《人类学论文选集》（2），中山大学出版社，1987年。

② 刘庆麟等：《广西彝族皮纹学调查研究》，载《人类学论文选集》（2），中山大学出版社，1987年。

超出东方蒙古利亚人种的允许变异范围，所以，似乎还不能简单地以尺多于箕，或箕多于尺的出现频率来划分人种间的区别，彝、壮、毛南、侗族的差异应该是同一人种内的民族差别。

中国科学院遗传研究所的李实喆等9位学者，曾对我国11个少数民族（回族包括两个地方的群众）的指纹和掌纹进行了比较研究，不仅求得了这11个民族指纹、掌纹的基本参数，而且得出这些参数中掌纹“与汉族相近，而与白种人及黑种人的差异较大”，“（指纹）在各民族之间及其与汉族之间的差异，一般小于他们与白种人及黑种人之间的差异”① 等结论。正如作者们所说的一样：“皮纹学的多民族比较研究，不仅可以取得不同人群的皮纹参数正常值，为研究体质人类学、临床医学提供参考，并且通过不同人群间相互比较分析，还可以探索皮纹的遗传规律，并为研究人类微进化提供依据。”②有的学者还试图通过皮纹学的调查研究，有助于解决尚待识别的民族问题，如四川省绵阳精神病医院的医生黄宣银、程志让就对488例的白马藏人皮纹进行了调查，其结果是“白马藏族的皮纹参数与国内汉族、撒拉族、藏族、彝族相近似，基本符合黄色人种的特点，但与上述诸族也存在若干统计学差异”，因此认为“如希冀皮纹学研究对该民族的识别有所帮助，需扩大样本，选择对照进一步研究”③。但是，必须指出的是：民族是历史上形成的人们共同体，他们的形成与识别，主要是依据共同的语言以及表现于共同文化上的共同心理素质等因素，而不是体质上或诸如皮纹上的特点。因此我们可以研究民族间基于其来源的异同，或长期居住自然环境的影

①② 李实喆等：《中国十一个少数民族的皮纹研究》，载《人类学学报》第3卷第1期，1984年。

③ 黄宣银等：《对白马藏族的皮纹学研究》，载《人类学学报》第3卷第4期，1984年。

响所形成的体质特征诸如皮纹的不同。但不能作为考虑民族识别的标准或根据，在这一方面，应该有一个比较清楚的观念和认识。

三

除了体质特征和皮纹学以外，近 10 年来，我国进行了血型调查研究的有壮、藏、蒙古、回、侗、维吾尔、仫佬、毛南、京、独龙、怒、傈僳、土家、白、朝鲜、高山、东乡、保安、裕固、景颇等民族。中国科学院遗传研究所的袁义达等计算了汉、回、蒙古、维、侗、高山、朝鲜、壮 8 个民族的 11 种红细胞血型系统的基因频率、血型组合、常见和罕见的血型组合、血型相同二人随机相遇的概率，以及排除亲子关系的概率以后，发现"中国北方民族的遗传多态性程度比南方民族高"。"中国最大的民族汉族，历史上与其周围的民族有广泛的接触，融合了南北民族的大量基因。因此，其遗传组成上表现出更大的复杂性和多样性。""新疆的维吾尔族在历史上与中亚、西亚的民族有较多的接触和混杂。因此，其血型的遗传组成上表现出蒙古人种与高加索人种混杂的迹象。"① 对宁夏回族11 个红细胞血型系统中14 个位点的基因频率研究的结果。认为宁夏回族的红细胞血型分布综合地表现为我国北方民族的特征，尤其接近于蒙古族和华北汉族频率，而与新疆维吾尔族存在较大差别，指出"这揭示了宁夏回族形成过程中，曾大量流入了汉族和蒙古族的基因。同时，回族红细胞血型的基因频率基本上符合这些基因在我国的地理分布的

① 袁义达等：《中国不同人群的红细胞抗原多态性及血型组合》，载《人类学学报》第 4 卷第 2 期，1985 年。

规律”。[1]

在血型分布上能够比较清晰地反映出民族间的关系，不仅反映在所在距离较远的一些民族的聚类亲疏关系上，而且即使是对相邻的几个民族，也能反映出他们各自的特点来。1984年在云南省贡山县和福贡县首次调查了独龙族、怒族、傈僳族三个民族的血型分布。据了解，由于有海拔5000多米高的高黎贡山隔离，独龙族与相邻的怒族、傈僳族通婚情况很少。而所调查的怒族、傈僳族两个民族则主要分布在横断山脉东侧的怒江峡谷中。从他们的ABO、MN、P血型的分析结果表明，这三个相邻的民族在遗传性上的差异远大于平原地区汉族之间的差异。说明他们虽然都符合南方少数民族的血型分布特点，但是各种基因出现的频率高低却是不一样的。

关于血型与人的性格形成是否有着必然的关系，这是学术界目前还正在争论的问题，因此，关于民族的血型分布与民族性格的关系，现在更缺少讨论的条件与基础。所以说，尽管民族的性格与个人性格一样，也是一种实际的客观存在，但是，我们现在几乎还没有看到这方面的研究论文，在这方面的结合研究暂时还是一个空白。

四

随着人类生活环境的进化、文化教育的提高、食物中蛋白质含量的增加，以及性教育的普及等因素的变化，男女青少年的性成熟期正在提前。而它与人们的生活习俗、社会风尚等也都有着一定的关系。近10年来，已对我国少数民族中的回（北京市、甘肃临夏、海南崖县、宁夏同心县）、藏、侗、黎、苗、畲、羌、达斡尔、东乡、保安、朝鲜、蒙古、彝、满等民族的妇女初潮年

① 袁义达等：《宁夏回族红细胆血型的研究》，载《人类学学报》第4卷第4期，1985年。

龄进行了调查。统计结果表明：初潮年龄既与遗传因素有一定关系，普遍有了不同程度的提前趋势。但它们与生活环境，尤其是食物营养以及蛋白质含量的多少也有着密切的关系。据对福建省东部福安、霞浦、宁德三县的7545个7~18岁畲族中小学生（男853人，女692人）与同地区的汉族青少年相比较，发现畲族的身高落后，但胸围较大，畲、汉族青少年的坐高、体重都有一定的差别，畲族学生的体型较为粗壮，腿短，总的指标都偏低。认为“这与畲族居住深山老林之中，常年负重爬山越岭，参加体力劳动多，肺通气量相应增大，胸部肌肉活动增加，使胸廓及胸部肌肉发育较好有关”。其原因“主要是畲族地区经济不发达、生活贫困、营养状况差、高山日照偏少等因素造成。还与他们从小就承担过重的体力劳动有关”。①

从1980年5月至1981年1月，遗传所的8名学者曾采用回忆法与现状法对我国13个民族的初潮年龄进行了调查。在少数民族中用现状法得出的初潮年龄最早的是黎族（13.62±0.16岁），次之的人群是朝鲜族（13.82±0.14岁）、藏族（14.30±0.32岁）、达斡尔族（14.64±0.29岁）、海南崖县回族（15.08±0.24岁）、临夏回族（15.19±0.33岁）、羌族（15.57±0.29岁）、东乡族（16.30±0.14岁）、保安族（17.23±0.46岁），又用回忆法得出5个民族的初潮年龄平均值，依次为蒙古族（14.97±1.60岁）、苗族（15.50±1.54岁）、彝族（16.80±1.58岁），以及北京的满族（14.34±1.69岁）、回族（14.38±1.63岁）。② 从以上资料可以看出，以居住在北纬20°以南的海

---

① 阮院：《福建省畲族学生生长发育调查》，载《学校卫生》第7卷第3期，1986年。

② 崔梅影等：《中国十三个民族的初潮年龄》，载中科院遗传所：《研究工作年报》（1981年）。

南岛黎族的妇女初潮年龄为最早，居住在内地北纬35°以北的甘肃东乡、临夏一带的东乡族、保安族为最晚。

与此相适应的，有的学者也作了一些民族的男子首次遗精年龄的调查。一般来说，男子的性成熟比妇女晚，这是符合生理规律的。据对湖南新晃侗族的调查，男子（465人）首次遗精平均年龄为14.90岁，标准差1.39岁。最早年龄10.5岁，最迟年龄19.20岁。95%的人首次遗精年龄发生在12.18~17.62岁与侗族妇女比较，月经初潮年龄（14.25岁）要比首次遗精年龄平均早0.65岁。[①] 新晃县位于北纬27°~28°，是一个属于苗岭山脉余脉的山区县，山地约占全县面积的93%，属亚热带季节风湿润气候，年平均气温在16℃ ~ 17.3℃，年降水量在926.2~1461.6mm。这里侗族的主食为大米、红薯、马铃薯、玉米、小麦，副食有青菜、白菜、萝卜等。一般儿童在7~8岁时开始做放牛、割草、砍柴等劳动，每日约2小时。据1982年人口普查，未入学读书的学龄儿童约占1/3。在这种情况下，妇女的月经初潮仅次于已调查的黎族和朝鲜族，而与藏族大体相当。由此分析，一也说明除了遗传因素以外，外界气候条件，可能起着较大的作用。

这种与气候等自然条件，食物结构和文化普及程度相关联的性成熟早晚，不仅与一些生活习俗如“放寮”、“坐妹”或谈情说爱的不太活跃有着一定的关系，而且从现代教育的角度看，对选择最佳性教育年龄，确定各民族不同的最佳结婚与生育年龄，考虑旧习俗改革的引导等，都有着密切的关系。民族学者，社会学者与教育学者可以据此作出许多既符合各民族个体生长发育规律，又有益于青少年身心健康的研究课题。

---

① 吴木生：《侗族学生月经初潮与首次遗精年龄》，载《中华预防医学杂志》第18卷第6期，1984年。

五

由于生活习俗及传统观念的影响，少数民族中的近亲结婚与逐渐发展起来的异族通婚现象都不同程度地存在着。前者往往容易产生低能或带有残疾的后代，影响着民族的健康繁衍；后者则能够得到比较理想优越的子女。但是有时因习俗观念的不同，需要注意人际关系的调整。所有这一切，都不得不引起民族学者、文化人类学者、遗传学者和体质人类学者的注意。

20 世纪 80 年代以来，已有杜若甫等《中国不同民族的近亲结婚率与类型》（载《中华医学杂志》第 61 期，1981 年），吕学甫等《合江地区汉族、赫哲族近亲通婚率调查》（载《遗传》第 4 卷第 5 期，1982 年），吴立甫等《贵州省不同民族的近亲结婚情况调查》（载《中华医学杂志》第 63 期，1983 年），林淑梅等《乌鲁木齐地区维吾尔族、回族、汉族近亲结婚的调查》（载《遗传》第 5 卷第 1 期 1983 年）和艾琼华等《新疆伊犁五个少数民族的近亲结婚》（载《人类学学报》第 4 卷第 3 期，1985 年）等调查。遗憾的是所有这些调查，都是主要从遗传学的角度探讨近亲结婚的不良后果，而缺少从生活习俗、传统心理等方面进行分析的民族学调查，或者两门学科结合起来的联合调查。为了各民族的共同发展繁荣，希望今后能有这样的调查研究出现。

按照一般的标准，人群的近亲结婚率达到 1% 时，已经算是较高的比例。但是，据在新疆乌鲁木齐和伊犁地区对维吾尔、回、哈萨克、锡伯、蒙古、汉等民族的调查，近亲结婚率都达到了很高的百分数。

近亲结婚所产生的弊端，其后代的 20 岁以前死亡率、先天性智力低下、肢体先天畸形、精神分裂症、先天性心脏病的比例都相当高，这还不包括隔代遗传的隐性疾患在内。据在乌鲁木齐地区的维维尔、回、汉族中调查，789 个近亲结婚子女中，20 岁以前就死亡236人，近亲结婚后代死亡率竟占29.91%；据伊犁地区300对近亲结婚的父母所生的1303个子女中，7岁以前死亡168人，为近亲后代死亡率的12.89%，其余肉眼可见的先天性遗传性疾病竟有智力低下、先天性心脏病、多指、缺指、并指、足外翻、先天性聋哑、眼畸形（斜眼、小眼）、呆小病、唇裂、痴呆、银屑病（牛皮癣）、先天性髋脱臼、先天性甲状腺肿、先天性近视等十多种疾病，这对子女本人、家庭、民族和国家都不能不说是一个沉重的负担。

据在黑龙江省合江地区的调查，那里近亲结婚的62对夫妇中，生有203个子女，其20岁以前死亡率为5.91%，先天性疾病发病率为8.87%。在人数很少的赫哲族中，民族内部结婚的近亲结婚率高达18.33%，所生子女43人中，先天性智力低下就有13人，竟占所生后代的30.23%。[①] 这种惊人的先天性疾病比例之高，难道还不应当引起有关部门和学术界的注意吗？

近亲结婚有各种不同的类型。一般来说，基本上没有同胞兄妹的婚姻，但是，堂兄妹婚、姑表兄妹婚与姨表兄妹婚还是时有发生。此外，有隔代堂兄妹、隔代姑表与姨表兄妹婚和叔父—侄女、姑母—侄儿、舅父—甥女婚等。据各项统计分析，一般以姨表或姑表兄妹婚的比例较大。这与有的民族中过去盛行“还骨种”、“亲上加亲”等旧的婚姻习俗有关。因此民族学者有责任在调查研究的基础上，做大量的宣传说明工作，帮助本民族的有识之士为了民族和国家的繁荣富强，改革那种近亲结婚的陋俗，并发挥婚姻法规的作用，以保证家庭的幸福和后代子孙的健康。

载《中央民族学院学报》，1990年第4期。

① 黑龙江省合江地区近亲通婚调查组：《合江地区汉族、赫哲族近亲结婚率调查》，载《遗传》第4卷第5期，1982年。

开拓民族研究的新领域

当前世界科学的发展，呈现出两个大的趋势。一个是向微观研究发展的趋势，日益趋向专门化。一天比一天增多的新学科，如医学上从循环系统研究发展到微循环系统的发现。物理学上的从分子、原子、电子发展到中子、质子、量子的研究。人们的认识日益深化，研究也越来越深入细致。另一个大趋势是研究的宏观发展。人们的视觉越来越宽阔。研究的角度与规模，往往跳出传统的经典的框框。各学科之间的关系日趋紧密。彼此的联系和协作往往开拓出新的课题和领域。在广泛而又深入的研究基础上，推动科学向高层次的研究发展。当代的航天科学就是综合了几乎现今一切科学研究的最新成果。引导人类离开自己生存的地球，向未知的空间进行勇敢的探索，就是一个很好的例子。

关于民族研究，情况也是一样。现代中国的民族研究从民族识别工作开始，逐步发展到民族学、民族语文、民族史、民族理论与政策的研究。又进一步专门研究民族起源、民族经济、民族关系史、民族传统文化、民族风俗习惯与宗教、民族民间文学、民族哲学、民族宗教以及民族体质、民族血液成分、民族群体遗传学等。有的还突破了过去的禁区，从历史、现况与理论的三维空间上，对民族群体开展了多层次、多方位的研究。在这样一个大趋势的基础上。我认为应该提倡加强各学科间的横向联系，沟通彼此的研究成果，互相启发、互相参照、互为校正，进一步推动民族研究的发展。

在过去的民族研究中，有的学者利用民族语言间的亲属关系，旁证了民族起源上的亲疏；利用民族的亲属称谓制度，研究了该民族历史上婚姻家庭形态的发展；利用各民族文化上的比较与探索，认识历史上民族间的相互关系与影响；从民族的原始宗教看民族的传统文化与哲学；从民族学资料研究人类原始度量衡观念的发展等。都是一些利用相关学科的研究，在彼此的结合方面做出了一定贡献的成果。本文企图从文化人类学与体质人类学、群体遗传学等学科目的沟通，做一点尝试。立足民族学的研究，从民族的社会科学研究与自然科学研究的联系方面，做一些探讨。不妥之处，望识者予以指正。

关于中国各民族群体生理特征的研究，在中国从 20 世纪 70 年代末，到 80 年代初才正式开始。根据已经了解的情况，较早进行的有我国 13 个民族的色觉异常发生率的调查、苯硫脉味盲基因频率的研究，北方及四川 8 个民族的近亲结婚率调查，鄂温克族和鄂伦春族的人类遗传学调查，以及江华瑶族的体质人类学初步研究等。以后随着调查的深入，课题不断增多，涉及民族群体体质的各个方面，诸如染色体 Q 带多态性的研究、13 个民族妇女初潮年龄的比较、肤纹学的研究、红细胞血型分布、成人乳糖酶多态性研究、毛发根鞘细胞葡萄糖磷酸变位酶表型及分布的研究、不同民族的红细胞抗原多态性及红细胞血型组合的研究等。有不少论文，还在一些国际学术会议上宣读，得到了好评。如何从民族学、民族史的角度，对上述各种研究进行综合整理与评价，是促进民族研究深入与提高的一个完全新的课题。

一

关于少数民族的体质特征研究，早在 20 世纪 30 年代已开始进行过一些。1936 年 11 月，中山大学文科研究所的杨成志教授等 10 人在广东北江瑶山考察时，就曾对荒洞瑶村的 48 个瑶族男子进行了身高及头长、面宽及鼻高等多方面的测量，杨教授在《广东北江瑶人的文化现象与体质型》一文中根据 G. Morntandon

《La Race Ies Rares》（1933 年）pp：49～75 一书中所提供的标准，对那里瑶人的体质，曾作过如下的结论：

身高	头指数	面指数	鼻指数
157.76cm	82.22	77.56	81.74
矮高	中	阔	中

并表述瑶人体质形态为：粗直而黑的头发，体毛幼细不多，胡须也不发达。头型在中头与短头之间，因男子常以帕裹头，所以有椭圆形头型倾向。中鼻，少直形（Straight），缺凸形（Convex）、凹形（Concave）则占多数。颚角度不甚凸出，也不向后，属中颚度角（Mesognathism）。肤色黄而黑，呈浅棕色。身高有高、矮两个极端型（169cm 与 144cm），但平均身高（157.76cm）还不能达到标准数（160～169cm）。眼睛具黑白两色，有蒙古人种眼型。口宽大，但唇不很厚。面部颧骨凸出，表现为介于“国”字形与“田”字形之间。[①] 这是用现代科学方法最早对瑶族体质的测量调查。

据费孝通教授介绍。1933 年他与王同惠女士在广西大瑶山调查时，也对那里的瑶族体质进行了测量，积累了一部分数据。可惜由于王同惠在瑶山不幸遇难，使这项工作停顿下来，所搜集的数据也散失殆尽，使学术界损失了一份早期瑶族体质调查的珍贵资料。

从 20 世纪 40 年代以后，中国的民族体质形态调查没多大进展。直到 1956 年时，苏联的莫斯科大学民族学教研室主任尼·尼·切博克萨洛夫教授来中国担任中央民族学院院长顾问与历史系民族学研究班指导教师时，曾在广东连南瑶族自治县的南岗排

① 杨成志：《广东北江瑶人的文化现象与体质型》，载《广东北江瑶人调查报告》，第 15—32 页，1938 年。

等地进行过一些瑶族的人体测量工作。中国科学院古脊椎动物与古人类学研究所的吴汝康教授也曾在民族学研究班讲授过体质人类学的课程。但是在“文化大革命”的十年动乱中，曾形而上学地认为“任意摆弄”少数民族群众的头部，并加以仪器测量，是对少数民族不尊重的表现。所以一度列为禁区，不许人们进行这个领域内的调查研究。直到拨乱反正以后，才划分出人体的科学测量与任意摆弄人体头部的界线，逐步在做好宣传工作、征求本人同意的基础上，进行了一定范围的调查。

从20世纪70年代末以来，据不完全统计，中国学术界已对壮、苗、瑶、黎、侗、土家、藏、彝、蒙古、裕固、哈萨克、回、维吾尔、锡伯、柯尔克孜、朝鲜、鄂伦春、鄂温克、达斡尔、赫哲等20多个民族的体质特征进行了专门的调查。调查项目大致包括“测量性体征”与“非测量性体征”两大部分。测量性体征包括头部（头长、头宽），面部（面高、面宽），体部特征（身高以及身体各主要部位尺寸与身高之比）等。非测量性体征包括头发（发型、卷曲度、颜色），眼部（眼裂方向、开度、颜色、蒙古眼褶），鼻部（鼻梁形状分类、鼻翼宽分类、鼻底面方向分类等），唇部（上唇皮肤部凸度与高度、上唇厚度），颏部突度，耳尖点与耳垂分类等。关于“非测量性体征”的内容，在本文后面将分别提及。

从体质特征的研究，不仅可以明确我国各民族的人种系属，而且也可以从体质特征上分别各民族之间的亲疏关系。如对达斡尔族体质特征的调查。可以知道，他们大致是胡须少；眼裂狭窄，多数为上斜型；多数有上眼睑褶皱，但发育不显著；蒙古眼褶发达；鼻根高度中等，鼻梁较直，鼻尖和鼻基底多数为水平向前，鼻子较狭窄；唇薄；面部较高，面型较窄；头部短而且偏宽，整个头形偏圆形，身材多数中等偏矮；体型为中等型，但躯干偏高；骨盆也偏宽。表明“达斡尔族人具有典型的黄种人特征”。而且与其他一些民族的体质特征相比较，可以看出：“达斡尔族与朝鲜族、羌族、满族较接近。与黎族、苗族的关系较疏远。”

从民族体质特征的研究中，有的学者还提出这一民族[1]与其他兄弟民族之间亲缘关系的假设，他们在对新疆锡伯族的体质特征调查研究后，认为他们属于“黄种人东亚人种”，并与中国东北部的达斡尔族的体质特征有相似之处，然后就早先锡伯族与达斡尔族在居住上有过近邻的关系。从而认为：“可能提示，这两个民族形成之前，他们之间有较亲近的亲缘关系。”[2]这是在体质特征研究的基础上，参考民族史与民族关系史的资料，而得出的结论。我们知道，新疆锡伯族在200多年以前，原居住在中国东北松花江中游与辽河流域一带。18世纪中叶清政府在平定新疆准噶尔及大、小和卓木之乱以后，为了充实西北边防，将1060人的锡伯族官兵，携同随军家属2000多人，和其他一些少数民族一起，自乾隆二十九年（1764年）春从盛京（沈阳）出发，经新疆塔城，迁到伊犁河两岸。至今每年的农历4月18日还要过“杜因拜专扎坤节”（意即“西迁节”），就是为了纪念这次历史上大迁徙的节日。据锡伯族人自已认为，他们是古代中国北方东胡族的一支——鲜卑人的后裔。达斡尔族先民原居黑龙江中、上游北岸，清顺治年间（1644—1660）南迁至现在居住的嫩江两岸及其支流地区。据研究，他们可能是辽代契丹人的后裔。查契丹源于东胡，为鲜卑的一支。北魏时始见于史籍。由此可见锡伯族与达斡尔族在早期族源上的确存在着较亲近的亲缘关系。体质特征是人们群体发展中比较稳定的因素，他们在体质特征上的相似之处，可以作为族源研究的启发与旁证。

---

①② 参阅吕光天：《北方民族原始社会形态研究》，载《试论鄂温克族与鄂伦春族的来源关系》，宁夏人民出版社，1981年。

根据体质特征测量的有关项目平均值进行比较，有的学者将其数值进行依小到大的聚类。画出了若干个民族血缘关系远近的聚类图。下列的就是一个根据体质特征测量的比较而制成的包括中国南、北方12个民族的关系示意图：

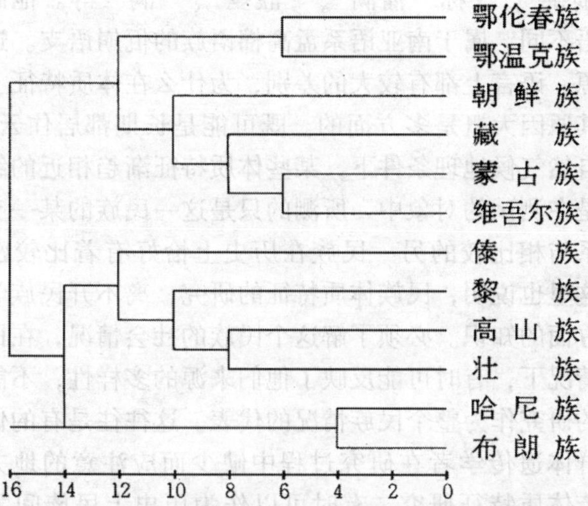

（引自《人类学学报》第4卷第3期，1985年）

根据体质特征测量资料绘制的中国12个民族的关系示意图

依以上图表来看。从民族学、民族语言学以及民族史学的研究，我们可以知道：鄂伦春与鄂温克族在明代文献中都属于“乘鹿出入”的“北山野人”，直到清代也还包括在广义的“索伦部”之中。他们的语言比较相近，统属阿尔泰语系满—通古斯语族的通古斯语支。[①] 因此，他们在体质特征上的类近，是比较自然的事情。而哈尼语属汉藏语系藏缅语族的彝语支。他们的先人

① 参阅吕光天：《北方民族原始社会形态研究》，载《试论鄂温克族与鄂伦春族的来源关系》，宁夏人民出版社，1981年。

在古代很可能与彝族一起，共同源于古羌人。其后自称与他称都比较多，反映其内部支系的情况比较复杂。[①] 而布朗族的先人则是汉晋时期“濮”人的一部分。元、明时期统称为蒲蛮，也有一些不同的自称与他称，如自称“本人”、“蒲满”、“乌”、“阿娃”、“翁拱”，汉称“蒲满”、“濮曼”、“满”等。他们的语言与哈尼语不同，属于南亚语系孟高棉语族的佤崩语支。这两个民族在族源、语言上都有较大的差别，为什么在体质特征上却比较亲近？其原因大概是多方面的。既可能是长期都居住云南地区，在同一自然气候地理条件下，某些体质特征渐趋相近的结果。也有可能是在测试的对象中，所测的只是这一民族的某一支系。而这一支系与相比较的另一民族在历史上恰好有着比较密切的关系。从这里也说明，民族体质特征的研究，离不开民族学、民族史等多方面的知识。必须了解这个民族的社会情况，在民族支系众多的情况下，有时可能反映了他们来源的多样性，不能将对某一支系的研究作为整个民族情况的代表。这往往是有的体质人类学者和群体遗传学者在研究过程中缺少而应注意的地方。所以说，民族体质特征研究，有时可以作为历史上民族间关系的佐证，有时仅仅是体质上的相似，不一定有助于说明几个民族的来源或证明其语言系属。

从前述示意图中，还可以看到同样的情况，在该图的中部，将蒙古、维吾尔、藏、朝鲜和壮、高山、黎、傣各4族分为两组，各组中又分三个层次排出他们之间的亲疏关系。蒙古、维吾尔、藏、朝鲜4族分别居住我国北部、西北、西南与东北，他们的族源并不完全一致，语言状况也有较大差别，在体质外貌上也各有特点。为什么会发生这样的亲疏关系排列，似乎还值得进一步的讨论和商榷。至于壮、高山、黎、傣4族，都居住我国南

① 参阅尤中：《中国西南的古代民族》，云南人民出版社，1979年。

方。壮、黎、傣语统属汉藏语系壮傣语族，他们的先人与古越人的关系密切。而高山族因支系较多，情况复杂。但其语言一般都认为属于南岛语系印尼语族。其族源出于多源。其中既有从大陆迁去的古越人的一支，也有从南洋等地迁来的移民后裔。因此如果说壮族与高山族关系密切的话。应当首先是指属于古越人后裔的那一部分高山族人。总之，这种由体质特征测量数据而排列出来的聚类图。给历史上民族关系的研究提出了新的问题，需要进一步探讨。

在对中国南方壮族的体质特征调查研究中可以看出。无论从形态观察项目或各项测量项目的平均值而言，都与我国东北黑龙江和吉林的汉族有较明显的差异，但却与南方的黎族、布依族和彝族的关系接近，而且与华南包括广东、广西、福建、湖南等地在内的汉人也比较相似，“均属华南人类型”。有的学者由此“推测壮族、黎族、广西汉族及广东、湖南和福建的汉族应来源于一个共同祖先——古越人”。① 这种认为华南两广、湘、闽等地的壮、黎、汉族都可能出于古越人的看法；从民族学、民族史研究可以知道壮、黎族（还有布依族）的关系密切。其先人可能是古越人的一部分。但那里汉族的来源却比较复杂，还不能简单地归结为古越人一个来源。

因为社会现象总是复杂的。众所周知，壮族先人主要出于百越的一部分“西瓯”及“骆越”。黎族先人也与骆越的关系十分密切。但华南的汉人来源问题却比较复杂，早在公元前200多年，秦始皇并有天下，略定扬粤。在岭南“置桂林、南海、象郡以适徙民，与粤（越）杂处”②，就开始了较大规模的移民。秦

① 张根标等：《广西壮族体质特征》，载《人类学学报》第2卷第3期，1983年。

② 《汉书·两粤传》。

始皇在进军岭南时，“使尉屠睢发卒五十万为五军”。[1] 屯兵五岭地区，也可以看做是最早的大批中原人来到华南一带。加上以后陆续迁来的汉族，包括带有自己特点的客家人在内，构成了今日中国南方汉族的基本成分。当然，这两千多年来，也不能排斥中原来人后代与当地越人的通婚，以及越人通过同化，融合在华南汉族中的因素；再加上长期以来居住这里的汉族的体质变化，因而造成在某些体质特征上与壮、黎族相接近的情况。所以说，在研究民族来源的问题上，不能脱离历史背景的大前提。只从某一因素出发，得出华南汉族与壮、黎族都出于古越人的说法是不全面的。当然这也不排斥华南汉人的一部分先人来自古越人的情况。从这里也说明：在民族研究的问题上，沟通各门学科间的联系，互相参照研究资料与成果，从宏观上综合解决问题的必要性。

二

民族体质外貌的研究，除了上述体质特征调查的各个项目以外，还单独发展了一门皮纹学，大致包括指纹、掌纹和肤纹三大部分内容。中国学术界曾先后对回（甘肃与海南岛回族）、黎、苗、瑶（湖南江华、广西都安、广东乳源瑶族）、壮、仫佬、毛南、侗、水、布依、仡佬、景颇、佤、藏、彝、羌、东乡、保安、朝鲜、鄂伦春、鄂温克、赫哲、裕固、土、撒拉等 20 多个民族的指纹、掌纹或肤纹进行了调查。根据对保安族（甘肃省积石山）、东乡族（甘肃省东乡族自治县）、羌族（四川省茂汶）、彝族（四川省布拖）、彝族（西藏拉萨市）、朝鲜族（吉林省延吉市）、鄂温克族（内蒙古呼伦贝尔盟）、鄂伦春族（黑龙江省呼玛县）8 个民族指纹与掌纹调查结果，表明：①这些民族的多

---

① 《淮南子·人间训》。

数指标与汉族比较接近，而与白种人差别较多。②各民族间各项指标均存在不同程度的差异，其中以指纹花样比例差异较明显。③各民族的各项指标的男女间差异都比较明显。基本上找出一些规律性的东西。

有的学者在从瑶族、壮族、侗族、毛南族的调查中，发现乳源瑶族从指端纹型特征及指端纹数"斗形"占45%，"尺箕"占51.1%，"弓形"占2%，"挠箕"占1.9%的状况，说明他们"属于蒙古利亚人种"[①]。而对广西隆林彝族的指端纹形分析，则以"斗形"出现率最高（49.47%），"尺箕"次之（43.93%），最低为"弓形"（4.38%）和"挠箕"（2.22%），以此与广西壮族、毛南族、侗族平均以尺箕最高（51.38%），斗形次之（43.13%）的情况比较，从而认为这与一般认为欧美白种人箕多于斗；而东方人则斗多于箕的看法有所不同。因此提出广西彝族与壮、毛南、侗族间的指端纹形频率中"在同一人种内存在着一定的民族差异。在不同的人种间，某些民族手纹形又有共同点"的现象，"值得进一步探讨"[②]。其实，如果从宏观的观点看待问题，据一些研究认为，东方蒙古利亚人种指端纹形的出现频率范围，可以允许"斗形"在36%~56%，"尺箕"在39%~57%，"弓形"在1%~5%，"挠箕"在1%~4%之间的幅度内上下摆动的标准看来，[③] 可见前述各民族的指端纹形频率都没有超出东方蒙古利亚人种的允许变异范围，因此，似乎还不能简单地以"尺"多于"箕"，或"箕"多于"尺"的出现频率来划分人种

① 黄新美等：《广东乳源必背区瑶族手纹的调查研究》，载《人类学论文选集》(2)，中山大学出版社，1987年。

② 刘庆麟等：《广西彝族皮纹学调查研究》，载《人类学论文选集》(2)，中山大学出版社，1987年。

③ 张海国等：《中国人肤纹分布特征及其在人类学上的应用》，载《人类学研究》，中国社会科学出版社，1984年。

间的区别。所以彝、壮、毛南、侗族的差异应该是同一人种内的民族差别。如果有再多的个体测量资料，相信也许会有更具权威的数字用于说明问题。正如研究广西都安瑶族与广东乳源瑶族指纹的“斗形”与“尺箕”出现频率的差异不同时所指出的一样：“两个瑶族‘箕’‘斗’频率的差异，宜作更多调查例数，经显著性检验，排除抽样误差。其结果供民族学的族源与民族迁徙历史的研究，很有参考价值”。①

中国科学院遗传研究所的李实喆等9位学者，曾对我国11个少数民族（回族包括两个地方的群众）的指纹和掌纹进行了比较研究。不仅求得了这11个民族指纹、掌纹的基本参数。而且得出这些参数中掌纹“与汉族相近，而与白种人及黑种人的差异较大”，“（指纹）在各民族之间及其与汉族之间的差异。一般小于他们与白种人及黑种人之间的差异”② 等结论。正如作者们所说的一样：“皮纹学的多民族比较研究，不仅可以取得不同人群的皮纹参数正常值，为研究体质人类学、临床医学提供参考，并且通过不同人群间相互比较分析，还可以探索皮纹的遗传规律，并为研究人类微进化提供依据。”③有的学者还试图通过皮纹学的调查研究，有助于解决尚待识别的民族问题，如四川省绵阳精神病医院的黄宣银、程志让就对488例白马藏人的皮纹进行了调查。其结果是“白马藏族的皮纹参数与国内汉族、撒拉族、藏族、彝族相近似。基本符合黄色人种的特点，但与上述诸族也存在若干统计学差异”。因此认为“如希冀皮纹学研究对该民族的

---

① 冯家骏：《广西都安瑶族皮肤调查研究》，载《人类学论文选集》（2），中山大学出版社，1989年。

②③李实喆等：《中国十一个少数民族的皮纹研究》，载《人类学学报》第3卷，第1期，1984年。

识别有所帮助，需扩大样本，选择对照进一步研究”。[①] 但是，必须指出的是：民族是历史上形成的人们共同体，他们的形成与识别，主要是依据共同的语言以及表现于共同文化上的共同心理素质等因素，而不是体质上或诸如皮纹上的特点。因此我们可以研究民族间基于其来源的异同，或长期居住自然环境的影响所形成的体质特征诸如皮纹的不同，但不能作为民族识别的标准或根据。在这一方面，应该有一个比较清楚的观念和认识。

三

除了体质特征和皮纹学以外。各民族的群体遗传学研究，项目众多，大致包括有红细胞血型系统（ABO 血型、MN 血型、Rn-O 血型、P 血型等），根据红细胞的抗原特性所作的血型分布研究外，还开始进行了一些民族的乳糖酶多态性；[②] 某些血清蛋白和红细胞酶的多态性；[③] 血清胆碱酶酯的遗传多态性；[④] 红细胞酸性磷酸酶（AcP）、酯酶 D（EsD）、谷丙转氨酶（G－PT）、6－磷酸葡萄糖酸脱氢酶（6－PGD）的表型分布和基因频率[⑤]；毛发根鞘细胞葡萄糖磷酸变位酶表型及分布[⑥]；白细胞抗原

① 黄宣银等：《对白马藏族的皮纹学研究》，载《人类学学报》第 3 卷第 4 期，1984 年。

② 王永发等：《壮族、朝鲜族和维吾尔族中成人乳糖酶多态性研究》，1983 年中国科学院遗传研究所《研究工作年报》。

③ 牛克毅等：《维吾尔族四种血清蛋白的多态性的初步分析》，赵仁等：《新疆维吾尔族七个红细胞酶多态性的初步研究》，1983 年中科院遗传所《研究工作年报》。

④ 王力群等：《彝族、藏族与哈尼族血清胆碱酶酯的遗传多态性》，1986 年中科院遗传所《研究工作年报》。

⑤ 徐玖瑾等：《哈尼族、布依族 AcP，EsD，6－PGD，GPT，GC 的表型分布和基因频率》，1986 年中科院遗传所《研究工作年报》。

⑥ 陈良忠等：《我国几个民族的毛发根鞘细胞葡萄糖磷酸变位酶表型及分布》，1983 年中科院遗传所《研究工作年报》。

（HLA）的基因频率；[1] 乙醛脱氢酶同Ⅰ酶缺陷型的分布；[2] 葡萄糖磷酸变位酶、腺苷酸激酶和腺苷脱氨酶的多态性分布[3]等研究。以上提到的这些研究，有的属于需要较深的专业知识，本文略而不论。下面选择血型研究，遗传因素所反映的人群间遗传距离，色觉、味觉异常，不同民族的妇女初潮年龄与男子首次遗精年龄，民族内部近亲结婚率及异族通婚后的后裔遗传变异等问题，做一点初步的探讨。

近十多年来，我国进行了血型调查研究的有壮、藏、蒙古、回、侗、维吾尔、仫佬、毛南、京、独龙、怒、傈僳、土家、白、朝鲜、高山、东乡、保安、裕固、景颇等民族。中国科学院遗传研究所的袁义达等计算了汉、回、蒙古、维吾尔、侗、高山、朝鲜、壮8个民族的11种红细胞血型系统的基因频率、血型组合、常见和罕见的血型组合、血型相同二人随机相遇的概率，以及排除亲子关系的概率以后，发现“中国北方民族的遗传多态性程度比南方民族高”。“中国最大的民族汉族，历史上与其周围的民族有广泛的接触，融合了南北民族的大量基因。因此，其遗传组成上表现出更大的复杂性和多样性”。“新疆的维吾尔族在历史上与中亚、西亚的民族有较多的接触和混杂。因此，其血型的遗传组成上表现出蒙古人种与高加索人种混杂的迹象”。[4] 对宁夏回族11个红细胞血型系统中14个位点的基因频率

① 赵桐茂等：《用HLA（白细胞抗原）基因频率计算人群间的遗传距离》，1983年中科院遗传所《研究工作年报》。

② 陈良忠等：《乙醛脱氢酶同Ⅰ酶缺陷型在我国不同民族中的分布》，1984年中科院遗传所《研究工作年报》。

③ 赵红等：《侗、回和白族中葡萄糖磷酸变位酶的多态分布》、《腺苷酸激酶在侗、回、白和土家族中的表型分布》、《腺苷脱氯酶在侗、回、白和土家族中的多态性分布》，1984年中科院遗传所《研究工作年报》。

④ 袁义达等：《中国不同人群的红细胞抗原多态性及血型组合》，载《人类学学报》第4卷第2期，1985年。

研究的结果，认为宁夏回族的红细胞血型分布综合地表现为我国北方民族的特征，尤其接近蒙古族和华北汉族的频率，而与新疆维吾尔族存在较大差别，指出“这揭示了宁夏回族形成过程中，曾大量流入了汉族和蒙古族的基因。同时，回族红细胞血型的基因频率基本上符合这些基因在我国的地理分布的规律”。① 关于宁夏回族和广西三江侗族的血型系统研究，与其他民族相比较，1984 年曾画出了两个系统树的模式，对一些民族历史上的关系提出了富有参考价值的资料。

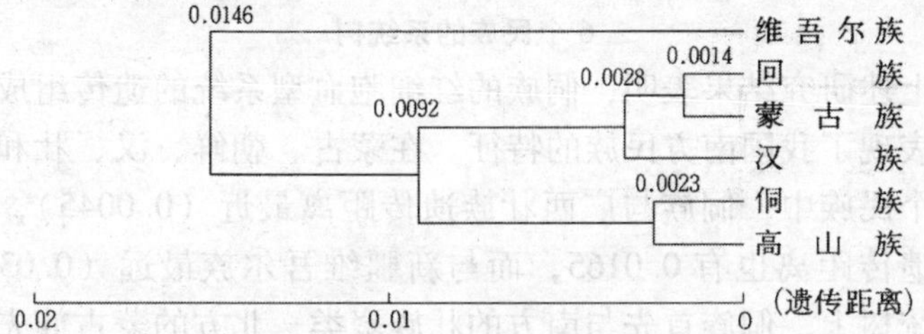

引自《人类学学报》第 4 卷第 4 期，1985年

系统树一：根据 11 个血型系统的 14 个位点的基因频率绘制的 6 个群体的系统树

研究认为：结果表明，回族和蒙古族的遗传组成具有我国北方民族的特征，与华北地区的汉族十分接近。侗族表现出与南方的高山族相近，但新疆的维吾尔族与其余 5 个民族间则存在着较大的差异。②

① 袁义达等：《宁夏回族红细胞血型的研究》，载《人类学学报》第 4 卷第 4 期，1985 年。

② 袁义达等：《中国六个少数民族的血型调查》，载中科院遗传所《研究工作年报》（1984 年）。

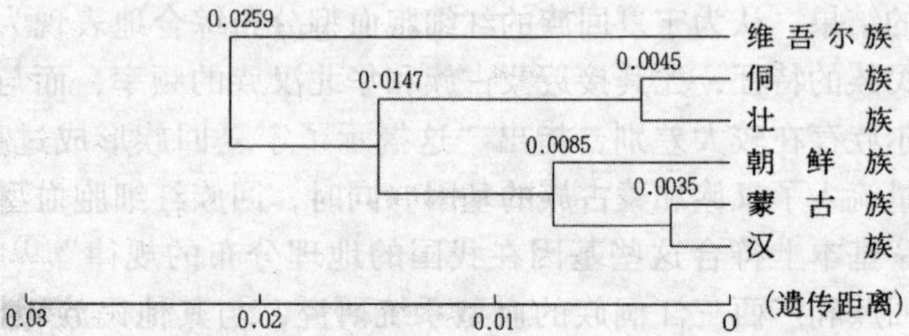

引自中国科学院遗传研究所《研究工作年报》，1984年

系统树二：根据7个血型系统位点及ABH分泌型位点的基因频率绘制的6个民族的系统树

上述研究结果表明，侗族的红细胞血型系统的遗传组成，综合地表现了我国南方民族的特征。在蒙古、朝鲜、汉、壮和维吾尔5个民族中，侗族与广西壮族遗传距离最近（0.0045），与汉族的遗传距离也有0.0165，而与新疆维吾尔族最远（0.0346）。在系统树上，侗族首先与南方的壮族聚类，北方的蒙古族先与汉族相聚，最后与朝鲜族聚类，然后再与北方的群体相聚。新疆的维吾尔族，与汉族、蒙古族的遗传距离较近，其次是与朝鲜族，而与侗、壮两族的遗传距离最远。在系统树上，维吾尔族最后才与以上两大群体相聚。①

1986年，徐玖瑾等学者在中国自然科学基金委员会的资助下，对云南省元江县的哈尼族（215人），贵州省安顺市镇宁的布依族（212人）进行了包括红细胞酸性磷酶（AcP）等多项遗传标记的调查，并与已调查的一些少数民族有关基因频率的分析计算，画出了15个少数民族的遗传距离系统树，使我们对国内一些少数民族的历史渊源关系，有了更深刻的印象。

Nei系统树三，根据15个少数民族分析的4个红细胞基因频

① 袁义达等：《侗族九个红细胞血型系统和ABH分泌型的分布》，载《人类学学报》第3卷第3期，1984年。

率按 Nei 的公式计算的民族间遗传距离。①

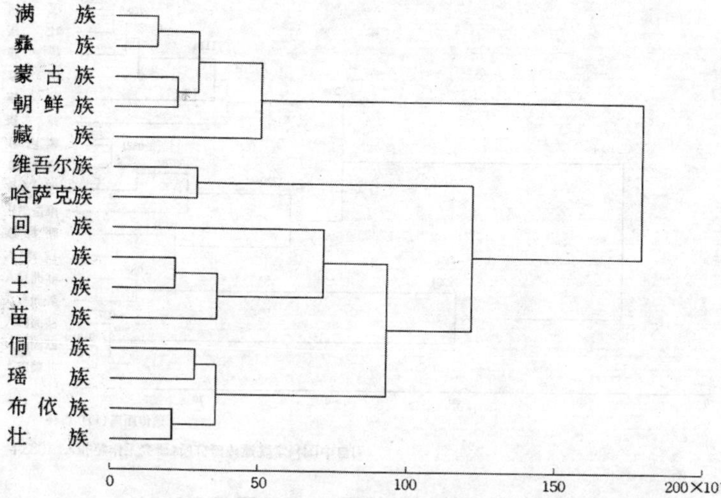

引自中国科学院遗传研究所《研究工作年报》，1986年

系统树三：根据 4 个红细胞基因频率按 Nei 的公式计算的 15 个民族间遗传距离

上海市中心血站的研究人员赵桐茂等和中国科学院遗传研究所的袁义达等人还用 Nei 氏法用白细胞抗原（HLA）的基因频率计算了中国 11 个民族和其他人种与国家的 6 个人群间的遗传距离。并按 Sneath 和 Sokal 氏聚类原则，绘制了 17 个群体的系统树（见下页图）。其结论是日本人与朝鲜族的遗传距离较近，并首先与中国的北方民族，然后与中国的南方民族的关系比较密切，但是这和目前的一些研究，认为日本民族的起源与中国华南的一些民族更为密切的说法，有着一定差距。本文作者在此提出来，

① 引自徐玖瑾等：《哈尼族，布依族 AcP，EsD，6－PGD，GPT，Gc 的表型分布和基因频率》，载中科院遗传所《研究工作年报》（1986 年）。

供进一步探讨问题时参考。

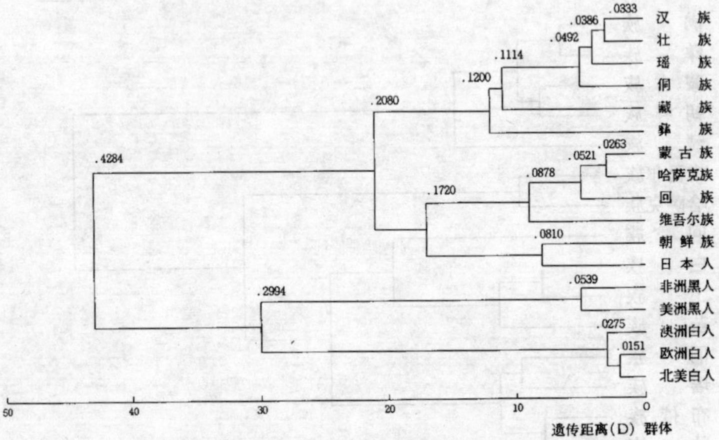

引自中国科学院遗传研究所《研究工作年报》，1983年

17 个群体的系统树（根据 HLA 基因频率绘制）

在血型分布上能够比较清晰地反映出民族间的关系，不仅反映在距离较远的一些民族的聚类亲疏关系上，而且即使是对相邻的几个民族，也能反映出他们各自的特点来。1984 年在云南省贡山县和福贡县首次调查了独龙、怒、傈僳三个民族的血型分布。据了解，由于有海拔 5000 多米高的高黎贡山隔离，独龙族与相邻的怒、傈僳族通婚情况很少。而所调查的怒、傈僳两个民族则主要分布在横断山脉东侧的怒江峡谷中。从他们的 ABO，MN，P 血型的分析结果表明“这三个相邻的民族在遗传性上的差异远大于平原地区汉族之间的差异”①，说明他们虽然都符合南方少数民族的血型分布特点，但是各种基因出现的频率高低却是不一样的。

① 金锋等：《独龙，怒，傈僳族 ABO，MN，P 血型分布》，载中科院遗传所《研究工作年报》（1984 年）。

关于血型与人的性格形成是否有着必然的关系，这是学术界目前正在争论的一个问题。因此，关于民族的血型分布与民族性格的关系，现在更缺少讨论的条件与基础。所以说，尽管民族的性格与个人性格一样，也是一种实际的客观存在，但是，我们现在几乎还没有看到这方面的研究论文，在这方面的结合研究暂时还是一个空白。

四

由于长期居住在不同的生活环境与食物结构所形成的味觉遗传基因，在各民族中是不同的。据遗传学家研究，对苯硫脲（简称 PTC）的尝味能力是一种遗传性状。人们在尝味浓度阈值①方面的差异属单基因遗传，味盲是隐性基因纯合子②，尝味者是显性基因的纯合子或杂合子，据国外报导，白种人中 PTC 味盲占 30% ~40%，在黑种人中占 2% ~10%，在日本人中占 8% ~20%。遗传所徐玖瑾等 7 位学者曾对北京汉族（547 人），吉林省延吉市的朝鲜族（573 人），内蒙古自治区的鄂温克族（775 人）、达斡尔族（539 人）、蒙古族（521 人），内蒙与黑龙江的鄂伦春族（305 人），甘肃临夏的回族（700 人）、东乡县的东乡族（399 人）、积石山县的保安族（1727 人）、撒拉族（44 人），四川布拖县的彝族（504 人），西藏拉萨市的藏族（613 人），以及海南省通什地区的黎族（585 人）进行了 PTC 味觉敏感性调查。初步结果表明“各民族间的味盲百分率有显著差异”。其情

① 阈值。阈，音域，即门槛，界限。阈值系指尝味实验中的浓度参数，指能引起味觉反应的最小浓度或剂量。

② 纯合子。又叫纯型合子，同质合子。指由两个遗传型相同的配子所结成的合子（新细胞）。

况可以列表如下：①

各民族PTC尝味阈值分布及味盲百分率

民族	人数	浓度等级															味盲
		14	13	12	11	10	9	8	7	6	5	4	3	2	1	<1	百分率
汉　族	547		3	6	24	86	159	134	56	14	9	3	7	8	14	24	9.69
回　族	700	2	2	2	21	87	180	157	96	39	16	8	5	3	22	60	12.86
朝鲜族	573		2	15	45	165	149	75	31	6	11	6	3	9	25	31	11.87
东乡族	399			3	3	33	134	98	53	22	11	1	3	4	8	26	10.28
保安族	172				8	42	42	35	20	4	5	1	0		1	12	8.72
撒拉族	44				2	12	6	7	6	1	2	1	1	0	0	6	15.91
达斡尔族	539			2	6	56	122	126	112	33	12	15	2	8	21	24	10.20
鄂温克族	775			1	8	21	111	161	181	82	56	37	19	13	30	55	15.10
鄂伦春族	305					13	45	82	76	32	15	14	4	0	6	18	9.18
蒙古族	521			3	15	69	158	128	61	18	8	5	3	12	16	25	10.75
彝　族	504	1	3	14	29	97	116	138	40	18	8	5	5	7	7	16	6.94
黎　族	585	2	3	19	42	143	184	86	47	22	6	4	1	2	7	17	4.60
藏　族	613		6	17	21	60	125	173	53	34	24	14	6	6	12	52	12.40
合　计	6277	5	29	82	224	884	1531	1400	832	325	183	114	59	74	169	366	

引自中国科学院遗传研究所《研究工作年报》，1980年

从上表可以看出，各民族之间的味盲百分率有着显著的差异。味盲率在汉族中为9.69%，这与过去已报道过的9.43%（李璞等）或8.89%（刘鸿权等）大致相接近。而海南黎族中味盲率只占4.62%，则是已知中国各民族味盲率中的最低值。而在鄂温克族与撒拉族中味盲率分别达到18.42%与15.30%，是

① 徐玖瑾等：《中国不同民族中苯硫脲味盲基因频率的研究》，载中科院遗传所《研究工作年报》，1980年。

已调查各民族中的最高值。海南黎族居于中国最南部，而鄂温克族与撒拉族则住在中国的北方。他们的气候环境与饮食结构有着南北的差异，是否与味盲率有一定的关系，值得民族学者与遗传学者联合起来进行考察。值得参考的是其他一些味盲率较高的民族，如柯尔克孜族（42%）、哈萨克族（34%）、塔塔尔族（28%），以及维吾尔族（28%）等也都居住在中国的北方。遗传学家从研究中找出民族群体在体质类型上的差异，民族学家可以从这些差异中去查找出它们关于民族社会生活方面的原因。

人们的视力，与他们的物质生活，尤其是与饮食的内容有着密切的联系。据1985年魏正东对西藏拉萨地区藏、汉族地区学生的视力调查分析，认为高中时期的藏族学生的视力低下率要比同一地区汉族学生低一半以上。据初步分析是与“藏族学生常食牛羊肉、酸奶、酥油等维生素A较多的食物及藏族学生爱运动等因素有关，值得探讨”，[①] 这对民族饮食结构的改善又提供了十分有益的启示。

五

随着人类生活环境的进化，文化教育的提高，食物中蛋白质含量的增加，以及性教育的普及等因素的变化，男女青少年的性成熟期正在提前。而它与人们的生活习俗、社会风尚等也都有着一定的关系。据有关资料介绍，近100年来，欧洲各地和北美洲妇女的月经初潮年龄显著提前。平均每10年提前3~4个月，或每代人（30年）提前一年左右。至今初潮年龄平均比一个世纪以前已提早2年半到3年半。这种初潮年龄长时期持续提前和成人身高与体重增加的趋势，已是当代生理学中最引人注目的现象之一。

① 魏正东：《拉萨地区藏、汉族学生视力的调查分析》，载《学校卫生》第6卷第3期，1985年。

据对北京市区2911名汉族妇女（其中有551对母女）、广州市区80对汉族母女和江西省吉安县169对汉族母女的调查。发现北京市区的平均初潮年龄（MMA）在1925—1929年出生年龄组中为15.01±1.79岁，1960—1964年出生年龄组中为13.56±1.15岁，35年间共提前了1.45年，平均每10年提前4.97月。20世纪50年代后，尤其是70年代的近10年中，初潮年龄提前了8.04个月，提前的幅度超过了许多国家。以城市与农村对比，农村一代人初潮年龄平均提前0.78年（江西吉水县），城市则为1.65年（广州）和1.82年（北京）。[①] 据学者估计，中国大城市女性初潮年龄提前的趋势已接近尾声，至多还可提前几个月；而农村随着经济发展与生活水平提高，提前的速度还会加快。

近10年来，已对中国少数民族中的回（北京市、甘肃临夏、海南崖县、宁夏同心县）、藏、侗、黎、苗、畲、羌、达斡尔、东乡、保安、朝鲜、蒙古、彝、满等民族的妇女初潮年龄进行了调查。统计结果表明，初潮年龄既与遗传因素有一定关系，普遍有了不同程度的提前趋势。少年儿童的发育与他们的生活环境，尤其是食物营养以及蛋白质含量的多少，也有着密切的关系。据对福建省东部福安、霞浦、宁德3县的7545个7~18岁畲族中小学生（男853人，女692人）与同地区的汉族青少年相比较，发现畲族的身高落后，但胸围较大。畲、汉族青少年的坐高、体重都有一定的差别。畲族学生的体型较为粗壮，腿短，总的指标都偏低。认为“这与畲族居住深山老林之中，常年负重爬山越岭，参加体力劳动多。肺通气量相应增大，胸部肌肉活动增加，使胸廓及胸部肌肉发育较好有关”。其原因“主要是畲族地区经济不发达、生活贫困、营养状况差、高山日照偏少等因素造成，

① 崔梅影等：《我国妇女初潮年龄的变化趋势》，载中科院遗传所《研究工作年报》（1981年）。

还与他们从小就承担过重的体力劳动有关”。[1]

从1980年5月至1981年1月，遗传所的8名学者曾采用回忆法与现状法对中国13个民族的初潮年龄进行了调查。在少数民族中用现状法得出的初潮年龄最早的是黎族（13.62 ±0.16岁），其次的人群是朝鲜族（13.82 ±0.14岁）、藏族（14.30 ±0.32岁）、达斡尔族（14.64 ±0.29岁）、海南崖县回族（15.08 ±0.24岁）、临夏回族（15.19 ±0.33岁）、羌族（15.57 ±0.29岁）、东乡族（16.30 ±0.41岁）、保安族（17.23 ±0.46岁）。又用回忆法得出5个民族的初潮年龄平均值，依次为蒙古族（14.97 ±1.60岁）、苗族（15.50 ±1.54岁）、彝族（16.80 ±1.58岁），以及北京的满族（14.34 ±1.69岁）、回族（14.38 ±1.63岁）。[2] 从以上资料可以看出，以居住在北纬20°以南的海南岛黎族的妇女初潮年龄为最早，居住在内地北纬35°以北的甘肃东乡、临夏一带的东乡族、保安族为最晚。其详细情况可见下表：（见下页）

参加调查的学者认为，初潮年龄一方面受包括营养条件，尤其是食物中蛋白质含量等环境条件的影响。环境条件好，初潮年龄一般就较早。而另一方面也有其正常范围的遗传阈值，不同人群间初潮年龄也受着由遗传决定的差异。

---

① 阮院：《福建省畲族学生生长发育调查》，载《学校卫生》第7卷，第3期，1986年。

② 崔梅影等：《中国13个民族的初潮年龄》，载中科院遗传所《研究工作年报》（1981年）。

中国 13 个民族的初潮年龄

民族与地点		回忆法初潮年龄均值				现状法初潮年龄均值	
		统计人数 N_1	年龄范围（岁）	平均年龄（岁）	平均初潮年龄 MMA_1 + S. D.（岁）	统计人数 N_2	平均初潮年龄 MMA_2 + S. D.（岁）
汉族	广州市	1091	11～23	17.16±3.01	13.40±1.22	843	*12.81±0.16
	北京市	1453	10～25	18.62±4.06	13.59±1.42	820	12.77±0.14
	北京远郊区	678	11～25	18.58±2.91	15.24±1.61	985	*14.91±0.71
	江西吉水县	938	13～25	18.87±2.87	15.64±1.61	1098	*15.29±0.26
	湖北郧县	992	12～26	20.56±3.21	16.27±1.95	1417	*16.04±0.52
	四川布拖县	76	15～24	16.91±2.11	14.48±1.28		
黎族	广东通什	574	10～25	16.06±2.13	13.75±1.24	701	13.62±0.16
朝鲜族	吉林延吉市	1388	11～25	19.04±3.70	14.79±1.44	996	13.82±0.14
藏族	西藏拉萨市	793	10～28	18.20±3.56	14.65±1.53	830	*14.30±0.32
满族	北京市	62	13～46	31.18±12.49	14.34±1.69		
达斡尔族	内蒙古呼伦贝尔盟	305	12～49	18.69±5.14	14.94±1.42	304	14.64±0.29
蒙族	内蒙古呼伦贝尔盟	696	12～43	19.52±3.87	14.97±1.60		
回族	北京市	150	13～59	31.06±13.65	14.38±1.63		
	广东崖县	271	12～25	18.46±2.93	15.03±1.50	363	15.08±0.24
	甘肃临夏县	644	12～25	18.17±3.39	15.27±1.73	1486	*15.19±0.33
羌族	四川茂汶县	289	13～25	18.54±3.28	15.21±1.71	337	15.57±0.29
苗族	广东保亭、通什	102	12～45	22.75±8.05	15.50±1.54		
东乡族	甘肃东乡县	497	11～25	19.29±3.24	15.69±1.42	1112	*16.39±0.41
保安族	甘肃积石山县	131	13～24	18.82±2.84	16.58±1.96	303	17.23±0.46
彝族	四川布拖县	255	15～57	23.10±7.99	16.80±1.58		

*经校正后的数据

与此相适应的，有的学者也作了一些民族的男子首次遗精年龄的调查。一般来说，男子的性成熟比女性较晚，这是符合生理规律的。据对湖南新晃侗族的调查，男子（465 人）首次遗精平均年龄为 14.90 岁，标准差 1.39 岁；最早年龄 10.5 岁，最迟年龄 19.20 岁；95% 的人首次遗精年龄发生在 12.18 ~ 17.62 岁。与侗族妇女比较，月经初潮年龄（14.25 岁），要比首次遗精年龄平均早 0.65 岁。[①] 查新晃位于北纬 27°~28°，是一个属于苗岭山脉余脉的山区县，山地约占全县面积的 93%。属亚热带季节风湿润气候，年平均气温在 16℃ ~ 17.3℃，年降水量在 926.2 ~ 1461.6mm。这里侗族的主食为大米、红薯、马铃薯、玉米、小麦，副食有青菜、白菜、萝卜等。一般儿童在 7 ~ 8 岁时开始做放牛、割草、砍柴等劳动，每日约 2 小时。据 1982 年人口普查，未入学读书的学龄儿童约占 1/3。在这种情况下，妇女的月经初潮仅次于已调查的黎族和朝鲜族，而与藏族大体相当。由此分析，也说明除了遗传因素以外，外界气候条件，可能起着较大的作用。

又据对拉萨地区汉、藏族青少年学生的调查，其情况可以列表如下页。

这种与气候等自然条件、食物结构和文化普及程度相关联的性成熟早晚，不仅与一些生活习俗如“放寮”、“坐妹”[②] 或谈情

① 吴木生：《侗族学生月经初潮与首次遗精年龄》，载《中华预防医学杂志》第 18 卷第 6 期，1984 年。

② “放寮”：海南岛黎族的青年恋爱方式，黎语叫“略亚”，又称“热峒”。每年春季，尤其是夏历的正月初一至初五日，十五六岁以上的男女青年在野外通过吹口哨和唱歌，互相联系，彼此熟悉，建立感情。村中有婚仪等活动时，青年们也在村内晚间通过对话和唱歌，互相认识后，并相邀到野外僻静处长谈。平时，男青年还到姑娘单独居住的“布隆闺”房内结交朋友，成为情侣后，请父母托媒人向对方父母求婚。“坐妹”是广西融水等地苗族的男女交际习俗，男女青年通过共同劳动或在吹芦笙等娱乐场合结识后，男方可主动到姑娘家，坐在火塘边谈情说爱直到天明。女方父母主动回避。经过几次“坐妹”以后，可以议论婚嫁。这都是中国少数民族的一些自由恋爱的习俗。

说爱的不太活跃有着一定的关系，而且从现代教育的角度看，对选择最佳性教育年龄、确定各民族不同的最佳结婚与生育年龄、考虑旧习俗改革的引导等都有着密切的关系。民族学者、社会学者与教育学者可以据此做出许多既符合各民族个体生长发育规律，又有益于青少年身心健康的研究课题。

拉萨地区藏、汉族男女青少年月经初潮和首次遗精调查统计

年 龄	月经初潮人数		首次遗精人数	
	藏族	汉族	藏族	汉族
9 岁	1	1		
10 岁	3	1		
11 岁	10	11	4	
12 岁	41	39	8	
13 岁	90	74	23	15
14 岁	60	60	23	21
15 岁	30	24	36	42
16 岁	11	10	26	29
17 岁	1	2	13	4
18 岁			5	
19 岁			1	
总人数	254	222	149	1111

六

由于长期以来生活习俗及传统观念的影响，在一部分少数民族中存在着的近亲结婚与逐渐发展起来的异族通婚现象都不同程度地存在着。前者近亲结婚往往容易产生低能或带有残疾的后代，影响着民族的健康繁衍；后者异族通婚则能够得到比较理想优越的子女。但是，有时因民族之间习俗观念的不同，在通婚时需要注意人际关系的调整和适应。所有这一切，都不得不引起民族学者、文化人类学者、遗传学者和体质人类学者的注意。

20世纪80年代以来，已有杜若甫等《中国不同民族的近亲结婚率与类型》（载《中华医学杂志》第61期，1981年），吕学诜等《合江地区汉族，赫哲族近亲通婚率调查》（载《遗传》第4卷第5期，1982年），吴立甫等《贵州省不同民族的近亲结婚情况调查》（载《中华医学杂志》第63期，1983年），林淑梅等《乌鲁木齐地区维吾尔族、回族、汉族近亲结婚的调查》（载《遗传》第5卷第一期1983年）和艾琼华等《新疆伊犁五个少数民族的近亲结婚》（载《人类学报》第四卷第3期，1985年）等调查。遗憾的是所有这些调查，主要都是从遗传学的角度探讨近亲结婚的不良后果，而缺少从生活习俗、传统心理等方面进行分析的民族学调查，或者两门学科结合起来的联合调查。为了各民族的共同发展繁荣，希望今后能有这样的调查研究出现。

6个民族8个地区的近亲结婚调查（1983—1984年）

民族	地区	婚姻数	近亲结婚对数	近亲结婚率%
维吾尔族	乌鲁木齐地区	499	48	9.62
	伊宁、新源、巩留等县	2553	210	8.23
回　族	乌鲁木齐地区	704	67	9.52
	伊宁、巩留、新源等县	1235	100	8.10
哈萨克族	新源、巩留、察布查尔、特克斯等县	1079	31	2.87
锡伯族	察布查尔县	1222	57	4.66
蒙古族	昭苏、尼勒克等县	446	2	0.45
汉　族	乌鲁木齐地区	1535	26	1.69

本表根据两个材料合成：（1）林淑梅等：《乌鲁木齐地区维吾尔族、回族、汉族近亲结婚的调查》，载《遗传》第5卷第一期，1983年。（2）艾琼华等：《新疆伊犁五个少数民族的近亲结婚》，载《人类学学报》第4卷第三期，1985年。

按照一般的标准，人群的近亲结婚率达到1%时，已经算是较高的比例。但是，据在新疆乌鲁木齐和伊犁地区对维吾尔、回、哈萨克、锡伯、蒙古、汉等民族的调查，近亲结婚率都达到了很高的百分数。详见上表。

从上表可以看出，除了蒙古族以外，其他5个民族的近亲结婚率都在1%以上，维吾尔族与回族竟高达9%以上。据各县的统计，伊宁市维吾尔族的353对婚姻，竟有53对是近亲结婚，其近亲结婚率高达15.01%。伊宁县愉其温回族的590起婚姻，近亲结婚也有70起，近亲结婚率也高达11.86%。

近亲结婚所产生的弊端，其后代的20岁以前死亡率、先天性智力低下、肢体先天畸形、精神分裂症、先天性心脏病的比例都相当高，这还不包括隔代遗传的隐性疾患在内。据在乌鲁木齐地区的维吾尔、回、汉族中调查，789个近亲结婚子女中，20岁以前就死亡236人，近亲结婚后代死亡率竟占29.91%。据伊犁地区300对近亲结婚的父母所生的1303个子女中，7岁以前死亡168人，为近亲后代死亡率的12.89%。其余肉眼可见的先天性遗传性疾病竟有智力低下、先天性心脏病、多指、缺指、并指、足外翻、先天性聋哑、眼畸形（斜眼、小眼）、呆小病、唇裂、痴呆、银屑病（牛皮癣）、先天性髋脱臼、先天性甲状腺肿、先天性近视等十多种疾病。这对子女本人、家庭、民族和国家都不能不说是一个沉重的负担。

据在黑龙江省合江地区的调查，那里近亲结婚的62对夫妇中，生有203个子女，其20岁以前死亡率为5.91%，先天性疾病发病率为8.87%。在人数很少的赫哲族中，民族内部结婚的近亲结婚率高达18.33%，所生子女43人中，先天性智力低下就有13人，竟占所生后代的30.23%。① 这种惊人的先天性疾病比例之高，难道还不应当引起有关部门和学术界的注意吗？

---

① 黑龙江省合江地区近亲通婚调查组：《合江地区汉族、赫哲族近亲结婚率调查》，载《遗传》第4卷第5期，1982年。

令人担忧的是近几十年来，这种近亲结婚的现象不是减少，而是增加了。根据新疆5个民族的资料，其不同时期的近亲结婚情况如下：

新疆5个民族近亲结婚的变化

民族	1950年以前			1951—1976年			1977年以后		
	婚姻（对）	近亲结婚（对）	近亲结婚率%	婚姻（对）	近亲结婚（对）	近亲结婚率%	婚姻（对）	近亲结婚（对）	近亲结婚率%
维吾尔族									
哈萨克族	396	30	7.58	1581	118	7.46	576	62	10.76
回　族	150	3	2.00	740	22	2.97	189	6	3.17
锡伯族	233	6	2.58	739	64	8.66	263	30	11.41
蒙古族	47	0	0	304	2	0.66	93	0	0
总计	1052	55	5.23	4065	236	5.81	1416	109	7.70

从上表可以看出，除回族、锡伯族外，维吾尔族、回族、哈萨克族的近亲结婚率都是上升的趋势。而且有的上升百分比还相当大。

近亲结婚有各种不同的类型，一般来说，基本上没有同胞兄妹的婚姻，① 但是堂兄妹婚、姑表兄妹婚与姨表兄妹婚还是时有发生。此外有隔代堂兄妹、隔代姑表与姨表兄妹婚和叔父—侄女、姑母—侄儿、舅父—甥女婚等。1980年，中国科学院遗传研究所杜若甫等9位学者曾对中国不同地区不同民族的近亲结婚类型与发生率进行了调查统计，现将其引述如下：②

① 在新疆巩留县发现过一例同胞兄妹婚。

② 杜若甫等：《中国不同地区与民族的近亲结婚率》，载中国科学院遗传研究所：《研究工作年报》（1980年）。

中国8个民族近亲结婚的不同类型统计

地区	民族	调查婚姻对数	异族通婚率(%)	近亲结婚对数	近亲结婚率(%)	各类近亲婚姻关系所占百分率(%)									
						姑舅亲	倒姑舅	两姨亲	$1\frac{1}{2}$表亲	从表亲	$2\frac{1}{2}$表亲	再从表亲	双重表亲	其他表亲	堂亲
北京	汉族	3394	1.21	35	0.74	8.6	2.9	37.1	2.9	37.1	2.9	5.7			2.9
甘肃临夏县城	回族	1254	0.95	130	10.10	16.2	36.9	21.5	0.8	18.5	0.8	0.8	1.5	2.3	0.8
吉林延吉市	朝鲜族	2080	0.53	0	0										
四川布拖县	彝族	2052	0.15	299	14.57	40.1	53.2	1.0	1.0	1.7			1.7	1.0	0.3
甘肃东乡县	东乡族	2156	1.91	90	4.17	28.9	32.2	14.4	4.4	15.6		2.2		2.2	
甘肃积石山县	保安族	1036	21.74	106	10.03	23.6	29.2	23.6	5.7	15.1	0.9	0.9	0.9		
内蒙古呼伦贝尔盟	鄂温克族	626	10.54	21	3.36	23.8	9.5		9.5	19.0	9.5				28.6
内蒙古黑龙江	鄂伦春族	183	13.66	3	1.64					66.7					33.3

引自中国科学院遗传研究所《研究工作年报》(1980年)

各民族的婚姻状况与他们的婚姻习俗有着密切的关系，从上表可以看出，在所有各地区各民族的近亲结婚中，堂亲结婚的较少。据调查者介绍，在全部684例近亲结婚中，一共只有10例。这和除鄂伦春族、鄂温克族外，其他各族都比较忌讳堂亲结婚的习俗有关。在北京及华北地区的汉族中，一般认为姑舅亲（姑作婆）较好，而倒姑舅（妗作婆）不好，因此自然出现姑舅亲比例（8.6%）高于倒姑舅亲（2.9%）的情况。朝鲜族中近亲结婚率为零，这对于民族的繁荣有很大好处。

据各项统计分析，一般以姨表或姑表兄妹婚的比例较大。这与有的民族中实行“姑舅表优先婚”习俗有关。例如彝族、苗族、布依族等民族中，姑母之女必嫁舅父之子，舅家不要，才能另行婚配。而在景颇族中，舅父之女照例是姑母之子的妻子，舅甥关系必然是翁婿关系。维吾尔族、乌孜别克族、塔吉克族中存在有同胞姐妹所生子女之间互相结为婚姻的“姨表婚”。因此民族学者有责任在调查研究的基础上，还要做大量的宣传说明工作，帮助本民族的有识之士为了民族、国家的繁荣富强，改革那种近亲结婚的陋俗，并发挥婚姻法规的作用，以保证家庭的幸福和后代子孙的健康。

与此同时，也存在着民族之间的异族通婚。据同江县八岔街津口的赫哲族96对婚姻调查，就有36对是赫哲族与汉族的通婚，占结婚总对数的37.5%。这种异族通婚，不仅有利于民族团结，有利于民族间文化习俗的交流，也有利于后代的优生。有的学者在海南岛调查了黎汉通婚（黎母汉父）的后裔（38人男性）与黎族、汉族（各40人男性）作比较，发现在身高方面，黎族平均163.18厘米，汉族平均163.23厘米，而黎汉通婚后裔平均为165.37厘米。黎族、汉族55%的人都在164厘米以下，而通婚后裔65%都在164厘米以上。在体型方面，黎汉通婚的后裔不如父方或母方那样趋于狭长型，而明显为中间型体型。其骨盆与黎族近似，但上下肢全长都与汉族的比例相似。再以四肢各段长度比例、腿长与坐高比例和各项头、面部指数作比较研究，发现黎汉通婚的后裔，既与黎族有显著差异，但接近汉族的特征（如身高、坐高和躯干高都比黎族高，腿为中腿型，有别于黎族的长腿型等）；也与汉族有显著差异，而又接近黎族的特点（如耳朵容貌长和容貌宽均比汉族短小、肩宽与骨盆宽都大于汉族等）。此外还发生了一些与黎、汉族都有差异的新特征（如头长比黎族、汉族都较短等）。[①] 关于异族通婚后代的智能测验，目前还没有测试的报道。

一般来说，这种异族通婚在20世纪50年代后，都有了增加。但我们不可能想当然地下结论，因为有的材料也表明，在一些民族中异族通婚也有增加不大或减少的趋势。见下表：

5个民族的异族通婚情况变化

民族	1950年前		1951—1976年		1977年后		合计	
	婚姻对数	异数通婚率	婚姻对数	异数通婚率	婚姻对数	异数通婚率	婚姻对数	异数通婚率
维吾尔族	396	2.78	1581	2.40	576	2.43	2553	2.46
哈萨克族	150	4.00	740	4.32	189	2.65	1079	3.99
回族	233	0	739	1.76	263	2.66	1235	1.64
锡伯族	226	1.33	701	4.14	295	5.42	1222	3.93
蒙古族	46	0	304	0.33	93	0	444	0.23
合计	1052	1.90	4065	2.78	1416	2.97	6553	2.68

在异族通婚的调查中，还要注意有的民族间因宗教信仰、习俗的类似，而存在着传统的异族间通婚。有的却因种种历史、社会原因，历来彼此就很少通婚。异族间的自愿通婚应当受到法律的保护。也要通过调查研究，发现传统观念的症结所在，以利于

① 张振标：《黎族、汉族通婚后裔体征的遗传变异》，载《人类学报》第3卷第2期，1984年。

做好思想工作。

七

关于中国各少数民族的群体生理特征和群体遗传学的研究，通过各种国际学术会议上的学术报告和学者间的国际合作研究，已引起国际学术界的注意。1981 年中国与西德汉堡大学人类遗传研究所、汉诺威医学院共同举办了“中国西德人类群体遗传学”双边学术讨论会。中国学者做了《中国人类群体遗传学的成就与最近结果》、《鄂温克族和鄂伦春族群体遗传学调查》等报告。中国、德国有关学者还合作进行了《中国蒙古族、朝鲜族和壮族 8 个红细胞血型和 ABH 分泌型系统的分布》的调查研究。1983 年中国学者在“中美人类与医学遗传学讨论会”上介绍了《中国不同民族的遗传多态性》。在第 15 届国际遗传学大会（印度新德里）上做了《中国 17 个民族间遗传距离的初步报告》。1985 年向美国斯坦福大学医学院遗传系等介绍了《中国的少数民族》和《中国的人类群体遗传学研究》等。鉴于日益发展的对各民族进行的体质人类学、群体遗传学的多项目研究情况，我在此呼吁，希望加强学科间的横向联系，推动民族研究的进一步发展。具体建议如下：

一、召开多学科的民族研究会议或座谈会，交流各学科在民族研究方面的信息、成果、经验与问题。

二、设立常设的联络机构，沟通和协调各学科的民族调查。帮助联系各不同学科的专家进行咨询，以推动各学科研究的发展。

三、举办多学科的综合性的有计划的协作调查。通过这些调查研究切实解决民族史、民族学、民族群体学上的有关问题，并为民族工作和民族政策的制定施行提供资料与意见。

四、培养这方面的通才。由各学科的专家合作招收硕士和博士研究生。以培养有比较广博的专业知识，能够沟通各学科专业，在民族研究方面能够开拓新领域的人才。

五、出版共同研究的成果。把中国在民族研究方面的独特成就推向世界。经过各学科专家的共同努力，中国的民族研究正在努力开拓新的领域，相信将会攀登一个新的高峰。

载《日本圣德学园岐阜教育大学纪要》第30集，1995年。

苗族的姓名

苗族是我国南方人口较多的一个少数民族，据 1990 年人口普查时统计，有人口 7398035 人，约占全国总人口的 0.5%；在全国 50 多个少数民族中，按人口多少排列占第 5 位。苗族的居住比较分散，分布在湖北的鄂西，湖南的湘西，贵州的黔东南、黔南、黔西南，以及云南的文山和四川、广西、海南的部分地区，在广大的华南、西南地区都有他们的足迹。只是由于苗族又是与其他民族交错居住的，所以，前述各自治州都是两个民族联合建立的自治州，如鄂西和湘西为土家族苗族自治州，黔东南为苗族侗族自治州，黔南、黔西南为布依族苗族自治州，云南文山为壮族苗族自治州等。由于苗族以小集中的方式与汉、土家、侗、布依、壮等民族交叉杂居，在长期历史中与各民族互相交流、影响，所以，在苗族内部，无论是语言、服饰、习俗等方面都存在着一定的差异。

苗族主要从事农业，大部分居住在山区，所以，林副业也占有很大比重。苗族分三大方言，互相之间通话有困难。各地妇女服饰差别很大，有的穿裤子，也有的穿长短不一的裙子。长裙可以长及脚背，也有的超过膝盖，或者短到 0.3 米左右。刺绣、蜡染、银饰等大量用于盛装，色彩缤纷，光华炫人。苗族的节日较多，有苗年、四月八、吃姐妹饭、爬坡节、龙船节、斗牛节、吃新节、踩花山、芦笙会，等等，但各地过的节日并不一致，有的日期与名称不同，有的则只过某几种节日。与这些在语言、服饰、习俗上的差异一样，各地苗族姓名的起源与情况也各不相同，这也构成了苗族姓名的丰富多彩，反映出他们在姓名文化上的多样化，以及与邻近各民族的关系。

一、从“有名无姓”到姓的产生、发展

早期的苗族，是“有名无姓”的。这种情况一直保留到明代。据曾官至广西布政司右参议的田汝成在所写的《炎徼纪闻》卷四中记载：“苗人，古三苗之裔也。自长沙、沅、辰以南，尽夜郎之境，往往有之……其种甚伙，散处山间，聚而成村者，曰寨。其人有名无姓，有族属无君长。”就反映了广大苗族人民直到16世纪中叶，还处于“有名无姓”的状况。同书载：“阿溪者，贵州清平卫部苗也。桀骜多智，雄视诸苗。有养子曰阿刺……”“阿向者，都匀府部苗也。”可见当时贵州一带的苗族的确没有姓氏，而以“阿×”相称。据史书记载，在16世纪初，明朝廷官吏，由于苗族人口繁衍，难以统治管理，因此，曾经有过给苗族编用汉姓的议论，但没有实行。事见《明实录》：“弘治十七年（1504年）巡抚贵州都御史刘洪奏：‘所属土苗，族类渐繁，混处无别。乞以《百家姓》编为字号，赐之汉姓。’兵部复请，上曰：“华夏有定分，可随土俗称呼，定于姓氏，不必用《百家姓》。”这也表明当时仍存在着苗族不用汉姓，而以其自身的称呼定作姓氏的情况。

到了万历年间，除了不少苗族依旧保留有名无姓习俗外，在有的地区也开始出现了吴、龙等姓。如瞿九思《万历武功录》载，部分苗族地区“苗坪、夭漂，其先皆黑苗之种，居于湖贵川广边……（明朝官员‘指挥郭怀恩’）行至者亚寨，会苗酋阿斗……苗坪人党银等十余人，亦诣篆所……”。“毛吴坠者，永宁苗寨也……毛吴坠酋长光赛、光观、光印、光论等”。可见17世纪初，一些苗族仍用“阿斗”、“党银”、“光赛”等为名，而没有姓氏。而从同书的另一些苗族看来，如“龙木恰者，小桥营熟苗也”。“吴老夭者，罗金寨生苗也。地接楚镇竿，蜡耳大山，

诸苗盘牙几千余苗。夭与其男吴龙远及宗盟吴老柯、吴李保、吴老利”。“下水酋长龙老朋、龙老贯、田老师、声欲攻夭”。表明当时在另一部分苗族中已有龙、吴等姓。这与历史记载中说湘西地区有“吴、龙、石、麻、廖”五大姓的情况是完全符合的。清代乾嘉苗民起义的几位著名领导人吴八月、吴天半、石柳邓、石三保等也都出自前述几个大姓。

关于苗族姓氏的由来，有的已难于查考。据在贵州省雷山县的苗族最大村寨西江苗寨的调查，那里原来是没有汉姓，只有父子连名制的名字。后来在清王朝清查登记户口时，就以苗族名字的第一字以谐音附会成汉姓而得。如当时有叫“样金”的，就写作“杨”姓，因“样”、“杨”谐音之故。有叫“松陆”的，则登为“宋”姓，也是因“松”、“宋”同音的缘故。现在那里的侯、杨、宋、唐、李诸姓，就是这样而来的。因为上述杨、宋等姓起源于一些人的苗名，而这些人往往还是同一祖先的后代，所以，这些人的姓尽管不同，但实际上却还是同一血缘的家族，所以，在每隔三、五、七或十三年举行的斗牛、宰牛的“吃鼓藏”祭祖活动时，还在一起祭祀共同的远古祖先。

在贵州台江县苗族中，对汉姓的使用也有着类似的传说。据20世纪50年代的调查，当时的成年人说，在曾祖父时（约七八十年前）这里的苗族还不使用汉姓。后来清兵清查户口时，将名字叫“里”（田地的意思）的，登记为姓李。将名字叫“王”（池塘的意思）的，登记为姓“王”。有一个人的祖公奶名叫“鸡香”，就登记为“姬”姓，一直流传了下来。又有一个祖公叫做“别”，据说登记的人问“别”是什么意思？答道是苗语中“猪”的意思，就又给登记为“周”姓，取“猪”、“周”声音相近的意思。由于这些汉姓是在这种不慎重的情况下取得的，所以，过去改姓之事发生较多，如台江县反排村的唐、张姓最早姓“万”，后来又改为姓“张”；翁慕沟原来都是“欧”姓，但有杨姓迁入后，为了相处亲密，杨姓又改成了“欧”姓。而有的妇女因为同姓结婚的缘故，又将自己的姓氏改成了“部”姓，等等。

据石启贵《湘西苗族实地调查报告》载，苗族姓氏有杨、张、赵、欧、秧、伍、田、刘、洪、梁、施、罗、尹、王、孙、尤、邓、余、胡、高、向等。而实际上则以吴、龙、石、麻、廖五姓为著，他们是湘西苗族中不同家族发展的结果。其他地区苗族还有各种姓氏，如雍正《云南通志》载：“苗子有九种，黔省最多，正滇则宣威，镇雄亦有，多是花苗……多田、罗、陈、蔡四姓。”据云南省马关县调查，那里的苗族还有邹、熊、陶、马、李等姓。

前述湘西苗族吴、龙、石、麻、廖五姓，在当地因其人多势众，故过去又有五姓财苗之称。由于五姓之外，又有其他各姓，所以，在有的记载中，对五姓也有不同的说法，如清檀萃的《说蛮》载：“生苗、红苗有吴、龙、石、麻、田五姓”，就将“廖”姓写作“田”姓。其实无论从传说，或者从实际情况看，都应以廖姓为是。如《湘西苗族实地调查报告》说：“苗民生活乡间，多属一姓聚族而居……所以，寨子大而团体固，人口多而势力强。在古时候，吴、龙、廖、石、麻五姓为湘西苗族五姓。所住区域，几乎纯占湘西整个苗区。”

据30年代的调查，知道湘西苗族姓氏也存在多种变化情况，如一部分百姓系由“时”姓改变而来，这部分“石”姓又被称作“小石”。所以石姓内部，大、小石之间可以通婚。部分“龙”姓系由“隆”姓变换而来，谓之“小隆”，而其余大部分姓氏的苗族多是同宗共祖，出于同一支系。以湘西苗族为例，其情况大致如下：

吴姓：包括苗族禾孝、禾弄两家族。分布于吉首县的坪垅、犁口嘴、三岔坪、地岭坡，凤凰县的阿拉营、鸭堡寨、摞木营、沙坪一带。

龙姓：为苗族的禾蔑支系，又叫“大龙”。分布于吉首县宕板桥、排补兄，古丈县九龙洞，凤凰县总兵营，花垣县排阏一带。

石姓：据说除上述的“小石”系从“时”姓转换而来，属苗族禾卡家族外，其余的石姓与廖姓出于同一“禾瓜”家族，又叫“大石”，故古时相传石、廖两姓出于同源，所以，相互之间不能开亲。石姓主要分布于花垣县藏耳寨、翁科、排腊及保靖县排邦等地。“小石”则以吉首的大伯冲、瞿家庄、大兴寨、小兴寨、乱岩滩、矮寨沿河一带为最多。

廖姓：已见上述。与石姓同出于“禾瓜”家族。居住在凤凰县廖家冲一带。

麻姓：与“时”姓同属禾卡家族，也有叫做“禾流”的。散布在凤凰县林栗、课嫁及花垣县卫城等地。

隆姓：属苗族禾扁家族，部分人已改写成“龙”姓，亦称“小龙”。湘西花垣、保靖、吉首、凤凰、古丈诸县皆有之。

以上“禾孝、禾弄”、“禾蔑”、“禾瓜”、“禾卡”（禾流）、“禾扁”等为湘西苗族的五大家族。也有又加“禾枷”（杨姓，居住吉首之中阿岭、寨阳、矮板、阳孟寨、洞上一带）、“禾列”（田姓，分布花垣之麻栗场、卫城等地）共为“七大系”的说法。由于苗族汉姓的来源不同，除了“大石、小石”、“大龙、小龙”之分外，还有“大吴”、“小吴”；“大张”、“小张”的区别。据传说，“小吴”原来是一百多年前从江西迁来的“伍”姓客民，因居住苗族地区，逐渐同化，后改从“吴”姓考求功名，所以成了苗族吴姓中的“小吴”。“大张、小张”又叫“张家张”与“陈家张”，据说“陈家张”的起源是由于陈姓男子随母亲改嫁张家，将陈姓改了张姓，所以成为“陈家张”。这种“大吴、小吴”、“张家张”与“陈家张”之间，互相都能通婚。这也从一个侧面反映了历史上苗、汉人民或者苗族内部之间，同化、融合、互相影响的种种关系。此外，除了前述的石、廖姓同出于禾瓜家族、互相不通婚以外，还有秧、杨姓之间，石、田姓之间，张、陈姓之间不通婚的现象存在，共原因大都是出于共祖，后来分化成两个姓的缘故，如秧姓据说原来是杨姓男子过继给秧姓而来，所以秧、杨二姓同一血缘，互不通婚。

也有的苗族姓氏起源于各种传说。如贵州省镇宁县杨柳乡大营村的苗族螺姓，据说来源于古时两兄弟在田间劳动时，得到了两个茶杯大小的田螺，放在家中水缸里养着时，这两个田螺均化作了美丽的姑娘，后来她们分别与这两兄弟结婚，其后代为了纪念祖先田螺姑娘就以螺为姓。现在那里还保存着半截螺壳，据说是田螺妹妹的遗物，每年农历十二月三十日和次年的正月初一，都要用清水将螺壳洗净，加以供奉。来客时，则用螺壳盛酒奉客，每逢家中生第一个男孩时，也要取出螺壳用布盖好，置于神龛，并请两位命好的老人来陪老祖宗螺壳喝酒一天，以示有了子孙后代的庆贺。平常则收藏严密，不能移动观赏。美丽的传说不仅带来了姓氏，还形成了一些风俗习惯。

据笔者在贵州省从江县的调查，那里距县城不远的岜沙村苗族，共有200多户，其中有将近一半苗族姓“滚”。据他们老人自己的传说，这个奇怪的姓氏，来源于他们的先人原住黎平县城时，因失火烧掉了别人培植木耳的树木，所以遭人驱赶，“滚”到了这里，故以“滚”为姓。这种说法是否可信，很难加以考查。也许是清代在这里点查户口时，当时的书吏根据其起源传说，信手拈来作为姓氏，亦未可知。据村中老者相告，那里的王姓原来是外来的汉族，因居住此地已达二三百年之久，经过长期的同化、融合，所以，现在都已报为苗族了。

在一部分苗族中，也有过“槃瓠”的传说，中央民族学院已故教授邰昌厚1952年11月在黔东南台江县的台拱寨曾记录过一则关于“吃鼓藏”的传说。相传古代有一个国王的脸上长了肉瘤，掉下来以后竟变成一只小狗，取名“邦尕”。在帮助皇帝作战中，帮尕获取敌人的首级，因此，立功娶公主为妻，生养三个男孩。后来“帮尕”死去，皇帝下令以当地最大的东西来进行祭祀，于是，就选择水牯牛作为祭品，成为后世吃鼓藏的起源。这个传说与《搜神记》所载内容十分相似。据语言学家考证，狗名“帮尕”与《搜神记》所载“槃瓠”出于同源。在湖南省麻阳县苗族地区，也有相同的民间故事，只是说槃瓠娶得公主后，生下三男一女，公主之父高辛帝赐他们分别为田、陈、龙、麻四姓，于是成为这四姓的起源。直到现在，那里的群众还有谚语说：“陈、田不开亲，本为一家人。”表示他们都是槃瓠的后代。

在一部分苗族中，也存在着因其他民族的人同化入苗族而带来新姓氏的情况。据在贵州省榕江县计划乡（原为公社）的调查，那里的苗族原来没有姓氏。大概在150年前，苗族开始借用汉姓，如原计划寨的苗族上层朱朝福及其子朱国相、朱国瑞，原计怀寨的统治者潘计凤及其侄子潘文清、潘文高等，有了朱、潘等姓。据1983年的材料，那时全公社有主体民族苗族825户，其中有432户原来却是汉族或水族，占苗族总户数的53%；其中原为水族而后融为苗族的301户，占苗族总户数的37%；原为汉族而后融为苗族的131户，占苗族总户数的16%，这么多的人融合入苗族，也必然带来了新的姓氏，其详细情况可以列表如下：①

① 本表及有关资料根据赵大富：《榕江县计划公社民族关系调查报告》整理而成。

姓氏	所属村寨	户数	族别	原来民族成分
潘	计划	36	苗	水
韦	计划	8	苗	水
叶	计划	5	苗	汉
朱	计划	54	苗	汉
潘	计怀	64	苗	水（已融合11代）
侯	计怀	12	苗	汉（已融合8代）
潘	摆拉	36	苗	水（已融合11代）
蒙	摆拉	15	苗	水
吴	摆拉	27	苗	水
潘	摆底	11	苗	水
石	摆底	10	苗	水
李	加两	3	苗	汉
余	加两	11	苗	水
韦	加去	32	苗	水（已融合6代）
右	加去	3	苗	水
余	加去	8	苗	水
潘	加去	24	苗	水
王	加化	57	苗	汉

表中所列的全部18个姓氏由水或汉族融合成为苗族的原因都只有一个，即通婚，由于婚姻的缔结，他们的后代既保有水、汉族原来的姓氏，又融合入苗族之内，成为苗族的一分子。类似的现象在我国南方的民族关系上是经常发生的。但有时这些融合入苗族的人中，也保留了一些原来民族的习俗痕迹。如计怀、摆拉两寨的潘姓，以及加去寨的韦姓，共有153户。他们原来都是水族，融合成苗族后，仍保留了一些原来的水族习俗，如只要听见寨上三声枪响，说明有老人去世，就立即禁忌吃肉类荤菜，等等。由于水、汉等族当时迁入苗寨时只是单家独户，周围基本上

都是苗族，所以，必须与苗族联姻才能组成家庭，繁衍后代，这是当时这一地区民族关系发展的一个必然趋势。

二、乳名的各种起法

苗族人的小名，与前述明代记载的"阿×"名字相仿。以贵州省榕江县空烈村的苗族为例，那里主要有吴、唐、龙、李、满、杨等姓，婴儿出生后，除了继承父亲姓氏外，一般以"老×"取名。这里"老"字带有长寿的寓意。当婴儿出生满三朝的日子，父亲要请家族中会推算甲子的人来取名。男孩由男性老人取名，女婴请老奶奶取名。他（她）们根据孩子出生的年、月、方位，算出婴儿系属于金、木、水、火、土五行中的哪一种，然后给孩子起一个相应的名字，以此祈求吉利。如孩子属金，就取名老你（像银子一样美丽宝贵之意，男女都可用）、老休（像锄头一样锐利，男孩用），等等；如孩子属木，女孩取名老尼（像大树四季常青）、老弯（像簸箕摇来摇去，勤快听话），男孩取名老昌（像树木那样繁荣昌盛）；如孩子属水，女孩就取名老欧（像水一样长流不断）、老仰（像船一样在水里浮来浮去而不沉没），男孩则取名老牛（像牛一样会犁田、搞生产）、老往（水里的龙）；如孩子属火，男孩就取名老丢（像汉族那样会读书识字），女孩就取名老坐（走得快，办事能干利索）等；如孩子属土，男孩就取名老觉（像桥一样让众人通过，象征人丁兴旺），或取名老耶（像岩石一样结实），女孩就取名老窝（像一棵菜那样青苍翠绿）、老格（到山冲里去打猪菜，能吃苦耐劳）。

这种以阴阳五行来给婴儿起名的办法，在其他一些苗族地区也有实行。如贵州省贵定县仰望乡的苗族，主要为雷、金、陈三姓，他们生育孩子后，便请人来算命，如果五行中缺什么，就要起这方面的乳名来进行弥补，如女孩命中缺金，就要起名为金妹、银妹、锡妹，使其与金属有关，同样，男孩也要叫×金、×

银、×锡等；如果孩子命中缺木，则名字中要使用杨、树、木、柳、桃、李等字；缺水，则要用水、雨、冰、河、江诸字；缺火，要用火、烟、红等字；缺土，就用地、泥、土、山等字取名。认为如果不这样做，小孩就不易养活。

也有的一些父母喜欢用古代传说中的人名来替孩子命名。如空烈的苗族传说古代有两个叫老希和老宜的美女，常到河边洗衣，后被龙王抓到海里，成为海中美艳绝伦的仙女。不少父母就喜欢将自己的女儿也叫成老希或老宜，希望她们长大后也像仙女那么漂亮。又传说古代有一个健壮的青年“保秀”，娶了美丽聪明的妻子，共同开辟荒地成水田，过着美满幸福的生活。于是，有的父亲就将儿子取名“阿保”或写作“阿报”，期望儿子长大后像保秀那样能干、有福。从这些取名习俗中，我们对于古代记载中苗族的“阿×”名字的来源和情况，也可以有一个大概的了解了。

到近代，由于受汉文化的影响，空烈苗族也开始用汉文为孩子取名，如叫“老发”，系采取发展家业于子孙之意，多用于长子之名。叫老成，表示生一个，长成一个之意。叫老长，为长命、富贵之意。

除了上述这种主要以孩子的五行属命来取名的办法外，其他地区的苗族也有采取别的办法为孩子取小名的。如贵州省榕江县加宣乡（原为公社）的苗族，主要有辛、王、蒙、潘四姓。他们在婴孩满月或出生五六月后举行开荤仪式——从此可以吃肉时，为孩子取名。一般男孩由祖父或父亲起名，女孩由祖母或母亲起名。所起名字没有固定的规则，大都男孩用动物或财富名称，女孩用花草名称，其常用的可以列举如下：男孩名有写（银子之意）、才（即财）、高（鸽子）、荣（龙）、能（蛇）、你（水牛），等等。女孩名有本（花）、叶（篓）、窝（菜）、闹（麻）、细（纸）、欧（水）、虐（水草），等等。

在贵州台江县的反排村，生小孩的第三天或第五天，就要杀鸡、吃酒，由父母或祖父母为婴儿取奶名。有时还请家族中的老年妇女或外婆来讨论取名。其命名办法大致有如下3种：1. 按出生季节命名，如春、夏两季出生的男孩多叫塘、田、桥、菌、金、银、铜等；女孩则取名花、开、果、菜、谷等。秋、冬季节出生的男孩则以凳子、岩石、房子、宝物、鼓、冷、立等命名；女孩则用水、竹、贵重宝物或泉水、年、滑等命名。2. 以子女寄拜之物命名。为了儿童顺利成长，他们往往被拜寄给某一自然物，求得保祐，少灾、少病。如拜寄给树木或岩石的，就以树木或岩石的名称命名；拜寄给谷物、桥梁的，就以该谷物、桥梁为名。3. 有少数通过给孩子算八字（算命），或请鬼师代为取名。如子日生的男孩多叫岩石，女孩多叫谷子；丑日生的男孩叫田或水牛，女孩叫水；寅日生的男孩叫凳子或桥，女孩叫开或水湾，亥日生的男孩叫塘，女孩叫井或泉水，等等。一般来说，在给男孩取名时，多与宗教信仰相结合，求得孩子易长快大，如叫桥、凳、岩石、鼓等。女孩则较少这方面的考虑，而用美丽的植物与清洁的流水为名，如叫花、果、菜、竹、水、泉水，等等。

三、父子连名制

不少地方的苗族，在起名时还使用父子连名制的办法。其形式有多种多样。

一种父子连名制的构成方式是“父名+子名”式，其模式为：

AB—BC—CD—DE—…

这种模式又叫“正推顺连法”。例如贵州省紫云、安顺、镇宁等县自称蒙正的古董苗，主要有杨、王、朱等姓，他们在婴儿出生后的第三天，就要杀鸡一只，并用鸡蛋一个，为婴儿“叫魂”，还要请长者为婴儿依父子连名习俗取名，如果父亲叫浪巴，那么儿子就要叫巴×；如果儿子取名巴安，那么孙子就要叫安×，以次类推。

还有一种父子连名制的构成方式是子名在前，父名在后，形成“子名+父名”式的状况。其模式为：

BA—CB—DC—ED—…

这种模式又叫“逆推反连法”。如贵州省贵阳市杉坪的罗国发老人能背诵11代的父子连名，其构成方式就属于后一种连名制。其排列如下：……送当—娘送—供娘—厚供—文厚—孟文—朗孟—远朗（即罗国发本人）—抽远—发抽—兴发。在高坡苗族中，这种父子连名的名字，并非是无意义的音节，而一般都有其含义，如动植物、无生物或日常用品等。也有的在名字中形容其性格或以排行为名。如叫邦惹的，则邦为狼，惹为石头之意。叫母夫的，夫为木之意。叫文央的，文为锅之意。害戍的戍是村寨之意；邦走的走为竹子之意；练竹的竹是鼓之意。又有以掌（哨呐）、研（银子）、见（快）、叫（粘）、送（独子）、命（妹）、力（最小的）等作为名字的。对于女孩则大都以排行取名，如叫白某、果某、力某，等等，意即某的长女、某的次女、某的么女，等等。近些年来，女孩也开始有了父女连名的苗名，这也反映了妇女地位的提高，能与男孩一样有自己的名字。值得注意的是，高坡苗在日常生活中一般并不连带父名呼叫，如对克冲（冲的儿子克）一般只叫克，对府洋（洋的儿子府），一般也只叫府就可以了。以此显示亲切、随便。只有遇到祭祀、敲牛①等郑重场合，以及遇到同名现象时，才连用父名呼叫，以示庄重和区别。

① 敲牛：黔东南苗族每隔若干年过祭鼓节，举行隆重的祭祖活动时，要举行斗牛、宰牛等仪式。由于宰牛时，系先用木棒敲打牛头，使其昏厥，然后宰杀，故又名敲牛。

上述这种形式的父子连名制在其他苗族地区也存在。如贵定县的花苗，有颜、何、兰、罗、王、袁、侯等姓。他们也实行子名在前、父名在后，平时只称子名，不连父名的办法。如大岩寨颜光华家的父子连名是：药尝—哪药—神哪—旺神—龙旺（颜光华本人）—桥龙。以及竹林沟兰明发家：鹅某—蒙鹅—王蒙—铃王—约铃—海约—素海—冬素—七冬等即是。

另一种父子连名制的构成方式采取祖父孙三代连名的办法。其构成采用“已名＋父名＋祖父名”的形式。其模式为：

CBA—DCB—EDC—FED—…

贵州省台江县反排村张勇保说，古代有一个叫保的祖公，生有3个儿子：格记保、弄记保和吉记保。他是吉记保这一支的后代，传留下来已有15代之久，即吉记保—羊吉记—木羊吉—公木羊—勇公木—记勇公—相记勇—赖相记—缴赖相—尤缴赖—勇尤缴—双勇尤—保双勇—勇保双（即张勇保本）—瑞勇保。

另一个巫脚交村寨的老人张永昌甚至能背诵到45代的父子连名，剑河县久仰多久吉村老人邰挂里绞也能背诵40代的父子连名，而且其前面的20代连名竟与张永昌老人背诵的完全一样，说明他们出于同宗共祖，而且也说明这种父子连名习俗至少传留了一千年之久。连绵不断的父子连名，为探索他们悠久的历史提供了宝贵的线索。父子连名制表明苗族很早以来就已确立了父系的继承制度，其后出现使用汉姓，也是按照父系相传，子女都是使用父姓的。

直到20世纪的三四十年代，这种父子连名的名字还作为成人后的学名正式使用。如在贵州省台江县的大多数苗民中，过去成人后不再另起大名或学名，而用汉字书写苗语的父子连名的乳名，前面再加上姓氏，就成为上学、登记户口时使用的正式学名。如一个姓张、乳名叫勇保的人，上学后就正式命名为张勇保，而平时村里人相呼，则不用姓氏，仍以乳名勇保相称。

四、老名与专用尊称

除了奶名以外，有的苗族男子还要在结婚的第二天另取一个“老名”，或叫“尊名”，作为一个人成家立业的标志。在贵州省紫云、镇宁等县的古董苗族中，男子婚后的次日，要设宴请姐夫上坐，然后令其猜经过几位老人共同为新郎预先拟定的名字，经过很多次猜说直到猜对时为止。主持人要这位姐夫到门外去公布新郎的“老名”；接着，在门外等待的众人给姐夫敬三杯酒后，他就要高声喊说：“众亲友听着，我家舅舅叫××，大家要记着，今后只能喊这个名字。要是哪个喊错了，要罚他360斤酒、360斤肉、360只黄豆崽（一种小山雀的名称）……”说完即返入屋内，向新郎敬三碗酒，并说：“祝舅舅生九男七女，有做官的得进城，有做生意的得12个元宝，有种庄稼的年年都收获360石谷。啊！金银财宝滚进不滚出，只能滚进主人家堂屋。”到此婚后命名仪式结束。①

在贵阳市高坡苗族中，一生中如果经过一次或数次敲牛祭祖的大典，就可以取得祭祀方面的专用尊称，并将名字列入祭祀中念诵的祖宗宗谱名单。这种专用尊称的情况，由于年代久远，说法已不完全一致。一般来说，对未曾敲牛祭祖的，在奶名中省去前一音节，在名字前加一“的”音，称“的×”。如果曾经敲过1次牛祭祖的，则加“炯”或“洞雄”的音，称炯×或洞雄×。曾经打过2次牛祭祖的，则加“敞”或“炯”音，称敞×或炯×。经过3次敲牛祭祖的，则加“得”音，可称得×。由于敲牛祭祖的耗费很大，所以，一个人一生中一般不会超过3次敲牛

① 以上资料引自岑秀文：《“古董苗”社会调查》，载《贵州民族调查》（之二四），第405页，1986年。

的。①

以上这种“的×”称呼的用法，在贵定县仰望乡（原公社）苗族中，也有类似的情况。不过那里的习惯是男子在婚前死亡或死时虽已结婚但尚未生育子女的，一律称为“的×”，而女子来嫁而亡的则称作“果×”。在那里曾调查到雷姓的9个家谱，其中九摧这一支的后代名字罗列如下：九摧、卜弓、托猛、左井、所种、山托、也坐、的所、冒善、冒保、改子、沙改、受歹、也沙、的他、的信、的夫、的猜、批地、多也、的多、冒将、告者、受板、欲碗、的扛、的除、的大、的却、旬往、也扛、菜哥、了福、的菜、的改、巧初、勾弩、批菜、菜播、果列、的非、的归、冒者、福受、生却、满受、包所、妹开、受生、地七、茶沙、林三、用岩、的用、的初、妹果、包六、批善、摆天、的善、的巧、的卖、的包、的中、的播、的勾、年歌、妹华、的妹、的堂、的长、先姓、得双、的年、果乔妹、果不改、果引妹、果中妹、果银妹。

从这79人的家谱中，称“的×”的为27人，占总人数的34%，叫“果×”的6人，占总人数的8%，两项共计33人，占总人数的42%。这种情况说明，在已死去的人口中，有将近一半的男女是婚前死亡的青少年或儿童。其中有的人名如“托猛”、“山托”等是父子连名；“沙改”、“也沙”、“多也”、“的多”等是祖父孙几代连名。其中很多人名无法排列出系统的辈分顺序，其原因是各房绝嗣较多，从名字的研究中可以看出过去这里的死亡率是相当高的。②

贵州省紫云县关口罗姓苗族老人回忆26代父子连名的名中，就是按照“的×”的方式取名的，其26代连名如下，“榔假的

① 关于贵阳市高坡苗命名资料引自张惠泉：《高坡苗族人名命名法介析》。

② 参见石开忠：《试论贵定县仰望公社的人口增长类型》。

抱雅巴—不辖的榔假—不亚的不辖—不拉的不亚—约罗的不拉—牙布拉的约罗—呆文的牙布拉—牙解的呆文—牙利的牙解—牙广的牙利—布牙戛的牙广—布牙修的布牙戛—布勒的布牙修—把丫卡的布勒—播友的把丫卡—咱的播友—答的咱—松的答—良的松—靠的良—龚的靠—元的龚—告的元—八的告—称的八—云的称”。[①] 这26代完全以“的×”相称的父子连名，反映了那里被称作“老苗”苗民的姓名状况，并可以推知这种习俗至少流传达650年之久。

五、学名与字辈

居住在贵阳市西南部的青苗，在奶名与老名之间，还要在上学时取一次学名。他们的奶名与老名都采取“父子”、“子孙”连名的办法，而学名则是以汉字取的名字。很多苗族地区由于受汉文化的影响，在入学时取的学名要采用一定的字辈，同一辈分的人要用同一个字，各个姓氏或一个姓氏中的各个家族，都各自规定10个或20个字作为固定的排辈之用。这种情况过去曾相当普遍地存在。

以王姓苗族为例，由于历史上的发展情况不同，所以，各地王姓的排辈用字是不一样的，在贵州省台江县台拱寨中，王姓字辈是“朝庭恩光治，平文安家邦”10个字。据民间传说这是由于清代王姓家族中出了一个秀才王平兰，这10个字辈就是由他开始制定的，而在贵阳市甲定乡的王姓苗族中，却是以“朝庭道德学仕贵，文章英雄世代有，荣耀永悠强”19个字作为字辈之用的。从这些字辈联句中可以看出，当初制定这些排辈用字时，无非是希冀朝廷恩宠，文章传家永远荣耀，等等。

也有的地区苗族一个姓氏中就拥有两套字辈，但却只使用一

① 参见雷广正：《紫云县四大寨社会调查》。

套，出于什么原因已难于查考。如台江县张家寨的张姓，日常生活中使用“合云朝文，斌向维士，正大光明，太传家据，师字仁子，万有国金”一套24个字的字辈。20世纪50年代调查时，那里的老人张金亮、张金福已是排辈中的最末一个字“金”。据他们说在下一辈停用一次字辈后，从孙子开始将再从“合”字开始取名。除此以外，他们还知道一套“先事光祖顺，发展合吉祥，千传龙百代，金千昭华堂”的20个字辈，但实际中却并不使用。而在另一个村子的朗登寨张姓家族中，却又使用另外的“盛邦化日长，玉文正呈祥，明道自心得，忠孝必增光”20个字辈。

这种同一个姓氏但使用字辈的情况不同，是出于多种原因。台江县梅影寨的欧姓苗族，有“在朝起大德，光门程天锡，伦常隐百世，立正可以必”的20个字辈，但同一村寨中的另一部分欧姓却使用另一套“启肇与忠志，新开广大章，家修亲齐政，万世永传昌”的20个字辈。考求其原因，据说是后一部分欧姓，原来并不姓欧，在迁居来梅影寨后才改用欧姓，这样他们使用的字辈自然就不一样了。但在同一个县的另一个村寨翁慕沟的欧姓中，却根本没有什么排辈用字，当地人欧六三说，他们欧家七代人中没有一个读书人，所以，根本不知道用字辈取名，也没有人制定过字辈。从这方面也反映出字辈的使用与汉文化的学习与影响有着一定的关系。

台江县台拱寨的郃姓苗族字辈，据说是清光绪十六年（1890年）当过统领官员，并在江西泰和县落籍的同宗兄弟郃德胜（又名郃立直）拟定后，从江西寄来的，告诉他们今后子孙要以“明忠昌胜秀，世承令通光”10个字排辈使用。因此，就沿用下来了。①

① 以上参考贵州、湖南少数民族社会历史调查组：《台江县苗族的家族》。

在贵州省贵定县被称做海肥苗的苗族中，清代中叶的石碑文中，还只有姓氏，而不使用字辈，如仰望关口寨上嘉庆十年（1805 年）碑文载“照得西排青苗雷阿豆……”还是以“阿 ×”相称。但到了清末，那里的雷姓已有了“天乔万静吉仁永作邦家亲金银”的字辈。金姓也有了“文正朝庭荣凤章，光宗定国耀家邦，民生德重流芳远，能度亲香记才长”的字辈。上述苗族各姓所使用的字辈，有的连贯起来可以看出其中含有吉祥，后代繁昌等意义，但有的字辈却无法连读，如前面所引的雷姓字辈即是。其原因大约是前者系由读书人事先制定，选择较好的字眼，连成吉利的句子，规定后人按辈分的前后使用。而后者却没有祖先的预先拟定，而是每一代人自己选一个字作同一辈人使用，一代代积累下来，就变成了若干个互相不能连贯读通的字辈。

由于有的苗族即使用前述的奶名，又使用按排辈取的汉名，所以产生了一人双名的现象，如国家档案馆所藏清代乾嘉起义领导人吴八月供单，开头即说：“问据吴八月即吴世宁供，小的系湖南平陇苗人……生有四个儿子，大的吴廷礼……二的叫吴廷玉……三的叫吴廷英……四的叫吴廷义……两个孙子，一个叫吴有富，是廷礼生的，一个叫吴有陇，是廷玉生的。”表明吴八月又有吴世宁之名，而他的儿子则以“廷”字，孙子则以“有”字排辈。这种情况一直保留到了现代，如贵州省榕江县空烈村苗族，原叫吴老发，现叫吴秀祥；原叫吴老江，现叫吴秀兵；原叫唐老牛，现叫唐树兴；原叫杨老往，现叫杨秀成，等等皆是。

从苗族的“有名无姓”发展到以谐音取得汉姓，或经融合增添姓氏，从各种方式取奶名到父子连名，以及用汉字排辈取名；反映了苗族在姓名习俗上的丰富多彩，反映了他们在地区上，姓氏及家族间的差异性，也反映了与汉民族的互相交流影响。从姓名的了解中，给了我们很多的有益的启示。

载《中国人的姓名》，中国社会科学院的出版，1992 年。

东邻馆藏“苗图”实录

笔者在日本东京大学东洋文化研究所任外国人研究员期间，曾花时间注意了一下日本各大图书馆与大学收藏我国苗图的情况。陆续积累了一些资料，现在加以整理，供关心这方面的同志参考。

我国是一个历史悠久的多民族国家，很早以来，就有描述各民族情况的文字记述与绘画。插图本《山海经》就是既有图又有文的记载，不过其中插图是后人根据书中记述而描绘的，因此，不是当时人们形象的真实写照。值得指出的是，唐贞观十三年（629年）东谢蛮（属今贵州地区）的谢元深到中原朝见唐太宗时，曾因其独特的民族服饰，引起朝廷官员的注意，所以中书侍郎颜师古曾建议画《王会图》，以记载这次盛事。可惜《王会图》没有留存下来。而在第二年，吐蕃的松赞干布第五次派使者到长安求婚得到允许，次年正月，唐太宗亲自接见吐蕃使者禄东赞时，就被大画家阎立本奉命描绘了下来，这就是还保留至今的著名的《步辇图》。该图全长38.5厘米，高12.96厘米，威严亲切的唐太宗身着绛袍，坐在步辇之上。远道而来的禄东赞正在礼宾官员的陪同下，拱手谒见太宗。画幅色彩鲜艳，人物的身份、地位、情态都十分逼真、生动。这是留存至今有1300多年历史的较早的描绘少数民族场景的画卷。据说阎立本还有一幅《职贡图》的画卷，描绘了唐代附近各国使者的朝唐情景，现藏台湾故宫博物院，说明唐代这种描画远方民族的图录已比较盛行。

清代乾隆年间，在大、小金川战役以后，曾命有司绘图记其事。后来，又敕谕各沿边督抚“于所属苗、瑶、黎、僮以及外夷番众，仿其服饰，绘图送军机处汇齐呈览，以昭王会之盛”。就是在这个基础上，画出了包括各民族形象的《皇清职贡图》长卷，它工笔并重，彩墨斑斓，形象生动，为我们保留了清代各民族服饰的具体形象。现在北京天安门广场旁边的历史博物馆楼上大厅内，还陈列着这样的一幅《皇清职贡图》，供大家浏览、欣赏。对后人研究当时少数民族人民的服饰、发式、生产、生活用具，甚至体质特征等都提供了宝贵的资料。

与宫廷制的《职贡图》同时，在民间也发展了多种有关这方面的绘画，有单张的、长卷的、册页式的、或线装式的，等等。在贵州地区有《苗蛮图说》、《黔苗图说》、《百苗图》、《黔苗诗说》、《黔省各种苗图》、《苗疆图说》、《黔省八十二种苗图》、《罗甸遗风农桑雅化》等。其他地区还有《番苗画册》、《琼黎图说》、《台番图说》、《云南两延夷类图说》、《普洱府舆地夷人图说》等。由于清代往往将“苗”名作为南方少数民族的泛称，因此，所有上述各种图说，又往往被统称作“苗图”。在这个意义上说，“苗图”指的就是我国南方各少数民族的图说。

早在19世纪中叶，《黔苗图说》的文字部分已被译成英文发表，被介绍到西方。与此同时，我国各种各样的“苗图”，也被外国学者、传教士、商人等搜罗购买，携带出国，藏于各地。仅刘咸教授在20世纪30年代介绍，他在英国的大英博物馆、牛津大学博物馆、中国内地各图书馆等单位及私人处，看到“苗图”就达十余种。① 据笔者在东京等地的访求，知道日本的东洋文库、东京大学东洋文化研究所、庆应义塾大学图书馆等单位，也藏有一些“苗图”。现将有关情况实录如下：

一、《皇清职贡图》，九卷，九册，武英殿版。清乾隆年间，保和殿大学士傅恒奉旨撰，现藏日本东京东洋文库。

① 参阅刘威：《苗图考略》，载山东大学《科学丛刊》，1933年第一卷第二期。

东洋文库是日本学术界公认的将中国作为主要对象的专门性图书馆与研究机构。它是在1924年于当时北洋军阀政府的英国顾问英里逊（Geoge Ernest, Morrison）在华20年期间搜集的24000余册图书、1000多份地图画册的基础上所建立起来的。义和团运动以后，莫里逊私下寻找买主出售，最后被日本横滨正金银行以35000英镑购得，运回日本后储存于三菱财阀巨头岩崎久弥家中。1924年11月，岩崎以这批图书为基础，拨款350万日元，正式成立了东洋文库。此后又陆续补充入藏满族镶红旗文书和大藏经丹珠尔、甘珠尔，以及一些学者的私人藏书等。1949年以后，东洋文库成为日本国会图书馆的一部分，但仍保持它的独立性，经费主要由日本国库负担。《皇清职贡图》入藏的年、月不明，很可能就是原英国人莫里逊收藏的图书中的一种。

《皇清职贡图》作者傅恒，号春和，满洲镶黄旗人，姓富察氏，以办事谨慎，为乾隆帝所重用，曾在军机处供职达23年。在乾隆十三至十四年（1748—1749年）时，傅恒曾coronary师参与大金川战役。十六年（1751年）奉旨撰修《皇清职贡图》。其中包括中国的苗、瑶、赫哲等少数民族，也有向清王朝入贡的朝鲜、琉球、安南、暹罗、缅甸人，以及日本、英国、法兰西、俄罗斯人等。因为这是武英殿木版印刷本，国内不少单位也有保存，故此处不予赘述。

二、《苗册》，上、下两册。上册42图，下册41图。作者不详。现藏东洋文库。

《苗册》共83图，画了共13种少数民族的人物图像，左字右画，即左边一页为文字说明，右边一页是人物图像：每图有人物3~5个，文字说明之后，署有“王钧”名字，或盖有“王钧”印章。估计王钧其人也很可能就是《苗册》的作者。据刘咸《苗图改略》所载，英国博林图书馆藏有一册《苗疆图说》，作者亦署名为王钧。可见日本东洋文库所藏的《苗册》很可能与英国的《苗疆图说》是同一个版本。

三、《苗族风俗图》，绢面精装，78 幅图。作者不详。据笔者考证，认为可能即是清代李宗昉所作的《黔苗图》，或者是在《黔苗图》的基础上摹写的。现藏东洋文库。

《苗族风俗图》封面除盖“东洋文库”章外，并有入藏年月“昭和 10 年 4 月 15 日”之印。昭和 10 年即公元 1935 年，此时正值“华北事变”的前夕。1932 年，岩崎久弥将家藏汉籍 5291 部共 23777 册赠与东洋文库；1936 年，前正金银行董事小田切万寿之助的私人藏书 19481 册也归入东洋文库。但入藏年月为 1935 年 4 月的《苗族风俗图》，显然不属于这两批藏书之列。因此，它如何流传到日本，又怎样入藏于东洋文库就不知道了。书前有一个“吴保□”（末一字不清）的“珍藏金石书画之印”。这个“吴保□”到底是什么人？目前也难于查考。

《苗族风俗图》也是一图一文形式。但与《苗册》不同的是左图右字，即从右向左翻阅时，先读文字，再看图画。每画只有一人，重点表现其服饰及生活中的动作神态。值得注意的是这本风俗图中的文字说明，与清代李宗昉所著的《黔记》中有关内容十分相近。除了小部分语句有出入，或个别条文《黔记》所载较为简略外，主要的不同之处是风俗图说明之后附有七言诗一首，而《黔记》中却没有这样的诗句。试举几例说明如下：

《苗族风俗图》：“黑苗，在都匀、八寨、丹江、镇远、黎平、古州备属。族类甚众。习俗各异。衣服皆尚黑。男女俱跣足。陟岗蹦荆如猿之捷，性悍好斗，头插白翎，出入必带标枪、药弩、环刀。自雍正十三年剿抚后，凶顽已敛，孟春之时，择地跳月，不拘老幼。以竹为笙，有长丈余者。欢歌作乐。人殁，则生前所私者，以色锦系竹梢，插于坟顶而拜祭之。”

孟春祭鬼祈丰年，阿妹为女所私焉；
头插白翎性好差斗，环刀弩习相沿。

以上这段说明，与《黔记》卷三所述相对照。《黔记》除了缺少后面的一首七言诗以外，只有少数词句中小有出入。如《苗族风俗图》作“习俗各异”，《黔记》则作“习俗各殊”《苗族风俗图》作“……凶顽已敛，孟春之时，择地跳月……”《黔记》则作“……凶性已敛。孟春，各寨择地为跳月……”《苗族风俗图》作：“以色锦击竹梢，插于坟顶而拜祭之。”《黔记》则作“以色线击竹竿，插于坟前，男女拜祭”等。

又如“花苗”一条，《苗族风俗图》作：

> 花苗，在贵阳、大定、安顺、遵义所属。皆无姓氏，性憨畏法，俗陋力勤，衣用败布织成。无领袖。从头而下，以半幅中分，交缠于颈。每岁孟春未婚男女于野外跳月。男吹芦笙。女振响铃。歌舞谑浪。日暮，所爱者约而私之。亦用媒妁。妇之聘资以研媸为盈缩。亦必男至女家成亲。越宿而归。其宰牲具馔祷于鬼。虽致败家不悔也。女子摇铃歌舞场。吹笙男汉戏红妆；丧居三七延巫祝，设馔屠牛祀鬼方。

此条与《黔记》所载略有不同。《黔记》花苗二条。除了没有后面的七言诗以外，从“无领袖”以下，“从头而下，以半幅中分，”直至“亦用媒妁”语为止被代以“《黔书》载其跳月事最详”一语。考田雯《黔书》（康熙庚午—1690年）上卷苗俗部分“花苗”条。记跳月之事原文如下：

> 每岁孟春，合男女于埜（野），谓之跳月。预择平壤为月场，及期，男女皆更服饰妆，男编竹为芦笙，吹之而前；女振铃继于后以为节，并肩舞蹈，迴翔婉转。终日不倦，暮则所私归。谑浪笑歌。比晓乃散。聘资以女之研媸为盈缩，必生子然后归夫家。

可见《苗族风俗图》花苗条说明，大致与《黔记》的条目相同，而关于跳月部分则压缩了《黔书》所记的材料而写成。

以上述情况看来，可以认为《黔记》的各条与《苗族风俗图》的说明很可能出于一人之手，也就是说《苗族风俗图》的原始稿本，也许正是李宗昉的作品。甚至很可能《苗族风俗图》创作于前，而《黔记》在写作中，参考《苗族风俗图》的说明，略去每条后面的七言诗，并稍加压缩而写成。比较二者条文之间的差别，完全可以使我们得到这样的线索。

事实上，李宗昉的确画过这样的《黔苗图》。而且的确是在《黔记》成书之前画成的。这从《黔记》卷三之后，李宗昉记述其与泾县朱兰坡的交谊时曾录朱兰坡赠李宗昉长诗，中有云："苗僮种列八十二，像绘较若分溜绳；图功数安念尤笃，守吏莫漫荆舒懲。"此语可以说明。而且李宗昉在《黔记》中又记载了兰坡题余所绘《黔苗图》，诗曰："……盍当职贡图，拜手呈朝端，他日著重业，名足参范韩……"的诗句。因此可见，李宗昉在著《黔记》之前，确曾绘有《黔苗图》，并有其好友经县朱兰坡其人为之题诗。因此，这种苗图的说明与《黔记》所载，大略相同，也就不以为怪了。

在此稍前，除了李宗昉的《黔苗图》以外，还有原任八寨理苗同知陈浩所作的《八十二种苗图并说》。但据李宗昉讲："闻有板刻存藩署。今无存矣。"陈浩所作"苗图"的说明，当时已无传，与《苗族风俗图》难于比较。但《苗族风俗图》的说明，与《黔记》所载十分切近，却毕竟是一事实。

在《苗族风俗图》的各条说明中，也有风俗图较详，而《黔记》中却有相当简略的现象，如"红苗"条，在《黔记》中只有"细苗，在铜仁府属"一语，十分简单。但《风俗图》中却与其他各条说明一样。写有一定的篇幅。其全文如下：

> 红苗，在铜仁府属，多龙、吴、麻、白（按：应为"石"）等姓，衣用斑丝织成。女工以此为务。同类相斗，必致妇人往劝，方解。五月寅日，夫妇另宿。不敢

言，不出户，以逊鬼神而避白虎也。凡牲畜皆培杀，以火去毛，微煮，带血而食。人殁，将所遗衣服装像，众咸打鼓，名为吊古。

年逢五月建寅辰，另寝夫妻忌鬼神。

肉食去毛微代血，斗争相劝必女人。

《苗族风俗图》此条，在《黔记》中虽然十分简略，但与《黔记》同条目对照时，完全可看出，系作者根据《黔书》所记压缩而来。在《黔记》中还有所表述。如“狗耳龙家”条说“《黔书》云：男女旋跃而择对……”。“青苗”条说“《黔书》称其强悍好斗，今则驯良……”。“夭苗”条说：“俗详《黔书》”等。由此可见，很可能作者认为“红苗”一条的情况，都与《黔书》相同，无所赘述，所以，在《黔记》中才简略地用了“在铜仁府属”一语，其他情况都不重复叙述。而在《苗图》中，每图必须有说明，体例又要大致相同，所以，才取《黔书》材料，稍加改写而成。

综上所述，我们认为，《苗族风俗图》的底本系从李宗昉的《黔苗图》而来。清末前后，贵州一带翻刻翻绘这类《苗图》的情况十分流行。《苗族风俗图》也许就是在那样的情况下，由一些比较穷困的文人摹写李宗昉的《黔苗图》，而改作题名曰《苗族风俗图》以增进顾客的注意，遂得以流传，亦非可知。这是笔者研究《苗族风俗图》以后的一些初步看法。叙述于此，供同道者参考。

又：《苗族风俗图》每则说明之后，必有七言诗一首，这是《黔记》中所没有的。这些诗是吟咏民族风俗的作品，对研究民族史及民俗学都有一定用处。本文不能全部照录，只好列举一二，以供欣赏。

吟“洞苗”：

织锦相沿已有年，素称精美尽相传。

苗通汉语居平坦，善种棉花力垦田。

吟“白苗”：

祀祖屠牛卜吉昌，两牛相斗腾为祥。

高歌畅饮真欢美，主祭长裙白练裳。

吟“青苗”：

当年犷悍本浮浇，今已淳良畊并樵。

竹笠遮头登草履，吹笙月下唱声高。

四、《苗子风俗画记》，彩图，61 幅，绢面精装，现藏日本东京大学东洋文化研究所。

东京大学东洋文化研究所图书馆，也是一个藏有关于中国书籍较多的图书馆之一。它是以在中国充任律师多年的大木干一赠送的 45452 册中国古代文献的基础上成立起来的。东洋文化研究所图书馆把这一部分书单独列为《大木文库》，保留了藏书者原有的特点。此后，还有长尺规矩赠送的《双红堂文库》、原外务省所属的东洋文化学院的汉籍、帝国学士院东亚诸民族调查室的旧藏书、下中弥三郎赠送的《下中文库》、东京银行调查部的旧藏经济方面资料，以及著名学者清野谦次、仁井田陞、仓石武郎四、江上波夫等人的赠书等。加上历年采购搜集，到 1983 年 4 月，已拥有中文、日文、西文书籍共 339834 册，各类杂志 4252 种。《苗子风俗画记》一书入藏东京大学东洋文化研究所的时间不详。

《苗子风俗画记》一书尽管为绢面精装，彩色绘图，但图画技法拙劣，人物、衣饰大同小异，书法行草虽尚可观，但有不少漏字、错句。经过笔者查对，61 幅图的说明全部见于李宗昉的《黔记》，文字大多相同，只有少部分条目如《倮罗》、《白倮罗》、《蔡家苗》、《青苗》、《红仡佬》、《土人》、《佯广苗》、《八番苗》等的说明，参考他书，加了数语，因此可以把它看成为以《黔记》为本加工制作的图说。李宗昉于嘉庆年间曾督学贵州，他访求当地乡士大夫所藏的金石、图史、歌谣、志乘，辑录抄编，成《黔记》一书，为时大约在道光十四年（1834）或稍前数年。由此可以估计，《苗子风俗画记》一书当在《黔记》成书以后，即1834年以后才画成的。与《黔记》原文比较，《苗子风俗画记》中的“阳洞罗汉画”一条中，“男子耕作贸易”一语，缺“易”字。“六洞夷人”条，“邻近女子，执蓝布伞往送”中，缺“伞”字。“楼居黑苗”条中缺“黑”字。《短裙苗》一条，《黔记》原文作“男子短衣宽裤，妇人衣短，无领袖，前不护肚。后不遮腰。”在《苗子风俗画记》中却漏去“妇人衣短，无领袖”二句，造成全文不可理解。更有甚者，在“克孟牯羊苗”条中，因字数安排不当将最后一句“亲不复来”遗去“复来”二字，以“亲不”断句，致使整个说明不能释读。由此可见，这是坊间书肆为了牟利而约人进行粗制滥造之作。因此，尽管它装帧比较精美，但无论从画面、文字说明上看，实在无一足取，只能作为假《苗图》之名以追逐高额利润的一个标本而已。

五、《云南民族职贡图》，原题《异族图说》，实际上包括了两种“苗图”，前一部分为残本，共余图17幅，说明7页。笔者为之命名“云南民族职贡图”。后一部分，详后述。现藏日本东京大学东洋文化研究所。

《云南民族职贡图》首页一画为一官吏坐于公案之后，旁侧有书吏二人，公案上置书、笔、砚等文房用品。看来很可能是该画作者的自况，官吏蓄三绺须，书吏有长辫，显然是清代人物，因此说明中有《臣服天朝》一诗，指的当然是清朝。此残本的前一部分，画了《仫些》（原文都用反犬旁，此处一律改为单人旁，下同）《估倧》、《喇㑩》、《巴苴》、《倠子》、《怒子》、《傈僳》、《黄红喇嘛》八种人物，各有说明，后一部分，另有人物图像八幅，但缺说明。

凡是足本不一定珍贵，有的残本也不一定没有价值。当然由于残缺，显然是一个损失。如前所述，这一残本笔者名为《云南民族职贡图》，它的每个说明大致包含了这样几个内容：名称、服饰、生产、所属，以及与“天朝”（清）的关系等。从《傈僳》中说明中有“嘉庆七年正月内，有筏牙古傈匪恒乍绷构结滋事。自大兵剿办之后，责成正副头人分段管辖”数语，可见此图作于嘉庆七年（1802 年）之后。从语气来看，此图也许就是嘉庆年间中后期（1802—1820）的作品，如果这个推论大致无误的话，可知距今已有 170 年左右。

《云南民族职贡图》的八个说明，经与元李京的《云南志略》、钱古训、李思聪的《百夷传》、景泰《云南图经志书》、正德《云南志》、天启《滇志》、光绪《续云南通志稿》、乾隆《丽江府志略》、道光《云南通志》、乾隆《永北府志》、余庆远《维西闻见录》诸书对照，所载均不相同，显然是该书作者以自己见闻为基础所作的撰述。因此，作为一种研究的资料，也是很宝贵的。好在原文都不太长，笔者将它转录如下，作为从海外找回来的史料，供专家参考。

估宗壹种，俱在中甸阿墩手，奔子栏，其宗，喇普一带居住。贼性顽梗，洒种山地，莜麦、青稞，畜养牛马，食酥油炒面、给耙。男人头戴黄帽，耳坠珊瑚银环，身穿氆氇短衣，足穿乌拉靴。妇人头上辫髻百缕，以珊瑚、砗磲等为饰，耳坠大环，短衣长裙。遵守法度。上纳钱粮。服斤属奔□栏，阿墩子土千把总等分管，臣服天朝。

仫些壹种，坏处城郊，赋性直，信鬼敬佛，相习成风。男人头戴毡帽，外披毡衫，身穿肯蓝布衣，短裤跣足。妇人发挽统髻于前，膝下裹布，跣足。栽种水田稻谷，束以布勒，上戴尖帽，耳坠大环，身穿毛褐短衣裙，上纳钱粮，遵守法度，当差应役，居住维西、康普、其喇、金沙江内外村寨。散外服土目分管，臣服天朝。

喇㑲壹种，性情柔弱，信鬼敬佛。穷人头戴毡帽，身穿花布短衣，短裤，跣足。妇人发辫于后，束以布勒，耳坠大环，身穿花布短裙，膝下裹布，穿鞋。栽种水田稻谷，兼种莜麦、杂粮。上纳钱粮，遵守法度，当差应役，居住澜沧江内外。服土把总赵国终分管。臣服天朝。

巴苴壹种，性情尚平，男人头戴毡帽，穿毛布短衣，、妇人耳坠银环，挽发，以青布勒，上穿毛布短衣，内穿短裤，外套布裙。男女均穿皮鞋，好养牛马，相随开挖山地，播种小麦青梨、杂粮为生。遵守法度。居住偏恭角一带，服土□目管辖。臣服天朝。

俅子壹种，居住澜沧、怒江两岸，大雪山边界，与怒人地方接壤，季属外域夷。性最柔懦，常畏怒人，言语不通，不敢越界。男人披发，外披麻布披单，身穿短衣裤，跣足。女人亦披发，耳坠铜圈，外披麻布披单，内穿短衣裙，跣足。男女俱挖黄连。火种□□□食。服土把总分管。

怒子壹种，住居怒江内外，夙号野夷。其性凶悍。披发，上勒红藤。麻布披单，身穿麻布短衣裤，跣足。猎取禽兽过日。妇人披发勒红藤，外披有须麻布披单，身穿麻布短衣裙，跣足。背负篚篓名曰怒箩。挖取黄连、野菜，播种山地杂粮。其饮食殊类犬羊。年冬间贡奉黄蜡捌拾斤、麻布叁拾拿、山驴麂皮叁拾张，由通判衙门收解丽江府变价，转解司库。往来塘围，不敢多事（下省四字）。

傈僳壹种，住居澜沧江内外之高山。其性暴悍，高鼻深眼，头挽总髻，耳坠铜圈。身穿麻布短衣裤，不盖膝，下裹毡片，跣足。腰带有鞘夷刀。种黍米杂粮而食。崖居穴处。今春在此，明岁别往，居止不定。出入常常弩弓，以猎取鸟兽为生。稍有触犯，即持刀相向。妇人头挽发。束箍，耳坠铜环，身穿麻布短衣裙，跣足，从猎，因于嘉庆七年正月内，有蒐牙古傈匪恒乍崩，勾结滋事。自大兵剿办之后，责成正副头人分段管辖。

喇嘛壹种，黄、红二教。红教载红褐帽，披红衫单。黄教载黄帽，披黄衫单。足穿乌拉靴。俱系土信估宗、么些披剃为僧，其红教人数尚少，居住中甸大宝寺、白鸡寺、归化寺处，旧东竹林寺、阿墩子德钦寺、羊八井寺、维西兰经寺、康普寺、国寺、来远寺、其宗荣宣寺、无格寺。各分教居住。俱有大喇嘛分管，常住口粮出自地方供给。臣服天朝。

六、《邓县风俗图》，共计七图七文，装订于《异族图说》的后一部分，但无论从图画、书法、开本大小看，都与前一部分《云南民族职贡图》不同。因此可以说，它是《异族图说》将两画册误装订于一起的结果。现藏日本东京大学东洋文化研究所。

邓邑即邓川，位于云南省西部，洱海之北。它现属于大理白族自治州的洱源县，境内有汉、傣、彝、回等民族。八个说明对邓邑一带的民族情况有很好的介绍。它不仅描述了少数民族的情况，而且也详细介绍了当地汉族情况，所以说它是一本地方志角度的图录。而与一般仅仅介绍少数民族情况的《苗图》又有所不同。因为这里同时也介绍了当地少数民族情况，所以，我们把它放到一起来加以叙述。从图中说明提到“乾隆三十三年”与“嘉庆十五年”以及“变乱后”（疑指1856年杜文秀起义）的情况看来，此图录可能作于1873年之后的19世纪末。

《邓邑风俗图》介绍了当地汉族的情况，说他们“民俗尚勤俭”，“栽种田地多妇女，除耕耘外无出产”，“每用牛乳积酸浆配成膳”。这里过去曾出过一些有名的文人如杨南金、艾自修、侯锡珵等，而现在却一考上秀才，便置书高阁，不再求上进。又讲到邓邑有兼业的渔民，号称水手，在东西湖中盖茅屋寄居捕鱼。以及客民一种，除了从事商业贸易者外，并在羊塘里、寺寨里、鸡鸣村等处耕佃为业。此外，也描述了当地的倮罗、土民、回民和摆夷。讲得十分简洁，现引述如下：

一曰倮罗，山居牧羊，垦山地，负薪为业，艺莜麻，面多□黑，羊皮半臂，盛置不去也。五月栽秧时，入村里为人耕犁。性愚而驯，从不涉讼。

一曰土民，邓在元代以前，多土人，殆即志书所云白饭王苗裔，俗号白子。自明洪武间迁中土大姓实滇，继以置军设屯，于是土人稀而汉人众。习俗既久，汉土不分，服食婚丧，近多浮靡，民间并无巨富。然所尚耕读，亦无甚赤贫者。

一曰回民，西域大食国遗种。元时蔓延入滇，所至辄相亲守，与汉人交，不易测，资生每仗骡马利，于武痒，亦知读书，然不能永业也，服食婚丧，坚持其俗不可。

一曰摆夷，男加帽，女辫发，耳垂银大环，衣统裙，勤于织纺。本居夷地，乾隆三十三年征缅，有土目投，令引路，既定缅处摆夷，于地内分拨邓川者。先在城内。颇滋扰。嘉庆十五年，头目金姓，以罪徙贵州。十八年始迁其众于寅塘里之五勒、大会等庄。

七、《内府精绘苗蛮图》，共27页，彩色绘图，每图一文。现藏日本庆应义塾大学图书馆。

庆应大学是日本最古老的一所大学，成立于1858年。这个大学的图书馆新楼盖于1983年，因为那时正是大学成立的125周年，为了纪念这个校庆，由历届校友集资修盖了这个十分现代化的建筑。书籍开架，阅读方便，并可随时复印自己所需的材料。《内府精绘苗蛮图》列于该图书馆的珍本目录之中，全书主要内容为四川等省的少数民族与土官情况，题名有《倮罗》、《路鲁》、《阿仁寿》、《姜文富》、《安平康》、《李正禄》、《俩僠》等。配合图画的说明比较具体，是十分珍贵的史料。如记苗木土百户罗成兴的说明如下：

苗木土百户壹员，罗成兴。查该土百户始祖撒咱喇，系宁番街土著人民。康熙肆拾玖年奉旨招抚。撒咱喇闻风投诚，蒙提督军门唐发给土百户职衔，颁给印信号纸。顶革相传。现今罗成兴袭替，七品顶戴。位居地方，东至勒扒山，与大盐井土百户交界，南至小盐井，兴中村土百户交界，西至酥州土百户交界，北至瓦山，与酥州千户交界，直长三十里，横宽二十里，土产荞麦、豆。所管伍处，共属番夷四十一户。并未认纳贡马。每年应纳粮米二十石，各户自行赴冕宁县上纳。历来朝□。无功加品级翎枝。理合登明。

从说明看，这本《内府精绘苗蛮图》是一册既有少数民族人物，又有土官人物的图录。它保存和反映了当地各个土官统治的地区、贡赋、人物种种情况，可能是在实际的征纳粮米、土官承袭中起一定作用的图册。传到现在，对民族史与民族学来说，也应当是一本很有价值的图录。

载《黔东南社会科学》，1989年第1期。

苗族研究概述

关于苗族的研究，一直可以追溯到苗族名称初见的宋代。朱熹在《记三苗》一文中曾提到，当时湖南一带的苗人可能就是古代“三苗”的遗裔。这是关于苗族族源的最早看法。后来，不少史书、笔记都对苗族的源流、生活、习俗、节日、服饰以及反抗斗争等作过记叙。可惜的是有不少论著已经失传。如明代胡宗绪的《苗疆纪事》八卷、叶藟的《征苗录》、李恺的《外苗近事》、卜大同的《征苗图记》等，难以复得了，这不能说不是一件憾事。清代，除了官修的《钦定平苗述略》（52 卷、鄂辉等撰）和《钦定平定贵州苗匪纪略》（40 卷、奕䜣撰）从统治者的角度记述了镇压苗民起义的经过以外，还有私人纂修的《苗防备览》、《苗疆屯防实录》、《湖南苗防屯政考》、《咸同贵州军事史》、《苗疆闻见录》、《苗变纪事》、《苗俗记》、《红苗纪略》等，专门记述当时苗族地区的情况和苗民的反抗斗争。所有这些关于苗族的记载，其观点当然是反动的，但也流露出对苗族人民遭受残酷压榨的同情和苗族有关资料的保存，为后世研究苗族提供了珍贵的材料。

不过，综观古代学者对于苗族的记载，大多属于耳闻传说或引证传抄，而深入苗族村寨进行实地调查的报告几乎是凤毛麟角，很少见到。因此，关于苗族的记载，有的可能是几百年材料的重复；有的可能张冠李戴；有的则抽象含糊，模棱两可；有的则片断猎奇，恣意夸张，直至以讹传讹……所有这些，既为后来的研究者提供了点滴信息，也为后世的研究造成了许多困难。从严格的意义上说，古代学者的著述、笔记还谈不上是对苗族历史的科学研究。

近代以来，出现了一批研究苗族的论文、专著、诗歌、传说，以及民间文学资料。现把情况略作介绍。

一

1840年以来，随着资本帝国主义的入侵，传教士也深入我国各地，随着西方社会学、人类学、民族学的传入我国，兴起了对边远地区的调查；随着经济文化交流的发展和交通运输的改善，居住山地的苗族逐渐受到人们的重视。热心者进入苗族地区，做一些调查与记述。所以，近代初始关于我国苗族的调查研究，往往反映在英、法、德、日等国的文字中，其中比较著名的有英国的传教士洛克哈特（Lockhart William）的《关于中国的苗子或土著居民》（*On the Miao - tsze or Aborigines of China*，1861）；英国军人布勒契斯顿（Blakiston Thomas Wright）的《扬子江上的五个月》（*Five Months on the yangtsse*，1862）；英国传教士克拉克（Clarke S. R）的《中国西部的苗子和其他部落》（*The miaotze and Other Tribes in Western China*，1894）；日本学者鸟居龙藏的《苗族调查报告》（1903）；法国传教士萨维那（Savina，F. M）的《苗—法词典》（*Dictionnaire Miao - tsen Francais*，1917）；《苗族史》（*Histouire des Miao*，1924）等。

1917年，崔蕴奇在《地学杂志》发表《苗族考略》以后，陆续发表《贵州苗族杂谭》（检曙峦）、《苗族之特点》（张敷荣）、《贵州苗民的社会》（邓平严），《苗族之种类与习俗》（张敷荣）、《苗疆风俗志》（觉迷）等；1928年商务印书馆出版了刘锡蕃的《苗荒小记》，系作者在广西罗城、三江等地调查所得，内容包括居住、饮食、服饰、家庭、婚丧、语言、祭祀、物产、工商、交通、刑罚、体质、诉讼、契券、集会、瘴蛊、音乐、娱乐、苗瑶性质及其对于汉人与官吏共21章，言简意赅，是现代较早的一本关于广西苗族的专门著作，但所用之“苗”为广义词，即泛称少数民族，除苗族外，还有瑶等民族。

自1928年蔡元培创办中央研究院，并在社会科学研究所内设民族学组以来，先后开展了对瑶、高山、赫哲和苗等族的实地调查研究。1933年5~8月，凌纯声、芮逸夫、曾士衡等到湘西进行苗族调查，1938年写成《湘西苗族调查报告》，1940年付印，由于日本帝国主义的侵略，该书直到1947年7月才正式由商务印书馆列为“中央研究院语言历史研究所单刊甲种之十八”出版。凌纯声等的《湘西苗族调查报告》是新中国成立前对一个苗族地区进行实地调查后比较详细的一份报告，但全书477页中习俗、服饰、地理分布、族源、宗教等占167页，故事、歌谣、语言、游技占262页，关于经济情况的仅占7页。由此可知，当时学者们的对民族调查研究之注意之所在。

1937年2~6月，继凌纯声等人的湘西苗族调查以后，广州岭南大学西南社会调查所和中山大学文科研究所联合组织“海南岛黎苗考察团”赴海南保亭等地调查，曾到昂吉、志报、蕃慢等村了解苗族情况，发现了那里苗族珍藏的神像、经书及苗族来源的记载等资料，尽管这次调查以黎族为主，只用了1/4的时间调查苗族，但还是搜集了不少资料，调查者王兴瑞写成《海南岛之苗人》一书，于1938年6月编入《珠海大学边疆丛书》出版，内容涉及苗族来源、人口分布、语言、经济、社会、组织、生活、习俗、宗教、诗歌、传说，以及汉、黎、苗的关系等，其中关于“过山榜”、宗枝簿、租买山地契约、宗教经典等材料，对研究海南苗族的来源提供了重要的依据。

据不完全统计，从20世纪20年代到1937年7月抗日战争爆发约10年的时间里，发表苗族的文章约58篇，其中关于历史方面的约占38%，现状的约占60%，语言的约占2%。抗日战争爆发后，沿海不少地区沦陷，大学、研究所和有关人员内迁贵州、云南、广西等地，一些社会学家与民族学家有机会深入苗族地区调查。其研究有所发展。据了解，当时研究贵州苗族的有吴泽霖、陈国钧、杨汉先、李植人、吴定良、任美锷、梁聚五；研究四川苗族的有胡庆钧、葛维汉（D. C. Graham 华西大学）；研究云南苗族的有岑家梧、史图博（H. Von. stübel 同济大学）；研究湘西和川南苗族的有芮逸夫；研究海南岛苗族的有王兴瑞等人。发表文章的数目比前一阶段有了增加，内容多为婚丧习俗、歌舞生活和观感。以贵州地区而言，大夏大学迁到贵阳以后，于1938年春成立了“社会经济调查室”，出版《社会旬刊》，编写“乡土教材”，进行“社区研究”，了解风俗迷信。1939年，“社会经济调查室”改名“社会研究部”，受当时内政部委托，到安顺、定番、炉山等地，“依照部定调查要点”调查苗族情况；又受贵州省教育厅民俗研究会委托，搜集苗、夷等族的“民俗资料”；1940年春，更参加了贵州省政府组织的“边远农村工作团”对苗族等进行调查。1940—1941年4月，又派人到都匀、八寨、三合、荔波、都江、下江、榕江、永从、黎平和广西的三江、融县、罗城与北盘江流域等地调查苗、侗、水等族的生活情况。与此同时，进行了民族语言调查。调查所得出版了《贵州苗夷研究丛刊》，并举办文物展览会。此外，受中英庚款董事会委托，指导该会的研究生对苗族的调查研究，协助贵州“第五行政督察专员公署”计划对行政区内苗族的“调查与政治宣扬工作”。研究部的经费受教育部、内政部、交通部、贵州省民政厅、教育厅等十多个单位的补助。曾按内政部的要求，编撰了《安顺县苗夷调查报告》等资料每种约20万言。大夏大学社会研究部通过《贵州日报》副刊《社会研究》，发表了很多关于苗、水、布依等族的情况报告，但把仲家（布依）、水家、侗家、僮家（壮）都归为“夷族”，研究的范围仍多注重婚姻、习俗、歌舞、传说、宗教迷信等方面，表现了那个时代研究的烙印。

从第二次世界大战结束到1949年新中国成立前夕，各学术机构忙于从内地迁回原来所在地，加之通货膨胀，内战连绵，经费缺乏，政局动荡，因之对苗族的调查研究很少，除了出版过去已经写成的论著和贵州省边胞文化研究会汇编发表于《边铎》月刊的平越县（福泉）、镇宁县、施秉县、黄平县边胞概况和见诸《边铎》、《黔灵》、《新贵师》、《历史社会》、《民族学研究集刊》等杂志的文章外，没有更多的著作问世。

关于新中国成立前的苗族研究论文，已由张永国、史继忠、石海波、韩雪峰等同志编辑《民国年间苗族论文集》一册，由贵州省民族研究所编入《民族研究参考资料》第二十集，铅印内部发行。该《文集》比较集中地选编了现代研究苗族的主要论文。其中可以看到研究的重点："综述"（概况）；族源、名称、分布；经济生活；语言、文字、文化教育；习俗与其他（放蛊等）几个方面。族源方面，凌纯声提出了"古代三苗非今日之苗"，"今之苗为古之髦"的论点，推测部分苗族自称"果雄"，可能与《华阳国志》所载竹王故事有关，并进一步"推测汉代的竹王或即为周末夜郎之后"（《苗族名称的递变》）。而何士能在1941年也发表文章，提出"三苗为国名——非种族名"，"三苗之后为羌"的看法，也认为三苗与后来的苗族无关（《三苗非今苗考》）。两者都是在朱希祖《驳中国先有苗种后有汉种记》文章的影响下，所产生的一种看法。从现在的研究情况看来，他们的一些论据是值得进一步商榷的。王兴瑞的《海南岛苗人的来源》一文，从历史记载、民间文献和语言等方面研究，提出了海南苗族可能是广西瑶族于明代迁徙后演变为苗的看法。关于苗族的经济生活、服饰礼俗、宗教信仰等方面，尽管了解不深，看法也不尽准确，但为以后的比较研究提供了不少难得的资料。

二

中华人民共和国成立以后，从中央访问团到苗族地区访问开始，在马克思主义的基础上对苗族社会历史的调查研究有了迅速的发展。1950 年，以费孝通为团长的中央访问团西南分团，在贵州千山万水访兄弟民族，宣传民族政策，帮助建立民族区域自治。同时，调查民族情况。费孝通在《新观察》连载《兄弟民族在贵州》的文章，将苗族和其他兄弟民族一起向国内外读者作了介绍。其后，中央民族学院语文系连续开办苗语专业，为苗语的普查和创制新苗文培养人才。

1954 年 7 月—1955 年 1 月，中南地区民族事务委员会指派中南民族学院、广西民族学院、广东省民委、华南区党委统战部和各省民政厅、政法委员会、法院，以及海口行署民委、民政处、法院、妇联共 33 人组成的“海南工作组”。调查了海南岛苗族、黎族的情况。关于苗族，主要调查了保亭县第三区红沟乡牙南表的三个自然村、琼中县第二区南茂乡的南茂村，于 1957 年 2 月编印了长达 314 页的《海南苗族情况调查》，对海南苗族的农业、手工业、副业、商业、政治、婚姻、家庭等进行了系统的叙述，也发表了搜集到的《盘皇券牒》、《盘皇水淹歌》等民间文献资料。

20 世纪 50 年代公开发表的关于研究苗族的论文不多，总计不过 20 篇，且多集中在研究乾嘉起义和咸同起义方面。1956 年湖北人民出版社出版的马少侨编著的《清代苗民起义》，可以看做这一时期的代表作，这本书虽仅 75 页，却是现代试图用马克思主义观点叙述苗族历史上起义斗争的著作。该书分析了清代封建王朝的压迫与剥削、苗民起义的经过与结局，为苗族史的研究起了开拓作用。可惜的是，作者在 1957 年遭受不公平对待，他的另一本著作《湖南苗族人民革命斗争史》竟被贬为“内容上虽有错误，但在资料的搜集与整理方面还作了一些工作”的“内部参考”铅印。

自1956年开始的民族语言普查和从1957年开始的少数民族社会历史调查，也同样对苗族的语言和社会历史开展了大规模的调查研究。不仅获得了大批重要的资料，而且也培养了相当数量的苗族研究干部，为后来的苗族研究打下了良好的基础。当时，仅贵州的少数民族社会历史调查组就编写了《苗族英雄张秀眉起义传说》、《贵州省台江县巫脚交经济发展状况》、《贵州省从江县加勉乡苗族调查资料》、《贵州省清水江流域部分地区苗族的婚姻》、《贵州省台江苗族的节日》、《贵州省台江苗族的饮食》、《贵州省台江的封建迷信》、《贵州省台江县的苗族》、《贵州省台江苗族的服饰》、《贵州省黔东南舟溪地区苗族的生活习俗》、《贵州省赫章县海确寨苗族社会历史调查资料》、《贵州省剑河县久仰乡必下寨苗族社会调查资料》、《贵州省丹寨县杨武乡硃砂村苗族封建大地主调查资料》、《苗族民闻故事专集》等调查报告二十多种。广西、广东、云南等省（区）的调查组也都编写了各自地区的苗族调查报告。20世纪80年代出版的《苗族语言简志》、《苗族简史》等，都得力于这个时期的调查研究工作。与此同时，也开展了苗族民间文学和音乐艺术的搜集、整理并取得了很大的成绩，《苗族民歌》和《苗族文学史》稿本的编写，都是在这个时期完成的。粉碎“四人帮”以后，学术研究也得到了解放。1979年6月，在贵阳召开“苗族历史学术讨论会”，讨论了苗族的来源、形成和发展等多方面的问题，对推动苗族的研究，促进《苗族简史》的完稿，起到了积极的作风。1983年3月开始，贵州省民研所、贵州民院、贵州省社科院历史、经济、哲学所和中国社会科学院民族研究所部分同志共同组织“月亮山区域考察队”，重点调查榕江县八开区、从江县加鸠区、荔波县茂兰区、三都县九阡区等22个公社，先后写成了关于榕江县计划公社的概况、经济、文化、教育、苗族家庭、社会组织、习惯法、原始宗教等的报告，从江县孔明公社以及榕江县加宜公社苗族社会历史的调查报告，宝列寨短裙苗、榕江县两汪公社苗族风俗习惯、加宜与两汪公社生产状况的调查报告等。对位于贵州高原南部、横跨黔桂两省边境、山磊谷深的月亮山地区苗族和侗、瑶、水、壮、布依等族的情况进行了新的综合性的调查，取得了可观的成果。1984 年，又部署了月亮山、云雾山地区的综合调查，对苗、瑶、水、布依等族的社会、习俗及语言开展综合性调查，取得的成果有：《镇宁县募役区马场乡苗族社会调查》（陈天俊）、《紫云打郎乡苗族社会调查》（赵崇南、李子和）、《紫云县四大寨社会调查》（雷广正）、《雷山县西江苗寨调查报告》（韦启光）、《罗甸县苗族习俗调查》（杨昌文）、《望谟县麻山地区苗族婚姻丧葬调查》（岑秀文）、《望谟县麻山地区苗族的原始宗教》（杨昌文）、《苗语革东话音系》（今旦）、《紫云县苗语的调类及变调》（鲜松奎）等。经过几年的努力，1985 年 10 月，贵州民族出版社出版了经过二十多年的、有许多学者参与编写、讨论、修改的《苗族简史》，这标志着苗族研究已达到了一个新的高度。《苗族简史》共 352 页，第一次系统地、全面地概述了苗族的来源、原始社会直到国民党统治时期的社会发展，并介绍了苗族的文化艺术、体育卫生与生活习俗，使得苗族的历史面貌更为清晰。在贵州省民委、中国民间文艺研究会贵州省分会、贵州民院、贵州省民间文学讲习会的共同努力下，已陆续铅印贵州各少数民族的《民间文学资料》60 多册，其中苗族的占有很大比例。湘西土家族苗族自治州文化馆也编印了《湘西民间文学资料》多册，其他州县如黔东南、黔南、文山、海南岛等也都印出大批资料。特别值得指出的是，在苗族研究的发展过程中，本民族的研究者大批涌现，这是十分可喜的景象。三十多年来的苗族研究，尤其是进入 20 世纪 80 年代以后，其论文之多，作者之众，涉及问题之广，前所未有。据我们不完全的统计。仅1980—1985年的5年时间，公开发表的关于研究苗族的论文达225篇之多。新中国成立以来研究苗族的情况，有的同志曾作过一些介绍，如伍新福的《苗族史研究述评》（《民族研究动态》1984年第4期）、毛宗武的《我国苗瑶语族语言研究概况》（《民族研究动态》1985年第3期）等。我们综合有关论文资料，将这一时期苗族研究的内容略作介绍。

（一）苗族源流问题

新中国成立以来，关于苗族源流的问题，早在20世纪50年代后期编写《苗族简史》初稿时已经提出，但只上溯到“武陵蛮”、“五溪蛮”，尚未触及20世纪30年代所开展的苗族与“三苗”关系的讨论。“十年动乱”以后，侯哲安发表了《三营考》（《贵州民族研究》1979年第1期），大量引用关于“三苗”的历史记载，阐述了古代三苗的居住地域、活动情况，并与后来的苗族做了对比，指出其间的继承关系。马少侨在《“窜三苗于三危”新释》（《中央民族学院学报》1981年第2期）中对长期以来三苗被舜打败以后，举族往西迁去“三危”的说法，提出了新的看法，认为“危”可以训为“高峻”、“险峻”，“山有三峰，故曰三危”，过去记载中的“窜三苗于三危”，意即“逃窜于群山”，因此，三苗的后人，不是远迁西北。而是转入了山区，仍在南方一带。在“三苗”与苗族的关系问题上解决了一个疑难问题，自成一家之言。阐述三苗与苗族关系的论文，还有张岳奇的《试论“三苗”与苗族的关系》（《贵州民族研究》1981年第4期），王慧琴的《关于苗族的族源问题》（《思想战线》1982年第2期），马少侨的《试论荆楚和古代三苗、现代苗族的渊源关系》（《中央民族学院学报》1984年第4期）等。

在苗族源流的研究中，还涉及与古代的伏羲、女娲、蚩尤、祝融、九黎之间的关系。侯哲安的《伏羲、女娲与我国南方诸民族》(《求索》1983 年第 4 期),张岳奇的《蚩尤能否引作苗族族源》(《民族研究》1984 年第 4 期),何光岳的《祝融氏和九黎的来源与变迁——论苗族的一支主要先民》(《学术论坛》1984 年第 1 期),周星的《驩兜与三苗》(《江汉论坛》1983 年第 12 期)等都在这方面进行了探索。吴雪俦的《苗族古史探索》(《民族研究》1982 年第 6 期),对苗族与三苗、三苗与九黎以及“迁三苗于三危”,提出了自己的见解,他将“中国西系苗族”、“中国南系苗族”和“贵州的苗族”的早期历史分别进行了细致的研究,对于苗族源流问题的解决,有一定的启发作用。

对古代历史人物(屈原和长沙马王堆汉墓出土女尸等)的研究方面,有的论文提出了他们可能是苗族人的看法,分别见于客观复《试谈马王堆一号二号汉墓的族属问题》(《民族研究》1979 年第 1 期),兰瑜、肖先治的《屈原族别考辨》(《贵阳师院学报》1981 年第 2 期),龙海清、龙文玉的《屈原族别初探》(《学术月刊》1981 年第 7 期),龙文玉的《苗族招魂风俗与屈原的招魂作品》(《吉首大学学报》1982 年第 1 期),龙海清的《屈原族别再探》(《江汉论坛》1983 年第 3 期)等。持不同意见的论文有云峰的《马王堆汉墓族属问题的讨论》(《民族研究》1983 年第 4 期)夏剑钦的《也谈屈原的族别问题——与龙海清、龙文玉商榷》(《江汉论坛》1982 年第 5 期)等。另外,舒之梅的《三苗与楚祖源相同说质疑》(《中南民族学院学报》创刊号),唐嘉弘的《楚与三苗并不同源》(《江汉论坛》1982 年第 11 期)等文章,对三苗与楚的关系提出了不同的见解。上述讨论牵涉现在的苗族形成的时间问题,有待进一步研究。

关于苗族与“盘瓠蛮”的关系,是一个争论较多的问题,发表的论文有:张永国《关于苗族的图腾崇拜问题》(《贵州民族研究》1980 年第 2 期),廷贵、酒素《考苗族崇拜对象种——评盘瓠问题》(《贵州民族研究》1980 年第 2 期),侯绍庄《盘瓠源流考》(《贵州民族研究》1981年第4期),石光树《从盘瓠神话看苗、瑶、畲三族的渊源关系》(《中央民族学院学报》1982年第3期)等。

关于苗族与“巴人”的关系,有人认为巴人苗族先民是同一个民族,巴国是苗族建立的国家。田玉隆《从史学结合民族学看巴国与苗族的关系》(《贵州民族研究》1982年第2期),就论述了苗族与“廪君蛮”、“板楯蛮”关系密切的看法。颜啥《对古代巴人与苗族关系的几点看法》(《贵州民族研究》1983年第2期),则表达了不同的意见,他肯定了田文用民族学资料印证历史文献的研究方法。但从白虎信仰、红黑服饰、语言习俗几方面对苗族与巴人的比较研究进行了具体考察,认为其间并没有什么必然的联系。邓文通《海南苗族族源的探讨》(广西民院《民族研究论文集》,1982年)对海南岛苗族的来源作了论证,取得与前述王兴瑞等人的调查相同的结论。现在苗族的语言、服饰、习俗、风情比较复杂,我们应当着眼于各民族关系的全局,仔细辨别史料,参照民族学、考古学等方面的资料,透过层层迷雾,审慎地解决苗族的族源问题。

(二)社会发展问题

苗族古代社会的发展,经过了漫长的历程。苗族的形成问题和社会性质问题,引人注意。有人认为,早在尧舜时代就已开始了苗族形成的过程。当“窜三苗于三危”以后,苗族就形成了两支——西支(西部方言)和东支(中部和东部方言)。也有的认为苗族的形成要从“盘瓠蛮”讲起,大约“开始于魏晋南北朝民族大融合时期,完成于唐宋”,并认为“正当苗族形成之际,由于各种原因,就开始逐步离开原来的地区。向四周扩展”,是“造成各地苗族经济、语言、文化习俗差异较大的原因之一。”(见张永国:《试论苗族的来源和形成》,《思想战线》1980年第6期)还有人认为,作为资本主义以前的苗族,在宋代,处于原始社会末期农村公社阶段，为外族封建领主和封建郡县地主所统治，在内部逐渐贫富分化、出现阶级对立的情况下。“各个公社之间，为了保卫共同的利益……进一步发展成为部落联盟，从而促进部落之间经济、文化联系的加强”，于是形成了“资本主义以前的民族”。（贺国鑑：《略谈苗民族形成的几个问题》，《贵州民族研究》1982 年第 2 期）。

苗族历史上是否跨越了奴隶社会的阶段直接进入封建社会？早在 1960 年 7 月铅印的《苗族简史》（送审稿）认为，“正当苗族社会生产力继续向前发展和社会阶级分化日益明显的时候，苗族与其周围汉族的接触也更加频繁起来，汉族封建的生产方式，对苗族社会经济的发展起着越来越大的影响。封建王朝在苗族地区的控制也进一步加深，这就使苗族在原始社会崩溃之后，有可能不经过奴隶制而径向封建制过渡”。（第 12 页）1985 年 10 月最新出版的《苗族简史》，提出从秦汉到两宋的 1500 年间，“苗族社会的发展，呈现着极大的差异。有的在中原文化的强大影响下，开始走上封建社会的道路。进入地主制的发展时期，并完全汉化；有的随着他族的奴隶制向封建制过渡；有的从农村公社直接向封建地主制转化；但比较偏僻闭塞的地区，仍然停留在农村公社阶段”。（第 40 页）具体来说，划分为“江淮等地汉族封建制下的苗族”，“武陵等地领主制的形成和地主制的产生”以及“牂牁以西奴隶制下的苗族”。新版《苗族简史》对苗族的早期历史进行了更为细致的探索。贺国鑑的《苗族是否经过奴隶社会》（《贵州民族研究》1984 年第 1 期）一文，在这一方面进行了专门的讨论。

总的来说，诸多论文都认为苗族地区古代社会的发展是不平衡的，在周围汉族经济的影响下，苗族原始公社解体后，跨越了奴隶社会的发展阶段，直接进入了封建社会，至于其划分的年代界限，则各有不同的说法。而处于他族奴隶制奴役之下的苗族地区，也可以说是经过了奴隶社会。有的同志还提出了“半奴隶社会”的说法。还有的同志根据范文澜同志关于“楚国是苗族建立的国家”的论断，认为苗族先民的重要部分是经过了奴隶社会的，只是后来已经汉化了。

关于苗族社会的发展特点问题，多有论述。张永国在《论苗族的社会历史发展特点》（《湘西苗族历史讨论会论文集》，1983年）中提出“苗族是一个受压迫很深、反抗斗争精神很强的民族”，“在历史上是一个发展极为缓慢的民族”，“是一个发展很不平衡的民族”。他从上述三个方面论证了苗族社会发展的历史特点，并说明了认识这些特点对“加速社会主义现代化的进程，将具有极其深刻的现实意义。”龙伯亚的《苗族历史概述》（《西南民族学院学报》1982 年第 3 期）也认为“苗族历史的发展是曲折而又极其不平衡的”，“苗族是一个勇敢而斗争性很强的民族”，“历史上起义斗争之多，是罕见的”。在《苗族简史》里，对“发展不平衡”问题做了分析和论述。

（三）封建王朝的统治和苗族的起义斗争

关于历代封建王朝与南方少数民族地区的关系，相继有论文进行研究，如王延武《东晋南朝的治“蛮”机构与“蛮族”活动》（《中南民族学院学报》1983 年第 3 期），张雄《略论唐朝治理岭南的政策》（《中南民族学院学报》1983 年第 1 期），吴永章《论宋代对南方民族的“羁縻”政策》（《中南民族学院学报》，1983 年第 3 期），周春元《略论贵州少数民族地区历代统治政策的演变》（《贵州民族研究》1982 年第 4 期）等。历史上的一定时期，相当一部分苗族归于当地土司的统治之下，牛儿的《明初贵州土司制度的建立》（《贵州日报》1983 年 5 月 16 日），黄冕堂的《略论清代苗疆地区与中原的关系》（《文史哲》1980 年第 2 期），张永国的《试述黔东南苗族地区土司制度》（《西南民族学院学报》1980 年第 2 期），辛雪的《凯里安抚司的设置与裁革》(《黔东南社会科学》1982 年第 1 期),李世喻的《试论清朝雍正改土归流的原因和目的》(《北京大学学报》1984 年第 3 期)及《清朝雍正改土归流善后措施初探》(《民族研究》1984 年第 3 期)等。都从各个侧面反映了苗族地区土司制度的情况。乾嘉苗民起义失败以后,清王朝在湘西苗族地区“屯田养勇,设卡防苗”,这种屯田制度的建立,一直延续到近代,“革屯运动”就是在这种历史背景下爆发的,研究清代屯政的论文有伍新福的《清代湘西苗族地区“屯政”述略》(《中南民族学院学报》1983 年第 2 期)和《试论清代“屯政”对湘西苗族社会发展的影响》(《民族研究》1983 年第 3 期)等;扬州古籍书店翻印的《苗疆屯防实录》36 卷是这方面较完整的资料。

关于历史上苗族人民的起义斗争,早在 20 世纪 50 年代就陆续有论文发表,如《1795 年的苗民大起义》(王竹楼,载《历史教学》1953 年第 7 期),《太平天国革命时期贵州的苗教大起义》(胡思庸,载《新史学通讯》1954 年第八、第九期),《清代乾隆、嘉庆年间的苗民大起义》(马少侨,载《历史教学》1956 年第 6 期),《1795—1796 年贵州松桃和湖南西部的苗人起义》(振佩,载《新史学通讯》1956 年第八、第九期),《太平天国时代贵州苗民起义》(徐庆坚,载《史学月刊》1959 年第 5 期)等。1959 年的“中国历史小丛书”还专门出版了科普性读物《清代苗民起义》(张福裕,中华书局出版)小册子。粉碎“四人帮”以后,贵州大学历史系编写了《清代贵州各族人民的五次起义》(1978 年,贵州人民出版社),贵州省民族研究所编辑铅印了《太平天国时期贵州各族农民起义论文集》(1979 年),《贵州民族研究》等杂志发表了关于苗民起义的论文多篇,但大都限于论述清代乾嘉和咸同两个时期的两次苗民大起义,而对其他时期的苗民起义则论述较少。在研究乾嘉、咸同两次苗民大起义的论文中,不仅有一般叙述起义的爆发原因,经过与失败,而且有为起义首领写传记的，如罗尔纲的《民族英雄张秀眉传》（《广西民族学院学报》1983 年第 1 期）、贺国鑑的《石柳邓传》（《贵州民族研究》1980 年第 2 期）、《岩大五传》（《贵州文史丛刊》1984 年第 2 期）、《陶新春传》（《贵州文史丛刊》，1983 年第 2 期）等。有的学者在研究中注意到对明清档案材料的利用。从官方档案中找出了起义者的“供单”，为研究苗民起义提供了新的材料，如胡起望的《乾嘉苗民起义参加人供单简述》（《贵州民族研究》1980 年第 3 期）等。

近年来，研究苗族起义的论文比较多，主要有《清代乾隆、嘉庆年间苗族农民大起义》（王慧琴，载《贵州民族研究》1979 年第 1 期），《太平天国运动与贵定苗族农民起义》（张志英等，载《贵阳师院学报》1979 年第 2 期），《略述 1795 年石柳邓、吴八月领导的苗民大起义》（贺国鑑，载《历史教学》1981 年第 2 期），《试论清代雍乾年间黔东南苗族的反抗斗争》（张永国，载《贵州民族学院学报》1981 年第 1 期），《湘黔苗民乾嘉起义史考》（吴荣臻，连载于 1981 年 3～10 月的《团结报》），《关于张秀眉起义的几个问题》（吴廷栋，载《贵州社会科学》1982 年第 3 期），《清咸同年间张秀眉领导的苗族农民大起义》（李玉光、黄吉可，载《黔东南社会科学》1982 年第 1 期），《略论张秀眉的军事思想》（郭必勋，载《贵州民族研究》1983 年第 2 期），等等。

关于民国以来苗民反抗斗争和共产党领导下的革命活动，也有论文探讨，如刘善述在湘西《团结报》连载的《湘西苗民革屯史话》（1980 年 10～12 月），吴荣臻的《“布将帅”运动纪略》（《贵州民族研究》1981 年第 3 期），李明天的《海南岛苗族人民反抗国民党反动派大屠杀的斗争》（《贵州民族研究》1982 年第 4 期），龙伯亚、张永国的《新民主主义时期苗族人民的革命斗争》（《贵州文史丛刊》1982 年第 2 期），伍新福的

《湘西“革屯”运动述评》（《贵州文史丛刊》，1983年第4期）等。这些论文所记述的反抗斗争说明，苗族人民在受到“三座大山”压榨的同时，还深受大民族主义的歧视和压迫。他们不堪其苦难深重，往往揭竿而起，进行战斗，和各民族的斗争相呼应，为推翻反动统治作出了积极的贡献，在中国革命史上谱写了光辉的篇章，也是苗族史上最伟大的一页。

（四）社会组织与风俗习惯

苗族有自己独特的社会组织，但过去不大注意研究，1980年以来，李廷贵等对苗族的社会组织进行了讨论，出现了热烈争鸣的局面。其中的论文有：廷贵、酒素的《苗族“鼓社”调查报告》（《贵州民族研究》1980年第3期），《略论苗族古代社会结构的“三根支柱”——鼓社、议榔、理老》（《贵州民族研究》，1981年第4期），《苗族“习惯法”概论》（《贵州社会科学》1981年第5期）等，首次提出了“鼓社”是由同宗的一个村或几个村组成的苗族古代社会的基层单位，是苗族社会进入个体家庭以后的社会组织体制；“议榔”是由一个或几个鼓社进行的立法形式，源于原始公社末期开始有了私有财产的时候，所议的条款具有“习惯法”的效力；“理老”是依“习惯法”仲裁的司职人员；这三者是“苗族古代社会上层建筑的有机组成部分。是三根重要的支柱。”有的同志对“习惯法”的提法持不同意见，韦后光发表了《关于苗族的“习惯法”问题》（《贵州社会科学》1983年第2期）的讨论文章，认为苗族没有习惯法，习惯不能称为法，苗族自身没有法，对“鼓社”、“议榔”的性质、作用等问题，讨论的文章有杨昌文、雷广正的《苗族古代社会的氏族制和议榔制》（《贵州民族研究》1983年第2期），韦后光的《再论苗族鼓社、议榔的起源和性质》（《贵州社会科学》1984年第3期），张永国、吴爱平的《论苗族议榔的社会属性和作用》（《贵州民族研究》1983年第2期）等。杨、雷的文章认为，议榔组织是农村公社的残余，保有农村公社的外壳形式，行阶级社会的职能，它在漫长的阶级压榨和民族压迫的年代里，对维持苗族生存、发展、内部团结和保持民族特点起了特殊的历史作用。韦文认为鼓社起源于母系氏族社会或母权制进入父权制“完全过渡”以前的时代。而不是源于原始公社末期开始产生私有财产的时候。张永国、吴爱平则认为，议榔是由秦汉以前部落议事会发展而来，当苗族社会从血缘为纽带的氏族公社向以地缘为纽带的农村公社过渡的时候，议榔作为苗族自身的社会组织而在唐以前逐步形成，按照议榔活动的具体情况看，议榔是农村公社的社会组织，而不是立法形式的组织；当苗族社会发生重大变化时，议榔亦随之而发生变化。公开争鸣是正常的现象。伍新福在《苗族史研究述评》中谈到：“尽管看法不一样，但有一点是共同的，即都看到和肯定了‘鼓社’与‘议榔’制在苗族社会发展中的重要作用。随着这一问题研究的深入，无疑将有助于揭示苗族社会状况和发展规律。”

相关的文章还有潘光华的《苗族的鼓社祭》（《贵州民族研究》1981 年第 4 期），龙建华的《苗族的“吃牛”祀典》（《贵州文史丛刊》1982 年第 1 期），嘉农的《黔东南苗族议榔考》（《贵州民族研究》1983 年第 2 期），吴通才的《关于苗族鼓社、议榔的起源和性质的几个问题》（《贵州社会科学》1984 年第 6 期）等。

关于苗族风俗习惯的研究论文很多，这不仅是苗族的风俗习惯丰富多彩、引人注目。而且也因为近几年民俗学研究的发展迅速，开拓了这一园地。纵观所发表的文章，涉及恋爱婚姻、节日风情、姓名、祭祀等方面。

有关恋爱婚姻方面的文字较多，阳盛海的《苗族的婚嫁习俗》（《广西文学》1980 年第 11 期），汎河的《略谈黔西北苗族婚仪》（《民间文学》，1981 年第 4 期），吴通才的《黔东南施洞地区苗族的婚姻》(《贵州民族研究》1982 年第 2 期),谢心宁的《俭朴有趣的苗族婚礼》(《历史知识》1982 年第 1 期),楚客的《苗族婚姻记事符木》(《贵州文物》1983 年第 1 期),吴通发、胡锐的《台江台浓的苗族婚姻习俗》(《黔东南社会科学》1983 年第 4 期),吴承柏、张绍祥的《苗家婚俗见闻录》(《民族文化》1983 年第 2 期),李玉光、黄吉可的《背婚——三穗县寨头巴野苗族婚俗调查》(《黔东南社会科学》1983 年第 1 期),雷秀武的《苗族游方初探》(《黔东南社会科学》1983 年第 2 期),潘光华的《苗族婚姻初探》(《贵州民族研究》1984 年第 2 期),潘定智的《从黔东南苗族婚姻歌看其古代婚姻》(《贵州民族学院学报》1984 年第 4 期),夏之乾的《空列寨短裙苗的群婚残余》(《博物》1984 年第 1 期)等,对苗族一些地区的婚嫁习俗作了介绍和探讨。陈默溪的《从黔东南苗族习俗看"普那路亚"及对偶婚的残余》(《辽海文物学刊》1986 年创刊号),王慧琴的《试论贵州苗族的亲属制度》(《民族学研究》第七辑,民族出版社出版),认为舟溪、台江、威宁等地区的苗族的亲属关系反映了苗族由血缘婚经过普那路亚婚到一夫一妻制的历史道路。

研究苗族姓名的文章有:王春德的《苗族人名的翻译》(《民族语文》1979 年第 3 期),陈维刚的《苗族的姓名》(《广西日报》1980 年 8 月 10 日),赤日摩岭的《贵州台江苗族父子连名制》(《贵州民族研究》1980 年第 3 期),陈苗江的《有趣的苗族连名》(《旅游》1983 年第 2 期),笛翁、陈懿的《关于苗族的姓氏》(《黔东南社会科学》1983 年第 2 期),黄佳运的《苗族姓名与称谓》(《学术论坛》1984 年第 2 期)等。这些文章提供了子父连名和父子连名的宝贵资料,而从苗族子父连名制的资料中(有的可连到 75 代),可以窥探苗族村史、地区史之一斑。

有的文章还引证了苗族使用汉姓的由来以及苗族取奶名的习

俗等，所有这些。对于研究苗族的历史文化都有一定的价值。

关于节日方面的文章有：胡起望的《苗族年》（《旅游》1980年第1期），李廷贵的《漫话苗族“吃年”》（《采风》1981年第1期）和《初冬时节话苗年》（《中国食品报》1985年12月12日），李瑞岐的《苗族龙船节》（《群众文化》1980年第1期），潘光华的《苗族的种棉节》（《苗岭》1980年第4期），龙文玉的《端午节新考》（《贵州民族研究》1981年第2期），杨光全的《香炉山上爬坡节》（《民间文学》1981年第11期），吴通发的《清水江畔苗族龙船节》（《贵州民族研究》1982年第1期），姚忠的《饶有风趣的“杀鱼节”》（《贵州文物》1983年第2期），唐大么的《贵州黔东南苗族的“敬桥”节》（《博物》1983年第4期），唐远志的《苗族人民的传统节日——四月八》（《西南民族学院学报》1983年第2期），正勤的《镇远苗族节日风俗》（《黔东南社会科学》1983年第3期），翁家烈的《串年坡·赶苗场·四月八》（《民族团结》1983年第12期），李廷贵的《清水江畔的姊妹节》（《中央民族学院学报》1986年第1期），韦明山的《苗族风俗习惯浅议》（《学术论坛》1984年第1期）等。

（五）宗教与哲学思想

各地苗族都有祖先崇拜和自然崇拜，新中国成立前的一部分苗族地区的苗民还信奉基督教，因此，苗族地区的宗教信仰情况较为复杂，关于这方面的论文有：杨通儒的《解放前的苗族民间宗教》（载《中国少数民族宗教》，云南人民出版社1985年出版），综述了各地苗族“鼓社祭”、“吃猪”、“剖果”（祭老）、“阿汪”（解簸箕）、“还泰山”等祭祖仪式以及“还傩愿”、敬“鬼”、“龙”、大树、岩石等情况。《贵州民族研究》1982年第2期发表了陈一石、曾文琼的《苗族原始宗教试探》，喜农的《浅谈苗族的迷信崇拜及巫词》，同一杂志1984年第1期又发表了岑秀文的《榕江八开苗族地区的原始宗教》等，都探讨了苗族的原始宗教问题。其中，岑秀文具体地调查了榕江县八开地区苗族的多神信仰，该地苗民“万物有灵”的鬼神崇拜门类甚多，巨石、大树、深潭、涌泉都有灵，病痛有多种多样的鬼魂，并各有一定的祭祀内容。诸鬼之间“没有贵贱和大小之分，他们互相之间是平等的。各自主管着自然界和社会生活现象”。八开苗民重视祖先崇拜，但追记的亡灵一般限于已去世的父母或祖父母，不再往上追溯。7 年或 13 年举行一次的鼓社祭（“吃鼓”）活动，有盛大的规模、形式，是隆重的节日。作者在介绍了苗族地区鬼师的宗教活动及苗族原始宗教信仰的长期性、群众性及其在社会生活中的消极作用以后指出：“由于原始宗教和封建迷信不完全是一回事，所以，党和政府对于宗教信仰和迷信活动的政策是大有区别的”，认为“把原始宗教和封建迷信混同起来或者等量齐观都是错误的”。

关于基督教在苗族地区的活动情况，韦启光的《黔滇川边区苗族信仰基督教试析》(《贵州社会科学》1981 年第4 期)，岑秀文的《试论基督教对威宁苗族的影响》(《贵州民族研究》1983 年第 1 期)，谭佛佑的《本世纪初贵州威宁石门坎苗民教育述评》(《贵州民族研究》1983 年第 1 期）等有所论及。韦文以“人间的苦难和天国的幸福”，“教会的特权与基督教的传播”，“教育、慈善事业”与“从自然宗教到人为宗教”，分析了以贵州威宁石门坎为中心的西南教区石川分教区苗族群众信仰基督教的原因，“从根本上说来，它是残酷的阶级压迫和阶级剥削的必然反映”。同时，与帝国主义在华享有特权也有密切关系，另外，教会从抓教育入手对教徒也有很大影响。从 1905 年石门坎教会建立第一所光华小学起，到新中国成立为止，创办初中两所、完小 5 所、初小近 60 所，还创办护士、圣经、瞽盲学校各一所，共培养小学生四千余名，高、初中毕业生数百人，向中央政治大学、南京神学院、华西大学等输送苗族大学生 14 名，对培养“一大批教会骨干和政治代理人”起了很大的作用。“黔、滇、川边区苗族信仰基督教不是偶然的，它是一定的社会条件和思想条件以及帝国主义教会策略作用的结果。”谭文认为“对教会在我国办学的问题，是一个非常复杂的问题”，“应该承认传教士在中国的教育活动，有值得肯定和可以借鉴的一面”，英国传教士“柏格理的办学精神”、“宣扬人生平等观念”、“创苗族文字和苗族语言文字的教育”、“从没有一个人知书识字而一下子涌现出大批知识分子”以及成为“汉族同胞同苗族同胞结成友好的纽带”等方面。应当说是有着“借鉴”或“积极作用”。

关于哲学社会思想方面，也有论文探讨，普遍认为苗族人民在保有原始宗教信仰的同时，也逐步发展了朴素的唯物主义观念，先后发表的论文有：李廷贵的《苗族先民关于人的朴素唯物主义观念》(《贵州社会科学》1983 年第 3 期)，何彪、吴小平的《苗族古歌〈枫木歌〉的人类起源观初探》(《贵州民族研究》1983 年第 4 期)，田光辉、罗玉达的《苗族古歌的哲学思想初探》(《贵州民族研究》1984 年第 1 期)，雷安平的《古代苗族哲学思想再探讨》(《湘潭大学学报》1984 年第 1 期) 等。李文就苗族古歌中的哲学萌芽探讨了苗族先民关于人的起源和“水是本源”的万物“始基”问题，何、吴的文章则通过对流传于贵州省雷公山麓的《枫木歌》的分析，认为苗族先民“隐约地认识了动物是自然发生和人类是自然起源的”，“人生于枫香树干”的观点“明显地保留了母系氏族的痕迹，带有人类只知其母不知其父的祖先崇拜观念”，认为《枫木歌》中“包含着萌芽状态的进化论思想”，有着“人兽神共祖但人高于兽神的认识”，田、罗的文章也从《苗族古歌》探讨“云雾生最早”的宇宙观，“人能胜天地”的认识论和“枫树生榜留”的进化论，认为苗族先民立足于现实，在自然观、认识论和进化论等方面，都作出了朴素唯物主义的解释和自发辩证法的说明，虽然没有系统的理论，也未见明确的哲学命题，但在生产力低下、科学不发达的情况下，能作出这样的概括，难能可贵。

（六）文化艺术与科学知识

苗族人民创造了灿烂的文化艺术与丰富的科学知识。20世纪80年代初，湘西《团结报》发表有《剪花、描花、绣花——谈谈湘西苗族服饰艺术》（田烦新），《试谈湘西苗族的艺术特色》（吴荣臻），《要重视苗族医药的研究》（欧志安），《苗族的花帐檐》（石兴烟、龙政权），《苗族姑娘的装饰》（吴世明）、《一朵开不败的民族工艺美术之花》（自焜、世泉）等文章以后，陆续发表比较重要的论文有文海的《清水江流域的苗族妇女服饰》（《贵州民族研究》1982年第2期），付木兰、陈宁康的《中国南方少数民族蜡染》（《贵州民族研究》1982年第2期），岐从文的《贵州苗族服饰的源流及其形式美》（《贵州民族研究》1983年第1期），成思元的《川苗刺绣图案与铜鼓》（《贵州民族研究》1984年第4期），陈一石的《川南苗裙图案的特色》（《民族文化》1984年第3期），陈默溪的《苗乡掠影——苗族服饰浅谈》（见中国人民美术出版社与日本美乃美出版社出版的《贵州苗族刺绣图册》），民族文化宫展览馆的《苗族服饰浅谈》（《民族团结》1984年第6期），王素琴的《苗族古歌的美学思想初探》（《南风》1984年第6期）等。科学知识方面，多有关于苗医苗药的论文，其中有龙文玉的《苗医苗药概论》（《贵州民族研究》1982年第2期）和欧志安的《论湘西苗族医药》（《贵州民族研究》1983年第2期）、《苗族医学》（《健康报》1983年1月23日），以及杨文华的介绍等。

苗族妇女的服饰最引人注目。苗族服饰以种类繁多，艳丽多彩著称于世。仅以裙子为例，从长裙到短裙甚至超短裙，几乎包含着多种类型和多种尺寸。1982年6月在贵阳举办过《贵州苗族服饰展览》，1984年4月又在北京民族文化宫举办《中国苗族服饰展览》，展出苗族服饰76套，共600多件。根据苗服款式和苗语方言的划分，将展出服饰分成湘西、黔东、黔中南、川黔滇和海南5个类型，每个类型又成若干式。湘西型由于与汉族文化交往较密，传统服饰已有很大变化，妇女穿的基本上是无领右大襟上衣和宽腿长裤，有很长的头帕盘于头上呈圆筒形。黔东型以自制土布为原料，以交领上衣和百褶裙为基本形式，上衣绣花多，盛装银饰多。雷公山上的女裙，长仅盈尺，短的五寸。黔中南型兼有东、西方言区的特点，妇女上衣多缀有后披领及“背帕”（背牌）等，花纹较少，下着青色百褶裙或蜡染花裙。川黔滇型横跨四川、贵州、云南、广西四省（区），服饰色调较浅，女裙多以蜡染麻布绣花，花纹十分讲究，有严肃的主题、意境，但银饰较少，各地妇女的服饰也有地区性差异。海南型大都头系挑花蜡染头帕，上着过膝蜡染右襟长衣，下着蜡染白花系裙。苗族服饰的精美多样，为中外观众所赞叹。根据展览资料编印的大型彩色画册《中国苗族服饰》，为研究苗族的物质文化和精神文化提供了良好的基础。

苗族民间的科学知识，包括生产、生活、工具、药物等方面，其中，对苗医、苗药的研究取得了积极的成果。欧志安的论文介绍了苗医中的“三十六症七十二疾”，指出苗医在内、外、儿、妇等科都有自己的认识，注意到环境、饮水、伙食和个人的卫生，也注意对疾病、传染病的预防。对气功、针灸、正骨、热敷、熏蒸、体育等之益于健康，早有运用。欧文对苗药的命名、炮制、剂型、医理、处方等也作了介绍。苗药以晒干为主，可以保存药力；外用以鲜品生药为主，服用以生药或干药并之；药理识别有一定的口诀，对植物的根、茎、叶、花有不同的称谓。立方（处方）比较简单，往往以一味或几味药治病。诊断时，苗医采取看望、号脉、问诊、摸触的方法，自成体系。苗医已形成一个独立的医学派别，是值得进一步挖掘的宝藏。

（七）语言文字

新中国成立以后，对苗族语言文字的研究，有过大起大落。20 世纪 50 年代初，中央民族学院办过苗语班，培养语言工作者，为创制新苗文做准备。1956 年，由中国科学院和中央民委组织的 7 个少数民族语言调查工作队中的第二工作队，负责苗、瑶语言的调查研究工作；同年十月，在贵阳召开苗族语言文字问题科学讨论会，根据苗语多方言的实际情况，创制了三种苗族文字，改革了石门坎地区的老苗文，分别在各方言地区试验推行。1958 年 1 月，又召开了修订苗族文字方案问题的会议，进一步完善苗文方案。与此同时，在中央民族学院和贵州民族学院等院校开办了苗语专业本科班、专修班和培训班，培养了一大批苗语专业的教学人员和科研人员，这是苗族语言文字研究和应用的兴旺时期。从马学良、邰昌厚发表的《贵州省东南部苗语语音的初步比较》（《语言研究》1956 年第 1 期），王辅世发表的《贵州威宁苗语量词》（《语言研究》1957 年第 2 期）开始，先后发表了几十篇论文，涉及苗语的社会方言、并列四字格、声母与声调、名词、状词、冠词、汉语借词、前加成分、系词、构词法、量词、重叠声母、同声谐韵等方面，论文作者有张永祥、曹翠云、陈其光、李永遂、陈克炯、潘元恩、罗安源、易先培、应琳、向日征、爱卿、乐赛月、王春德、王德光、李德芳、吴平、李璧生、田逢春、夏勇良、李珏伟、石如金、卜维萍、莫启明、杨文瑞、张济民、李炳泽等。

自 1978 年党的十一届三中全会以来，苗文的推行工作有了新的拓展。《贵州民族研究》在 1983 年第 3 期、1984 年第 3 期上，发表了马学良的《文字推行前，教材要领先》，王辅世的《苗文的正字法问题》，今旦的《民族语文在教学中的几个问题》，王春德的《谈谈苗文中的几个问题》，鲜松奎的《谈编纂苗语方言词典及其它》等，对指导苗文的推广和双语教学都起了重要作用。今旦在黔东南苗族地区多方调查以后，认为苗族聚居地区小学生的汉语水平普遍低。主要原因是语言障碍，汉字难学。提出双语教学，以母语促进汉语的提高，运用对比方法，使学生了解两种语言的异同，同时，改革教材，编出一套以苗语为母语、汉语为第二语言的彼此配套运用的教材。试行结果，对苗族小学生语文的提高帮助很大。(《试谈苗族地区的小学语文教学》,《贵州民族研究》1985 年第 3 期)

目前，关于苗语的系属以及苗语方言土语的划分、苗语方言土语与各地苗族历史、民族学的配合研究，还在继续探讨之中。苗族语言文字的教学与研究有着十分广阔的前途。

(八) 民间文学

苗族的民间文学蕴藏丰富，绮丽多彩。1979 年出版了田兵选编的《苗族古歌》(贵州人民出版社), 1980 年出版了燕宝选编的《苗族民间故事选》(上海文艺出版社), 1983 年出版了马学良、今旦译注的《苗族史诗》(中国民间文艺出版社) 等。至于搜集、整理、散见于各种刊物的苗族民歌、民谣、民间故事和传说等的资料集，为数很多。中国民间文艺研究会贵州省分会编印的《民间文学资料》已印行六十多集，大部分是苗族民同文学资料，各有关州、县民委和文化馆也陆续铅印有苗族民间文学资料。发掘、搜集、整理的工作正在深入，并形成了一支民间文学工作的队伍。

苗族民间文学具有健康、感人的内容，肖甘牛整理的《灯花》在日本引起了巨大的反响，鼓舞了丧失生活勇气、欲求自尽的妇女，成为中日文化交流之间的佳话。

关于研究苗族民间文学的文章，近年来比较多，其中有马学良的《古代苗族人民生活的瑰丽画卷》(《苗族史诗·序》)，钟裴的《试谈苗族民间文学中的动物形象》(《南风》1981 年第 3

期），潘光华的《都柳江苗乡采风记》（《南风》1981年第4期），潘定智的《谈黔东南苗族民歌格律》（《南风》1982年第5期），王冶新的《押韵、押调与谐声》（《南风》1981年第1期），李德明、熊冬华的《苗族文学研究的可喜收获》（《南风》1983年第2期），苗青的《湘西苗族史诗评介》（《南风》1983年第4期），李廷贵、果酒素的《苗族古代文学》（《贵岁文史丛刊》1984年第2期），潘定智的《试论黔东南苗族爱情叙事长诗》（《南风》1984年第2期）等，对苗族文学的内容、特点和意义进行了分析。苗族民间故事中"反江山"、"阿方"等机智人物，是苗族人民智慧的光彩夺目的形象；对英雄人物如起义领袖张秀眉、杨大六、吴八月、石柳邓等英勇事迹广泛传颂，表现了苗族人民追求光明、向往自由幸福生活不怕牺牲的崇高精神，也体现了苗族人民的民族自豪感，歌颂英雄的诗篇成为民间教育的传统教材。

苗族的音乐、舞蹈艺术也受到重视。东丹甘的《芦笙史探索》（《贵州民族研究》1980年第1期），查了古文献中关于笙与簧的记载，初步探讨了伏羲、女娲始作笙簧，华夏系统与三苗部落中使用各种笙的生产，现南方各兄弟民族使用的瓢笙、葫芦笙等的源流等问题，并提出苗族芦笙的发展可能与民间玩具"草管"（即用稻秆开口作的发声乐器）有关。关于苗族的民间歌舞也出现了一批颇有见地的论文。

苗族民间文学的发掘和整理。使这块瑰宝放出更加绚丽光彩，必将进一步丰富我国乃至世界各民族共同的文艺宝库。

三

对苗族的研究，正在向纵、横两个方面发展，也就是说，研究的内容在逐渐深入，不少领域开展了有意义的讨论。而在研究的课题与人员方面，亦正在扩展，涉及的范围越来越广，包括业余研究的人员在内，队伍正在扩大。不少领域有希望得到突破性的进展，比较研究工作也开始进行探索。

可喜的是，随着国内对苗族研究的积极开展，国外对苗族的研究也发展较快。据粗略了解，近几十年来在日本、美国、法国、苏联、英国、德国和澳大利亚等国学者中都有关于苗族研究的专著出版和论文发表。

在地区性的综合研究方面，有法国巴黎科学研究中心亚洲研究室的苏尔梦（Lombard - salmon，又译作苏梦娜或萨蒙）的博士论文《18 世纪以前的贵州省》，该书经过作者 7 年的努力，于 1972 年完成，是一部研究清代贵州苗族及其他各少数民族的力作。苏尔梦女士于 1964 年曾来北京大学留学，专门学习中文，因此，在利用汉文资料方面有着比较便利的条件。

新中国成立后较早来我国进行苗族语言研究的是苏联专家谢尔久琴科（г. п. СердюуеНко）教授，他曾协助我国拟订新苗文方案和培养苗语研究人才。随后而来的是莫斯科大学的民族学家切博克萨洛夫（Н. Н. чебоксароВ）教授，他曾到华南各民族地区调查，协助培养民族学研究人才，返苏后，发表《东亚人种人类学》（1966 年）、《关于中国南方的民族人类学》（1974 年）等，其中的论述涉及苗族。

在西方的苗族研究中，有相当一部分是关于苗族语言的研究。英国语言学家唐纳（Gordon Dowaer）教授，曾到东南亚民族地区调查，发表有《白苗的变调与调变》（1967 年）、《苗瑶语的进一步关系》（1971 年）等。美籍华人学者张焜教授，长期在伯克利加利福尼亚大学东方语言系任教，他多次发表苗语的研究论文，如《论苗瑶语声调系统》（1953 年）、《原始苗瑶语声调构拟》（1973 年）、《苗瑶语比较研究》（1974 年）、《原始苗语的词首》（1976 年）等。美国语言学家本尼迪克特（Paul K. Benedict）教授在苗语研究中独树一帜。认为苗瑶语不属于汉藏语系之内，而应与侗台语一起，另立“南台”（或澳台）语系，发表有《澳台语》两篇（1966 年、1972 年）、《澳台语研究：澳台语与汉藏语》（1967 年）等。他的看法，没有得到众多学者赞同，但法国语言学家乌德里库尔（Andre G. Ylaudricout）教授所著《苗瑶语历史语音学导论》（1947—1950 年）中的观点与本尼迪克特的观点相近，乌氏于 1971 年又发表了《苗瑶语》一书。

在苗族的历史与民族学研究方面，日本、苏联、越南以及德、美、澳等国有许多学者在进行工作。日本著名民族学家白鸟芳郎教授 1985 年出版了《华南文化史研究》一书，其中的《西南中国少数民族的考察》等章节，专门研究了彝族与苗族的有关问题，对苗族的来源提出了自己的看法。此外，东京大学的大林太良教授、东京都立大学的松村一弥教授、日本国立民族学博物馆的竹村卓二教授、东洋大学的谷口房南教授、东京工业大学的岩田庆治教授等，其研究都牵涉苗族。近年来，一些年轻的学者也注意了对苗族的研究，如东京大学小岛晋治教授的博士研究生武内房司就写过《太平天国时期的苗族起义》研究论文。探讨了苗族“议榔”组织在清朝对苗族的统治及苗族反清斗争之间关系的历史演变。武内房司先生曾来中国留学，现执教于高知大学，是日本苗族研究学者中的后起之秀。苏联长期从事苗、瑶研究的学者，有列宁格勒大学的伊茨（P. Φ. иTC）教授，他的《苗族》（1960 年）、《苗瑶与蛮的族属关系》（1959 年）、《东亚南部民族史》（1972 年）等，都是涉及苗族的重要著作，有的已译成中文出版。越南社会科学委员会民族学研究所主要从事越南少数民族，其中包括越南苗族的研究。1978 年出版的《越南北方少数民族》（共 445 页，集体编写），列有专章介绍越南苗族情况。

除此以外，德国的汉学家勃劳梯加姆（H. Brautigam，又译胡伯坚），曾发表有《太平天国时期贵州的人民起义》（1962年）、《论白苗》（1963年）等文。美国的格雷姆（D. C. Graham，汉名葛维汉）继其所发表的《川苗的礼仪》、《川苗语词汇汇编》以后，又发表了《川苗的诗歌与故事》（1954年）等著作。澳大利亚的人类学家格迪斯（William Robert Geddes）在1956年来华参观时，在中央民族学院见到苗族学生，由此受到启发，产生了研究苗族的兴趣，1967年曾到泰国协助清迈大学创立"部落研究中心"，并两次到金三角地区进行调查，著有《山地的移民——泰国青苗的文化生态学》（1976年）等书。

综上所述，苗族的研究已是一门世界性的科学研究。我们在加强自己研究的同时，应该进一步密切与世界各国有关学者的联系，增进各国学者之间的友谊，以推动苗族研究的发展。我们也希望国内的苗学学者在注意自己研究的同时，要加强对世界各地苗族的了解，增进各国苗族人民的友好联系，进一步发挥苗族人民对世界文化宝库的贡献。在这样的发展过程中，有可能形成一个苗族研究的中心，来协调和推动苗学这门学科，进一步提高苗学研究的水平。

本文与李廷贵合作，载《黔东南社会科学》，1987年第3、第4期。

乾嘉苗民起义参加人供单简述

1964年夏天，当时的明清档案尚属中央档案馆掌管。我因教学工作的需要，曾去那里住了一段时间，翻阅和抄录了清代苗民起义的一些资料，其中有一部分就是乾嘉苗民起义参加人的供单。

“供单”是起义参加人在被俘以后，由官吏进行审讯的笔录口供，它作为奏折的附件进呈宫廷。这种“供单”由于是根据口供记录的，主办官员可以任意修改，所以，它不可能完整保持被俘人口供的原来全貌，更无法传达他们在受审过程中所表现出来的坚贞不屈、视死如归的英勇气概。但是，因为它毕竟是根据被俘人亲口诉述而记录下来的材料，所以，必定会保存不少值得重视的东西。通过这些供单，可以为我们提供新的线索与补充，可以与历史记载中的史实相印证，也可以纠正一些流传中的错误。

乾隆本人对乾嘉苗民起义参加人的口供是十分重视的。早在起义爆发之初，他对云贵总督福康安、湖广总督福宁下的上谕中就指出：“此次逆苗纠众滋事，究系何人为首？其贵州拿获汉奸，亦应向其究讯滋事根由及为首逆犯是否即系石柳邓、石三保等，抑另有主谋为首之人？”“如有紧要可备解京讯问者，即派委员迅速解京，以便交军机大臣讯问起衅缘由。”[①] 后来，在镇压起义过程中，乾隆对起义军的顽强坚决、互相呼应、越打越多的情况，感到大惑不解，又再次给福康安及四川总督和琳下谕说：

---

① 《高宗实录》卷1471。

“贼匪屡经官兵痛剿之后，穷蹙已极，何以鸭保、平陇各寨添集逆匪，尚有五六千人之多？此系从何而来？”“此次逆匪纠结滋事，蔓延黔、楚、蜀三省地界，相距辽远，若非预有成约，何以能同时肆逆而负隅抗拒，党羽又有如此之多？……着传谕福康安、和琳于擒获活贼首逆时，将以上情节详细究讯，据实具奏。”[①] 这些供单，就是在多次上谕的指示下，审讯上报的文件。从供单内容看，有一部分就是为着回答乾隆所提出的“何人为首”、“滋事根由”及是否“预有成约”等问题的。

乾嘉苗民起义的主要人物有石柳邓、石三保、吴八月、吴陇登等。石柳邓在战斗中“头着枪伤甚重”[②] 当即被清军砍头牺牲，他不可能受审作口供，因此，不会留下什么“供单”。吴陇登则“因官兵攻剿紧急，心里害怕，总想要投降”，[③] 而后终于叛变投降了清军，他也没有受到审讯录供，因此，也不会留下什么“供单”。在乾嘉苗民起义的清方档案中，我们看到了起义主要领导人石三保、吴八月的供单，由于它是起义领导人提供的第一手资料，因此，尽管它已遭到不可避免的修改，但从这里了解起义的原因、经过情况，还是十分有用的。与此同时，我们还发现有吴八月之子吴廷义等其他人的一些供单，也为研究这次起义提供了新的资料。

新发现的供单表明，起义领导人石三保、吴八月、吴陇登原来都有一些亲戚关系。吴八月又名吴世宁，他的母亲与石三保是远房姑侄，所以，吴八月与石三保是姑表兄弟。[④] 而石三保的妻子又是吴陇登的堂侄女，所以，石三保又是吴陇登的堂侄女

① 《高宗实录》卷1487，乾隆六十年九月十八日上谕。

② 《仁宗实录》卷12。

③ 《吴八月供单》。

④ 《吴八月供单》。

婿。[1] 从辈分上看，石三保与吴八月是同辈的，吴陇登则比他们长了一辈。由于这种亲戚关系，他们在节日喜庆时就互相走动。吴陇登是强虎哨的副百户，石三保原是黄瓜寨的寨长，吴八月“家里的田地每年收得四百多挑谷子”，[2] 可以说都是苗族地区的一些上层人物，在平时也许还都有一点号召力，所以，在起事时往往容易成为领导。当然，在斗争深入与尖锐以后，他们之间的分化也是不可避免的。

有的同志说：“吴八月贫农出身，生有胆略，能举百钧，是苗民族起义军中最英俊、最杰出的领袖。”[3] 从吴八月本人供单看来，此说是不确切的。他家田地每年可收四百多挑谷子，不管是出租，抑或自种，似乎都算不上是“贫农”。吴八月被俘时已是六十七岁，年近古稀，当然也不好算是“苗族起义军中最英俊”的领袖。尽管如此，吴八月仍不失为起义军中的一个有文化、有谋略的杰出领导人。如当他发觉吴陇登有投降清军的意向时，就“邀了平陇各寨的苗子帮他（指吴陇登）防守，又可以伴（绊）住吴陇登，教他不能投降。”[4] 十分巧妙地采用了监视异己分子的方法。

从供单看，这次起义的原因主要是因“苗子的田地多被客家盘剥占据去了，所以要杀客家夺回田土。”[5] 关于这一点，就是连清统治者也是无法否认的，乾隆六十年二月初四的上谕就不得不承认：“贵州、湖南等处苗民，数十年来甚为安静守法，与民人等分别居住，向来原有民人不准擅入苗寨之例。今因日久懈弛，往来无禁，地方官吏暨该处土著及客民等，见其柔弱易欺，

---

① 《石三保供单》。
② 《吴八月供单》。
③ 马少侨编著：《清代苗民起义》，第40页，湖北人民出版社，1956年。
④ 《吴八月供单》。
⑤ 《吴八月供单》。

恣行鱼肉，以致苗民不堪其虐，劫杀滋事。”[1] 不过我们不能就据此把这一场起义说成为苗“客”之争。因为有的供单表明，在这一场苗民起义中，还有“客家”即汉族贫民参加。如郑善供单说：“小的祖籍江西，寄籍湖南辰，溪县地方。父母早故，伯叔兄弟俱无。并没有什么生业。”“我们认得苗人石兴保，听说他素与鸭保寨之吴老铁、吴老管们熟悉，现有他们百户吴陇登，纠约贵州苗人抢掳，邀我们入伙，将来分给田地房产，不如随他入伙，既可安身，又可得财物。当即应允，遂同黄文忠、王文瑞、黄连升、黄连奎、李槐、陈启元、陈启科、白五、白七、廖泳受、廖高水、段胡子、许开祥、许占祥、刘占梅、张占惠、徐学、李诘、龚和等二十人，于正月十二日在九麻营同见石兴保，一同吃血。”从此可见，汉族贫民成群结队参加的情况。这为分析起义中提出的“逐客民、复故土”的口号，指出这里的“客民”并不是泛指一般的汉族，却在于反抗汉族地主及官吏的压迫剥削，而苗、汉两族人民却是并肩战斗的，提出了强有力的佐证。

不仅如此，我们还可以看到，这次起义还有少数回民参加，并受到了土家等族的支持。《清实录》载：“百户杨国安与吴陇登商同谋逆，已据帮役白仁得供证明确。”[2] 这里提到的白仁得就是一个回民，白仁得供单说：“据白仁得供：年五十九岁，是凤凰厅回民，住鸭保寨。父母妻子俱故，生子二人，年俱幼少。兄弟白仁九。我向在强虎哨正百户杨国安家做帮役，吴陇登是副百户。他两人相好，时常往来。吴陇登有四个儿子，名叫老管、老铁、老五、老九。去年（按：指乾隆五十九年）十二月十七日，杨国安叫我跟往吴陇登……商议谋反……到今年正月二十三

① 《高宗实录》卷1470。
② 《高宗实录》卷1473。

日夜，吴陇登同他儿子们带了本寨苗子，放火烧鸭保寨。二十四日打乾州。”就可以看出，起义中有回族贫民参加。《圣武记》“乾隆湖南征苗记”中曾提到土蛮的情况，说：“苗叛时，惟沿边土蛮不从乱，土蛮有号仡佬，故土司遗民也，聚众自保，甚为苗惮。有言其头目张廷仲不轨者，溆浦严如熤力白之，遂讨贼自效。”从情况看，这里的“土蛮”主要指的是土家族。这个记载透露了“土蛮”头目可能与苗民起义军暗中联络，企图参加的情况，只是由于清官吏的发觉才转而“讨贼自效”。石三保供单也说，石三保在起义失败时，曾企图到土家族地区暂时隐避。他说：“从前土蛮们都有知道小的，他们里头地方宽，一时官兵打不到。原不过想到那里躲藏几时，或者有人帮我保得性命。”可见起义领导人石三保与当地土家族人民的关系，一直是不错的。

在对待苗、汉族地主、官吏的问题上，苗民起义军的态度是十分鲜明的。他们在起义开始时，就镇压本民族内部的苗族地主，杀掉作恶多端的百户，向汉族地主、官僚展开了斗争。在起义过程中，联络与团结汉、回等族贫民。而且对本民族内部叛徒也是毫不容情的。《清实录》曾载有“永绥武生宋开范引苗生员杨绍武到营投诚”，当即被苗民起义军“将其寨落焚烧，宋开范、杨绍武房屋俱被焚毁，家属逃散”① 的情况。而在吴廷义供单中也说，当吴陇登叛变投降清兵以后，吴廷义“弟兄心里实在气不过”，就组织起义军“把鸭保寨吴陇登房子烧了”以示惩罚的情况。这也从另一个侧面，为说明这一次苗民起义的阶级内容提供了佐证。

由于苗族人民长期遭受汉族地主的欺凌，有冤难诉，积忿难平，所以才以“发癫”形式，“耍刀弄枪，口里嚷着要杀客

---

① 《高宗实录》卷1474。

家”。[①] 在这样的情况下，由石三保起首，邀约吴八月商量，由吴八月“写了传贴，分送各寨”。[②] 在苗族人民久已积压愤恨的心头点上了一一把反抗斗争的大火。经过有石三保、吴八月、吴陇登、吴半生、石柳邓参加的黄瓜寨会议以后，他们五人分工各联系一片苗族地区，吴八月“邀的是平陇、溪水、鬼猴溪、汉溪、龙爪溪、栗口嘴、龙牙半冲、鹊儿寨、九十九洞寨、阳鬼板、捧风坳、廖家寨、三岔坪、檏木营、天星寨等处，人数多少不等。吴陇登邀的就是鸭保一带，石三保邀的是黄瓜寨一带，石柳邓邀的是大塘汛一带，吴半生邀的是苏麻、西凉一带”。[③] 经过这样周密的组织以后，起义的烈火就蓬蓬勃勃地燃烧起来了。起义爆发后，各路起义队伍的进军方向也互相分工配合，据石三保供单所述：“小的（按：指石三保，本人）起事，在黄瓜寨就打的是正大营嗅脑一路，石柳邓率领石代噶们打的是松桃、秀山一路，吴陇登、吴八月打的是乾州一路，吴半生打的是苏麻、西凉、乌草河、雷公滩一路。”由此可见.这次起义是经过相当周密的策划与安排的。

从供单中还可以看出，起义军的攻防退守都有一定的谋略，如他们在打镇筸以前，先“把紧要路径都已挖断，小寨苗人归并大寨，又在各小路埋伏，并到各路岩门、溪口一带，要截官兵粮道”。[④] 在闰二月初一，准备正式攻打镇筸以前，又派汉族起义军战士韩仲连“同杨昌柏、杨昌得来城投充余丁，好跟着官兵站城防守”。等起义军来到城下，他们就可以“暗地用血灌入炮门，炮就不能点放；并在城里放火吓人”，使起义军可以乘势爬

① 《吴八月供单》。
② 《吴八月供单》。
③ 《吴八月供单》。
④ 《韩仲连供单》。

城夺门。“又差杨胜太、杨胜学假装卖柴，混进城来，好同放火”。[①] 由此可见，起义军绝不是一群乌合之众，而是集合在共同阶级仇恨之下，有着一定斗争目标的，在各次战斗中逐渐锻炼成熟的革命战斗队伍。

关于苗民起义军领导人称“王”的问题，许多同志据《圣武记》所述：“八月，奏克乌龙岩、杨柳坪，而吴八月据平陇，遂称吴王。自石氏起事，巢穴旋破，至是吴氏复称吴三桂后，妖煽远近，平陇党羽转盛，石三保、石柳邓皆附之。”[②] 都说到乾隆六十年八月，吴八月被拥戴为“吴王”[③]。但从供单看来，情况并不如此简单，整个起义过程中先后称“王”的计有石三保、吴半生、吴八月、吴廷礼、吴廷义五人。现将供单中的有关资料，抄集如下：

> 一、到了去年（按：指乾隆六十年）正月初头上，小的（按：指石三保本人）也忽然发起癫来，口里不知不觉就说是天上降下来的，叫苗子辅助小的做苗王……十九日官兵就要来围寨子，小的想来必是为小的要做苗王的话，传说出去，地方官必要治罪，只得就传齐寨上的人说，天上要叫我做苗王，如今官兵来拿，大家快些帮我。众苗子听说，就拿了器械前来帮我拒捕。小的自从到了龙牙半冲，有平日信服小的，还说小的是苗王，都还听小的调动。[④]

---

① 《韩仲连供单》。

② 《圣武记》卷七，《乾隆湖贵征苗记》。

③ 《清代苗民起义》说：“乾隆六十年八月，吴八月据平陇称吴王。”《苗族简史简志合编》1963年初稿本亦称：“八月，各部起义军公推吴八月为‘吴王’。”《清代贵州各族人民的五次起义》（1978年，贵州人民出版社）也说：“九月，义军共推吴八月为吴王，建立了统一的指挥机构。”此外还有一些，也持此说。

④ 《石三保供单》。

二、从前起事之始，众苗子们只嚷小的（按：指石三保本人）是王，小的也就自认是王了。后来因为吴半生在西梁一带分路抗拒官兵。他的年纪小，恐怕苗子们不信服，他只说他是吴王转世。吴八月的儿子吴廷礼称吴王，是在吴半生被拿之后；那时小的已到龙牙半冲，各寨苗子都去依附了他，他才自称为吴王的。①

三、（乾隆六十年）四月里，官兵打破黄瓜寨，石三保逃到龙牙半冲，也常到平陇来。那时调兵打仗都是父亲吴八月作主。后来各寨癫苗都渐渐到平陇来，大家嚷说苗王出在小的家里，众苗子都称小的父亲为吴王……父亲吴八月被拿之后，石柳邓与小哥子吴廷礼商量说，要邀约苗子，总要有过（个）为王的。就说哥子吴廷礼是吴王，凡是调兵发文书，总是哥子吴廷礼与（石）柳邓作主。今年（嘉庆元年）三月里，不料吴廷礼患病死了，石柳邓与小的说，恐怕传说出去，调不动各寨的苗子，就叫不要声张。以后总是小的发文书邀兵，苗子们也称小的（按：指吴廷义本人）为王。②

四、小的（按：指吴八月本人）因为石三保寨子已经官兵打破，他也未必能做苗王；吴半生屡被官兵打败，各处逃躲，人家说他是吴王转世的话，苗子们也不信了。所以小的就捏说小的第四子廷义是吴王，好叫苗子相信帮我。③

综合以上供单所述，可以看出乾嘉苗民起义中称王的不止一人。石三保称“苗王”，吴半生称“吴王”，以后又有吴八月、

① 《石三保供单》。
② 《吴廷义供单》。
③ 《吴八月供单》。

吴廷礼、吴廷义亦相继而称“吴王”。吴八月的供单，隐瞒了自称过吴王的事实，而把吴王说成为自己的第四子吴廷义，可能是想减轻自己的“罪名”；也可能是避免因“吴王”被俘引起的震动，而希望他自己第四子吴廷义能继承事业，坚持战斗下去。由此可见，仅仅说吴八月一人被推为“吴王”，那是不正确的。苗、瑶族人民起义往往以出“王”相号召，反映了他们对建立自己的政权的向往。在起义斗争中，一些起义领导人出于“邀兵”、“调动”各路起义军的需要，为了维护斗争的大局，前仆后继地勇于承担为“王”的任务。石三保被俘以后，明知有被屠杀的命运，还敢于承认说：“这起事为首实是小的，还敢抵赖么。”吴廷义供单，全文没有一句服输求饶的话；吴八月千方百计阻挠吴陇登出来投降，鄙弃地说，吴陇登和陇老观将他拿献清军，“想来不过是要求活命的意思”。都说明了他们大义凛然、宁死不屈的威武气概，使我们透过供单看到了他们的英雄形象，这大概是当时的录供者所始料不及的吧。

附：乾、嘉苗民起义参加人供单五份
（乾、嘉苗民起义参加人自供）

一、吴八月供单

问据吴八月即吴世宁供：小的系湖南平陇苗人，年六十七岁，父母俱故。妻子石𫄨柳是陇牙半冲石老喜的女儿，生有四个儿子，大的吴廷礼，年四十五岁；二的叫吴廷玉，年四十三岁；三的叫吴廷英，年三十六岁；四的叫吴廷义，年三十二岁。两个孙子，一个叫吴有富，是廷礼生的；一个叫吴有陇，是廷义生的。家里田地每年收得四百多挑谷子。小的从前曾念过书，会写字；儿子们也认得字，都是小的教的。小的母亲石氏是隆柳的苗女，与石三保是远房姑侄，所以，小的与石三保算是姑表弟兄，向来彼此来往。去年十月内，听见各寨苗人都出了癫子，发癫的时候，就要耍刀弄枪，口里嚷着要杀客家。那时石三保也发起癫来了。今年正月内石三保打发人到平陇来告诉小的说，石吴两家本是亲戚，如今苗子的田地多被客家盘剥占据去了，所以要杀客家夺回田土。又有的说苗子里头出了苗王了，正应趁此聚起人来占据苗地，一切要我帮他。并要请到黄瓜寨去商议，若是不依，就先带兵来烧我的寨子。我听了这话，就于正月初四日到黄瓜寨见石三保，大家商量起兵。小的替他写了传贴，分送各寨。吴陇登、吴半生、石柳邓都到了黄瓜寨计议。许下各寨的苗子，他们去夺回了汉民田地，都分给他们耕种，所以，情愿一同入伙。也有怕惧我们先烧抢他们的寨子，胁迫来的。小的邀的是平陇、溪水、鬼猴溪、汉溪、龙爪溪、栗口嘴、龙牙半冲、鹊儿寨、九十九洞寨、阳鬼板、捧风坳、廖家寨、三岔坪、㰁木营、天星寨等处，人数多少不等。吴陇登邀的就是鸭保一带，石三保邀的是黄瓜寨一带，石柳邓邀的是大塘汛一带，吴半生邀的是苏麻、西凉一带。原定的是二月内起兵，因一到正月十六日，石三保、石柳邓的事先被塘汛官兵知觉，到来拿他们。所以，大家等不到二月，就一同起手了。小的是正月二十一日起兵烧抢的。石三保们都是自己打仗，小的年纪大些，不能时常出来，四个儿子轮流出来邀人打仗。烧抢的客民村庄，实在记不清多少。吴陇登同小的原是一家，自攻破乾州以后，总合在一起。所有滋扰镇竿、焚掠浦市，以及抗拒各路官兵，都是小的商量的主意。吴陇登因官兵攻剿紧急，心里害怕，总想要投降。小的想着，若鸭保一投，恐小的们平陇一带力量就单了。所以邀了平陇各寨的苗子帮他防守，又可以伴（绊）住吴陇登，教他不能投降。至石三保自从黄瓜寨被官兵打破之后，他带了人逃到平陇来就与小的儿子们一同与官兵打仗。小的因为石三保寨子已经被官兵打破，他也未必能做苗王；吴半生又屡被官兵打败，各处逃躲，人家说他是吴王转世的话，苗子们也不信了。所以，小的就捏说小的第四子廷义是吴王，好叫苗子相信帮我。所有各寨苗子起先原是小的们首先邀的，到了后来，各寨的人逐渐多了，又自己分路抢掠，不用小的再去邀约了。如今石三保还在平陇酌水一带，此外，还有地岑的吴满儿，地母村的石有宝，鲍头村的石腊月，三岔坪的吴麻五，郎佩溪的吴季生，劳神寨的吴老怪，平陇的吴双乔、吴双保等，都会带人打仗。小的邀人的时候，他们也来帮着。自从官兵到了乌陇岩，鸭保一路苗子畏惧异常，隆棚、廓家各寨都出来降了。小的又怕吴陇登投出，所以，于十一月初二日走至卧盘寨地方商量邀人。不意吴陇登的大儿子、女婿、亲家等，并廓家寨的陇老观等跟了官兵到来，将小的拿住。后来小的儿子们如何烧毁鸭保寨，抗拒官兵，小的就不知道了。吴陇登原早要出投，因为小的平陇一路苗子拦阻，他所以不敢出来。他暗地商同陇老观等拿献小的，想来不过是要求活命的意思。小的已经被拿。所有与石三保商量造反，主谋邀兵各情节，都供出来了。只求开恩，所供是实。

二、石三保供单

问据石三保供：小的年五十岁，是湖广黄瓜寨苗人。父亲石老叶，母亲吴乜柳，均已早故了。妻子吴老妹，是吴陇登堂侄女，生有三个儿子。大儿子石满宜，年二十一岁；第二个石老有，年十九岁；第三个石老五，年十二岁。小的从黄瓜寨打破后，就在龙牙半冲即酌水从堂侄子石老锦家里住。小的原是黄瓜寨的寨长。前年十二月内，小的侄子石由保，同本家的石老审、石老岩、石老养，忽然一齐发起癫来，说苗子们要做官，口里喊着要杀客家。后来各处寨子里的苗子也都癫了，石由保们还说我们寨里要出苗王，大家说是小的。到了去年正月初头上，小的也忽然发起癫来，口里不知不觉就说是天上降下来的，叫苗子辅助小的要做苗王。正月初四这一日，小的知道表兄吴八月会写字，就到平陇约了吴八月来与他商量，他就为小的写了好几封文书，纠约附近各寨的苗子烧抢客家。还没有定日子。到了正月十八日，永绥城里不晓得怎么知道小的侄子石由保发癫，要来拿他。小的心里害怕，就叫了鸦酉寨的陇老温、陇老观，游马柁的吴贵，把石由保解到永绥彭太爷衙门去了。小的正在打听侄儿石由保的下落，不想十九日官兵就要来围寨子，小的想来必是为小的有要做苗王的话，传说出去，地方官必要治罪。只得就传齐寨子上的人说，天上要叫我做苗王，如今官兵来拿，大家快些帮我。众苗子听说，就拿了器械前来帮我拒捕。二十一二等日，小的就带了人去烧鸦酉寨，因为两个侄子被官兵打死，当下送回黄瓜寨。到二十三这一日，又打鸦酉，客家逃散了，小的就见一塘烧一塘，直到正大营、盘坨、兰草坪一带。小的天天纠集了人去打仗，那时众苗子都称小的为王，听小的号令。小的也有癫的时候，也有不癫的时候，到处掳掠抢杀客家。早晚仍在黄瓜寨住。

石柳邓是正月内先到过黄瓜寨，后来官兵打破了大塘汛、大寨营一带，石柳邓又来投小的跟着打仗。小的曾叫他到虾蟇地一路去烧抢，吴陇登、吴半生也先后到小的寨子里，要说帮兵不记得日子，都是正月二十以后的事。吴八月的母亲是小的远房的姑娘，与小的是表兄弟，起事后二三月间，常来与小的商量，邀兵打仗。到了四月十三四等日，官兵四路围打黄瓜寨，枪炮不绝。小的想来抵挡不住，当下同了一家的人，连晚逃到龙牙半冲石老锦的家里住了。小的自从到龙牙半冲，有平日信服小的的，还说小的是苗王，都还听小的调动。小的也还出去打仗，永绥葫芦坪都是去过，记不到次数，无奈总被官兵打败。后来有好些寨子，渐渐归附平陇去了，小的也常到平陇。只不敢常出去打仗，吴八月们来邀，小的就派兄弟侄子们带人帮他。后来小的兄弟石老养，侄子石老审同向来跟小的打仗的陇五斤、陇老三、石老坝们都被官兵拿的拿了，杀的杀了。吴半生、吴八月又都被官兵拿住。吴陇登又听说投了降了。苗子大势俱散，小的实在害怕，只得在龙牙半冲带人守着卡子，仗的是地方险要，官兵一时打不进来。今年二月里听说吴八月的儿子吴廷礼病了，小的到平陇去看他害的是黄病。那一天见石柳邓在那里，他也说官兵各处打得紧急，大家总要认真守着，亏得如今这一带苗子聚得很多，各处筑了石城卡子，又挖断道路，想来官兵一时进不来。小的听了他这些话，就在那里住了一夜，就回龙牙半冲去了。吴廷礼到三月初四，听说死了。因为传出来恐怕苗子们不听调度，总说不曾死。吴八月四个儿子，从前都是吴廷礼主事，也说是苗王。死了之后，听说那三个兄弟都管事，照旧邀兵打仗。石柳邓在平陇，本是贵州的苗子，众人不服他，不过帮着他们带了苗子守卡子。到了四月里，小的见官兵到处山梁层层劄满，且攻打得紧。又闻吴陇登同他的侄子吴六月，四路放了信，要拿小的献功。小的越想越怕，想从保靖那一路山里土蛮地方去躲避几时。是五月初一日在龙牙半冲起身，从补沙、角如、踏者一路行走到哄哄寨。小的本来认得些土蛮，想他们还可以帮我。哪晓得一到那里，就有官兵、降苗、土蛮四路拢来。小的走不脱，只得跟他们到了离保靖十多里地。又有大人们带兵到来，当把小的就拿住了。小的大儿子石满宜是上年三月里在兰草坪打仗，被一个枪子从耳门旁边穿过，两个眼睛都瞎了。两个小儿子都做不得什么事，还同着妻子们都在龙牙半冲呢。不敢谎供。

诘问：你既起意造反，蓄谋必非一日的事，到底是哪一年起意纠约？众人用的刀枪、器械何时制造？起事之后，怎样分头烧抢？据实供来。

据供：前年十月里，各苗寨先听说出了癫子，小的原也不信。到十二月里，侄子石由保癫起来，说家里出了苗王，小的就动了念。到上年正月初间，也得了癫病。叫喊起来。不由得小的做主。实在从前并没有起心谋反。至纠约众人，就是上年正月初四，同吴八月商量了。他同小的写的传帖，那帖上不过说如今苗子的田地都被汉人占了，若肯帮我们烧杀客家，不但可以夺回田地耕种，还可做官。远近传说，人人情愿。所以，越聚越多是实。至小的起事，在黄瓜寨就打的是正大营嗅脑一路，石柳邓率领石代噶们打的是松桃秀山一路，吴陇登、吴八月打的是乾州一路，吴半生打的是苏麻、西梁、乌草河、雷公滩一路。各路苗子有各路的头人，各寨的苗子又有各寨的头人，也不是小的一个人叫得动的。各寨子里本来多有鸟枪，原是打牲用的，向来官不查考。苗子们做鬼还愿，向来就放空枪图热闹，火药是各处山洞里去挖来造的，并非为着造反预先制造，是实。

诘问：你既是自认苗王，自然石柳邓、吴半生、吴八月们都听你调度。你各处攻城烧抢客民，你手下党与（羽）必多。实在著名贼目、汉奸、癫苗共有多少封过官职的，想来不少。如今平陇各寨还有什么为头的人，逐一供来。

据供：小的手下头目就是龙五斤、陇老二，还有小的堂弟石老岩，都算是有些本事的。每逢烧抢总是他们上前。已被官兵拿到治罪的了。其余的汉人，都不过是永绥乾州、辰溪、浦市各处裹了来的。黄瓜寨破了，他们就都散了。也不知还在苗地没有。至各寨的癫子极多，都记不得他们的名字。就是陇老三、石老坝，同小的兄弟石老养、石老现，侄子石老银、石老红、石老吼，七八个人，都是首先发癫，一同起事的。那陇老三、石老坝、石老养、石老现也都被官兵拿了，石老银、石老红、石老吼如今还在龙牙半冲。小的虽是众苗子称为王，并没有实在的事，如何敢封官职。就有众苗子称呼将军、总兵等类，不过是随口混叫，算不得官。只听得吴廷礼曾经封人做官，不知道封了没有。如今平陇各寨还有地岑的吴满儿，地母村的石有保，三岔坪的吴麻五，补抽的陇朋里，董弥的石大贵，鬼猴溪的吴向约，小的知道他们都会带人打仗。此外，小的实在不知道，如今小的自己都被拿了，还敢隐瞒么。

诘问：你要逃到保靖一带，自然通知石柳邓及吴八月的儿子，如何商量？他们又如何放你到哄哄寨一路？想来必是要邀那一路的土蛮去帮他们么，可据实供来。

据供：小的要逃到保靖一路去，实在因官兵多，攻打得紧，害怕逃走。自己家口都不能顾了，如何还与吴八月的儿子们商量。若是小的要与石柳邓们一同抗拒官兵，就该到平陇去了。只因从前土蛮们都有知道小的的，他们里头地方宽，一时官兵打不到。原不过想到那里躲藏几时，或者有人帮我保得性命的意思，是实。

诘问：你既自认为首为王，从前吴半生也说是吴王转世，后来吴八月的儿子又称为吴王，到底是哪一个实在为首，据实供来。

据供：从前起事之始，众苗子们口嚷小的是王，小的也就自认是王了。后来因为吴半生在西梁一带分路抗拒官兵。他的年纪小，恐怕苗子们不信服，他只说他是吴王转世。吴八月的儿子吴廷礼称吴王，是在吴半生被拿之后，那时小的已到龙牙半冲，各寨苗子都去依附了他，他馋（擅）自称为吴王的。苗子们都有亲戚，就是造反的时节，也都是弟兄们相称，哪一个叫得动兵，就都服他，其实哪里有苗王呢。这起事为首实是小的，还敢抵赖么。

诘问：你谋反据你说自因癫起意看来，或是地方官克剥你们，你们都受了苦，闹起来的。你是苗子里头第一个为首的人，若有这样的事，只管据实供来。

据供：小的们苗子都是穷苦的，如小的同吴陇登、吴八月们就算是有饭吃的，也没有什么银钱。苗子的田地，都不完钱粮，也不当什么差使，地方官如何克剥呢。实在为的是客家们渐渐把田地诓买去了，这是大家心里不服的。所以，小的们前年起意造反，就借抢回田地为名。各寨苗子都各情愿，其中也有不曾纠约，跟着烧抢的；也有总没有出来打仗的。小的是自己作孽，罪无可逭，还有何说呢？

三、吴廷义供单

问据吴廷义供：小的是湖南平陇苗人。父亲吴八月，即吴世宁。母亲石氏。小的弟兄四个，一名吴廷礼，一名吴廷玉，一名吴廷英。吴廷礼本来是第三，小的父亲因吴廷玉为人无用，吴廷礼有本事，所以，家里都是吴廷礼管事。小的是第四，妻子石乜三，生有一个儿子，叫吴有陇。吴廷礼一个儿子名吴有富，一个女儿叫大妹。吴廷玉一个女儿叫三妹。吴廷英两个女儿，大的叫五妹，小的叫七妹，年纪都小小的。弟兄们从前都念过书，是父亲吴八月教的。黄瓜寨石三保与小的父亲原是表弟兄，去年正月里来邀小的父亲替他写文书各处调兵，父亲应允。后来到处烧抢，小的弟兄们轮流带兵烧抢的地方很多，实在记不清了。四月里官兵打破黄瓜寨，石三保逃到龙牙半冲，也常到平陇来。那时调兵打仗都是父亲吴八月作主。后来各寨癫苗都渐渐到平陇来，大家嚷说苗王出在小的家里，众苗子都称小的父亲为吴王。大塘石柳邓是八月里才叫他的儿子石老乔，石老二们到平陇来的，因为他同石三保都是首先起事的人，父亲吴八月称呼他们两个为将军，分投（头）带兵打仗。每逢打仗，纠约各寨的苗子，人数多少不定。米粮是各自带来吃的，所用火药，是小的们寨里舂的也有，各人带来的也有。到了九月里，鸭保寨吴陇登投了。十一月里，吴陇登随同官兵并带他儿子、女婿们把父亲吴八月拿了。小的弟兄心里实在气不过，当下约了苗子们就把鸭保寨吴陇登房子烧了，这都是有的。父亲吴八月被拿之后，石柳邓与小哥子吴廷礼商量说，要邀约苗子总要有过（个）为王的。就说哥子吴廷礼是吴王，凡是调兵发文书总是哥子吴廷礼与（石）柳邓作主，小的同石柳邓之子石老乔，石老二都是带兵打仗。今年三月里，不料吴廷礼患病死了，石柳邓与小的说，恐怕传说出去，调不动各寨的苗子，就叫不要声张。以后总是小的发文书邀兵，苗子们也称小的为王。一切调度都是石柳邓的主意。石老乔、石老二们在一处相帮。自从官兵打到乾州，围逼平陇，里头的癫苗，也有官兵打死的，也有逃散的，附近寨子投降的多了，来帮兵的渐渐少了。小的打发出去邀兵的人，都被官兵拿住，没有人接应，小的就心里害怕，石柳邓也说，做得（的）事大了，降是降不得的。官兵打破平陇，小的同石柳邓都逃到贵鱼坡坡上，还想死力抵御。不想本月初三这一日，官兵一早冲上坡来，大家抵敌不住，小的左膀上受了枪伤，就乘空逃走，到老虎硐藏躲。不想被苗子们知道了信息，同了小的堂哥子吴廷梁都到老虎硐，就把小的拿来了。哥子吴廷玉、吴廷英同吴廷礼的儿子吴有富及妇女们先后走散，都不知逃到哪里去了，死活不得知道。石柳邓被官兵杀死，小的当日就晓得信的。是实。

四、郑善供单

据郑善供：小的祖籍江西，寄籍湖南辰溪县地方。父母早故，伯叔兄弟俱无。并没有什么生业。平日与县民黄文忠、王文瑞、黄连升、黄连奎等伙同诱赌偷窃，经县访拿，正在无处逃匿。今年正月初间，黄文忠、黄连升二人说，县里稽查甚紧，恐被拿获，我们认得苗人石兴保，听说他素与鸭保寨之吴老铁、吴老管们熟悉，现有他们百户吴陇登，纠约贵州苗人抢掳，邀我们入伙，将来分给田地房产，不如随他入伙，既可安身，又可得财物。当即应允，遂同黄文忠、王文瑞、黄连升、黄连奎、李槐、陈启元、陈启科、白五、白七、廖泳受、廖高水、段胡子、许开祥、许占祥、刘占梅、张占惠、徐学、李诰、龚和等二十人，于正月十二日在九麻营同见石兴保，一同吃血。正月十七日，石兴保仍令黄文忠、黄连升二人率领小的们自鸭保寨放火掳掠，从此到处烧抢。二十二日就到乾州城外，围住攻打，并焚抢城外铺户居民，曾同兵民打仗两次，彼此均有杀伤。那两日乾州城外苗人越集越多，听得各处苗寨多来围城。小的初投入伙，不晓得各苗头姓名。自二十二日攻打起至二十四日城破。小的从东门进城，同着众人走到一处，听说是巡司江老爷衙门。那时人多乱抢，只见江老爷被一人砍死，小的也不认识那人。一面焚烧，一面杀抢，大家得了些东西。小的们仍出城外，同黄文忠们至各处烧抢。二十八日到了镇竿。二十九日打了一仗。纠约小的那头人黄文忠被戮咽喉，黄连升被戮左肋，都死了。当日退在十里外，仍旧焚抢各处村庄。小的因闻提督带兵前来，并有京兵数万的话；又见黄文忠、黄连升已被官兵杀死，无可依靠。心生畏惧，私自逃避，又不认识路径。由弥山僻静小路、绕道行乞度日。甫封广西交界，即被兵役盘获。

诘问：石三保、吴陇登究系因何起衅，又贵州苗人石柳邓与吴陇登因何纠约，何以同时起事?

据供：小的实系穷苦，无家又无本钱营运，向与黄文忠等时常诱赌，得钱花用。并不认识各寨中苗人，就是石兴保，因黄文忠带小的入伙时才认识的。那吴老管、吴老铁二人，小的并没见过，听得黄文忠说，他是苗寨寨长。至于小的自同黄文忠们入伙后，还是黄文忠管领，也不同石兴保在一处，此外多不能知道，再入伙不久。每日分路烧抢，那里得知详细。小的将杀人放火既已明白供认，性命不保，还肯替他们隐瞒吗?

五、韩仲连供单

（附杨昌柏、杨昌得、杨胜太、杨胜学等人供词）

韩仲连供：年二十岁，凤凰厅民人。本年（按：指乾隆六十年）正月二十五日，附近认识的陇滚寨苗人龙老满、龙八总、龙二把，同晒金塘的苗人吴老包、吴老添、吴老铁、吴老烘、廖老烘们来说，鸭保寨副百户吴陇登同着贵州苗子造反，邀我同杨昌柏、杨昌得、杨胜太、杨胜学们入伙，将来拨给田屋，还封官职。我们依允吃血，就算立誓。随到都蛮、利略一带打仗，又来镇竿城外打了好几仗，都被官兵杀退。吴陛登占住乾州，我没见过。那龙老满、吴老包、吴老添、吴老铁、吴老烘、廖烘们都是吴陇登手下寨长，领人到处烧抢，总想要得镇竿城池。现把紧要路径都已挖断，小寨苗人并归大寨，又在各小路埋伏，并到后路岩山、溪口一带，要截官兵粮道。闰二月初一日，龙老满们叫我同杨昌柏、杨昌得来城投充余丁，好跟着官兵站城守卡。等他们到了城外，暗地用血灌入炮门，炮就不能点放；并在城里放火吓人，他们就好爬城，我们也就夺开城门，接应进来，又差杨胜太、杨胜学，假装卖柴，混进城来，好同放火。又说还要派人从沪溪县地方，水陆并行。直往辰州下去，这镇竿城不怕不得的话。这是实供。

诘据覆供：我们都不知石三保、石柳邓下落，这里现是吴陇登为首。闻得他在乾州厅一带往来往札。那苗子都是听他使令的。至起衅根由，我们实在不晓得。

杨昌柏供，年二十岁。杨昌得供，年三十六岁。都听从龙老满们吃血入伙，随同烧抢打仗，又故意投充余丁，要做内应是实。余与韩仲连供同。

杨胜太、杨胜学同供：俱年二十岁，听从龙老满们吃血入伙，随同烧抢打仗。又装做卖柴，混进城来，要想乘便放火是实。余与韩仲连供同。

载《贵州民族研究》，1980 年第 3 期。

畲族的姓名

我国畲族有 630378 人（1990 年人口普查统计）。主要分布在福建、浙江、江西、广东、安徽等省的山区。自称“山哈”，意为“客人”。“畲”字有开荒辟地，刀耕火种的解释，可见以汉语“畲”称呼他们，正好反映了畲族人民长期以来在山区中刀耕火种、勤奋劳动的特色。畲又作“輋”，明嘉靖刊本《惠州府志》称“粤人以山林中结竹木障覆居息为輋，故称”，顾炎武《天下郡国利病书》又说：“潮州府畲瑶，民有山輋……籍隶县治，岁纳皮张。旧志无所考，我（明）朝设土官治之，衔曰輋官。所领又有輋。輋当做畲，实录谓之畲蛮。”可知古代“輋”、“畲”通用，其意义都是与山区居住、山地开垦分不开的。

畲族和瑶族一样，也有始祖槃瓠的传说。在他们民间流传的绘画文献“祖图”中，就以一个连续的长卷，用彩色绘制了槃瓠的故事。“祖图”被认做是传家之宝。此外，还有用文字书写的《评皇券牒》、《开山公据》、《高皇歌》，以及镌刻有龙头的拐杖“祖杖”，等等，也都反映了槃瓠的故事，并由此引出了畲族姓氏的由来。

一、始祖槃瓠与畲族四姓

畲族的“祖图”及民间传说中，都说他们的祖先槃瓠（又叫龙期）因帮助高辛皇帝战胜敌人，而娶得第三公主，被封为忠勇王。在福建省宁德县畲族中发现的“雷姓祖图”长卷中就有带文字说明的连续彩图 44 幅，其中的说明有“龙期折（揭）榜、朝臣带进金銮殿见驾”，“龙期领帝旨，过海征番”，“番王见龙期来投，喜之”。“番王欢宴、不觉大醉”。“番王沉睡床上，头首被龙期咬断而去”……“龙期伏金钟（之内），变化成人”，“洞房花烛结良缘”，“龙驸马登相取姓（图内书：长男姓盘、次男姓兰、三男姓雷、女名龙），等等”叙述了始祖槃瓠的故事。与瑶族传说不同的是，瑶族《过山榜》所载，槃瓠成婚后，生下六男六女，被评皇各赐一姓，成为“盘瑶十二姓”的起源。而畲族却传说是生下三男一女，儿子分别姓盘、兰、雷三姓，而女儿却招钟姓为女婿，因此成为畲族四姓的开始。

关于畲族的盘、兰、雷、钟四姓的来源，及其始祖的姓名等情况，在《雷氏族谱》的序言中曾有所叙述。说龙期（槃瓠）夫妇生育子女以后“登朝面帝赐姓。彼时长乃捧之于盘，帝即赐姓盘，名自然（民间又作自能），封柱国侯。次则以篮盛之，帝即赐姓兰，名光辉，封护国侯。及三子乃怀之御前，适闻雷声，帝即赐姓雷，名巨佑（又作巨祐），封武骑侯。后复生一子女，名龙郎，亦与命封赘婿于钟姓者，名志琛（又作志深），帝亦封敌勇侯。适有东夷王宁馨所贡三女，丰姿秀丽，内则夙娴，长奇珍，赐卿长男；次奇硅，赐卿二男，三奇珠，赐卿三男，以继宗祧”。从这段文字看来，显然是后来的文人将畲族传说进行加工的结果。三子一婿，不仅有了具体的名字，并被封作王侯，又得娶东夷王之女为妻，似乎全部出于王公贵族，反映了当时人们的一些心理。

据说槃瓠与公主夫妇及其子女，原住“会稽山七贤洞”，后因槃瓠不愿为官，遂带领全家迁居“广东省潮州府凤凰山”，在那里开山种地，繁衍子孙，发展成为畲族。福建省福鼎县的《雷氏族谱》载：“帝以三公主招（槃瓠）为驸马，徙居广东潮州凤凰山，以后雷州之地封之，子孙繁衍，散居长沙，武陵蛮、交趾皆是矣。”就将早期的畲族与秦汉时期我国南方的长沙武陵蛮，也就是史书记载的“槃瓠蛮”联系起来了。浙江省丽水地区的畲族甚至传说始祖槃瓠就葬在凤凰山，那里槃瓠墓的四至为“前至雷家坊，后至观星顶，左至会稽山，右至七贤洞”。根据这些线索，曾在凤凰山做过实地踏勘，但却没有找到坟墓的踪迹。因此，对槃瓠故事的真实性还很难下结论。但畲族四姓同出于槃瓠之后，并从凤凰山往外迁移散布各地的说法却是相当一致的。

根据传说与民间文献记载，畲族四姓在从凤凰山出发，迁徙到各地的途中，其中的盘姓因故往别途而去，成为瑶族的一部分，因此现在畲族中主要保留了兰、雷、钟三姓的情况。这在《兰氏宗谱》中根据传说作了记载：“唐光启二年（886 年），盘、兰、雷、钟有三百六十余丁口，从闽王王审知为向导，（离凤凰山）由内海来闽，至连江马鼻道登岸，时徙罗源大坝头居焉。盘王碧一船被风飘流不知去向，故盘姓至今无传”，表明畲族祖先由原来的最早居住地“广东潮州凤凰山”乘船外迁，并在途中失落盘姓家族情况。这与现代畲族情况调查中很少发现盘姓的情况是完全符合的。在兰、雷、钟三大姓以外，也有少数姓来（与“兰”同音）、黎、吴、李、古姓的畲人，但在总人口中，所占的比例很小，而且据他们自己的传说，大都是汉人入赘畲家的结果。

从历史记载看来，南宋末年刘克庄的《漳州谕畲》一文所载：“凡溪峒种类不一……在漳者曰畲，西畲隶龙溪，犹是龙溪人也。南畲隶漳浦，其地西通潮、梅，北通汀、赣。”《后村先生大全集》载“畲民不悦（役），畲田不税，其来久矣”。文天祥《知潮州寺丞东岩先生洪公行状》：“（咸淳五年，1269 年）潮与漳、汀接壤，盐寇、輋（即畲）民，群聚剽劫累政。”这是畲族名称在史书记载中的最早出现。而与此同时，畲族的著名反抗斗争首领就有钟全、陈吊眼、钟明亮、李志甫、谢志珊、兰天凤等姓名迭见于史册，也表明畲族在登上历史舞台之际，就已有了自己的姓氏，并使用汉文取名，而其中的钟、兰等姓还一直流传至今。这些情况表明畲族很早以来就受到汉文化的影响。

从一些古代文人笔记与地方志来看，也广泛记载了当时各地畲族的姓氏状况。如清乾隆郑一崧《永春州志》载："邑有畲民，以钟、兰、雷为姓，三姓交婚，无盘姓。其钟姓者未详所自始。"清光绪周邃然《永泰乡土志》亦称："永之畲种与滇黔之苗瑶略同。若畲洋，畲村两乡，其旧窟也。雷、兰、钟三姓，共遗族也。"道光陈文衡《龙岩州志》："畲客即瑶人，岩属俱呼为畲客……在岩者惟兰、雷二姓，在平宁者有兰、雷、钟三姓。"民国郑丰稔《龙岩县志》具体记载："钟姓：清末从广东梅县迁来，人数约三十人，已传三代，现住白土。兰姓：从汝南迁来，现住平铁，其他不详。雷姓：清中从广东焦岭迁来，现住白土，人口五十八人……查闽南各县，均有兰、雷、钟三族之记载，本县州志有所谓畲客者，即系此种。"民国李唐介《丰顺县志》："吹礤山村有兰姓数十户……即畲民也。村南有钟姓十余户，传其祖为兰姓外甥，世为婚姻，惟晚近已与四邻族姓通婚，现已同化，非复《(天下郡国）利病书》所言之习俗矣……距该村三十里之潮安县境内归湖山，有雷姓十余家，与彼同祖，亦与通婚往来，殆即《后汉书》所云之槃瓠族。"可见在福建、浙江各地都有畲族兰、雷、钟三姓的记载。

与此同时，也有畲族五姓之说，如清光绪褚成允《遂昌县志》："畲民有雷、兰、钟、盘、娄五姓，本槃瓠遗种，其后蔓衍为五溪蛮……遂邑之有畲民，盖于国初（指清代初年）时徙自广东，散处于衢、处、温三府者。""北门外井头坞，建有兰、钟二姓宗祠，亦聚族而居，知礼让矣。每一姓始祖刻龙头杖为之，子孙祭祖供杖罗拜之。"谢肇淛《五杂俎》："吾闽山中有一种畲人……相传槃瓠种也，有苟、雷、兰等五姓。"记载中所说的娄、苟等姓，现在已经十分罕见。

在有的地方志里，还比较详细地写了前述畲族姓氏族谱与民间传说中关于槃瓠及四姓来源的故事。如清道光《罗源县志》载："畲民祖出于槃瓠之后，即瑶人也。随时有大功，封为王。生三子一女，长赐姓盘名自能，封贰（武）骑侯；次赐姓兰名先（光）辉，封护国侯；次赐姓雷名巨佑，封立国侯；女婿钟姓名志深者，官三品。世居会稽七贤洞，后子孙众多，分行自食其食，不与庶民交婚，无占庶民田地。盘姓今无闻，只兰、雷、钟三姓，蔓延各处。在罗源者甚多，虽幼小，能关弓药矢，不惧猛兽，盖其性也。"清代罗源县地方志所记与前引的《雷氏族谱》所述虽小有出入，但基本上是可以相互印证的，还是说明畲族姓氏来源和祖先情况等的重要资料。

二、乳名、世名和法名

畲族男子一生中要经过几次取名，最少的也有乳名和世名（或讳名）两种。浙江省景宁县张村乡惠明寺村畲族雷氏宗祠族谱载：第一世祖叫雷方贵，（乳）名子朋，法名法贵，讳名大十四公，配偶为兰百七娘。迁来惠明寺居住的第四世祖雷明玉，世名新麟，讳名千五十六公。岳溪镇雷氏家谱称"太祖位万九公，生念十七公，世名家永，生付吉公"。这些记载都说明畲族男子一生有乳名、世名、法名和讳名等名字，这是一个人经历从幼年到成年，从未经宗教活动到参加过"祭祖"活动的一生中名字的变化。

乳名即小名，是畲族人少儿时代的名字。成人以后，就要取"世名"，也就是"书名"，上学、登记户口等都要使用。在很多畲族地区，男子取世名（书名）时，都使用字辈排行，同姓的同一辈人都要共用一个字以显示他们是同辈关系。如浙江省景宁县张村乡惠明寺村的雷姓，据说就有"方其进新禄，角元应承子，宗云开日月……"等45个字作为排辈之用。这种排辈用字，在同一姓内，也因地而异，并不一致，如广东省潮安县李工坑村雷姓已经使用的十代排行为“庭名和朝钦，仁义礼智信”，就与前述浙江省景宁县雷姓所用的完全不同。有的即使是邻近地区的同一姓氏，所传排辈也因讹传有误等原因而不同。如潮安县碗窑村兰姓流传的字辈为“创……（中缺）子智钦承，孝友传家国”。但在岭脚村的兰姓中，尽管他们六代以前是从碗窑迁来的，其流传的排辈用字中就发生了将“孝友传家国”的“孝”字改用成为“登”字的现象。广东海丰县江罗村的畲民族谱中，也有“兴聪贵胜，钱发文富，千滨成……”等排行用字。1929年夏，上海同济大学德籍教师史图博与李化民到浙江景宁县敕木山调查，在那里搜集到的一个兰姓族谱中也罗列了多达36个字的排辈，即“而传政富月光，昌盛元文士开，玉日有世明耀，金龙銮凤科进（真），孔圣立成贵贤，永朝景兴太平”。这种以字辈排行取名的方法，显然来自汉族。浙江省松阳县杨家坞保存的《雷氏宗谱》记载：“大明正德戊辰年（1508年）雷辰兴公且生世隆。世隆乃生三子，长曰林富，次曰林贵，三曰林荣，三兄弟之相友一心一行。”又据景宁找到的《雷氏宗祠序》手抄本上所载“我姓之源广东潮州府海阳县凤凰山，原有大祠。以后我太祖名雷进明、进良、进裕、进元四兄弟等人，万历年间移来浙江省处州府景宁县七都”。可见早在明代正德、万历年间，雷姓畲族已使用“林”、“进”等字的排行字辈。从调查中发现有些字辈连读起来，很难贯串成一个完整的意思，表明它们是在传抄过程中因各种原因而发生的讹误，也可能是每一代人自行拟定一个与前后无关系的字取名以后，将这些字排列起来的结果。

法名又称“醮名”。是畲族人参加过“祭祖”活动后所起的名，它代表着一种获得社会尊重的资格。祭祖，又叫“学师”、“聚头”，是一种请学过师的人来“做功德”，并要广招亲友前来入席饮酒的、需耗费一定财力的宗教活动。因此凡经过祭祖活动的人，都可以提高自己的地位，并获得一定的荣耀。他们在举行活动时，可以穿红色衣服，额前戴一小块上面画有龙、虎等图形的梯形牛皮，下沿用两根带子系在脑后，他们有资格主持父母的丧事和替别人在祭祖时做功德，否则，即使是亲生父母死了，也只能当个孝子，而无主持丧事之权。这种经过祭祖活动的人，可以使用的法名，就是在“法”字后面再加上一个取的名字，以构成“法某”的格式。如兰培田改名兰法田，兰登成改名兰法成，兰朝庚改名兰法绍，雷贵连改名雷法县，等等。这种法名不论辈分的上下，也不使用世名中常用的排行字辈，似乎在于强调凡是经过了祭祖的都是一些地位相同的人。这种祭祖后取的法名，要与祭祖日期一起写在一条红布上，并将红布条系于祖杖上，表示已归属于祖先的系列之中。如果参加过祭祖的人，他的儿子长大后也经过了祭祖活动，那么这个当父亲的人就算传过师的人，被人称为“房赵”，可以穿乌蓝色衣服，还可以戴方巾帽。死后做功德时可以张挂祖图与十皇图。他的妻子也可以随之穿绿色衣裙，戴凤冠，被称为“王母娘”或“西皇母”。广东绕平县石鼓坪村兰姓法名已传十代，由法清、法尚、法胜、法科、法开到法居、法行、法显、法兴、法考。说明过去这里的畲族“祭祖”活动，并改用法名的情况还是十分盛行的。

三、讳名的组成与使用

讳名，是畲族人死以后，登记上族谱所用的名字。兰姓多用“大小百千万念”六个字作为各代的排辈，周而复始，循环使用。雷姓则用“大小百千万”五字，而缺“念”字。钟姓则用“大小百万念”五字，缺掉了“千”字。讳名在使用排辈用字后，再加上同一辈中男子或妇女的排行，然后男子称“郎”，女子称“娘”。如兰姓百字辈男子，在同辈全部堂兄弟中占第23位，那么他死后，就以“兰百念三郎”讳名登入族谱，“兰百念三郎”的儿子为“千”字辈，如果他儿子在同辈兄弟中居第19

位，那么死后的讳名就成为“兰千十九郎”。妇女则按堂姐妹之间的排行称“雷大念五娘、雷小十四娘、雷百十八娘”，等等。这种登记在族谱上的死后用的讳名，可以清楚地知道，哪一字辈的人，各有兄弟姐妹多少个，如雷千五十六郎，就是雷姓千字辈的第56位兄弟，如果他是最后一个排行的话，那也就说明千字辈共有56位弟兄。妇女情况与此相同。由于排行计算，前面又冠以辈分用字，所以在五代或六代（用五个或六个排辈用字）之内，不存在同名的问题。如钟姓同是排行第18位的男子，但因一是大字辈，称兰大十八郎，另一是小字辈，称兰小十八郎，所以尽管排行相同，但因排辈不同就不会发生同名的问题。

由于同一姓内兄弟与姐妹众多，所以本人往往不知道自己是排行第几。这种情况只有族长和参加排行工作的几个长辈才清楚。平时他们保守秘密，不向外人宣布。如浙江省景宁县东衕村畲族就在每年二月十五日、八月十五日祭祖后，由祠长及族中长辈数人一起暗中研究，将本年所生的男女人丁按辈分依出生月日顺序排出前后次序。直到该人死后，如果是男子，就由孝子直接去族长处讨问，取得父亲的排行位置。如果是妇女，就由妇女的兄弟在奔丧前向族长讨取其姐妹的排行，由族长写好包入红包内，带到姐妹嫁出之家，交与其孝子供作取讳名之用。如果老年妇女生前已做好棺材的，也可以在棺材做成之时，由其兄弟将写有排行的红包送来，由儿子向母舅敬酒“讨位”。但即使这样，这个红包在妇女生前也不能打开，只有死后才能拆开观看以取讳名。

至于兰姓讳名排辈的“大小百千万念”六字，为什么要比雷、钟二姓多一“念”字，据浙江省丽水地区畲族传说是因为在古代有一户兰姓畲族在祭祖时，到另一家去挑“祖担”。本来一挑“祖担”中只有八个香炉，但却不注意多挑来了一个香炉。挑担人发现自己搞错了，就问师爷（进行祭祖活动的宗教人员）

该怎么办？师爷说："念话"，畲语就是"没关系"的意思。因此兰姓的讳名排辈就多了一个"念"字。在民国八年（1919 年）王韧的《建德县志》中有着比较详细的记述："畲客之祠以竹箱为之，内贮祖先及香炉。祭祖一次者，准穿红色衣，其子又祭祖一次，准穿青色衣。级分之大小，以祭祖多寡为断。父已祭祖，子必祭祖，不祭不得为父治丧。已祭祖者，死后必做功德，不做，其人不得葬。雷姓之祠有香炉五只，兰姓之祠有香炉六只。相传雷姓分大、小、百、千、万字为行次，周而复始。兰姓则分大、小、百、千、万、念为行次，较雷姓多一念字。"县志所载雷、兰二姓香炉个数与丽水地区传说的不一样，可能是在世代传讲时，有所讹传，但讳名排辈用字情况却是完全一样的。

在起讳名的时候，各地还有一些禁忌习俗，如浙江省丽水县兰姓畲族在起讳名时，往往有"男不排一，女不排二"的习惯。即男子兄弟排行时，没有老大，妇女姐妹排行时，不列老二，所以如果万字辈时，其讳名有"兰万二郎"、"兰万三郎"，却没有"兰万一郎"。有"兰万一娘"、"兰万三娘"，却没有"兰万二娘"。据说这两个讳名的位置是留给 16 岁以前夭亡的男女少年的。只有夭折早亡的人才用这两个排行。在别的地区，也有男不排一，女不排七的说法。

素不相识的畲族人相遇以后，往往通过盘问对方的姓氏和排辈，以此来确认是否是同族人和彼此的上下辈分关系，例如要问对方姓什么？是否"山哈"（畲族自称）？"毛竹"（指祖先）哪里来？有几枝"毛竹"（指有几个姓）？"毛竹"是几开（指你的姓有几个排辈字）？以及你的毛竹是从上剖还是从下剖（指你的讳名排辈用字是上一轮的，还是下一轮的）？通过回答姓雷（或兰、钟等姓），是"山哈"。"毛竹"从广东来。有四枝毛竹（指盘、兰、雷、钟四姓）。毛竹是五开（指雷姓"大小百千万"五字排辈，兰姓则答"毛竹是六开"，指"大小百千万念"六字排辈)。毛竹从上剖(或从下剖),即讳名用的是上一轮或下一轮排辈字,等等。通过这样的问答来互相了解结识,然后就可以杀鸡摆酒款待对方,亲如一家。

近几十年来,畲族取世名已不严格按照排辈采取相同的字取名,有的已开始取用单名。由于“祭祖”活动的减少,所以也很少有人取法名了。现在老一辈人已不太注意下一代子女的排行,并且也很少续修族谱,所以人死亡后也很少取讳名了。取名的办法渐渐趋于简单,不再有多种取名的区别。

载《中国人的姓名》,中国社会科学院出版,1992 年。

日本的阿伊努人[①]

阿伊努人是日本最古老的居民，也是日本除大和民族以外主要的一个少数民族。据说他们原来居住在日本各地，是当时最早的土著，后来才被逐而偏居日本的北部。我国《新唐书·日本传》记载了日本派往唐朝的使节的话，说："又妄夸其国都方数千里，南西尽海，东北限大山，山外即毛人。"这里的"毛人"，即指阿伊努人。可见至晚到我国的唐代（公元八九世纪）阿伊努人已偏居于日本的东北部。清末黄遵宪的《日本杂事诗》有一首云："蓑云挥剑日挥戈，屡逐虾夷奏凯歌，西讨东征今北伐，古来土著既无多。"指的就是阿伊努人（虾夷）被征讨追逐，造成"古来土著既无多"的状况。

在一百多年以前，阿伊努人还遍布日本最北部的北海道，但从明治二年（1869 年）七月日本天皇设"开拓使"开拓北海道以来，在这块"国内的殖民地"上，经过一百年时间的"开拓"、"拓殖"和"总合开发"，已经使这个 78000 平方公里的广阔岛屿上的阿伊努人人数缩减，而且逐渐局限居住在若干个居民点里。

关于阿伊努人的历史以及过去的语言、经济、文化、风俗习惯等，前人已有不少调查报告和著作，叙述比较详尽。1983 年 8 月，我们在东京大学的著名文化人类学家中根千枝教授的安排

---

① 作者 1983 年 8 月担任东京大学东洋文化研究所研究员期间，与索文清同志一道，在北海道乌达利协会副理事长陪同下到北海道阿伊努人居民点调查，本文系根据在北海道实地调查的情况写成的。

下，到北海道去调查访问了一次阿伊努人。在北海道，承北海道乌达利协会的负责人贝沢正先生的陪同，对北海道的几个阿伊努人的主要居住点，诸如室兰市的白老、日高的平取、旭川的近文，以及阿寒湖畔的阿伊寒等部落进行了访问，本文就是在这次调查的基础上，介绍一下日本阿伊努人的最近情况。为了对比和加深了解，必要时也涉及一点他们的历史。

一

阿伊努，在阿伊努语里是“人”和“好汉”的意思。不过，因为阿伊努人过去长期处于被歧视的地位，所以“阿伊努”这一称呼在日语里有时又被带上一些歧视的色彩。因此，北海道的阿伊努人又自称为“乌达利”即“同志”和“伙伴”的意思。北海道阿伊努人的组织“北海道乌达利协会”，原来称作“北海道阿伊努协会”，从1961年4月改成现在的名称。

日本的阿伊努人对中国怀有深厚的感情。从1974年以来，他们曾受中日友好协会的邀请，四次组织访问团访问中国。每次访问归来，团员们都写有感想，印成书本，广泛地介绍中国和自己在旅行中的感受。这次陪同我们的贝沢正先生，就是第一次访华团的团长。曾先后到过北京、上海、内蒙古的锡林浩特和广州等地。在北京时，曾受到廖承志同志的接见，给他们留下既深刻而又亲切的印象。在接待我们以后，贝沢正先生又在1983年11月率领第四次阿伊努人访华团访问了中国。正因为这个原因，所以我们每到一个阿伊努人聚居地，贝沢正先生总设法通知访问过中国的阿伊努人前来会见，共同畅叙中日人民的友情，并互相了解少数民族的情况。

日本史学界认为，阿伊努人是日本的最早居住者，贝沢正先生告诉我们一个民间传说，说阿伊努人所崇奉的火神是一位叫做“富士”的女神，而日本著名的处于休止状态的火山“富士山”，就是阿伊努人祖先过去崇拜的火神之山。所以，“富士山”的名称就由此而来。在北海道访问期间，不少人告诉我们，那里的很多地名都是阿伊努语的遗留。如北海道的首府，以雪景著名的“札幌”，日语读作“萨波罗”，原来也是阿伊努语，意即“沼泽”的意思。关于这一方面，日本的学者永田芳正氏写有《北海道虾夷语地名解》、国学院大学教授金田一京助氏写有《北海道的地名》等著作，都从地名上论证了阿伊努人过去遍布日本北部和北海道岛上的情形。

我们在北海道的白老町访问时，从白老町的“民族文化传承保存财团”所属的阿伊努史料馆中看到一册珍藏的新井白石著的《虾夷志》手抄本，读到有一个叫源君美的人在享保庚子正月(1720 年）用汉文写的序言，讲了一点古代阿伊努人的情况。序曰：“虾夷一名毛人，古北倭也（原注：北倭出《山海经》)。汉光和中，鲜卑檀石槐闻倭善网捕，东击倭人国，得千余家，徙置秦水上，令捕鱼以助粮食。鲜卑，东胡种，即今鞑靼东北地也。所谓倭人，即北倭也。夷俗善沉没捕鱼，于今亦然矣。夷多种落，目渡岛虾夷，其在东北海中者，曰北虾夷，曰东虾夷。其徙居于内地者，北谓越国，东谓陆奥国，曰齶田（原注：一作饱田，今作秋田)，曰停代，曰栅养（原注；一作城田)，曰津川(原注：一作津轻，又作都加留)，皆东北之别也。宋书曰毛人五十五国。唐书曰倭国东北即大山，其外即毛人，总言其内外种落也。夷种分居内地，其始不可得详。”这里介绍了古代虾夷人有不同“种落”，且在各地移住的情况。阿伊努人第三期毛发比较发达，因此有毛人之称。我们在阿寒部落访问时，见到有人还存在着这种状况。

日本现在到底有多少阿伊努人？这是一个很难回答的问题。因为日本政府的户籍调查中没有这一个项目，所以不可能从官方得到一个准确的数字。这次访问中，我们得到北海道政府民生部在1979年关于“乌达利”的调查资料。根据北海道各地阿伊努人自报的材料统计，1979年10月1日全北海道有阿伊努人6714户，24160人，[①] 其分布情况如下：

地区	户数	人口	占北海道阿伊努人的%
石狩	410	1408	5.8
渡岛	92	383	1.6
桧山	25	111	0.5
俊志	29	90	0.4
上川	135	385	1.6
宗谷	36	115	0.5
网走	56	191	0.8
胆振	1681	6499	26.9
日高	3306	11558	47.8
十腾	269	873	3.6
剑路	500	1817	7.5
根室	175	730	3.0

但是，据“北海道乌达利协会”的负责人介绍，在上述这个统计数字中，因有一部分与大和民族结婚的阿伊努人及其后代没有申报阿伊努的民族成分，因此有相当一部分人没有统计在内。如果加上这一部分人，则北海道的阿伊努人有5~6万人左右。再加上住在日本其他地区的阿伊努人，总数还可能更多一点。但现在日本的总人口已超过1.2亿人，所以阿伊努人在日本总人口中所占的比例是很小的，占总人口的0.5‰左右。因此他们

① 据北海道政府民生部昭和54年《北海道ゥタリ生活实态调查报告》第3页。

的生活与命运如果不受到高度的重视，就会有很快被淹没的危险。

一百多年以前，北海道初设开拓使的时候，北海道总人口才58000人（明治二年，1869年），其中主要的是阿伊努人。但是，随着大和民族的移民激增，到昭和五十四年（1979年）时已有1838284户，5567573人。即在110年内，北海道总人口增加了95倍以上。而这里的阿伊努人口，如以1869年统计占80%计算，即约46000人为基点的话，则到了昭和十六年（1941年）进行所谓“旧土人调查”时，只剩下15900余人，只是北海道开始“开拓”时的1/3。当然，其中也包括有不少人因受歧视的原因隐瞒了自己的民族成分。这种情况延续了很长时间，到昭和四十七年（1972年）7月，北海道政府的乌达利实态调查时，也仍然只有4458户，18303人。因此前引的昭和五十四年（1979年）调查的6714户，24160人，可以说是近四十多年来人口较多的一次统计，它也反映出近年来阿伊努人的觉醒和阿伊努人的权利受到了重视。

二

在历史上，阿伊努人从事渔猎业。正如北海道乌达利协会的事务局局长葛野宁市所说的一样，过去“整个北海道都是阿伊努人从事渔猎的自由天地”。但自从“开拓”以来，这里历经了开拓使时代、三县一局时代（指1883年开始没立北海道事业管理局和札幌、函馆、根室三个县）和正式成立北海道厅的时代，先后执行了开拓使十年计划、北海道十年计划、第一期和第二期拓殖计划，以及第二次世界大战以后的两个五年计划等，大大地发展了这里的现代化农、林、水产业和工矿业，建立了大量的中、小城市，使它成为日本的一个重要的农牧业基地，在面积只占全国的22%，人口只占5%的情况下，却生产了日本全国的百分之百的甜菜、70%以上的马铃薯和37%的牛奶，使得北海道的牛奶和奶酪闻名全国。但是，与此同时，它也使得生产力比较落后的阿伊努人日益局限在一些聚居地里。而即便居住在城市的阿伊努人，也被一些工、矿、商业企业所吸收，演变为工人或会社员（公司职员）。据昭和五十四年（1979 年）的调查，北海道阿伊努人从业情况如下：

经济从业	从业人数/人	占全部阿伊努从业人的百分比/%
1. 农业	2557	20.3
2. 林业、狩猎	361	3.3
3. 渔业（水产养殖）	2149	19.4
4. 矿业	84	0.8
5. 建筑业	2447	22
6. 制造业	832	7.5
7. 商业	641	8.5
8. 金融保险业	48	0.4
9. 地产、房产业	10	0.1
10. 运输、通信业	621	5.6
11. 电、煤气、自来水、供热业	71	0.6
12. 服务业	972	8.8
13. 公务员	289	2.6
14. 无法分类	16	0.1
合计	11398	100

按照日本的分类，上表的 1～3 项即农、林、猎、渔业属于“第一次产业”，全道共有从业人员 146808 人，其中有阿伊努人 4767 人，占在业的阿伊努人总数（11398人）的 43%。上表的 4～6 项，即矿、建筑和制造业为“第二次产业”，全道共有从业

人员409050人，其中有阿伊努人3363人，占在业的阿伊努人总数的30.3%。上表的7～13项为“第三次产业”，全道共有从业人员1005633人，其中有阿伊努人2952人，占在业的阿伊努人总数的26%。从全道来看，从事“第三次产业”的人数为第一位，从事“第二次产业”的人数为第二位，从事“第一次产业”的人数最少，只占全道从业人员的9.4%。而阿伊努人的情况恰好与此相反，占第一位的是“第一次产业”，顺次为“第二次产业”和“第三次产业”。这种情况反映出，现代阿伊努人大都是建筑工人、农民、渔民和小手工业制造者及服务员，他们主要从事体力劳动，社会地位都不是很高。

在阿伊努人从业人数最多的“第一次产业”中，阿伊努人大都为占地不到一公顷（15亩）和1～3公顷的小农户（占阿伊努农户的58.4%）。其中专业农户占1/3强（35.4%），其余为兼业农户。可见阿伊努人的农户中，占地都不太多，而且兼业农户占有较大的比例（64.6%）。在阿伊努人所经营的饲养业中，以养马（种马或农用马）为最多，养牛（奶牛或食用牛）次之，此外有养猪或养鸡的。将每个阿伊努饲养户所饲养的畜禽与北海道全道的饲养户平均饲养数相比较，除农用马以外，其他的都低于全道平均饲养水平。如每个阿伊努饲养户平均饲养食用牛12.5头和鸡152.6只，但全道平均每个饲养户却分别饲养牛18.6头和鸡348.2只。可见，在农业、饲养业方面，阿伊努人的平均生产率都低于全道的平均生产率。这也导致他们的收入都低于全道的平均收入水平。

在阿伊努人的渔业户方面，专业渔户的数目比过去有了增加，现在已占阿伊努人总渔户的76.9%，其余的都为兼业渔户。这些渔户以渔船捕捞的，约为渔户的73.6%。但在渔船捕捞业中，除了少数根本置不起机械，使用无动力的渔船捕鱼以外，还有一半的渔船都是不满3吨的小动力渔船。

即使在中、小企业方面，阿伊努人经营的也大都是只有1~4个从业人员的小企业，它们占阿伊努人从事的中、小企业总数的86.8%。加上5~9个从业人员的企业，两者一起占企业总数的95%以上。而拥有30个从业人员以上的企业只占阿伊努人经营企业的0.2%。

这种情况也反映在阿伊努人的生活和受教育等方面。以住房而言，在北海道6714户阿伊努人中，自己有住房的只有3977户，占阿伊努总户数的一半稍多一点（59.2%），而其余的人家都需租房居住。即使在这些有房户中间，据调查，有626户需要小修，有616户需要大修，有242户需要增加建筑面积，有202户属于危房，已不再适宜居住。

在受教育方面，阿伊努人读到初中毕业的只占当年应毕业人数（即原入学人数）的69.3%（全北海道是90.2%）。高中毕业的更少，只占应毕业人数的8.8%（全道是31.1%）。

从上述统计数字，可以使我们对阿伊努人的现状得出一个大致的印象。即他们在北海道以从事农、牧、渔等业的人数为最多，但大多数是小农户，或饲养猪、马、鸡、牛的饲养业者，其饲养水平一般都低于全北海道的平均饲养水平。而在渔业中，虽以渔船捕捞较多，但一般都只能使用小动力渔船。阿伊努人经营的中、小企业，大多数是4人以下的小商业，而有从业人员30人以上的企业，在阿伊努人中则极为罕见。反映在生活与文化上，尤其是受中等教育（初中及高中）的人数比例，与全道的情况相比，悬殊更大。

三

在过去，阿伊努人有自己的语言和丰富多彩的风俗习惯。他们拥有可以跻身世界民间文学之林的著名长诗《尤加儿》

(Yukar)，有的日本学者，甚至认为它是世界五大叙事诗之一。[①]但是，现在的阿伊努人在日常生活中，已与一般的日本人很难分辨。在我们访问白老町的时候，贝沢正先生特地将83岁的老妇人其浦哈鲁约来座谈。我们看见她的嘴的周围还有很浓的文面(刺青)的痕迹。但据说还保留着这种文面的人，在整个北海道也不会超过10个了。

其浦哈鲁老人尽管已是83岁高龄，但仍然自己劳动，并且头脑清晰，能够很清楚地回忆自己的身世和过去的生活。她说过去住在名叫近内的靠近山脚的地方，她年幼时，那里已划为日本天皇的牧场，所以除了原来的阿伊努人以外，也有大和族（他们称之为“和人”）搬来居住。二者一共有十四五户，七八十人。但是在村中他们并不混杂居住，而是分成两摊居住的。由于当地已划为天皇牧场，所以阿伊努人不能自由进出打猎，大部分从事农业，少数人在牧场工作，但工资十分微薄。当时以种粟（小米）和一种带黏性的黄小米为主，村中的阿伊努人那时的私有观念还不很强，因此日常生活中都互相照顾。例如盖房子时，很多同村的人都会跑来帮忙，他们那时住的草房，地上放蒲草席，冬天堆铺一层燕麦秆，以便睡觉时能够稍为暖和一点。当时冬天没有棉被盖，只能以多穿几件衣服，或盖席子御寒。有的人家也置有棉被，其中絮的不是棉花，而是草秆。阿伊努人原来有自己的民族服装，其浦哈鲁年幼时已经不穿，都穿和服。当时他们还能讲阿伊努话，但在外面讲时，要受人笑话，因此大都只在家内使用。她回忆有一个家庭，父亲不愿儿子学日语，所以一直不送其子上学校。直到孩子13岁时，才送去上小学，去了3天，那个孩子自己就跑回来了。她说也有一些阿伊努人拼命学日语的，因

① 东京学艺大学教授久保寺逸彦：《大叙事诗Yukar》，载《新的日本》第16卷，国际情报社出版，1963年。

为只有这样才能在表面上达到与“和人”一样，以便于生活。

其浦哈鲁幼时，女子还盛行文面（刺青），大约在成年时进行。即在嘴的周围文上一道宽边，两端上翘。在生活习惯上，还保留一些自己的民族风习。子女长大后，一结婚就分家另过。老年父母一般随幼子或幼女生活。后来受“和人”影响，才改为留长子在家。其浦哈鲁还十分高兴地告诉我们，那时也有中国人前来贸易，进行交换。她记得村中有一个阿伊努姑娘曾嫁给中国人，后来被带到中国去了。现在其浦哈鲁有女儿、女婿、外孙等人，分住在近内、小樽等地。

像这样的老年人的回忆录，在日本很受重视。就在我们访问的时候，北海道最大的报纸《北海道新闻》正在“阿伊努的生活史”标题下，每日连载阿伊努86岁老妇人砂沢古拉的详细传记。连载前先刊登了砂沢古拉的详细亲属关系和同时代的大事年表作为传记的背景材料，然后每期都配有文物照片、插图和小辞典。工作做得十分细致。在札幌时，我们曾拜访了《北海道新闻》社的编辑局次长北洞孝雄先生和负责采写传记的记者深尾胜子女士。他们为我们了解北海道阿伊努人情况提供了不少帮助，送给了我们上述连载的合订本，并且特地带我们去阿伊努人泽井政敏开的料理店，品尝了阿伊努人的菜肴。

在北海道访问期间，我们曾先后在白老町访问了町议会议员、阿伊努人山丸武雄的家庭。在平取町二风谷访问了乌达利协会副理事长、阿伊努人贝沢正的家庭。在旭川市锦町，寄宿在“阿伊努无形文化传承保存会”理事、阿伊努人杉村京子的家里，在阿寒町的阿寒湖畔住宿在一家阿伊努民艺店的后楼。所有这些经历都使我们感觉不到当今阿伊努人在日常生活中与普通日本人有什么特别不一样的地方。但是，阿伊努人毕竟是十分重视和珍惜自己的传统和过去的习俗的。所以他们不仅在自己的房屋中陈列了阿伊努人过去使用过的用具，珍藏过去的照片、录音带甚至小型的纪录电影胶片，而且几乎每个地方都建立了规模不等的阿伊努资料馆。在资料馆内除了展出阿伊努文物外，还往往在资料馆旁建筑了过去居住的草房，草房里有阿伊努民间工艺木雕、绣花、织树皮布等具体的制作表演。为了招揽观光客，发展旅游事业，有的资料馆近旁每天还有定时的吹奏口弦、唱民谣、跳传统舞蹈的演出，并有很多阿伊努民间工艺品商店，出售阿伊努工艺品。我们在北海道的从东南到西北的横断访问旅行中，曾先后看到过室兰白老町的阿伊努民族资料馆，沙流郡平取町的二风谷阿伊努文化资料馆，旭川市北门町的阿伊努纪念馆，大雪山附近的大雪山观光史料馆，网走市的北方少数民族资料馆和川上郡弟子屈町的屈斜路阿伊努民俗资料馆等展览馆。它们各有特点，规模大小也不等。如白老的资料馆陈列有不少珍贵史料，有歌舞表演和过去的树皮布的纺织表演。二风谷的资料馆有阿伊努人过去举行婚礼的记录电影。大雪山史料馆饲养大批过去阿伊努人用以祭神的熊类。网走市的少数民族资料馆则陈列除阿伊努人以外的北海道其他少数民族如鄂温克等民族的用品资料。

我们去时，这些资料馆大都游人不断。据在白老町的调查，这里每年 4 月以后，进入旅游旺季，最多时每天有游客 6000 人，一年有 62 万人左右。除门票收入外（日本的各种展览门票都比较贵），还带动发展了旅店业、饮食业、工艺品业、交通及娱乐业。我们看到在这些村子里，不仅给阿伊努人，也给当地“和人”提供了不少就业和振兴本地工商业的机会。白老町的有关负责人告诉我们，他们准备再建 1300 平方米的新资料馆，争取每年游客达到 100 万人。如果每人平均在这里花 5000 日元，这个村一年的旅游营业额就可以达到 50 亿日元。

过去我们只从书本上知道，世界上有的民族曾以树皮织布，用以缝制衣服，但其具体情况却不甚了解。这次在资料馆中，我们看到了阿伊努人纺织树皮布的全部过程，并得到了他们赠给的一些样品，感到十分高兴。我们在札幌市参观北海道开拓100周年纪念馆时，承蒙馆内的主任学艺员藤村久和先生的热情接待。从他那里知道：过去一些史书中记载的所谓“虾夷锦”实际上是我国清代官服上的一些“补子”（刺绣），经过我国东北的商人与阿伊努人交换渔猎产品时，输入阿伊努人地区。后来“和人”与阿伊努人交换时，误认为是阿伊努人制造的，故称之为“虾夷锦”。在这个纪念馆的仓库里，我们也看到这样的几块“虾夷锦”，情况的确如藤村先生所讲的一样。这也从一个方面反映了阿伊努人在过去与我国紧密往来的情况。而古代阿伊努人自己的刺绣，其风格、样式与此全然不同。阿伊努人著名的纺织品是一种叫做“阿知希”的树皮布。据介绍，它的原料是一种叫做“喔修乌”的榆树皮。一般在每年7月剥取这种树朝南一面的树皮，弃去外面一层硬皮，利用里面的柔软而有纤维的一层，经浸泡后刮去胶质，然后以手工分离成丝，捻成线，再由简陋的织机织成粗布。这种树皮布，类似粗麻布，刚中有柔，色泽黄白，过去用来制作衣服。现在实际生活中已经没有人使用它了，只是作为一种民族的手工艺品。

阿伊努人过去还有自己的独特乐器——口弦（摩苦利），它形似一只小的船桨，用竹片制成。长约14厘米，最宽处约占全长的1/3。中间缕出一条簧，供吹奏时弹动发声之用。宽处一端穿有细线，吹奏时即拉动细线，用以控制簧片震动，发出各种声音。这种乐器现在还在使用，并制作出售给游人。由于它使用的原料是普通的竹片，制作也十分方便，所以出售的价格较低，成为人们到阿伊努地区后普遍购买的一件有纪念意义的工艺品。

阿伊努人还喜欢唱歌、跳舞。著名的长篇叙事诗《尤加儿》是世界民间文学宝库中的一块光彩夺目的瑰宝。《尤加儿》这一首阿伊努人喜爱的英雄史诗保留了他们过去对天地创造、宗教信仰、男女爱情以及善与恶、光明与黑暗搏斗的种种看法。北海道阿寒湖畔的阿伊努人曾在20世纪70年代初把它改编成创世神曲剧进行演出。他们不仅在札幌市多次上演，1976年四五月时还在法国巴黎演出了这个由民间史诗改编成的史剧。由于阿伊努人具有特色的民间歌舞越来越吸引人们认识其重要性，所以1983年12月日本文部省所属的“文化财保护审议会”经过慎重的研究讨论，决定把流传在旭川市等北海道三市五町中的阿伊努古式舞蹈列为国家一级的“重要无形民俗文化财”，将受到特别的保护。这是阿伊努民族文化在大量被消失的情况下，得以受到重视和保护的一部分。

四

阿伊努人为了争取自己生存的权利，曾组织过各种组织，以不同的方式进行活动。这里介绍一下北海道阿伊努人最大的组织——“北海道乌达利协会”。

北海道乌达利协会的宗旨，是以提高阿伊努人的社会地位，解决职业问题，少年儿童的上学，生产经营方面的经济帮助，民族文化与资料的保存，以及加强各地阿伊努人的联络等作为活动的目的。现有支部59个，遍布在北海道的各阿伊努人居住地。各地除了乌达利协会支部的组织外，还有各种不同名称的“阿伊努民族文化保存会”、“阿伊努民族学会”、“阿伊努民族文化传承保存财团”等单位，协同各地阿伊努民俗资料馆致力阿伊努文化的保存、整理、研究等工作。

现在北海道乌达利协会共有会员3475户，13433人（1983年7月30日）。协会有理事会、监事会、事务局及教育文化、青年妇女、中小企业、农林渔业各部，各设部长和副部长。这次陪同我们的贝沢正先生就是协会的副理事长兼教育文化部部长。他生于大正元年（1912年），现年72岁，为人诚挚朴实，在北海道的活动中，我们得到了他的很多帮助。

北海道乌达利协会原名“北海道阿伊努协会”。从历史来说，早在昭和五年（1930年）7月，在札幌市就召开过整个北海道的阿伊努大会，有各地的阿伊努人代表参加。这次会议讨论了修改《旧土人保护法》，以及对阿伊努高中生、大学生给予经济补助，并帮助贫困的阿伊努人修理和改建住宅等问题。会上选出喜多章明为会长和其他六个副会长。到11月，协会还出版发行了《虾夷之光》杂志的创刊号。后来由于战争的原因，这个协会的活动就停顿了。第二次世界大战后的昭和二十一年（1946年）2月，又在静内町召开了整个北海道的阿伊努大会，正式成立“北海道阿伊努协会”，也就是现在的“北海道乌达利协会”的前身。新成立的协会约有会员2000人，理事长是向井山雄氏。第二年4月，协会的监事道泥和郎曾以5299票当选为日本众议院的后补议员，这是阿伊努人被选入议院的仅有的一次，现在日本参、众两院中都没有一个阿伊努人的议员。

“二战”后新成立的“北海道阿伊努协会”进行了一系列的工作。在昭和二十三年（1948年）10月创办了机关刊物《北方之光》。昭和三十四年（1959年）在十腾国别幕町建成了阿伊努文化考古馆。昭和三十六年（1961年）经大会决议改用现在的名称。次年7月对日高地区的1704户、8074名阿伊努人，进行了生活实态调查。昭和四十年（1965年）召开大会时，已发展到21个支部，拥有会员888户。昭和四十六年（1971年）日本政府公布设立总数为3亿日元的“乌达利福利基金”，帮助阿伊努人改善生活，提高文化。其中有一部分就通过北海道乌达利协会支配使用。同年12月建成二风谷阿伊努文化资料馆，投资达12300万日元。次年在协会内部增设民间工艺品对策部会、生活对策部会、土地住宅对策部会、青年妇女对策部会，用于在各方面帮助和指导阿伊努人改善、提高生活。同年7月，北海道调查全道有阿伊努人在11户以上的地区为115个，共有3578户、

11308人。在10户以下的地区为51个，共有980户，3995人。合计166个地区，4558户，15303人。阿伊努人要求民族权利的呼声日益迫切。

在此情况下，日本参议院的社会劳动委员会的委员长大桥和孝于昭和四十八年（1973年）10月视察了阿伊努地区。同年11月，日本社会党还特别成立了"阿伊努民族对策特别委员会"。以川村清一为委员长，有36名国会议员参加了这个委员会，12月，自民党的北海道代议士会也成立了"乌达利对策推进会"。次年1月，社会党的党代会还通过决议，发表了"阿伊努民族政策"。由于社会上各方面都日益重视阿伊努人的问题，所以这一年4月日本政府的厚生省特别拨款建立了"乌达利特别保育事业"和"保健相谈事业"。农林省也拨预算充实了农林渔业对策的基本调查费。从这个时候开始，日本政府准备以7年为一期，用两期的时间来改善阿伊努人的生活。6月份北海道乌达利协会召开大会时，拥有支部达38个，会员1347户。会上讨论了运用道政府拨给的补助经费，如何帮助一部分阿伊努人上高中、入大学，学习技能，以及奖励民间工艺品的开发等问题。到昭和五十一年（1976年）时，协会已正式成立30周年，支部发展到43个，会员达1781户，7289人。我们访问乌达利协会时，协会的负责人告诉我们，他们正在筹备写一本叫做《从阿伊努看北海道历史》的书，要正确阐明阿伊努人在北海道历史上的地位和作用。

我们谨祝阿伊努人民繁荣、昌盛、幸福，相信经过他们自己的努力，一定会取得更好的地位和发展。

载《民族学研究》第8辑，民族出版社，1986年。

日本的民族学

现在日本的大学里，关于民族学的课程，大都叫做“文化人类学”，这是第二次世界大战以后的一个新的变化。

原来日本的民族学，最早以人类学的名称出现，包括了民族学、民俗学和体质人类学等内容在内。日本学者都把 1883 年时坪井正五郎在东京大学讲授人类学课程，作为日本民族学这一学科的开始。次年成立人类学会，注重研究东京、京都等地的民俗。20 世纪初，随着日本的扩张，侵占我国东北、台湾等地，日本民族学者的注意力转向周围的异民族，如中国台湾高山族及东北、华中的少数民族等。第一次世界大战以后的 1925 年，号称日本民俗学之父的柳田国男等人创办《民族》杂志，提出除了研究本国民族外，还要研究亚洲和世界各地的民族。也就在《民族》的创刊号中，第一次使用了“民族学”这一名称。

1934 年，民族学与民俗学分别发展，正式成立了日本民族学会，以东洋史学者白鸟库吉为理事长。提出日本民族学要通过对世界各民族的调查，综合整理资料，对各民族文化进行对比，研究各民族文化的发生、发展、相互接触和传播的理论。日本成立了蒙古研究所，东亚研究所等。第二次世界大战爆发以后，日本民族学与军方的关系密切，在文部省（教育部）成立“国立民族研究所”，并将民族学会改组为民族学协会，成为该研究所的外围组织。不少民族学者参与军方组织的民族调查。因此在战后，日本民众对民族学这一名称有一些看法。加上“二战”后日本年轻学者赴美留学，以及美国学者来日讲学，受到美国的影响，所以民族学在各个大学中，大都以“文化人类学”（或“社会人类学”）的名称出现。只有学会的名称则一仍旧贯。1964 年时，上智大学白鸟芳郎教授等人，发起成立新的日本民族学会，而将原来的民族学协会改组成民族学振兴会。前者作为日本民族学者、文化人类学者的学术团体，后者则作为民族学会的后盾，帮助筹措经费，供应书刊，发放涩泽奖金等。从 60 年代以来，日本民俗学主要研究国内民族，而文化人类类学（民族学）则以研究国外民族为主。与此相应，1977 年成立的大阪国立民族学博物馆，主要研究和展出世界各地各民族的文物，而 1983 年成立的千叶县佐仓市国立历史民俗博物馆，则主要为国内的民族历史、民俗的文物展览馆。

现在日本设有文化人类学（社会人类学)、民族学专业或开设有关课程的大学有一百多所，其中开设文化人类学课程最多的有东京大学、成城大学、明治大学、东京都立大学、南山大学等。以东京大学的文化人类学科为例，1982 年共开课 22 门，其中必修课 6 门，包括“人类发展史”、“世界的语言”、“原始社会史”、“民族志”和“文化人类学野外实习”、“人类学实验”。选修课 16 门，包括“技术发展史”、“文化的动态”、“社会的构造”、“未开化人的世界观”、“宗教人类学”、“经济人类学”、“文化人类学方法论”、“日本民俗学”、“日本考古学”、“拉丁美洲的民族和文化”、“东北亚的民族和文化”、“非洲的民族和文化”……（选读其中 4 门即可）在文化人类学科中，共有教授 3 人，副教授 2 人，助教 2 人。助教不开课，上述二十多门课，除了聘请兼职教授 6 人前来兼课外，其余课程全都由文化人类学科的 5 位教授、副教授担任。平均每个教授每学期总要同时讲授 2 ~3 门课程。在日本的大学中，一个教授的任课科目与时数都比较多，这是一个普遍的现象。

由于日本没有专门的“社会科学院”一类的组织，所以，大部分的民族学调查都由日本各大学的有关研究所和文化人类学课程的教授、副教授、助教以及博士、硕士研究生或高年级学生承担，既充分利用了这批教学人员的力量，又做到教学相长，丰富了教学内容，并使教授和助教开阔眼界，掌握资料，深化研究。在这一方面，日本的文部省（教育部）投入了相当大的经费。除此以外，他们也争取社会上的各种基金会或财团的赞助。近几年来，日本有文化人类学课程的大学不断派调查团到国外工作，几乎每个文化人类学研究生必定出国一次，而教学人员几乎每年出国一次，他们参加各种国际性会议，与世界各国民族学者广交朋友，这不仅在学术交流上有很大收获，而且对提高国家的国际地位，取得国际学术讲坛上的发言权也有很大的作用。近数年来，日本各大学到东南亚、大洋洲、南北美洲、非洲，尤其是到我国华南地区进行民族调查的很多。如京都大学自1963年成立东南亚研究中心后，曾6次到泰国南部、马来西亚、加里曼丹进行调查。上智大学组织泰国西北部历史文化调查团，1969—1974年曾3次调查泰国的瑶、苗等民族。大阪市立大学先后10次，共一百余人到印度支那、马来西亚、印尼等地进行调查，仅据20世纪60~70年代统计，日本各大学和学术团体组成的东南亚调查团共有四十多个单位，前去一百多次，占日本海外民族调查队的一半左右。

为了调查的深入，有的大学学者还长期居留在海外的民族地区，学习他们的语言、熟悉他们的情况、深入地搜集资料。如1961年大阪市立大学的民族调查队到大洋洲的萨摩亚、汤加等地后，队员畑中幸子（女）就独自在波力尼西亚居住达4年之久，1967—1973年又独自在巴布亚、新几内亚、密克罗尼西亚的土著民族中调查，成为这些地区研究的专家。现在有关的学者都组成了各地区的专门学会，附设在大学之内，如“日本大洋洲学会”（设在东京都立大学人类学研究部）、“东南亚研究会”（设在东京大学文化人类学科）、“中国大陆古文化研究会”（设在上智大学）等。与此同时，不少大学里都有“北方文化研究中心”（北海道大学）、“东洋文化研究所”（东京大学、学习院大学）、“喜马拉雅研究室”（东京工大）、“东南亚研究中心”（京都大学）、“南岛文化研究所”（琉球国际大学）等专门机构。以东京大学东洋文化所为例，它在1984年经过调整以后，共分为“泛亚细亚”、“东亚第一部分”、“东亚第二部分”、“南亚细亚”和“西亚细亚”5个大部门，其中除历史、考古、经济、宗教的研究外，也包括了文化人类学的研究。它是与京都大学的人文科学研究所相齐名的关于东洋文化研究的权威机构。由此可见，日本各个大学的文化人类学（民族学）调查研究工作，在日本的文化人类学界起着举足轻重的作用。

当前日本民族学（文化人类学）的研究，就其内部来说，存在着两个不同传统的派别。一种是出身于东洋学的学者，他们受过长期的东洋史训练，往往愿意将民族现况与历史联系起来研究，在民族学的研究中，强调历史研究的重要性。其中有的人虽不是东洋史学出身，但由于早期受德奥历史学派的影响，因此在研究中也着重于历史方面，有人把他们叫做“历史学派的民族学”。而另一部分人大都直接去英、美留学，他们注重民族的现状，认为与此有联系的民族历史是历史学者的事情。因此在研究中不强调联系历史，主张从现实民族或种族构成上的功能关系来阐明人类文化。因此也有人把他们叫做“功能学派的民族学”。现在日本民族学的发展，以上两种情况并行不悖。但也可以看到，有的文化人类学者也有了注意民族文化的历史发展的倾向，至于关东与关西之间学者们的一些传统的不同看法与分歧，现在虽还存在，但没有过去那样地尖锐突出了。

日本现在约有民族学（文化人类学、社会人类学）者2000人左右。其研究的范围遍及全世界，而以研究亚洲的为最多，以研究阿拉伯诸国为最少。在对于亚洲的研究中，目前很多学者都注意研究中国，尤其是中国的南方。其原因不仅仅由于中日两国邻近，交通往来方便。而且老一代学者过去就曾经对中国有过接触，很想看一看新中国的民族情况。年轻一代对于中国的民族地区怀着向往之情，在中日友好的潮流推动下，他们感到了解中国、研究中国，对今后的工作（毕业以后不一定做民族学研究但不论公司或公务工作）都有一定的好处。其中有的学者，专门从刀耕火种、水稻栽培以前的生产方式来研究东南亚、华南、喜马拉雅等所谓照叶林文化地带各民族的历史渊源关系，有的甚至认为日本民族与中国的华南少数民族同属于“稻作民族”，因此，必须到中国的华南尤其是华南的少数民族中寻找日本民族最早的历史渊源关系。而中国在过去存在着处于不同历史发展阶段的少数民族情况，也对他们具有很大的吸引力。不少学者都表示对于中国少数民族中的象形文字、母系社会习俗等进行调查研究有兴趣。不少大学都提出了派留学生、互派学者讲学以及交换资料，甚至共同研究的要求。从现在看来，这股势头有增无减，对此我们不能采取闭关锁国的一律拒绝的态度，而应该在增强中日友好、加强文化交流，无损我国利益的原则下，以大学的民族学科为对等单位，做好这方面的工作。

从日本的国会辩论看雾社起义

1930年10月，台湾爆发的高山族人民“雾社起义”，反映了台湾各族人民坚决反抗外来侵略，反对强暴镇压的意志和决心。它曾经震动日本朝野，成为我国近代史上反对殖民统治的光辉的一页。关于记述和研究“雾社起义”的文字已有不少，本文拟从昭和六年（1931年）初日本国会众议院与贵族院（后称参议院）的两院全会上，议员们关于“雾社起义”问题的质询和辩论记录中，对“雾社起义”的几个问题做一些剖析，以便进一步有所改释和印证。

日本国会辩论时，有以两人为一组的速记组同时记录，约15分钟后就另换一组人，所以对会议进展情况记录得十分详尽。在关于“雾社起义”的质询记录中，往往可以看到加了括号的（有人喊“不错”）、（有人喊“认真一点”）、（有人喊“毒瓦斯是怎么一回事?”）、（鼓掌）、（会场骚嚷）时，眼前就不禁浮现出一幕当时辩论十分激烈的情景。感觉到那个时候高山族人民的血并没有白流，他们用自己的生命控告了当时军国主义者的殖民统治，因而，在日本国内的心脏部分也引起了强烈的搏动。

一

1930年的“雾社起义”，爆发在日本占据台湾已达35年之后。日本当局在台湾经过武装镇压、编制户籍，颁布“番务监视规程”，在高山族地区完成了900日里（一日里约合四公里）的道路网，配备有总数多达5400多名警察的“番地警官驻在所”遍布各地以后，因之认为殖民统治在台湾和高山族人民中已有了一定基础的时候。而位于台湾中部的“雾社番”在当时日本政府的心目中，又恰恰认为是归顺得最好的高山族部落。“这模范地的人民以必死的悲壮决心，发起动乱，必定是（我们）在政治上有了重大的缺陷。”① 正如日本国会众议院议员滨田国松在昭和六年（1931 年）1 月 26 日下午全会上的质询辩论中所说的一样：“麻哈勃社（雾社部落中十一个社之一）是台湾几十几百个番社中的模范番社。不知你们有人去过台湾没有？据我所知，凡是由众议院派到台湾视察的人，都要按照（台湾）总督府的安排，被引导去参观雾社，看看这个后来起来反抗的麻哈勃社。因为当时认为它是模范番社，是台湾的番社中最好的番社。”贵族院议员川村竹治在同年二月二日上午全会的质询中也说：“雾社番在番人中是最开明的种族。他们二十年来受着和本国（指日本）一样的小学教育，与平地的人们有着频繁的往来。对于平地的繁荣和政府的威力，他们也是十分知道的，相信他们对于无论怎样反抗，也是不可能打赢政府的，也是万分明白的。可是尽管这样，他们这次还是敢于起来反抗，说明这里面一定有着忍无可忍的事情。因此他们的行动虽令我们憎恨，但一想到他们那种被迫而无奈起来反抗的心情，确实是十分悲壮，禁不住为之一洒同情之泪。”偏偏就是日本台湾总督府认为是“最好的番社”，被称作“模范番社”的地方，那里的人们却共同奋起，齐心反抗，这又怎么不令那些统治者为之震惊呢？贵族院的议员尽管从他们的立场出发，对这种反抗表示憎恨，但也不得不在这种悲壮的斗争面前，为之动容。

关于“雾社起义”的原因，当时的有些国会议员曾经进行过调查分析。他们认为“松田先生（指当时的国务大臣松田源治）所有的资料总不会超出警察的报告，而警察的报告是不会不

① 昭和六年（1931 年）一月二十六日下午众议院全会，滨田国松议员的质询。

利于他们自身的立场的，这是很当然的事情”[①]，因此议员大都依据自己搜集的材料进行质询。这也多少使我们能够在官方材料以外，又从侧面多了解一些“雾社起义”的情况。这里也许可以比日本的官方记载更多一点接近事实的真相。

关于“雾社起义”的原因，日本众议院议员浅原健三根据河上丈太郎和河野密所调查，指出导致这次“事变”的起因有六点，即：

1. 在役使高山族人民搬运木材时，日本警察对待他们十分苛酷，使高山族人民心中甚为不满。

2. 在役使以后，又不按原约付给工资，更加激化了他们的反感。

3. 在裁撤高山族籍警察的时候，采取了不公正的待遇。

4. “警察掠夺番人所生产的所谓番产物，也是这次事变的起因。”[②] 日本警察经常在高山族地区掠夺高山族人民的物产，使得高山族人民本来已十分贫乏的生活变得更加穷困，更引起了他们反抗的决心。

5. 日本的台湾总督府在高山族地区强迫推行储金制度，硬性规定每人必须有若干元的邮政储金。对于无钱储蓄的人，则强迫他们廉价出售“番产物”，以此达到储金的目的。到起义前夕，麻哈勃社“其数已达每人廿四元”，被认为是“进步的番社”。[③]

6. 强迫高山族人民自山区迁到平地，并且禁止他们种殖过去大量种殖的甘薯和小米，使他们的生活陷于极度困难之中。

滨田国松议员在听了浅原的质询后，过了两天，在众议院的

① 昭和六年一月三十日上午，议员汤地幸平在贵族院全会上的发言。

② 昭和六年一月二十四日下午，浅原健三在众议院全会上的质询。

③ 昭和六年一月二十六日下午，滨田国松在众议院全会上的质询。

全会上，又发言为之补充，指出："除了（浅原）议员所列举的以外，还包含有很多理番政策上和理番事务上的颓废不振的事实。"他认为浅原是从被压迫者角度观察起义爆发的原因，而他却要从"不偏不倚的全面观察来看"，还可以发现很多其他的原因，即"第一是警察官与番妇的关系；第二是在押犯的待遇问题；第三是罢免精通番情的官吏；第四是区长与警察分离问题；第五是日月潭工程；第六是削减台湾总督府的抚育费"，"其他如强制划一教育，革除颓风陋俗，这种种理番政务上与事务上，直接的或间接的、一般的或局部的都有了颓废不振"，① 滨田主要是从殖民统治的立场来"检讨""理番政策上与事务上"的问题。关于这方面，贵族院议员汤地幸平都把它们归诸于日本警察的纲纪松弛和基层官员的不谙高山族情况。汤地在质询中说："生番的蜂起的中心原因是纲纪弛缓。"他认为起义的"根本的原因"是日本警察"纲纪弛缓"，结果是"大多数的警察，在番地服务中与番妇通奸"。他说："生番壮丁的品行是比较端庄的，比日本人还端庄，这一点还希望日本人多多仿效番人。""生番姑娘是番丁们将来要娶作妻子的，但（日本）警官往往滥用职权将他们奸污，这是番丁们宁愿冒着死亡的危险也要反对和防止的"，"这是我经过研究所有调查之后所得出来的结论"。另外，汤地幸平又指出"管辖雾社的雾社分驻所主任是一个很坏的巡官，是一个'生番最讨厌的人'，他不仅强迫奴役高山族人民，而且往往要贪污'番人的工资'。一天理应给四角的工资，而雾社分驻所主任却'只给生番二角，其余二角则吞没私用'。并且每日还到距雾社不远的埔里街上豪逛，横行霸道，使得人人为之侧目。而且作为上级的'能高郡守'（即能高区长）又是一个对高山族人民的'心理状态和风俗习惯没有理解的人'，其所作所

---

① 昭和六年一月二十六日在众议院全会上的讲话。

为当然不会受到高山族人民的欢迎。”对这些即使是从统治者角度所进行的检讨，由于议会中竞争的关系，所以政府一方也不愿完全承认。当时的殖民地大臣松田源治在贵族院全会上回答汤地幸平议员的质询时，特地声明政府对于“雾社起义”原因有着不同的看法，他认为依据政府的调查，起义的原因有三个，即“第一为劳动关系；第二为与巡警的争执关系；第三为不良番丁因陷于自暴自弃，而企图砍取日本人的脑袋，由于上述原因才引起了事变”。[①] 这“劳动关系”就是指高山族人民从事的无偿劳动很多，在建造雾社小学的学生宿舍时，要高山族人一改过去习惯的拖运木材为用肩扛运，加之工资的“一部分仍在拖欠”，是触发起义的原因之一。其次“与巡警的争执”系指起义的二十天前（10 月 7 日），一个日本巡警吉村为砍伐木材的事情经过麻哈勃社时，受到该族头目摩那·罗达奥的长男邀请饮酒，发生争执斗殴，引起摩那·罗达奥等怕受到极刑的报复一事。“不良番丁的自暴自弃”系指荷戈社青年辟荷·沙脱波曾被万大社的人收为养子，后来因故脱离关系，“陷于悲观，日夜懊恼，遂成自暴自弃”。而更主要的是这个荷戈社青年辟荷·瓦里斯曾因反抗日本统治，全家被杀，只有他因在邻家才幸免于难，“因此平日怀怨官宪，常常抱着如有机会就要杀戮日本人的念头”。松田源治提出事变的这三个原因，并竭力为雾社分驻所主任佐冢和小笠原区长开脱，目的在于减轻殖民政府的责任，以免因“雾社起义”事件而引起更多的迫使有关责任者引咎辞职的连锁反应。

从议员的质询和国务大臣的答复中，尽管已列举了不少引起“雾社起义”爆发的原因，罗列了一些日本警官欺压高山族人民的事实。但是他们都不敢也不能触及起义的最根本的原因，在于殖民统治者与被殖民统治者之间的不可调和的矛盾。事实也证

① 昭和六年一月三十日上午，殖民地大臣松田源治在贵族院全会上的答询。

明，只要日本殖民者在台湾继续其统治，这种反抗斗争就不会停息。即使殖民者对其统治政策进行各种各样的修补，也不可能阻挠或平息这种反侵略、反压迫的英勇斗争。

二

雾社部落共包括 11 个社，开始参加起义的到底有几个社？有两种不同的说法。众议院的议员滨田国松和贵族院议员汤地幸平都说有 9 个社参加起义。“事情发生在去年（1930 年）的 10 月 26 日半夜，据说是台湾番人中受文化教育最深的模范番地麻哈勃社，以这番社的头目摩那·罗达奥为首，在他的指挥下九个社的番人一千几百多人，以悲壮的决心企图破坏帝国的国宪，这就是此次事变的出发点。”① “参加反抗的生番是乏伦社等九个社，有 318 户，1399 人，这就是参加反抗的番人数。”② 但是，国务大臣松田源治在贵族院全会的两次答询中，都只承认有 6 个社参加，而不是 9 个社。他说：“雾社番十一个社中，只有麻哈勃、乏伦、斯库、荷戈、塔罗湾、罗多夫六个社，以三百个壮丁为中心惹起骚乱。而其余五社塔加都塔、塔加南、拨兰、西抱、多岸番人虽然开始时似乎也有人参加，但是随后立即脱离，反过来与不参加骚乱的番人一起支援（日本）警官。所以说参加骚乱的只是雾社番十一个社中的六个番社。”③ “我回答志水先生的质问，雾社番十一个社中，反抗的是六个社，壮丁约三百人。雾社番六个社的总户数为 280 户，人口有 1236 人。”④ 除了这两种不同的说法以外，也有说是 10 个社的。如井上清纯男爵在贵族院

① 昭和六年一月二十六日下午众议院全会，滨田国松的质询。

② 昭和六年一月三十日上午贵族院全会，汤地幸平的质询。

③ 昭和六年一月三十日上午，国务大臣松田源治在贵族院全会上的答询。

④ 昭和六年二月五日上午，国务大臣松田源治在贵族院全会上的答询。

上质询说:“台湾的山地有番人九万，其中以富有武士道风气的麻哈勃番社为中心，雾社的六个番社，仔细说来是十个番社，举族蜂起，白天袭击运动会的会场。”对这些不同的说法，汤地幸平议员作了一个解释，可能比较接近事实。“至于起而反抗的番社数，据我的调查是九个社，但刚才松田先生（国务大臣松田源治）则说是六个社。那或许是在开始的时候是九个社，而后来有的社不再参加，因而减为六个社的”。① 这段话与前引的松田所述“而其余五社……虽然开始时似乎也有人参加，但是随后立即脱离……”的说法也是相符合的。

雾社起义爆发后，台湾总督府不仅出动警察部队，并且要求陆军司令部出动军队进行镇压。据陆军大臣宇垣一成在贵族院全会（2月2日上午）的报告说，军队出动两个营的步兵，一个连的山炮和飞机三架，总人数为1300人的正规军事部队。开始时他们处于第二线，作为支持警官部队的预备队出现。但从10月30日开始，经与总督府协定，军队走上了第一线，对忍无可忍起而反抗的高山族人民采取了血腥的军事行动。对这一种情况，有的议员也做了一点描述，“用一千五百甚至二千人的大兵，包围只有三四百人的番人，截断他们的交通，堵塞他们的粮道，逐渐加以压迫，最后竟以飞机从空中用机关枪扫射他们……使番人无论在密林里或岩石间都没有藏身之地”。②“这次武力镇压迫使番人在没有生路的情况下，造成了三十人一群，四十人一起的集体自杀”。③“陆军当局对于这次雾社事变的讨伐方法是，派遣一千数百的军队，乱射机关枪，出动了飞机，最后竟投放毒瓦斯，

① 昭和六年一月三十日上午，汤地幸平在贵族院全会上的质询。

② 昭和六年二月二日上午，志水小一郎议员在贵族院全会上的质询。

③ 昭和六年一月二十六日下午，众议院全会滨田国松的质询。

怎么能采取这么残酷的讨伐方法呢?”① 从这些质询中可以看出,在镇压这次起义中,日本统治者不仅出动了正规军队,使用了山炮、机关枪,出动了飞机,而且还使用了毒瓦斯,“竟使没有抵抗力的妇女小孩集体自缢而死”。② 除了1300人的日本正规军以外,据殖民地大臣松田源治的报告,还有1400人的警官部队,③因此是总共近3000人的全副武装的警察和军队,包围了一千多名连老幼妇孺在内的起义者,不仅断绝了他们的粮食,而且还从空中扫机枪、扔炸弹,放毒瓦斯,完全置起义群众于绝境。对这种“盛行杀戮”的做法,连统治者内部也发生了非议。

三

“雾社起义”的爆发,在统治者方面,也引起了一片混乱,日本军方还想借此机会,增兵台湾,为今后扩大东南亚的战争作准备。这是过去研究“雾社起义”时很少论及的一个问题。

根据浅原健三在众议院全会上的质询,指出“雾社起义”爆发后,在台湾总督府与日本军部之间,就发生了意见分歧。“台湾总督府想把这次事变尽量化小,而军部却想尽量扩大。”这两种不同的想法各有其自己的目的。总督府想化小处理,目的在缩小责任范围。而军部想扩大处理,目的在于增兵台湾,“据云已有增设两个师团的具体计划,为准备将来的日美战争,应付对立的菲律宾作准备”。这是日本军部妄图趁镇压高山族人民起义之机,为进一步扩大侵略战争作准备的意图。

这次“雾社起义”在日本国会里引起了震动,在辩论中有的议员还追溯了三十多年前日本政府与李鸿章谈判的历史;回忆

① 昭和六年一月二十四日下午,众议院全会浅原健三的质询。

② 昭和六年一月三十日上午,国务大臣松田源治在贵族院全会上的答询。

③ 昭和六年二月五日上午,殖民地大臣松田源治在贵族院的答询。

了日本当局对高山族人民的种种统治措施，并谈到早在明治三十一年（1897 年）就有率日军入山的深堀大尉被雾社群众全部消灭的史实，说明作为外国侵略者要想完全统治台湾和台湾各族人民是很困难的。有的议员甚至哀叹，这是“圣代（指昭和时代）的一个大不祥的事变”，“在光辉的殖民地统治上印上了洗不清的污点”。[①] 由于“雾社起义”的爆发，引起了台湾总督、总务长官、县长、警务处处长等不得不提交辞职书，引咎辞职。作为日本政府的当权者，竭力缩小这次起义的影响，不想因此而牵连政府中更多的高级官员。当时的代理总理大臣币原喜重郎就在国会中公开庇护这些官员：“我们对那些（辞职的）官吏的立场深表同情，同时对他们提出的辞职书又感到不得不呈奏（天皇）。现在承闻殖民地大臣也要共同负责的议论，我想事变的性质还没有达到连殖民地大臣也要引咎辞职的程度。”[②] 可是一些议员趁着追究“雾社起义”责任的机会，在党派斗争中发起了攻击。他们不仅要殖民地大臣总负其责，而且还揭露了当时日本官场中腐败的情况，指出“到台湾工作的，尤其在公务员中，有许多人是品质非常恶劣的”现象。[③] 指出“自台湾总督改任文官以来，每有内阁更迭，台湾总督必有变换。而新的台湾总督到任以后，又必对总督府的各厅处长的重要官员进行更迭”，[④] 说明按《殖民地部官制》规定：“殖民地大臣乃总管关于朝鲜总督府、台湾总督府、关东厅、桦太厅及南洋厅的事务”（第一条），“总督乃承殖民地大臣之监督，总管诸般政务”（第三条），因此殖民地大臣乃至整个内阁都负有一定责任。众议院议员滨田国松说：“追求

① 昭和六年二月二日上午，川村竹治议员在贵族院全会上的质询。

② 昭和六年一月三十日上午，代理总理大臣币原喜重郎在贵族院全会上的发言。

③ 昭和六年一月三十日上午，汤地幸平议员在贵族院全会上的质询。

④ 昭和六年一月三十日上午，汤地幸平议员在贵族院全会上的质询。

责任不止于事务官，而提出内阁不信任案曾有先例。因此对此次‘雾社事变’，我不管松田殖民地大臣如何竭力诿避责任，但仍认为是重大的政治问题而要提责问。”“第一是由‘雾社事变’动乱的性质看，内阁难免政治上的责任。第二是据《殖民地部官制》与《台湾府官制》看，殖民地大臣及内阁均有责任。第三是以政治上的先例说，过去我国发生这样的动乱时，内阁，至少总理大臣是负有政治上的责任的。”① 由此可见，由于起义的爆发，在日本国会里曾引起了一阵风波，在一定程度上动摇了当时的内阁。尽管其中包括党争的成分，但也表明起义的确是震动了日本当时的统治阶层。

在日本国会的质询辩论中，议员们对雾社起义中的高山族人民只杀统治他们的日本人，而并不杀当地的汉族人一事，感到震惊，并由此看到了殖民统治的不妙。“住在被害地区内的日本人究竟有多少呢？是 271 人，其中被杀者达 144 人。被杀人数占当地日本人的 60% 以上。但是这里有一个奇异的现象，就是所谓‘生番’者原来在日本人与当地汉人之间多是砍汉人的首级的，然而这次被害地区内虽然住有 428 个当地的汉人，但是却一个也不杀。其中有被杀的只有两个汉族，一个是穿日本服装的孩子，似乎是因为穿日本服装而被误认为日本人所被杀的，另一个是乙种巡警，他因穿着日本警服而被杀。就杀了这两个被误认为是日本人的人。我看这真是一种奇异的现象。”② “不以当地汉人作对象，而只杀戮本国人（日本人），事至如此，难道还不是有计划的吗？……白天之下，只选择本国人（日本人）杀戮达 197 人……政府仍把它认为是偶然的事变行吗？可以把它推托为驻外官

① 昭和六年一月二十六日下午，滨田国松议员在众议院全会上的发言。
② 昭和六年一月三十日上午，汤地幸平在贵族院全会上发言。

宪在事务上的疏忽而草率从事吗?”[1] 从雾社起义斗争的对象也可以看出，这次起义是一次有组织的、有明确斗争对象的反殖民压迫与统治的斗争，是当时整个中国人民共同的反对日本军国主义斗争的组成部分之一。

载《民族研究》，1985 年第 6 期。

① 井上清纯在昭和六年二月十二日上午贵族院全会上的质询。又：关于被杀人数所说不一，除前述的 144 人，和此处所引的 197 人外，还有 136 人（殖民地大臣松田源治宣布）等说法。

范成大和他的《桂海虞衡志》

一

范成大，字致能，一字幼元。曾自号此山居士，晚年又号石湖居士，因此当时人又称其为范石湖。据《宋史·范成大传》，说范成大是“吴郡人”。但据周必大《范公成大神道碑》所述，应为“郡之吴县人”。周必大与范成大系同年生人，曾官至左丞相，对范的情况十分稔知，故在《范公成大神道碑》中详述其生地为“郡之吴县人”，而《宋史·范成大传》只概而言人，写作“吴郡人”。由此可知，范成大的老家不是一般人所说的在今之苏州，而应为属于苏州市的吴县。

范成大生于宋钦宗靖康元年（1126 年）六月初四，卒于光宗绍熙四年（1193 年）九月初五。当时正是金兵南下，北宋灭亡，徽、钦二帝被俘，宋高宗建都临安（杭州），向金王朝以叔侄相称，岁纳二十万银、绢，不断求和以偏安于华南的时期。虽然范成大自幼熟读经史，于绍兴二十四年（1154 年）中进士，步入仕途；曾在任处州知府时发动农民，砍木修堰，叠石作防，置堤闸四十九所，使上、中、下游灌溉有序，在修治水利及发动受灌溉之利的百姓进行“义役”等方面做了一点工作，但除此以外，不能有更大的作为。范成大为人刚直，不畏死，乾道六年（1170 年）奉命出使金国，初进国书时，以词气慷慨，几乎见杀，终于竭智尽忠而回，较好地完成了这次出使任务。范成大有《揽辔录》一书，记载使金其事。

乾道九年（1173 年）三月，范成大到桂林，出任广西经略安抚使。宋代广西地处边疆，有壮、瑶等民族居住。皇祐（1049—1054）中，始置广西经略安抚使，范成大到任时，曾在《到任谢表》中向宋孝宗描述其地说："矧今炎州，号国南屏。指挥部属，多至二十五城。经抚郡蛮，不知几千万落。"① 由于南宋朝廷不修政治，所以远在南疆的广西的军事建制已十分腐败，范成大又描述当时情况说："广西管州二十五，四在海之南，二十一在海之北。在海北者，外边诸蛮，内杂侗瑶，而邕、宜最为要害。邕州管东南第十三，一将，五千一百人，淳熙初，仅存七百七十余人。宜州管第十二，副将，淳熙初存五百三十余人。又多差押马催纲接送，杂役在营者，皆老病，与无兵同。邕州马，原额一千六百匹，至是，亦仅二十七匹而已。"② 在这种情况下，范成大注意调查以桂林为中心的广右地区各方面的情况，复行官卖盐，增加官库收入；革买马弊政，使"蛮人感悦，得马最多"③，又致力于瑶族地区团结工作，根据瑶人居住之远近，采取不同措施，以巩固在当地的统治，并为"博易场"，使深居山区的瑶族人民能有物产交换的场所。经过近两年的时间，"余既不鄙夷其民，而民亦矜予之拙而信其诚，相戒毋欺侮"。④

范成大自乾道九年三月到任，至淳熙二年（1175 年）正月离广西，赴成都府就任四川制置使为止，⑤ 在桂林居住了约一年十个月的时间。在这段时间里，《岭外代答》的作者周去非曾参襄范成大的经略安抚使的工作，《岭外代答》卷十"款塞"条就有"静江瑶人犯边，范石湖檄余白事帅府，与闻团结边民之事"

---

① 引自《舆地纪胜》卷 103，广西路静江府。

② 《日抄》奏札节文，转引自《范成大佚著辑存》，第 53 页，中华书局，1983 年。

③ 引自《粤西文载》卷十六，黄佐：《马政志》。

④ 淳熙二年（1175 年）范成大：《桂海虞衡志》序。

⑤ 见淳熙二年六月九日范成大与五一兄书："成大自正月起离广西，六月七日，方入成都府。"可见其在淳熙二年正月离广西无疑。引自《宝真斋法书赞》卷 26。

的记载。范成大、周去非及一些诗文朋友，曾畅游了桂林的奇山异水，在象鼻山水月洞、七星山、屏风山、壶天观、中隐山、伏波山、还珠洞、龙隐洞等名胜处都留有诗、铭及题名的刻石。他们在浪迹山水之际，纵谈广西的奇闻逸事，从当地的金石岩洞，到南方丰富的土特产，从花、鸟、虫、鱼、禽、兽到民情风俗习惯，都加深了范成大对祖国南疆广西的认识和了解。加上在公务中亲自经手的种种事项，使他对这里少数民族及邻近地区的社会、文化、土官、习俗等情况，掌握了第一手资料，为写作《桂海虞衡志》打下了很好的基础。

淳熙二年正月，范成大依依不舍地离开广西以后，经潇、湘二水，到洞庭湖边，沿长江西上，舟车劳顿，将近半年的时间。范成大满怀着与广西民众的惜别之情，吮笔濡墨，勤奋写作，终于完成了开一代体例、传宝贵资料、为历代文人所乐道、给研究少数民族历史者以启迪的《桂海虞衡志》一书。它的意义与影响，我们在后面还要加以专门的叙述。

范成大在成都请免酒税，止和籴，荐举人才，“凡人才可用者，公悉罗致幕下，用其所长，不以小节拘之。其杰然者，则露章以荐，往往光显于朝，或至二府”。[①] 次年春，范成大以大病求归，先后任敷文阁学士、吏部尚书兼值学士院，以中大夫参知政事。晚年居家乡，关心当地农业水利情况。范成大一生著作甚丰，人称共“天资俊明，辅以博学，文章瞻丽清逸，自成一家。尤工诗，大篇短章，传播四方”。[②] 曾自辑有《石湖集》一百三十六卷，除前述的《揽辔录》、《桂海虞衡志》以外，还有《吴

① 周必大：《周益国文忠公集·省斋文稿》卷二十二：《贤政殿大学士赠银青光禄大夫范公成大神道碑》。

② 周必大：《周益国文忠公集·省斋文稿》卷二十二：《贤政殿大学士赠银青光禄大夫范公成大神道碑》。

门志》五十卷、《骖鸾录》、《吴船录》等著作。

范成大为人礼贤下士，仁民爱物，凡可兴利除害，不顾难易必为之。与同僚旧交，喜道其所长，不欲闻人过，恪守孔孟的忠恕之道。他能品酒而不善饮，性好谈虎，故曾筑一轩题名曰说虎。[①] 据说范成大还喜食梅，别人曾送他一筐梅子，他须臾之间食尽。[②] 传闻之间，容或有夸大之处，但也算是一个比较特别的嗜好了。

二

在《桂海虞衡志》出现以前，关于我国南方地理、特产、风土的著作，唐代已有莫休符的《桂林风土记》（光化二年，899 年）、刘恂的《岭表录异》[③] 等，但大都失于简略，尤其是对当地少数民族情况的记述，几乎是一片空白。范成大《桂海虞衡志》一书，首创了以一个地区为单位，分门别类一条一条地记述自然、物产、政治、民情等情况的体例。它以作者的实地调查，亲身经历，耳闻目睹的材料为基础，进行简洁扼要的叙述。尤其保留了不少南宋时期华南少数民族及邻国情况的材料，是十分珍贵的。清人檀萃解释《桂海虞衡志》的书名说："虞衡志者，盖合山虞、泽虞、林衡、川衡以为名，土训之书也。范石湖帅广右，居桂林，为《桂海虞衡志》，夫桂奚有海，其去大海尚隔安南、广东，而以海名者，矜其陆海耳。"[④] 土训系古代官名，负责向帝王呈报山川地势、土质好坏及土地所宜生产情况等。其

① 见《宋人轶事汇编》引《南京杂事诗注》。

② 见《宋人轶事汇编》引《语林》。

③ 《岭表录异》原本久佚，又称《岭表录》、《岭表记》、《岭南录异》等。作者刘恂，唐昭宗时人（887—903 年）。其成书之时代，大概与《桂林风土记》不相上下。

④ ［清］檀萃：《滇海虞衡志·序》。

实，《桂海虞衡志》的内容与价值远远不仅于此。它全书分志岩洞、志金石、志香、志酒、志器、志禽、志兽、志虫鱼、志花、志果、志草木、杂志、志蛮等13门，记述了宋代以广右地区为中心的自然地理、山川名胜、动物植物、矿产资源、土特名产、少数民族、中外贸易等情况。“诸篇皆叙述简雅，无套饰土风，附会古事之习”。[①] 对以后的植物学、动物学、历史地理学、经济地理学，特别是对民族学、民俗学、南方民族史、中外关系史等学科的研究都具有一定的科学价值。日本文化九年（1813年）千叶县下总人洼木俊克明在其校刻的睡仙堂刻本的跋中说：“盖方志之书，如《山海经》者，古则古，而记载怪谲，难以今验。《方舆胜揽》、《西湖志》之类，其书广博，而或承传闻之谬为。如百湖之诸志，则皆踏其地，记其胜，而详其实也。”[②] 可见，到了19世纪初，即使在东邻日本也得到了较高的评价。

范成大《桂海虞衡志》在淳熙二年（1175年）写成以后，他的好友周去非首先仿照《桂海虞衡志》的体例，写成《岭外代答》一书，“自序谓本范成大《桂海虞衡志》，而益以耳目所贻，录存二百九十四条。盖因有问岭外事者，倦于应酬，书此示之，故曰代答”。[③] 与此同时，宋代洪迈的《石屏记》、李石的《方舟集》、周必大的《省斋文稿》、李心传的《建炎以来系年要录》、王象之的《舆地纪胜》等都征引了《桂海虞衡志》的内容，马端临《文献通考·四裔考》引征的文字长达万字，为后代保存了非常珍贵的佚文。由此可见，范氏此书在宋代就已备受当时文人学者的重视和推崇。

明代学者受《桂海虞衡志》的影响也很大，李时珍的《本

① ［清］纪昀：《四库全书总目提要》卷71，史部地理类。

② 书藏日本东京东洋文库及内阁文库，跋文见本书附录。

③ 乾隆三十八年《四库全书》编者校阅《岭外代答》后的按语。

草纲目》中，征引《桂海虞衡志》达二十多处，并作为可靠材料借以匡正前人的谬误。林富、黄佐修《广西通志》（六十卷本）、苏浚修《万历广西通志》（四十卷本）都大量征引了《桂海虞衡志》的文字，魏濬撰《峤南琐记》、邝露撰《赤雅》等书中，还抄袭了不少《桂海虞衡志》中的内容。

清代又有王士性《桂海志续》、檀萃《滇海虞衡志》等，都是直接仿照《桂海虞衡志》的著述。《滇海虞衡志》一书，不仅在书名上进行了模仿，而连分门别类的标目都是一样的，"照范氏桂海志例，共十三志，志为一篇，篇长短不齐，各为一卷，凡十三卷"。[①] 作者檀萃在序言中说："老夫以滇海配桂海，标目悉仍石湖之旧，亦托于续且广之意云尔。石湖与苏、黄、陆为宋四大家，桂海志亦道途间不经意之作，而卒流传过于其诗。安知老夫此志，他日不流传如石湖也哉。"与《桂海虞衡志》一样，《滇海虞衡志》的内容也受到了有关学者的重视。除此以外，清代广西、云南、贵州等地方志的编撰及一些私家著述中，也无不大量地征引了《桂海虞衡志》这本书。

范成大的影响不仅在国内，而且也越出国界，传到了海外。在日本，他的《吴船录》大约在19世纪初，就有了愚山松本氏的校刻本，其后又有米内山庸夫氏题名《入蜀记》（1944年，大阪屋号书店），小川环树氏（《吴船录》，1947年，养德社）的现代语评本。范成大的《骖鸾录》亦经小川环村氏译成现代语后，于1962年编入日本筑摩书房的世界笔记实录全集（第35卷）。日本各图书馆现存《桂海虞衡志》的各种版本十四种，其中有两种在日本翻印的和刻本。其一为长泽规几也辑，收入《汉籍随笔录》第十集的和刻本；另一为注木俊校刻的，睡仙堂藏版的文化九年（1813年）和刻本。笔者之一曾于1983年在日本东

① 见《滇海虞衡志》目录后按语。

洋文库校读了睡仙堂刻本，刻本为两册一函的小开本木刻版，书长19厘米，宽12.7厘米，乾册（上册）有序言4页，正文19页，坤册（下册）有正文16页，跋2页。正文除汉文外，旁边还有日文注音。除了翻印的和刻本以外，日本不少学者还利用和研究《桂海虞衡志》一书。1980年，日本《中国大陆古文化研究》丛刊第九、十合集中，就发表了小川博先生的论文《关于范成大〈桂海虞衡志〉的志蛮篇》，谈到了这一部分文字的逸文情况。

这里必须特别指出的是，《桂海虞衡志》“志蛮”篇为南方民族史和民族学研究提供的珍贵材料，其中“西原州蛮”条中所记载的“酋皆世袭，分隶诘寨”；“每村团又推一人为长，谓之主户，余民皆称提陀，犹言百姓也”；“民田计口给民，不得典卖，惟自开荒者由己，谓之祖业口分田”；“又以攻剽山僚及博买嫁娶所得生口，男女相配，给田使耕，教以武技，世世隶属，谓之家奴，亦曰家丁”等，比较清晰地描绘了壮族古代社会状况。“杂志”中记载的“土俗字”，更是首次记述了古代壮人利用汉字改制以后，用以记录壮语的情形，对壮汉之间文化交流和壮族文字发展的研究有着十分重要的意义。此外如关于瑶、黎、僚人的记载，对于有关的历史研究也起着宝贵的作用。明、清以后，不少笔记、杂志中关于壮、瑶、黎的民族情况，除了道听途说以外，往往辗转传抄，而其祖本盖出于《桂海虞衡志》。由此也窥见这本书在民族史研究上的地位与价值。

三

《桂海虞衡志》写成以后，曾以单行本问世，后收入《石湖大全集》。到了元代，《石湖大全集》与《桂海虞衡志》即已散佚，尽管明代李时珍等少数人也许见过宋刻本，但自此以后，原本就陆续散失，以致后人无法见到该书全貌。长期以来，仅对

《桂海虞衡志》的卷数多少，就有不同说法。《范公成大神道碑》称“……入粤有《骖鸾录》、《桂海虞衡志》，出蜀有《吴船录》各一卷”。而《四库全书总目提要》则称“原书本三卷，而此本并为一卷，已刊削其大半，则诸物之或有或无，亦非尽原书之故矣”。在《文献通考》中又说“桂林（海）虞衡志，二卷”[①]。众说纭纭，莫衷一是。《范公成大神道碑》之作距范成大去世不久，称作一卷，当有一定道理，纪昀在《四库全书提要》中说为三卷，恐源于《宋史》卷204、艺文三史部所载：“范成大《桂海虞衡志》三卷”。《昭德先生郡斋读书志》赵希弁《附志》卷五上著录，亦称有三卷。除了原来可能确是三卷以外，它也可能是将十三个志称作十三卷以后，遗漏“十”字之误。而《文献通考》中说为二卷，则不知其所本，《直斋书录解题》卷八著录，亦作二卷，或许原来又分作上、下二卷，亦未可知。近人孔凡礼同志辑印《范成大佚著辑存》时，曾就《揽辔录》的一卷或二卷情况不清，提出了一个看法，认为“盖单行时称二卷，附《全集》以行时称一卷，卷数之差，当以是故”。[②] 并认为《桂海虞衡志》之有一卷、二卷、三卷之不同说法，“卷数虽异，内涵当同”，也是一样的道理。我们录此以为备考。

自明代以来，《桂海虞衡志》的抄本及各种丛书本，已不下二十种之多。新中国成立以后，北京的文学古籍刊行社在1955年曾据吴琯刻《古今逸史》本断句重印。台湾省除了在1966年重印《古今逸史》外，1975年台北的新兴书局又影印《笔记小说大观六编》，其中都包含了《桂海虞衡志》一书。但是，所有这些版本，如与《文献通考》、《永乐大典》的引文相对照，不仅缺漏，详略相差很大，如《古今逸史》本《桂海虞衡志》的

① 《文献通考》卷205《经籍32》。

② 孔丹礼：《范成大佚著辑存》，第193页，中华书局出版，1983年。

“志蛮”篇只有1500字，而据《文献通考》却可辑补得近万字。而且各版本之间鱼鲁豕亥错讹之字也有不少。有的句子明显不通，如“志岩洞”篇第一条：“读书岩在独秀峰下，直立郡治后，为桂主山。”① 其意不通，“直立郡治后，为桂主山”，应系指“独秀峰”，而不是指“读书岩”，这是将“独秀峰”与“读书岩”两条混抄在一起的结果。详见本书该条校勘。又如“志禽”篇，“秦吉了”条：前一句“丹咮黄距，目下连，顶有深黄文。”“顶”为“项”，“目下连”应作“目下连项”；后一句中“大抵鹦鹉如儿女，吉了声则如丈夫”。② “大抵鹦鹉”之后缺“声”字（据《岭外代答》等书校改）。我国著名文学家鲁迅先生也发现这类问题，在他的日记里曾有（1922年9月）“十二日，晴，夜以明抄《说郛》校《桂海虞衡志》”③ 的记载。可知他早在年青时代，就曾作过校雠《桂海虞衡志》的工作。可惜由于条件限制，鲁迅先生也只能以明抄本为主，不能找到更早的版本。他的工作后来进行得怎么样，也一直没有下文。倒是1911年鲁迅先生校勘的《岭表录异》手稿，已被找到，并于1979年由北京鲁迅博物馆鲁迅研究室整理校点出版了。

为了使《桂海虞衡志》能有一个较为满意的完整版本，节省学者们翻检查对之劳，我们决心搜集资料进行辑佚、校勘和注释的工作。除了收录佚文和努力改正通行本中的脱文、衍文、讹文、倒文的错误外，并对于书中涉及的事件、名物、典章、民族等方面的情况，也做了一些相应的疏说博证，以便于读者进一步深入研究。由于范成大是封建社会中的文人，在他的作品中，不可能不流露士大夫的观点，以及维护封建统治，轻视少数民族的

① 见吴琯刻《古今逸史》本及《知不足斋丛书》、《唐宋丛书》本等。

② 引自文学古籍刊行社重印吴琯刻《古今逸史》本。

③ 引自《鲁迅日记》（下册），第1037页，人民文学出版社，1976年。

思想，这就需要在阅读中加以必要的注意。

对这本书的辑佚校注工作，准备的时间较长，实际工作也断断续续地进行了两年多。尽管我们尽心尽力地加以查对、比较、研究，但粗疏之处，在所难免，如有发现，希望以后有机会能加以补充改正。

载《桂海虞衡志辑佚校注》，四川民族出版社，1986 年。

邝露和他的《赤雅》

邝露的《赤雅》记述了广西地区的土官、民族、山水、名胜、物产等情况，是研究中南少数民族史的同志经常引用的一本书。清乾隆中叶，知不足斋主人鲍廷博得到《赤雅》一书，在校勘编入《知不足斋丛书》时，曾于书末写了一个附记，对该书推宗备至地说："邝先生湛若，南海奇士也，以连县令，弃家走粤西，为瑶女云亸娘之客。因悉其山川风土仪物，及歌舞战阵之制，撰为此书，环奇藻丽，昔人方之山海经，西京杂记，非溢美也。百余年来，为世珍秘，而流传盖寡。予亟为校勘，与海内嗜奇之士，共欣赏焉。"如果确如鲍氏所说那样，《赤雅》对研究广西少数民族的历史，倒也不失为一份宝贵的资料。但是，如果将这本书与其他笔记、小说对勘一下，就可以发现其中不少条目，尤其是关于少数民族和土官的一些条目，显然是抄袭之作。因此，它的史料价值就很成问题。

下面对邝露其人、《赤雅》其书做一番简要地评述。

一

被鲍廷博称作"南海奇士"的邝露，又名邝瑞露，字湛若，号海雪，广东南海人。据其所著《峤雅》中的《甲辰二月初六甘露降》一诗的叙述推算，他生于明万历三十二年（1604 年）二月初六。

邝露工篆隶及诗，为人恃才傲物，放荡不羁，好出狂言。《池北偶谈》说："邝露，狂生也，负才不羁，常敝衣趿履，行歌市上，旁若无人。"《广东新语》也说他"好诙谐大言，汪洋自恣，以写其牢骚不平之志”。把他说成一个牢骚满腹、不拘小节的文人。邝露自己也曾吹嘘说，在他诞生之日，有甘露降于庭槐，生后不食母乳，用露水调米汁喂他，有人因此说他是“天上玉麒麟，岂嗅人间乳气哉”。到5岁时，邝露的老师及父亲命他以此为题赋诗，他“应声而就”，作了“月浸仙人掌，云奇帝女台，清冷花院间，的皪天宇开……”[①] 的诗句。他的名字叫露或瑞露，就因此而来，以表明他是一个生来不凡，年幼时就是“天上玉麒麟”的神童。

不仅如此，还传说邝露是一个穷困而又拥有“稀世之珍”的人。全祖望《春明行箧当书记》说：“昔广州邝舍人湛若，有嗜古之癖，所蓄琴剑，皆为稀世之珍。时或绝粮，即以所有，付之质库，有余赀，又复赎之以归。”[②] 屈大均《广东新语》也说：“邝湛若有琴曰南风，宋理宗故物也。又有缘绮台，先朝武宗皇帝御琴。其出游，辄与二琴俱。平生好蓄古器玩好，贫则以之质子钱家，俗谓质为当，当主例一票，以为验。故湛若有前当票序，后当票序。”可见他是一个喜欢炫耀自己藏有皇帝御用之物的“稀好之珍”的人。宋理宗，距邝露已有三四百年，明武宗与邝露时相隔也有一百多年，这两张御琴怎么会落到这个经常上当铺的邝露之手，已经不可考了。由于他常去典当，所以写有《前当铺序》和《后当铺序》。关于他有御琴的说法，就来自这两篇序中，也有可能是他为了自抬身价而编造出来的。

邝露是忠于明皇室的。唐王在福州称帝时，他为中书舍人，永历中，奉使还广州。清顺治七年（1650年）尚可喜率清兵攻破广州城后，邝露拥古琴、图书、宝剑而自焚，殉于明王朝，时年46岁。

---

① 《海雪堂峤雅集》上册，第33页。

② 《鲒琦亭集外编》卷17。

二

明崇祯七年（1634 年）的上元节，这位“南海奇士”邝露与当地的陈、潘诸公子跨马出游，不慎冲撞了南海县令黄熙的车驾。黄熙怒而除生员之名，并欲拿之问罪。因此，他避走广西，遨游山川。

邝露因“迕县令”，“遁迹逃亡”①，确有其事。他的长诗《婆侯戏韵效宫体寄侍御梁仲玉》中“独有供驴令，难容司马才”之句，指的就是这件事情。并且，在这首诗的后跋写道：“甲戌（即 1634 年）上元跨马，值黄令公行幰，梁侍御请罪弗释，予以曳裾长安，留滞维扬，感曩粤之繁盛，愍今时之凋弊……”。由此看来，他出走以后，除了到过广西以外，主要逗留在长安、维扬等地。从《赤雅》中《游桂林招隐山小记》、《七百里松阴古道》、《木客》、《鬼门关》诸条看，邝露在广西可能到过桂林、兴安、恭城、北流诸县。不过，邝露在《峤雅》中收集的全部诗句、游记，咏述广西的诗文很少，只有《严关逢靖江左史立马有赠》、《独秀山侍宴应教》、《苍梧访太真绿珠遗迹》和《从驾独秀山游观应令》等少数几首。从这里也可以估计，邝露在广西居住的时间不会太久。但是，从他后来记录广西见闻的《赤雅》来看，邝露似乎还做过广西某地相思寨“握兵符”的酋首、瑶女云亸娘之客，并对广西瑶人的服饰、生活、物产、兵制、习俗都颇为熟悉。然而，事实并非完全如此。

根据笔者的校勘分析，邝露《赤雅》中关于民族、土官的一些条目，有的是伪托之作，有的却是从其他笔记、小说中抄来的。例如《赤雅》中几次提到的“瑶女云亸娘”就属子虚乌有。

查《赤雅》，共有四个条目提及云亸娘，其中主要是《云亸

① 见《赤雅》薛寀序及张沅序。

君兵法》与《獞娘盛饰》两则。

《云獞君兵法》条，讲的是瑶女云獞娘的相思寨兵作战之法。为了便于说明问题，将这一条引录如下：

> 云獞娘相思寨兵，能以少击众。部署之法，将千人者，得以军令临百人之将。将百人者，得以军令临十人之将。一人赴敌，则左右大呼夹击，一伍争救之。一人战没，左右不夹击者，即斩，一伍之众皆论罪得截耳。一伍赴敌，则左右伍呼而夹击，一队争救之。一伍战没，左右伍不夹击者即斩，一队之众皆论罪得截耳。不如令者斩，退缩者斩，走者斩，言惑众者斩，敌人冲而乱者斩，敌以金帛遗地，拾者斩。其功赏之法，战没者，临阵跃马前斗，因而破敌，虽不获级，而能夺敌之气者，受上赏。斩级者论首虏，斩级而冠同伍者，辄以其伍属之。

其实，这一条完全是移花接木地从魏濬的《峤南琐记》一书中抄来的。魏濬系明万历年间进士，累官至湖广按察使，他的《峤南琐记》分上、中、下三卷，成书于万历四十年（1612 年），比邝露的《赤雅》（约 1635 年）要早二十多年。在《峤南琐记》下卷中，这一条的开头是这样写的：

“东兰、那地、南丹三州狼兵，能以少击众。其部署之法……”

以下除了“敌佯以金帛遗地，或争取不追蹑者斩。全与军政所载无异。其论功行赏之法”，几句稍有不同以外，其他全部一样。邝露将“东兰、那地、南丹三州狼兵”一语去掉，改为“云獞娘相思寨兵”。于是，这三州狼兵的作战方法，就变成瑶女云獞娘相思寨的兵法了。其实，这完全是莫须有的事情。按明末清初，邝露在广西时，东兰州的土官是韦继忠，那地州的土官是罗明臣，南丹州的土官是莫伋，这一带根本就没有“云獞娘”其人。广西临桂县附近有相思江，唐长寿元年（692 年）时曾在这里开凿“相思埭”，使相思水东西分流，[1] 但查遍《临桂县志》，清代这里 1301 个大小村寨，并无一个叫“相思寨”的。

《䢺娘盛饰》条，讲的是瑶女云䢺娘的打扮，邝露把她描绘得神乎其神，他说：“瑶女握兵符者，得冠偏髻之玉，披紫凤之裘、曳蝶绡，佩文犀之印，望之若神人矣。何谓偏髻，中以熳玉琢双头凤，握发盘之。北齐礼服志，八品女冠偏髻结，与此略同。凤裘，白州绿含凤毛所织，色久逾鲜，服之辟寒。蝶绡、冰蚕所珥，织成蝶纹，轻逾火浣，服之辟暑……”

白州绿含凤，据《赤雅》解释说，白州凤在宋景德间曾飞来三只，“身长九尺，高五尺，备五彩，冠似金杯”。绿含凤产于博白，“高三尺”，“冠彩与白州同”。冰蚕，据王嘉《拾遗记》所载，产员峤山中，长七寸，黑色，有鳞角，霜雪覆之，始成茧。色五彩。织为文绵，入水不濡、投火不燎。根据近代的科学考察，西藏东南部冰川上有一种弹尾目的无翅昆虫，名为冰蚤，长不到一毫米，全身深黑色，它能爬能跳，夜间冻在冰面，白天以风吹来的花粉为食物，群集在一起时，能使局部冰面改变颜色。这种冰蚤虽与冰蚕类似，但它既没有“七寸”长，也没有“鳞角”、“色五彩”，更不能“成茧”，用以纺丝作锦。因此，那种冰茧可能是荒诞不经之物。我们知道，明末清初的瑶族社会除了一部分耕作水田外，还有相当一部分从事刀耕火种，在广西的瑶族中根本不可能出现像“云䢺娘”这样的“握兵符”，拥有“凤裘”、“蝶绡”珍奇装饰的“贵人”。邝露这种对“䢺娘盛饰”不着边际的描写，反而更加证明“云䢺娘”其人的不足征信。

《飞头僚》一则亦是如此。现将其校勘如下：

《赤雅·飞头僚》：“飞头僚，头将飞先一日，颈有痕匝如红

[1] 嘉庆《临桂县志》卷 12；《唐书·地理志》。

线，及夜状如病，头忽飞去，须臾飞还，其腹自实，其觉如梦。虽僚不知也。予尝入石袍山涧中，偶见二头，一食蟹、一食蚓，见人惊起，食蚓者，尚含蚓而飞，蚓长尺许，双耳习习，如飞鸟之使翼也，僚俗贱之。不与婚娶，欲绝其类。予按占城有尸头蛮，本妇人，目无瞳子，飞头食童子粪，粪尽，童子辄死，妇目益明，堪与此僚为婚，一笑。”

《峤南琐记》：“飞头僚，头将飞先一日，项有痕匝如红缕，及夜状如病，头忽飞去，泥中寻蟹蚓之类食之，将晓，飞还，如梦觉其腹实矣。又云飞去时以耳为翼。一日占城有尸头蛮，本是妇人，但目无瞳子为异耳。好食小儿粪，遭其食者，儿必死。或有头飞去，家人以被覆之，头回不得合，坠于地，是充充欲绝。去被，头自地起，就颈上合之，即活。”

在这一则中，邝露把《峤南琐记》中飞头“于泥中寻蟹蚓之类食之”一语，演化为他在“石袍山涧中”亲自所见，“二头”，“一食蟹，一食蚓”；把《峤南琐记》中所说的“又云飞去时以耳为翼”一句，改成“双耳习习，如飞鸟之使翼也”。从这里也可以窥见邝露之著述态度的一斑了。

由此可知，鲍廷博说邝露：“弃家走粤西，为瑶女云亸娘之客。因悉其山川风土仪物，及歌舞战阵之制，撰为此书，”是受了这位“南海奇士”的欺骗。这一点，从其他一些条目也可以得到证明。

三

《赤雅》共三卷，上卷记民族，中卷记山川，下卷记物产与古迹。其体例与范成大《桂海虞衡志》、周去非《岭外代答》相同。根据校勘可以看出，除中卷的山川名胜古迹，可能因邝露身临其地抄袭较少外，上卷、下卷的好多条都是从其他笔记杂述中原封不动地抄袭，或者仅改动若干句子移植过来的。下面我们再列举邝露《赤雅》诸条，与范成大《桂海虞衡志》(成书于1175年)、周去非《岭外代答》(成书于1178年)、田汝成《行边纪闻》(成书于1557年) 魏濬《峤南琐记》(成书于1612年) 等书加以对照。

《赤雅》上卷共计六十二条，其中至少有十二条抄自《峤南琐记》，有四条抄自《行边纪闻》，有五条抄自《桂海虞衡志》与《岭外代答》。抄袭多达二十一条，占上卷总条目的三分之一。而且，抄袭的基本上都是关于土官和少数民族风俗等主要条目。除了前面引述的两条，《法制》、《岑家兵略》、《狼兵》、《收魂》、《祭枭》、《无头鲊》、《巴人》、《马人》等条目也都是抄于《峤南琐记》。几乎一字不漏，很少改动，如：

《赤雅·岑家兵略》:“岑氏兵法，七人为伍，每伍自相为命。四人专主击刺，三人专主割首，所获首级，七人共之。割首之人，虽有炤获主击刺者之责，但能奋杀向前，不必武艺绝伦也。”

《峤南琐记》:“岑氏家法，七人为伍，每伍自相为命。四人专主击刺，三人专主割首，所获首级，七人共之。割首之人，虽有照获主击刺者之责，但能奋杀向前，不必武艺之精绝也。”

从上可以看出，除了首尾改动一二字，其余完全一样。这种情况还有，如：

《赤雅·祭枭》:“僚人相斗杀，得美须髯者，则剜其面，笼之以竹，鼓行而祭，竟以缴福。”

《峤南琐记》;“僚人相斗杀，若所杀之人得美须髯者，则剜其面，笼之以竹，鼓噪而祭之，竟以缴福。”

该条第二句省略五字，倒第二句只改动一句，可见也是抄袭的。有些条目虽有些增添、省略，但大体未变，也可以断定它是抄袭之作。例如：

《赤雅·法制》:“土司法极严肃，鞭笞杀戮，其人死无二心，民怯于私愤，勇于公斗，似秦。严刑峻法，娴于文司，似郑。商贩入其境，以二枪交植境上曰关。税未输而越关者，许射之。既输，暮行露宿，货物狼籍，无敢睨者。”

《峤南琐记》：“土司法极严酷，鞭笞杀戮，其人死不敢有二心，所谓怯于私斗，勇于公战者。商贩入其境则输税，以二枪交植境上曰关。未税而越关者，辄射之，输税后，虽露处野宿，物货狼籍道路，夜行无敢窥者。”

此条增添三句，改易数字。也有省略若干句，稍作改动的，如：

《赤雅·狼兵》：“狼兵鸷悍，天下称最。然多非真狼，土官亲行部署乃出，性极贪淫，动不可制，严志明律用之胜，否则败。”

《峤南琐记》：“粤右狼兵鸷悍，天下称最。多非真狼，真狼必土官亲行部署才出，旧制调征狼兵，所经过处不许入城，盖其性贪淫，离家远出，罕御酒肉，不获纵货色之欲，含怨怀恨，惟劫于其主之威而已。在有司善御之，不则剽掠之性一动，不可复制矣。”

以上诸条都可以明显看出抄袭之迹。此外，上卷如《丁妇》、《野战》、《瑶人祀典》、《生丁白丁黑丁》之抄于《行边纪闻》，《郎火提陀》、《卜岁》、《僮官婚嫁》、《僮丁》、《链刀》等之抄于《桂海虞衡志》、《岭外代答》也都类此，试各举一例。

《赤雅·野战》：“临敌比偶而前，执枪者乍前乍后却以卫弩，执弩者口衔刀而手援矢，矢尽，投弩夹刀，与枪俱奋。”

《峤南琐记》：“拒敌则比偶而前，执枪者前，却不常以卫弩。执弩者口衔刀而手射人，矢尽，便投弩夹刀，与枪俱奋。”①

这一条，其源实出于宋《桂海虞衡志》，但今该书的流传本中已省略不见，佚文见《文献通考》卷328，四裔五，槃瓠种之

① 引自《行边纪闻》蛮夷，猺人条。

后。其文曰：

"……战则一弩一枪，相将而前，执枪者前，却不常以卫弩。执弩者口衔刀，而手射人敌。或冒刃逼之，枪无所施，弩人释弩，取口中刀，奋击以救。度险，整其行列退去，必有伏弩……"

《桂海虞衡志》成书很早，而且比较完整清晰，由此可以断定，田汝成的《行边纪闻》所叙述的徭人情况盖本于此。可是，邝露在《赤雅》中不说明是哪个民族的情况，没头没脑地列为一条，并把"执枪者前，却不常以卫弩"一句，改为"执枪者乍前乍后却以卫弩"，把意思搞反了。又如：

《赤雅·卜岁》："岁首，郎火以土杯十二贮水，按辰位布列，祷之。启眎，有水则其月不旱。"

《桂海虞衡志》："岁首以土杯十二贮水，随辰位布列，郎火祷焉。乃集众往，若寅有水而卯涸，则知正月雨二月旱，自以不差。"①

邝露把《卜岁》单列一条，不注明系僚人的风俗，只有从"郎火以土杯十二贮水"一句中才勉强可以知道是称作"郎火人"的风俗（同书《郎火提陀》条中也只说："山中推最有力者役属之，名曰郎火"，也是查不出他的民族成分来）。另外，《桂海虞衡志》说土杯有无水和时辰有关，以此断定某月是否干旱，而《赤雅》却把它省略成"有水则其月不旱"，曲解了原意。

除此之外，《赤雅》中卷，《粤西人安南三路》、《容州三洞天》、《湘水》等条与《峤南琐记》完全相同，《灵渠》、《杨妃井》等条与之大致相同；下卷，《瘴中要诀》、《象交》、《鸡匠》、《卵卜》、《鳢鱼刀》、《伏波铜船》、《杭药矢》、《獭妇》、《鲭鱼》

① 此系《桂海虞衡志》佚文，转引自《文献通考》卷328，四裔五，槃瓠种后。

等条也与上引各书大致相似或完全相同，这里就不一一列举了。

古代文人记载少数民族情况，往往是深入民族地区调查了解的少，道听途说，或者征引抄录的多。因此，我们在引用时，只有认真鉴别，才不会或少发生差错。这是邝露的《赤雅》给我们最好的启示。由于古史资料繁多，校勘不易，本文有不妥之处，望博学者指正。

载《民族研究》，1981 年第 2 期。

《明史·广西土司传》校补

《明史》的编修，从清顺治二年（1645年）诏修明史开始，到乾隆四年（1739年）刊行，经历了近一百年的时间。其中编纂、修订、改编、定稿，就花了五十多年。编撰时间如此之长，参加人手又多，几经修改抄录，其中错漏在所难免。自《明史》刊印以来，已有不少人做过校勘补正的工作。据不完全统计，关于《明史》考证质疑，增补整理的著作已有王颂蔚的《明史考证捃逸》(42卷)，王季烈的《明史考证捃逸补遗》(1卷)、丁谦的《明史西域传地理考证》(1卷)、《明史外国传地理考证》(1卷)等不下二十余种。现在，中华书局又出版了标点本，不仅对《明史》分了段落，加了标点，而且还查对有关史籍，做了不少校勘工作，大大便利了读者。但是，古籍的标点与校勘，不是一件容易的事情，笔者最近因工作关系，对《明史·广西土司传》做了一点校读，发觉其中还有一些应予补校之处，个别标点也有不适当的地方，现将一些较为显著的校补如下：

一、(《明史》卷317)“永顺司、永安司，旧为宜山县……弘治九年委官抚之，众愿取前地，别立长官司。都御史邓廷瓒为奏，置永顺、永安二司……”（标点本第8212页）此处的“永安司”系“永定司”之误。

查《明史》卷45地理志，谓庆远府领永顺、永定、永安三长官司，与广西土司传所述庆远府“又长官司二，曰永安、永顺”不合，关于这一点，标点本已在校勘记［三］中予以指出。但土司传中，只有永安司，不见永定司，显然是将宜山县的“永定司”，讹写成为“永安司”了。

查永安司在天河县旧十八里，设治时间很短，长官韦万妙从弘治九年受职，到弘治十四年（道光《庆远府志》作弘治十三年）就因“作乱”，被擒诛裁革。其材料见：

《明史》卷317，广西土司传前段所述：“廷瓒又言：‘庆远府天河县旧十八里，后渐为僮贼所据，止馀残民八里，请分设一长官司治之。’部议增设永安长官司……”（第8210页）

嘉庆《广西通志》卷60亦称：“永安长官司，韦氏，明弘治九年总督邓廷瓒言庆远府天河县旧十八里，后为僮贼所据，请分设长官司治之。部议增设永安长官司，授土人韦万妙等为正副长官。十四年韦万妙等作乱，知府姜绾督兵擒万妙，诛之，遂裁。”

而永定司却在宜山县归善、洛三诸乡峒地，其土官世系绵延十余代，一直到了清代，它与“永安司”还是容易分辨的。见：

道光《庆远府志》卷14：“永定长官司，按永定及永顺正、副三土司，明以前皆宜山县地。”

嘉庆《广西通志》卷59：“永定司韦氏，明正统六年奸民黄祖记，与思恩土官岑瑛结谋，割宜山归善、洛三诸乡峒地益思恩……土人韦万秀以复地名，遂倡乱。成化二十二年，覃召管等复乱。弘治间委官抚之，皆愿取前地别立长官司以治，都御史邓廷瓒闻于朝，置永定司，永顺正、副二司……”

由此可见，《明史》广西土司传第8210页、8212页两处所述的“永安司”，前者系“永安司”，后者“永顺司、永安司，旧为宜山县……”中的“永安司”确为“永定司”之误。

二、（《明史》卷317）“忻城，宋庆历间置县，隶宜州……瑶老韦公泰等举莫保之孙诚敬为土官，宽为请于上官，县奏，得世袭知县”（第8211～8212页），此处莫保之孙“诚敬”一名系“敬诚”二字的颠倒。见：

嘉庆《广西通志》卷59：“忻城县莫氏……宣、正以后，瑶僮屡乱，知县苏宽不能治，僮老韦公泰等举莫保元孙敬诚为土官。监司授敬诚知县，世袭……敬诚死，孙鲁袭。”

又：《重新续修莫氏族谱》：“懋勋公，讳敬诚，始祖保公之元孙也……”“保公之孙敬诚公……”

又：《土官底簿》：“庆远府忻城县知县莫敬诚，系本府宜山县民，前八仙屯土官千户莫保子孙。”

又：道光《庆远府志》卷14：“……莫氏徙居忻城界，正统间瑶僮屡乱，流官知县苏宽不能治，僮老韦公泰等举莫保元孙敬诚为土官，协理县事，监司授敬诚土知县……”

从《土官底簿》、《族谱》及地方志所载看来，“诚敬”系“敬诚”之误无疑。

三、(《明史》卷317)“果化州，宋始置。元属田州路。洪武二年，土官赵荣归附，授世袭知州，以流官吏目佐之”（第8225页）。查果化州在洪武二年归附的是赵永全，其子赵荣宗在洪武二十六年始袭职，所以此处“土官赵荣”应系“土官赵永全”之误。见：

《土官底簿》：“果化州知州赵永全，本州籍，洪武二年授知州。”

嘉庆《广西通志》卷59：“果化州赵氏，其先赵勉，山东博兴人，从狄青征南有功，立果化州，世袭知州。明洪武二年，赵永全归附，仍旧职。”

关于赵荣宗的记载则有：

《土官底簿》：“(赵永全)故，男赵荣宗，(洪武)二十六年袭，永乐四年，随兵征进，被药箭伤，不能行动……”

嘉庆《广西通志》卷59：“永全子荣宗，永乐中从征交趾死难”等。

四、(《明史》卷318)“全茗州……洪武初，土官李添庆归附。”(第8232页)“李添庆”系“许添庆”之误。

见《土官底簿》："全茗州知州许武兴，本州世袭土官籍，洪武二年开设衙门管事。故，弟许武明承袭。故，无子，许添庆系许武明亲叔，奏准承袭……"又：嘉庆《广西通志》卷59："全茗州许氏，其先许文杰，山东青州人，宋皇佑间从狄青征侬智高有功，置州治，世袭知州事。明洪武初，许添庆归附，予旧职"。自此以后，许氏世系连绵不绝，直至民国元年改土归流，全茗并入养利州为止，土官仍为许姓的许绍勋。

又据调查材料，有全茗土州与茗盈土州"两茗原来只有一个土州，不知在那一朝代，土官给他两个儿子分而治之，一个跟父姓李，得茗盈；一个跟母姓许，得全茗，始有两茗之名。他们本是同胞兄弟，故后在李、许两姓永不通婚"的说法（广西少数民族社会历史调查组:《大新县僮族调查资料》第239页）。据此传说，似乎作"李添庆"也说得通。但据《大清一统志》等书所载，全茗、茗盈早在宋代即已建置，至明洪武时，全茗许姓至少已历一百余年，明代《土官底簿》已写作许氏，因此《明史》所载也应姓许，而非姓李，故以"许添庆"为是。

五、(《明史》卷318)"龙英州……洪武元年，土官李世贤归附"，(第8232页）此处"李世贤"应系"赵世贤"之误。

见《土官底簿》："龙英州知州赵世贤，本州世袭土官籍，洪武元年归附，授本州知州"。又见嘉庆《广西通志》卷59："龙英州赵氏，其先世无考。元时有赵斗南、元龄、忠顺、世全、世坚相继袭官。明洪武元年，土官赵世贤归附……"龙英州土官赵氏，世代相承，延至清末。可见《明史》此处所述"李世贤"是不对的，应改为"赵世贤"。

六、(《明史》卷318)"忠州……其邻地有四峒者，界于南宁、思明、忠江之间……"

(第8238页）"忠江"系忠州、江州两地名的省略，而不是另有"忠江"其地，因此在"忠""江"之间应有顿号"、"隔开，写作“忠、江之间”。

七、(《明史》卷318)“凭祥……成化八年升为州，以升孙广宁为知州”（第8238页)。据嘉庆《广西通志》卷60所载：“凭祥州李氏，其先世无考。明洪武十八年土蛮李升归附，置凭祥镇，授巡检司，世袭。升子应清。永乐二年改镇为县，以应清知县事。应清子诚。诚子寿祥。寿祥子广宁。成化八年以凭祥当交趾镇南关，为左江要害，改为州，以广宁知州事，镇一关三隘。”按世系计算，李广宁为李升之四代孙，所以《明史》所述“升孙广宁”一语不确，应作“升四世孙广宁”。

八、(《明史》卷318)“……（翁）万达黜珏而论时芳死，更立李佛嗣珍为知州，凭祥遂定。”(第8238页）此处“李佛嗣珍”一语有误。

查“李珍”系李广宁之孙李珠的族弟，而“李佛”系李珍之弟李琪的儿子，所以“李珍”应为“李佛”之上辈。因此说“李佛嗣珍”是不对的。其记载见《明史》广西土司传凭祥条：“广宁有十子，广宁死，诸子争立不决，凡三四年，乃以孙珠袭知州职。嘉靖十年，珠死，族弟珍、珏争立，珍挈印走况村，珏摄州事。”(第8238页）可见李珍为广宁之孙李珠之族弟。又嘉庆《广西通志》卷60记凭祥土官世系称：“以珍弟琪之子佛袭，时芳逃之思陵，兴兵攻入州治，佛窜山中死。”可见李佛为李珍之下辈，且在李珍之后始承袭。这事实与前引“更立李佛嗣珍为知州”一语是相矛盾的。

“李佛嗣珍”即属有误，则据《广西通志》“佛子德胜袭”之语，应将《明史》该处改作“更立李佛嗣德胜为知州，凭祥始定”，方妥。而这与李佛时，时芳尚在，时芳死后，李佛子德胜承袭的情况也是符合的。

九、(《明史》卷318)“（嘉靖）六年……新建伯王守仁受命至，一意招抚，而檄受等破八寨贼，因列思恩地为九土巡检司……”（第 8242 页），此处系指在思恩地区设立九个“土巡检司”，而不是说设立了一个名叫“九土”的“巡检司”。观下文所述：“思恩府土巡检九司，皆嘉靖七年设，曰兴隆、曰那马、曰白山、曰定罗、曰旧城、曰下旺、曰安定、曰都阳、曰古零。”（第 8243 页）就更进一步证明“九土巡检司”是九个“土巡检司”，而不是一个名叫“九土”的巡检司，因此在“九土”二字之边加一个地名号（__）是不对的。

十、（《明史》卷 318）“永乐中，向武知州黄世铁侵夺镇安、高寨等地，朝廷遣兵讨平之，以其地属镇安。”（第 8243 页）此处所言“永乐中”年代有误。

据羊复礼《镇安府志》卷 6：“（洪武）三十三年复置州，授世铁弟世彧知州事。永乐二年世彧遣头目罗以得贡马，赐钞币。”可见永乐时，向武知州已非黄世铁，而系黄世彧了。

又据《明史》广西土司传向武州条叙述：“（洪武）二十一年，广西布政司言，向武州叛蛮梗化。时都督杨文佩征南将军印，讨龙州、奉议等处，复奉命移师向武。文调右副将军韩观分兵进讨都康、向武、富劳诸州县，斩世铁。”（第 8267—8268 页）说明黄世铁已死于洪武二十一年或稍晚，因此，他绝不会到“永乐中”又出来活动的。这里的“向武州蛮梗化”一语，揆诸史实，也就是指的“黄世铁侵夺镇安、高寨等地”之事。由此可见，前引的“永乐中”应系“洪武中”之误。

十一、（《明史》卷 319）“万历二年，泗城土官岑承勋等贡马及香炉等物。”（第 8260 页）“岑承勋”应系“岑绍勋”之误。

据《田州岑氏源流谱》，岑施生二子，长绍熙、次绍勋，绍熙继岑施袭职后，从征广东大罗山阵亡，由弟绍勋承袭，并无岑承勋其人。又查嘉庆《广西通志》亦作“施子绍勋”；《凌云县志》亦作“绍勋”，不作“承勋”。即《明史》本书在前述引文之后，也说：“（万历）四十一年，土官岑云汉贡方物。初，云汉乃绍勋嫡嗣，绍勋宠庶孽雷汉，头目黄玛等从中煽祸，以至焚劫称兵。”这里的云汉之父绍勋，也就是前述的“岑承勋”，更说明了“岑承勋”系“岑绍勋”之误。

十二、（《明史》卷319）“归顺州……永乐间，镇安知府岑志纲分其第二子岑永纲领峒事。”（第8266页）按过去一般习惯，不应有志纲、永纲，父子同一排字行辈之理。光绪《镇安府志》引旧志：“明永乐八年，镇安土知府岑志刚，请以其次子永福领归顺峒事。”（卷6）可见“岑永纲”系“岑永福”之误。

十三、（《明史》卷319）“（前条引文之后）……岑永纲（福）领峒事，传子瑛。”（第8266页）此处的“岑瑛”，虽在雍正、嘉庆《广西通志》中亦作“岑瑛”，但是，据《族谱》、《镇安府志》中却都作“岑宗瑛”。而《广西通志》又称“岑瑛”之兄为岑宗绍，也旁证了“岑瑛”兄弟以“宗”字行辈，应为“岑宗瑛”，因此，“传子瑛”应改为“传子宗瑛”。

十四、（《明史》卷319）“（岑）瓛右从征交趾，卒于军。子代袭，万历间以贡马违限，给半赏。”（第8267页）查岑瓛之子名岑天锡，而并无“岑代”其人（见嘉庆《广西通志》卷61）。据《镇安府志》编者羊复礼的按语云：“《明史》载瓛死，子代袭，是继代而袭，即天锡，非别有人名代也。”（光绪《镇安府志》卷6）可见《明史》“子代袭”一语，系“继代而袭”的意思，而不是说岑瓛有儿子叫“岑代”的承袭土官，因此，“代”字之旁不能加人名号（__）。

十五、（《明史》卷319）“永乐二年，土官知州黄彧遣头目罗以得贡马，赐钞币。”（第8268页）此处“黄彧”即黄世铁之弟“黄世彧”，以“世”字排行。光绪《镇安府志》卷6：“（洪武）三十三年复置州，授世铁弟世彧知州事。永乐二年，世彧遣头目罗以得贡马，赐钞币。”嘉庆《广西通志》亦作“黄世彧”。因此，《明史》此处的“土官知州黄彧”应改作“土官知州黄世彧”才对。

校补工作是一件十分细致的工作，搞得不好往往易出差错。例如十三条所校勘的“岑瑛”，在归顺州的应是“岑宗瑛”，而在思恩府却有“岑瑛”其人（见《明史》卷318），如不注意予以区别，就往往会造成混乱。由于笔者学力有限，这里列举的也可能有不妥之处，为了能有一个真正比较完美的版本，把这些意见提出来，供大家研究。

载《民族研究》，1979年第2期。

广西少数民族在历史上对祖国经济文化发展的贡献

我国是一个统一的多民族国家，各个少数民族对中国的历史都作过贡献。广西壮族自治区除了壮族、汉族以外，还有瑶、苗、侗、仫佬、毛南、京、回、彝、水家、仡佬等少数民族。长期以来，壮、汉等各族人民并肩战斗，开发了广西大片的山区和平原，发展经济文化，抵御外来侵略，打击反动统治，共同为祖国历史的发展作出了贡献。正确阐明少数民族的这种贡献，对加强民族团结，批判民族主义，共同搞好社会主义革命和社会主义建设，都有着十分重大的意义。

广西地处我国的南疆，它是广西各族人民以辛勤的劳动，艰苦奋斗，共同开发出来的。

随着考古工作的开展，在广西来宾、柳州、崇左、桂林、百色、武鸣等地都先后发现旧石器时代晚期的遗址，① 知道当时人们定居在近水向阳的天然洞穴里，以简陋粗糙的石器，从事狩猎和采集的生活，在与自然界的斗争中，已经开始用火，并在火上烘烤食物。至于新石器时代的文化遗址，在广西发现的范围更广，遗物的数量也更多。根据桂林、武鸣、北海、钦州、灵山、合浦、东兴、柳城、柳江、南宁、邕宁、横县、扶绥、大新、全州、凤山、上林、龙州、平果、宁明、那坡等地不完全统计，共发现新石器时代文化遗址约八十处，表明在当时广西的不少地区

① 分别参阅《古脊椎动物与古人类》杂志第一卷一期、二卷一期、六卷四期、十一卷二期、十三卷二期和四期，以及《地质学会会志》第十四卷的有关文章。

都有着人类的足迹。[①] 他们运用磨制过的石磅、石斧、石锄、石犁等工具，种植谷物，收获庄稼，开始从事农耕生活。制作的陶器大都是夹砂粗陶和泥质陶两种，器物种类逐渐增多，有罐、坛、钵、碗、盆等。已畜养牛、猪等家畜，并在河流与沿海地区进行捕捞活动。原始社会的人们就这样依靠自己的双手，砍伐丛莽，发展生产，成了广西最早的开拓者。

根据史书记载，广西一带的原始居民是称作“西瓯”、“骆越”的一些部落，他们是壮侗语族各民族（壮、侗、仫佬、毛南等族）的先人。秦始皇统一岭南以后，在兴安附近开凿灵渠，沟通长江水系与珠江水系，加强了广西和中原地区的交通联系。唐代，广西各族人民在临桂附近还兴修了“相思埭”运河，进一步把漓江与柳江连接起来。此外，还在邕江兴修分洪水利工程。所有这些，对广西各地的水路交通及农田灌溉都起了很大的作用，进一步推动了广西地区的开发。在农业生产发展过程中，广西各族人民因地制宜地创造了适合当地情况的生产工具，如“形如匙、长六尺许”的踏犁。这种踏犁一端有一尺多长的横木，便于手持，而于靠近铁铲的木柄旁又嵌以短木，便于脚踩，翻土时，以双手持横木，左脚踏短木，“踏可耕三尺，则释左脚而以两手翻泥，谓之一进”。[②] 它不但可以代替牛耕，而且对挖掘山区的巨大树根，有着特别方便的作用，“广人荆棘费锄之地，三人二踏犁夹掘一穴，方可五尺，宿莾巨根，无不翻举，甚易为功，此法不可以不存”。[③] 由于这种踏犁使用方便，所以直到新

① 分别参阅《考古通讯》（《考古》）1956年2期、1961年11期、1964年11期、1965年6期、1975年5期；《文物参考资料》1954年6期、1955年4期和9期、1956年6期、1958年3期；《文物博物馆通讯》（广西）1963年1期、2期；《理论与实践》1960年3期等刊物的有关文章。

② 周去非：《岭外代答》卷四，踏犁条。

③ 周去非：《岭外代答》卷四，踏犁条。

中国成立前它还在一些壮族地区使用，计算起来，至少已有近千年的历史。在开发广西的过程中，各族人民利用这里气候暖和，适宜农作物生长的有利条件，实行四季种稻，长年收获，“地暖，故无月不种，无月不收”。[①] 唐宋时，比较偏僻的邕州、上林一带，已成“黎庶甚众，粮粒丰储”、“人无菜色”、“鱼稻似淮右”的地区。[②] 居住山区的各族人民还利用地势，对水田实行自流灌溉，如横州“其地皆山，乡有田一蚯，则有塘潴水，塘高于田，旱则决塘窦以灌。又有近溪涧者，则决溪涧。”[③] 山坡上无法灌溉的，则培育一种旱稻，叫做“畲禾”，“乃旱地可种者，彼人无田之家，并傜僮人皆从山岭上种此禾……获亦不减水田”。[④] 这种旱稻品种的培育，对解决旱地粮食作物的多样化，无疑是重要的贡献。

广西的畜牧业在历史上亦有相当发展。到了明代，横州地区“多畜牛，巨家有数百头，有至千头者，虽数口之家，亦不下十数，时出野外，一望弥漫，坡岭间如蚁”。[⑤] 这种专门饲养供作食用的牛，叫做“菜牛”。这种养育“菜牛”的习惯一直保留下来，现在广西环江县的毛南族地区还有“菜牛之乡”的称号，那里饲养的“菜牛”，又肥又嫩，小牛养大一般只要两年的时间，老弱残牛只要6～8个月就可以育肥，成为毛南族地区的一项特产。广西“其地猪甚肥而美，足短头小，腹大垂地，虽新生十余日，即肥圆如匏”。[⑥] 猪的优良品种的培育，在广西各族人民中也一直十分注意。虽到现在，命名为“陆川猪”的优良猪

---

① 周去非：《岭外代答》卷八，月禾条。
② 韦敬辨：《六合坚固大宅颂》；秦观：《浮槎馆书怀》。
③ 王济：《君子堂日询手镜》，见《纪录汇编》卷163，第35页。
④ 王济：《君子堂日询手镜》，见《纪录汇编》卷163，第35页。
⑤ 王济：《君子堂日询手镜》，见《纪录汇编》卷163，第35页。
⑥ 王济：《君子堂日询手镜》，见《纪录汇编》卷163，第35页。

种，依然闻名全国，为许多地区所推广饲养。

广西地区的金属冶炼、铁器打制，以及朱砂矿炼制水银等技术也很早就有发展。广西地区历年发现的铜鼓在500面以上，其中较大的一面，面部直径为165厘米，高达67.5厘米；较小的面部直径也有37.7厘米，高23.5厘米。[①] 据记载，广西地区有冶铸铜矿的“铜山”，近年来在北流、容县、岑溪等地也发现了一些汉魏时期的冶铜遗址，并出土了大量坩埚。除冶炼铜矿铸铜以外，后来也采用销熔铜钱以铸铜鼓的办法。[②] 据研究，这种铜鼓的制作从春秋战国直到明清时代，一直络绎不绝。有的铜鼓花纹精美，“其身遍有虫鱼花鸟之状，通体均匀，厚二分以外。炉铸之妙，实为奇巧”。[③] 反映了很早以来这里的铸造水平。除铜鼓外，记载中还有“铜船、“铜柱”之说。[④] 前些年，广西还曾有“铜棺”的发现。所有这一切，都说明古代广西的铜器时代是相当发达的。除铸铜外，广西还产锡[⑤]、金[⑥]、水银等。丹砂炼水银，“以铁为上下釜，上釜盛砂，隔以细眼铁板，下釜盛水，埋诸地，合二釜之口于地面，而封固之，灼以炽火，丹砂得火，化为霏雾，得水配合，转而下坠，遂成水银”。“十二三斤可烧成十斤”，“其良者，十斤真得十斤”。[⑦] 不仅如此，他们还知道以水银升华、氧化成丹砂之法。[⑧] 可见当时的化学工艺已达到一定的水平。尤其值得指出的是铸铁技术，“薄既类纸，无穿破，

① 分别为广西博物馆藏品第15号和第295号，参阅《考古学报》1974年第一期。

② 《晋书·食货志》。

③ 刘恂：《岭表录异》卷上。

④ 魏濬：《峤南琐记》卷上。

⑤ 魏濬：《峤南琐记》卷下。

⑥ 刘恂：《岭表录异》卷上；《岭外代答》卷七《金石门》。

⑦ 周去非：《岭外代答》卷七《金石门》。

⑧ 周去非：《岭外代答》卷七《金石门》。

凡器既轻，且耐久”。[①] 照描写的情况看，与现代的精密铸造十分接近。尤其是一种以铁淋铜，即“铁工锻铜，得梧铁杂淋之，则为至刚”[②] 的锤炼合金的技术，更表明他们在金属工艺上已有独到的见解。

广西地区的纺织技术也有很大的发展。到了宋代，产品已有自绥、苎麻布、细、练子、吉贝布等多种。记载说：“广西触处富有苎麻，触处善织布。柳布、象布，商人贸迁而闻于四方者也。”[③] 宋王朝在广西收购苎麻布，仅两年“已得三十万余匹”，而“树艺之民，相率竞功，日以滋广”。[④] 可见当时广西苎麻布在我国南方已有相当地位。练子的历史十分悠久，据说自汉代以来就十分珍贵。它选择洁白细长的苎麻纤维织成，有的还带有花纹，“一端长四丈余，而重止数十钱，卷而入之小竹筒，尚育余地”。这种以高超的纺织技术织成既轻又薄的“暑衣之，轻凉离汗者也”的练子[⑤]，不能不说是一千年前广西各族人民在纺织工业史上的贡献。

随着纺织工艺的发展，广西瑶、苗等族人民的印染工艺也有了相当的发展。瑶、苗等族人民，很早就种植蓼蓝，懂得制作蓝靛以染布匹。在染布过程中，还发明了“点蜡幔”、“瑶斑布”的“蜡染”印花法，制作了有精美花纹的蓝印花布。大家知道，我国古代布、帛的印染工艺主要有绞缬、蜡缬和夹缬三种。绞缬是把需要印花的布帛，按一定规格以线缝扎，结成十字、蝴蝶、菱形、方格、海棠等花纹，然后进行染色晾干后折去线结，就显

① 周去非：《岭外代答》卷六《器用门》。

② 周去非：《岭外代答》卷六《器用门》。

③ 周去非：《岭外代答》卷六。

④ 《宋史·陈尧叟传》。

⑤ 周去非：《岭外代答》卷六。

出白色斑纹图案。蜡缬也就是现代印染工业上的“防染染花法”，它是先将黄蜡或白蜡画在布帛上，染色后再将蜡煮去，原来画蜡的地方就显出了白色花纹。夹缬是用两片镂有花纹的木板，将布帛夹在中间，然后将染料注入纹隙，形成花纹。据宋代周去非在《岭外代答》中的记述：“瑶人以蓝染布为斑，其纹极细。其法以木板二片，镂成细花，用以夹布，而溶蜡灌于镂中，而后乃释板取布，投诸蓝中。布既受蓝，则煮布以去其蜡，故能变成极细斑花，炳然可观。”似乎就是蜡缬与夹缬两法的结合。这种印制花纹的最早历史已难以查考，但有人认为，在关于苗、瑶族先人的“长沙、武陵蛮”时，《后汉书》中已有“衣斑烂布”的记载，所以很可能早在秦汉时期，他们就已采用了这种方法。直到新中国成立前不久，一部分瑶、苗族还大量种植蓼蓝，制作蓝靛在墟场上出售，供应附近各族人民使用。有的瑶族还因善制蓝靛而有“蓝靛瑶”之称。据了解，瑶、苗等少数民族利用蜡染制作蓝印花布的方法，在现代印染工艺传入以前，在我国华南地区是独特的手工印染技艺，它在我国印染工艺发展史上应该占有自己的一章。

从考古发掘知道，广西地区早在汉代已有各种酒器出现，这是广西壮、汉各族人民已掌握了酿造工艺的有力证明。① 唐宋时，“广右无酒禁，公私皆有美醖”。这种酿酒技术已发展到相当高的水平，出现了很多名酒。当时见于记载的名酒已有桂林的瑞露酒，宾州、横州的古辣酒，大瑶山的老酒及昭州的烧酒等。“瑞露乃尽酒中之妙，声震湖广，则虽金兰之胜，未必能颉颃也”。它吸取桂林帅司公府门前的井水酿造，味极清冽，所以又名帅司公府酒。古辣酒出横州、宾州之间的古辣墟，以泉墟中水酿酒，并用山上一种藤药作酒曲，酒色微红，既熟不煮，埋入地

① 见《考古学报》，1957 年第 1 期。

下，数年后取出，味美醇浓。大瑶山的老酒用麦曲酿造，亦要密封深藏地下数年，酒色深沉赤黑，酒味甘美异常。瑶族善于腌制鸟酢，每年腊月，有贵客至，则摆酒设酢以款待。昭州酒则在酒成以后，以曼陀罗花置于酒瓮之上，使酒逐渐吸收花气，因为这种花是一种麻醉药草，所以昭州酒颇能醉人。这种酿造、封存以至窨吸花味的制酒方法，是壮、瑶等各族人民长期生活经验的积累。宋人曾巩赞扬两广"产物之美有……累岁之酒醋，皆绝于天下。"① 就反映了当时酿造工艺的水平。

随着农业、手工业的发展，广两地区商业交换也日益繁荣，它通过商人把这里少数民族地区的土特产如杉木板、零陵香、中药材、各种布匹等运往祖国各地，供应各族人民，有的还输出国外，满足了邻国的生产、生活上的需要。如宋代邕州"永平寨博易场"，"交人（交趾人）日以名香、犀、象、金、银、盐、钱，与吾商易绫、绵、罗、布而去"。钦州城外的"江东驿博易场"，不仅交趾的富商前来贸易（称作"小纲"），而且也由交趾遣使者前来买卖（称作"大纲"），② 是我国当时对外贸易的一个通商口岸。这种商业交换的发展，虽然为商人的中间剥削提供了条件，但对各族人民的互通有无，促进生产，满足社会需要，也起了不可磨灭的作用。明代文献记载：广西地区贸易集市之盛，以横州一地为例，"虽止十五里，有村八百余，虚（即集市）百余，一虚每期贸易财货不下数十万，陶虚、百合、青桐、古辣则其尤大者云"。③ 平均每八个村就有一个集市，每期集市的贸易达数十万之巨，可以想见当时广西的经济已发展到了怎样的水平。

随着经济、科技的不断发展，广西少数民族也创造了丰富多

---

① 转引自《舆地纪胜》柳州风俗形胜条。

② 周去非：《岭外代答》卷五《财计门》。

③ 王济：《君子堂日询手镜》第 18 页。

彩的文化艺术。

历年在广西发掘和发现的古代铜鼓的纹饰艺术，是我国古代艺术的组成部分，是广西古代少数民族对祖国文化的巨大贡献。他们以高度的智慧和艺术才能，采用浅刻和浮雕的手法，在鼓面和鼓身雕刻着太阳纹、云雷纹、翔鹭纹、立体蛙、牛车、农夫及羽人等纹饰，以生动的形象，浓厚的民族特点，鲜明的主题思想，反映当时当地人们的生产劳动及物质生活、精神生活的某些侧面，为后人研究南方少数民族的历史艺术发展史提供了宝贵资料①，从而获得历代人们的高度评价，认为铜鼓艺术“镂刻精工”，其“制作精巧，所谓铭志，绝无仅有也”。②

新中国成立后在广西左江流域发现的“花山岩壁面”③，是广西古代少数民族对祖国古代文化的又一大贡献。据近年调查，总计已发现近百处。画面以人像为主，还有动物和器物。从其内容考察，绘制年代当在秦汉以前，距今已有两千多年的历史。从宁明县花山一处来看，以左江沿岸峭壁为画面，长达百余米，高达四十余米，仅人像就有一千三百多个，其中大的高三米多，小的仅三十厘米，人体比例匀称，线条粗犷，大多是双手上举，两脚叉开，每组画面在人群中往往有一个较大的人像，腰间佩剑或环首刀，似乎反映当时人们的生活状况。

近代广西三江、龙胜等侗族地区的风雨桥、风雨亭和鼓楼，全部为木结构建筑，不用一根铁钉，全用木榫衔接，十分坚固美观。上面的彩画、木雕、角雕非常别致和生动，具有高度的艺术

---

① 参见《太平御览》引裴渊《广州记》、《置书·地理志》、《南史·欧阳颜传》、刘恂《岭表录异》、《太平广记》及《粤西金石略》、闻宥《古铜鼓图录》等有关部分。

② 参见方信孺《南海百咏》及《郁林州志》等。

③ 《宁明州志》花山条载：“花山距城五十里，峭壁中有生成赤色人形，皆裸体，或大或小，或执干戈，或骑马”，故名“花山岩壁画”。

水平和浓郁的民族特色。

巧夺天工的织锦和刺绣，是广西壮、侗、瑶、苗、仫佬、毛南等族人民的共同爱好与特长。早在唐代，在柳宗元的诗词中就已经提到“衣襟刺绣作文身”之句。宋代以后，关于壮锦及壮族妇女刺绣的记载，更加具体和丰富，并且给予很高的评价，说壮锦“用杂色丝绒织成，五彩烂然，与刻丝无异，可为裀褥，凡贵官富商，莫不争购之。”①

广西少数民族的歌舞非常发达。不少壮族地区过去每年都有定期的“歌圩”，较大的歌圩附近几十里甚至上百里的群众都赶来参加，人数多达几千人。人海歌潮，充分发挥了歌手们的非凡的即兴创作才能。传说唐代广西就出了一个“歌仙”名叫刘三姐，宋、元、明、清许多地方史志都有记载，她已成为历代各族人民所传诵和喜爱的歌唱大师。

壮、瑶、苗、侗、仫佬、毛南、京等族人民的民歌都有自己的特点，一般是以见景生情，即兴创作，善于比喻，四句为一首，大体上押韵，以押脚韵、押腰韵为特点。村中如有外来歌手，全村人往往聚集在一家，互相“盘歌”、“斗歌”，通宵达旦，视为极大乐趣。歌词内容有叙述祖先历史、讲英雄故事、表达爱情等，汉族的一些故事传说如三国演义、梁山伯与祝英台等也在广西少数民族中传唱。尤其是“歌谜”的制作，极尽巧思，引人入胜，是民歌中十分珍贵的一部分。

广西瑶、苗、侗、水家等族还有自己独特的乐器。如瑶族的长鼓，苗、侗、水家族的芦笙等在古籍中早有记载。侗族琵琶，已发展有大、中、小数种，还有牛巴腿琴（以杉木挖空，外形似牛腿）等。瑶、苗、侗等族人民逢年过节，就随着腰鼓、芦笙的节奏而扬手顿足，翩翩起舞，充分表现了我国少数民族能歌善舞

① 参见《桂海虞衡志》、《岭外代答》、《赤雅》、《粤西琐记》等书。

的艺术才能。

在本民族的音乐、歌舞的基础上，还吸收汉族一些地方曲艺的唱腔与表演形式，逐渐创造出各个少数民族自己的戏剧。例如现代的壮戏，以本地区的乐器为伴奏，以本民族山歌为台词，吸收了长期流行于广西汉、壮等族民间的傩舞、跳神、师公戏、牛头戏、土戏、沙戏、木偶戏等艺术形式，综合创制而成。侗族的侗戏，是在侗族的大歌说唱的基础上，吸收了桂戏、祁阳戏、辰河戏、采调、花灯等地方戏曲，形成了有百年以上的历史，《珠郎娘美（秦娘美）》等是著名的剧目。毛南族的毛南戏也有百余年的历史，只是由于反动统治阶级的摧残，至新中国成立前夕，这些民族戏剧已日益凋零，直到新中国成立后，在党的“百花齐放”政策的照耀下，才获得新生，重新放出光彩。

广西少数民族地区的神话、传说、故事十分丰富，内容涉及民族来源、迁徙、反抗斗争等，情节曲折，爱憎分明，有着丰富的想象力，表达了人民群众战胜邪恶、追求光明的美好愿望。新中国成立后整理出版的壮族长诗《百鸟衣》，就是这方面的代表作；还有瑶族关于记述明代起义英雄侯大苟的故事；京族关于镇海大王的神话；仫佬族关于土主庙的来历的传说；仡佬族关于聋兄瞎弟偷牛的故事；苗族顶洛田勾（关于事物的起源）的神话等，都表明题材的广泛性与浓厚的人民性。当然，由于历史的和阶级的局限性，新中国成立以前，广西少数民族的民间文学的发展，受到了极大的限制和阻挠，只有新中国成立以后，在中国共产党的英明领导下，它们才获得正常的发展。

在与汉族长期的交往中，壮族还利用汉族方块字来书写本民族的语言，创造了所谓“土俗字”。宋代民间曾经广泛使用过。有时他们把土俗字和汉字掺杂着使用。据宋人记载，当时广西壮族曾使用这种土俗字来书写文书契约，其字形构造亦依据汉字结构规律，有形声、会意等。如“仦”，音袅，言小儿也。“奀”，音动，人瘦弱也。[①] 从“土俗字”的发展上，一方面可以看到少数民族在发展自己的文化过程中，大量吸收了汉族的东西；另一方面从汉语中也常常看到一些如“甭”（不需要的意思），“您”（你的尊称）等方言文字，从其结构形状看，与壮族的土俗字十分相像，也许他们之间有着互相影响的关系。这也体现了自古以来的汉、壮等族就存在着血肉不可分割的紧密联系。

总而言之，数千年来，广西各少数民族人民和汉族人民一起，用自己的双手把曾是一个满目荆棘、野兽出没、一片荒凉的我国边区逐渐开发成为有一定经济和科学文化发展水平的南部边疆，这是广西各少数民族当然也包括广西汉族人民在内的对祖国历史发展所作出的巨大贡献。尽管由于长期的反动统治，残酷的阶级压迫和民族压迫，造成他们在祖国大家庭中的相对落后，但是，他们所作出的种种贡献，是永远也不能磨灭的。

本文与莫俊卿合作，载《广西民族学院学报》，1978 年第 3 期

① 参见谢启昆：《粤西金石略》（唐代碑文），以及《桂海虞衡志》、《岭外代答》等书。

中东南少数民族的社会历史特点

新中国的民族研究，从民族识别工作开始，基本上是以单个民族为对象进行调查研究的。但是，我国某些少数民族在长期以来，就是共同生活在一个地区的，因此，他们之间的相互关系和影响，甚至在民族融合或同化方面，也都是十分密切的。所以说在单个民族研究的基础上开展区域性的民族研究就显得十分重要。从宏观角度研究一个地区民族的历史和现状，会给我们带来更多的启发，可以把民族研究推向一个新的阶段。

中东南地区研究的民族对象及人口分布

中东南地区研究包括江苏、浙江、安徽、江西、福建、台湾、湖北、湖南、广东、广西等省（自治区）。但是，考虑到有些民族在历史上的关系十分密切，从民族的实际情况出发，中东南地区研究的对象就不仅包括主要居住上述地区的民族，还应包括一些居住在附近地区的民族。长期以来，我们把壮、布依、侗、水、仫佬、毛南、仡佬、黎、京、土家、苗、瑶、畲、高山14 个民族作为中东南地区民族研究的对象，其中布依、侗、水、仡佬、苗族的大多数人口居住在贵州省，但从历史上的渊源以及中东南地区民族的密切程度看，应该是把他们放在中东南地区研究更为合适。

据 1982 年 7 月 1 日全国人口普查统计，中东南行政区划内的少数民族共有 26853367 人，包括其中尚未识别民族成分的879000 人，又缺少尚未进行人口统计的台湾高山族约 40 万人。所以，这并不是中东南研究民族对象的准确人口数字。按前述

14 个民族的人口统计相加，可以知道中东南研究的民族对象人口为 31352723 人（包括台湾高山族约 40 万人），大约占全国已知少数民族总人口的 47.25%。中东南地区的少数民族在全国少数民族人口中占有很大的比重，这表明中东南民族研究在全国民族研究中占有重要地位。

中东南民族的分布，可划分为几种类型。有的基本上居住于坝区河边，如壮族、布依族、侗族、水族等；有的基本居住山区，如瑶族、高山族（平埔人除外）等；有的居住海边岛上，如京族。总的来说，他们有不同程度的聚居区，而在聚居区内，又往往有汉族或其他一些民族杂居。聚居程度较高的有京族、仫佬族、毛南族、黎族等。也有居住在连片地区里的如布依族、土家族、侗族等。有的是大分散、小集中，如瑶族既有小片聚居区，又广泛散布于几个省内。也有居住高度分散的，仡佬族才 53000 多人，却分布在贵州省 20 多个县和广西、云南等地，即使在一个县里，他们也往往分散居住在各乡，很少有聚居的小村寨。

由于中东南民族分布上的特点，造成各民族之间存在着紧密联系，在长期的历史过程中，他们不仅在政治、经济上存在着交错的复杂关系，而且在文化与生活习俗各方面也互相影响。少数民族的群众往往还兼通汉语或其他民族的语言，有的人甚至会讲几种不同的话。

语言和文字

中东南少数民族所使用的语言系属，主要集中于汉藏语系的壮侗语族和苗瑶语族。仡佬语、京语、土家语的语言系属尚未有一致的定论。但从一些语言现象看来，他们应属于汉藏语系似乎不会有太大的问题。据一些语言学家的意见，高山语属于马来—波利尼西亚语系的印度尼西亚语族。中东南 14 个民族中，除台湾岛上的高山族以外，其他民族的语言大都属于汉藏语系的壮侗、苗瑶两个语族。这对我们研究这些民族的起源与历史有一定的启发。

很早以来，汉族文字对中东南少数民族的文字有着较大的影响。水族的“反文”（水书）除了部分象形字以外，有的字就与甲骨文或反写的汉字相近，是在汉字结构的基础上创制的文字。据说其起源的年代已十分久远。壮族的“土俗字”（方块壮字）也是一种利用汉字的偏旁或单字加以构制而成。留传至今的唐代《六合坚固大宅颂碑》和《智诚洞摩崖碑》中就刻有这种土俗字，说明它的使用最晚在7世纪已经开始。京族使用的“字喃”，也是在汉字的基础上构成的文字，用“字喃”写作的唱本、小说曾广泛流传，并在实际生活中得到运用。瑶族在用汉字抄写的宗教经典中，也往往夹用了若干记录瑶语的汉字，有的同志认为也可以称其为“瑶文”。直到清末民初，苗族的诗歌作者石敬塘，还运用汉字“六书”的造字规律，利用汉字偏旁创制了方块字形的苗文。由此可见，汉文化在中东南民族中的一些影响。

除此以外，如英国传教士坡拉德（S. Poloart，又译柏格理）等曾在贵州威宁一带创制过“框格式字母”（老苗文）用以拼写当地苗语，并用以出版《圣经》和课本。英国传教士胡托（M. H. Hutton）在黔东南炉山（凯里）一带曾利用汉语的注音字母拼写过当地苗语，称作“注音字母苗文”。苗族教师龙绍华在贵州松桃用国际音标，苗族学者石启贵在湖南乾城（吉首）用阿拉伯字母先后拼写过当地苗语，但都未能推广。

新中国成立后，经过细致的语言调查，已先后为中东南地区的一些少数民族创制了以拉丁字母为基础的民族文字，它比较严谨，采用了世界通用的文字形式，又与汉语拼音方案相接近，便于学习、阅读和书写，也有利于今后电脑的运用。由于这里一些民族语言情况的特点在创制文字过程中，还采用了“文字联盟”

（壮文与布依文共用一种文字方案）与一个民族使用几套文字（苗语三大方言创制三套文字）的办法，尽量便于少数民族人民的学习使用。

三苗、百越、“蛮”人和土司制度

在传说时代，中东南地区是“三苗”的居地，据记载，舜、禹都曾“征讨”过三苗，舜死在苍梧，葬在今湖南宁远县的九嶷山下，那里至今还是瑶族的居地。

很早以前，中东南地区的沿海一带曾出现过“百越”部落，他们东起江、浙，经福建，达两广，一直延伸到云南与东南亚一带。不同时期在不同地区有不同称呼，如春秋时的于越，战国时的杨越，汉代的东越、南越、骆越、闽越，三国时的山越等。百越各集团，与壮侗语族各族以及台湾岛上的高山族都有着一定的关系。而在中东南内地，洞庭湖一带是“蛮”人活动的地区，秦汉时期的“盘瓠蛮”居住在长沙郡、武陵郡地区。他们很可能是苗瑶语族各民族的先人。巴郡南郡蛮，也就是廪君蛮与板楯蛮，分布在今湖北省西部，他们在历史上曾于四川一带建立过巴国，其中在鄂西、湘西北、川东南的这一部分，则与后来的土家族有密切的关系。

从宋元以来，封建王朝在中东南民族地区先后设立了土官和土司。这些子孙承袭、世领其地的贵族大姓，其绵延继承年代的久远，比历史上元、明、清的任何统治朝代都长。他们中的相当一部分原来就是当地少数民族的部落首领，也有少数是南下的将官，被封在当地世据其地的，因为在民族地区居住的世代久远，所以其子孙实际上已经是少数民族化了。单从土官的族谱上看，绝大多数都说他们的始祖来自内地，这与修谱者当时企图攀附内地大姓有关，不能作为其祖先来源的权威根据，必须辅以其他资料才能进行比较有把握的论定。

历史上土官的统治与其社会经济的发展阶段不一定有必然的联系。但是从中东南民族历史上的情况来看，大都属于封建领主制的发展阶段，土官是拥有土地的封建领主，也是当地的土皇帝，其属民则是有一定人身依附关系的农奴，负担着各种各样的无偿劳役。在农奴社会里，存在着不同的严格的等级，其等级的高低表现在日常生活的各个方面。领主内部、领主之间，以及领主与中央王朝之间的战争，常常是属民生活中的灾难。长期的封闭封建领主经济阻碍了民族地区政治、经济的发展。

明代中叶以后，中东南地区开始有少量的改土归流，而其大规模进行则在清代雍正年间。改土归流前后，中东南各民族地区地主经济已经有所发展，而少数地区的封建领主的残余则一直保留到新中国成立。

主要从业与社会经济结构

近现代的中东南少数民族大部分从事农业生产，小部分居住山区的民族，林业及有关的副业占有较大的比重，而居住在沿海的京族过去则以近海捕捞业为主。在农业民族中，他们的发展层次是不同的。在一些壮族、布依族、侗族、土家族地区，水田犁耕农业占有主导的地位，有着比较完善的灌溉系统，生产发展水平较高，新中国成立前都已进入了地主经济的发展阶段。居住在山区的一部分苗族、瑶族、畲族、高山族、黎族等，则在一定程度上保持着刀耕火种的生产方式。有些地区的瑶族、畲族等还存在着游耕的状况。在这些民族中除了部分地主以外，有的地区山地几乎大部分为外族地主所占有，他们受着阶级的和民族的双重压迫。在林区，一般需要购进粮食，存在着“种树还山”，即租种山地垦殖粮食后，要同时栽植树苗，待树苗长大后，作为山租归还山主的比较独特的剥削形式。在山区除了林业外，往往还发展有关的各种副业，如木器制作、竹器编织、药材采集、水果种植及土特产栽培等。在经营农、林业的一些民族中，多种经营是他们经济上的一个特点。

由于历史发展的不平衡，在一些民族地区还保留着不同的社会经济结构，如海南岛白沙、保亭、乐东三县交界五指山中心地区的黎族，过去存在着“合亩制”的组织；广西大瑶山的瑶族社会过去曾存在过“山主”与“山丁”的划分。“山主”在名义上占有瑶山的山地，山丁种地、捉鱼、盖房都要向山主交租。而在不少民族地区，还程度不同地保留村寨或姓氏共有山林田地的现象，存在着耕作、建房、狩猎等多方面的协作关系，形成了中东南民族新中国成立前在社会经济方面的一些特点。

在从事海洋捕捞为主的京族地区，渔网和捕鱼用的鱼箔及箔地是生产资料。那里在新中国成立前还存在着一种“寄赖”关系，即几户共有箔地的贫苦渔民，各户每年轮流在箔地上做鱼箔，而没有轮到做箔的渔民就去帮助做鱼箔的渔户，可分得渔产品的15% ~20%，形成了轮流协作的“寄赖”关系。而占有箔地较多的地主和渔行资本家则利用这种关系，剥削参加“寄赖”的贫苦渔民。这是渔业地区存在着的比较独特的社会经济结构。

传统文化

中东南各民族都有着自己独特的传统文化。在居住方面，两层楼式的“干栏”建筑，是壮、布依、侗、苗、瑶等少数民族依据地势，就地取材的木结构建筑。它一般是下层养畜置物，上层住人。这是当地各民族在南方经常下雨、土地泥泞潮湿的情况下，发展起来的传统建筑。而侗族的鼓楼、风雨桥，黎族的船形屋，一部分高山族的石板房或一半建在地平面以下的房屋，则又是一种具有特色的房屋建筑。

由于山区缺少食盐，在炎热的气候下食物又不易保存，因此在侗、苗等民族中又发展了制作腌酸的习惯，酸鱼、酸肉及各种酸菜与辣椒成为日常餐桌上的副食。与此同时，如侗族的打油茶，壮族的五色饭，部分瑶族的鸟酢，京族的“鲇汁”和“风吹糉”，苗族、仡佬族的“辣椒骨”，水族的“鱼包韭菜”等都是一些各有风味的民族传统食物。

中东南民族服饰，尤其是妇女的服饰更是丰富多彩，从长短不一的裙子到各种盛装的银饰，不仅各民族之间完全不同，而且在一个民族内部，随着地区、支系的差异也有着很大的变化。苗族妇女服饰在湘西、黔东南、川黔滇几个地区之间，几乎难以找到很大相同之点。如湘南的一部分瑶族中，未成年少女与成年姑娘及已经结婚的妇女，三者之间在头饰上有着明显的区别。高山族泰雅人与排湾人用有田砗磲磨成细珠，缀成珠衣，是十分独特而又贵重的服饰。在广泛种植茜草，制作蓝靛用以衣料染色的基础上，苗、布依等族发展了先以蜂蜡绘制图案，然后加以染色得到蓝底白花的“蜡染”手工艺。而黎族、侗族、壮族、土家族等民族纺织业的发展，制作各种色彩美丽的“黎锦”、“侗锦”、“壮锦”、“西兰卡普”（土家族织锦）等更是历史上著名的手工艺术品。

中东南行民族都喜爱唱歌，壮族的歌圩，苗、瑶等民族的“对歌”，侗族民间的多声部合唱“大歌”，都有着传统的优美的曲调以及即兴编词的习惯。传说中的刘三姐，是壮、瑶等民族人民崇拜的“歌仙”。流传于壮族及部分瑶、苗族地区的铜鼓，既反映了古代这一地区先民的精美的铸铜工艺，也是宗教节日的传统乐器，它用木桶在铜鼓后面翕动的共鸣和声，使打击的铜鼓发生更为动听的乐声。此外，苗族的芦笙、大筒萧，瑶族的长鼓，京族的独弦琴，侗族的牛腿琴，黎族的鼻箫、口弦，高山族的弓琴、鼻笛、口琴等，都是中东南民族独特的乐器。苗族经过改革创新的大小芦笙乐队，还可以演奏现代复杂乐曲。

风俗习惯

中东南各少数民族有着一些共同的风俗，也有自己的传统习惯。作为南方的农业民族来说，一般都比较重视耕种过程中的畜力，十分爱惜耕牛。在壮、布依、侗、仡佬等民族中都在春耕或秋收以后要过一个“牛王节”。到时让耕牛休息一天，饲喂以较好的食物，并采用各种方式用以犒赏其在一年中的辛劳。绝大部分民族都十分重视农历中的春节（新年），在正月的开始几天，都要进行唱歌、斗牛、走亲访友等多种活动。另外，他们也过“三月三”、清明节、端午节、中元节、中秋节、重阳节和尝新节等。这些节日相同而形式内容各异的活动，反映了中东南各族在风习上有着共同的一面。同时，中东南各少数民族也有各自传统的节日，如黔东南凯里一带苗族的“苗年”（农历十月卯日）、瑶族纪念始祖盘护的“盘王节”（十月十六日前后）和纪念祖先密洛陀的“达努节”（五月二十九日）、京族的“哈节”（不同地点分别在正月二十五日、六月初十或八月初十）、布依族的“过小年”（六月初六或十六、二十六）、侗族“花炮节”（正月初三或十五、或二月初二、十五等）、水族的“端节”（水历十二月下旬至二月上旬的亥日）、仫佬族的“依饭节”（十月）、毛南族的“庙节”（夏至日前后）、高山族的“丰收节”（七月末或八月初）、土家族的“赶年”（旧历除夕的前一天）等。这些不同的节日，有的与民族起源传说中的祖先有关，有的与历史上的抵御外来侵略有关，有的则是依据自己的历法所过的新年，也有的是为庆贺农业上的丰收等。

中东南少数民族的恋爱、婚姻、家庭、姓名、生育、丧葬、信仰、礼仪等各个方面，也都有自己的习惯。一般来说，青年男女的社交比较自由，可以通过唱歌等活动自由寻找对象、建立恋爱关系。但婚姻一般要取得双方父母的同意。在壮侗语族的各民族中，有的直到新中国成立前还保留了“不落夫家”的习俗，即新娘结婚后就返回娘家，只在农忙或节日时才短期到夫家住宿，直到怀孕后才结束不落夫家的阶段，到丈夫家长住。在瑶族等一些民族中，男子入住妻家的比重较大，其子女往往分别跟随父母的姓氏，造成亲兄弟姐妹之间不同姓的情况。在家庭中由于妇女也参加生产劳动，所以一般是男女平等。儿童受到爱护，较少有打骂孩子的现象。普遍尊敬老人，有的村寨首领往往由老者充任。患疾病时除了请公师（巫师）送鬼以外，不少民族也发展了自己的土医土药，形成了一套有效的民族医药治病经验与药方。人亡故以后，要请师公唪经，一般都是土葬。在历史上一部分中东南民族中曾有岩洞葬的习俗，一个家族或村寨的灵柩长期集中停放在天然岩洞之内。壮族等民族还盛行二次葬（捡骨葬），即土葬数年后，由子孙掘开坟墓，将遗骨拭净，捡入“金坛”（陶制置骨坛）内，易地再葬。在鬼神信仰中，祖先崇拜占有较重要的位置，有的民族受道教影响较深盛行卜卦送鬼。到了近代，个别地区有基督教传入。中东南各民族普遍好客，过去对往来的商贩采取欢迎保护的态度。他们在日常生活中也都存在着诸如“以鸡肝奉献老人与来客，以献鸡头表示尊敬”等礼节，体现了各族人民在仪礼习俗中的价值观念。中东南有些民族在风俗习惯上近似，反映了他们在历史上互相之间密切影响和交往，也可能说明他们曾出于相同的人们集团。

载《中央民族学院学报》，1988 年第 6 期

汉文字在华南各民族中的重大历史作用（上）

有5000年历史的汉族方块字，是世界上最古老，而且直到现在还在使用着的文字。它与西方的拼音文字不同，是一种主要由象形、会意、形声（一半表意、一半表音）等方法构成的单音节文字。近代以来，对汉文字的作用和地位，有着不同的看法。正如有的学者所指出的一样：那些主张改革汉字的人把汉字跟拉丁字母拼音文字比较以后认为，汉字字数多，笔画复杂，声符不表音，义符不表义，难学、难写、难打印传输，是使中国停滞不发达的重要原因之一。主张不改的人认为，汉字可以超方言使用，占用篇幅小，可以区别同音字；字形各有特征，容易辨认，无失读症；是维护中国统一，继承民族文化不可替代的工具。[①] 但是，必须指出的是，这两种意见并不是任何时候都是势均力敌，各占一半的。从19世纪末以来到20世纪五六十年代，主张废除汉文，走拼音化道路的意见，甚嚣尘上。有的学者称其为"汉字被鞭挞批判的苦痛时代"。指出不少人"痛陈汉字弊端，积极主张汉字改革。20世纪50年代，这种改革曾形成顺之者昌，逆之者亡的浩大声势"，[②] 造成了"汉字文化圈的萎缩和拉丁文字圈的勃兴"。其结果是使得汉字文化圈的大树，枝叶枯萎殆尽，只有根干依旧坚强。[③]

---

① 参阅陈其光：《论汉字的超语言使用》，载《文字比较研究散论》，中央民族学院出版社，1993年。

② 许寿椿：《文字信息处理技术的三个历史时代和汉英文字的比较》，载《文字比较研究散论》中央民族学院出版社，1993年。

③ 周有光：《汉字文化圈的文字演变》，载《民族语文》1989年第1期。

造成汉文字落后和只有拼音文字才是先进的误解，其原因是多方面的。由于19世纪末，汉字是文言文即古代汉语的书面语言的载体，它与体现现代汉语的白话文有着很大的差别。因此，学习文言文，就成为掌握汉字的障碍。由于掌握文言文困难，演变为汉文字难学的罪状之一。加之有的人在学习西方拼音文字以后，认为只有拼音文字接近口语，容易掌握和使用，才萌生了废止汉字，全盘西化，走拼音化道路的想法。关于这一思潮，“五四”时期的著名学者胡适在《逼上梁山》一文中，曾叙述过一个有趣的小故事。他说1915年夏在美国留学时，当时中国驻华盛顿的清华学生监督处曾有一位书记（办事员）叫钟文鳌，这是一个受传教士和青年会很大影响的基督教徒。钟在监督处的工作是每月给在美各地的留学生寄发月费。但他在寄发月费支票时，为了进行一些社会改革的宣传，自作主张地印了一些小传单，夹在信封中寄给各地学生。其内容有“不满二十五岁不娶妻”，“废除汉字，取用字母”，“多种树，种树有益”等。胡适等人平时就厌恶这种基督教青年会的宣传方法，后来又一次接到该人寄来的信上说“中国应该改用字母拼音”、“欲求教育普及，非有字母不可”等传单时，就写了一封信去反驳他。说“你们这种不通汉文的人，不配谈改良中国文字的问题。你要谈这个问题，必须先费几年工夫，把汉文弄通了，那时你才有资格谈汉字是不是应该废除”。[①] 此信寄出后，胡适对自己这种年少气盛的做法，很感懊悔。后来他又写《如何可使吾国文言易于教授》的文章，指出“汉文所以不易普及者，其故不在汉文”，提出“白话是活文字，古文是半死的文字”的观点，说明在当时以古文作教材，自然会感到汉文（指古汉语）的难学、难会。胡适

① 胡适：《逼上梁山——文学革命的开始》，载《东方杂志》第31卷第1期（1934. 1. 1）。

说，那时“我是不反对字母拼音的中国文字的，但我的历史训练（也许是一种保守性），使我感觉字母的文字不是容易实行的。而我那时还没有想到白话可以完全替代文言，所以我那时想要改良文言的教授方法，使汉文容易教授”。这里且不论胡适对汉文字的全部观点。但已说明他对那种还没有弄清事物的全部真相，就擅发议论的反感。以及发现所谓汉文的“难学”，与它所表达的已经是“半死的”文言文有着密切的关系。

从钟文鳌与胡适发生的这段小故事以来，已经整整过去 80 年的时间。在这 80 年中，不仅白话文（现代汉语）完全代替了文言文（古代汉语）；不仅用汉文扫盲取得了一定的成绩。而且从注音字母，罗马拼音到汉语拼音方案的推行，花费了不少力量，已走过了一段漫长的道路。它们对字典、词典的注音，条目索引的排列，中国地名读音的国际标准的确立，对外文件、护照中人名、地名的拼写，以及无线电报的通信与盲人字母的拼音等，都起过一定的作用。但是，就其主要目的来说，拼音文字始终未能代替具有悠久历史的汉文方块字。

直到“十年动乱”以后，人们在拨乱反正之中，对一些事物逐渐冷静地反思。尤其随着现代科技的发展，人们不仅发现汉文可以采用多种方法输入电脑，而且使用十分方便，才重新研究汉文的历史作用，承认它的优越性。从一面倒的要废除汉文的意见中，提出了要正确估价和看待汉文方块字的问题。先后发表有《关于汉字评价的几个基本问题》（文武，《语文建设》1987. 2）、《汉字的特点，使用现状及前景》（张志公，《语文建设》1991. 3）、《汉字文化圈的文字演变》（周有光，《民族语文》1989. 1）、《汉字学习的跨文化研究》（佟原泉、宋钧，载《汉字问题学术讨论会论文集》，1988 年，语文出版社）、《解决民族文字问题的一个途径》（清格尔泰，《民族语文》1980. 3）、《让汉字更好地服务于中华各民族》（康言午，载《文字比较研究散论》)、《评对拼音文字“言文一致”的误解与迷信》(许寿椿，载《文字比较研究散论》)、《汉字和汉语拼音的具体比较》(解志维，载《文字比较研究散论》)、《论汉字的超语言使用》(陈其光，载《文字比较研究散论》)以及《开拓华语文研究的新境界》(曾志朗，香港《语文建设通讯》1989. 7)。在日本则出版有《汉字文化圈の诸问题》(黑须重彦，平成4年，武藏野书院)、《汉字の文化史》(阿辻哲次，1994，日本放送出版协会)等著作。都对汉文方块字的发展、影响、作用和地位作了充分的研究和说明。

随着对汉文字如何输入电脑的研究的深入，人们对汉文与西方的拼音文字进一步进行比较，发现由汉文组成的词，普遍比拼音文字短，有人在编辑日、汉、英烟草工业词典时，用13666个英语和汉语词比较，发现表达同一概念的汉语词的平均词长才4个字，而英语的平均词长却达16个字母，英语拼音文字的平均词长在汉语方块字的4倍以上。而汉文方块字排列的机器作业时间总共才要9分12.4秒，而英语拼音文字则需33分42.67秒。在速度上要少3倍以上。[①] 有人曾精心统计当代各类汉文文章中，出现频率最高的汉字才240个。即如果掌握这240个汉字，可以读懂现代汉语文章的57.8%。如果在这使用频率最高的240个汉字以外，再学会260个频率较高的汉字，即学会500个汉字，就可以读懂现代汉语文章的75%。如果再加上500个较常用的汉字，一共掌握汉文1000个字，就可以阅读现代文章的90%。据统计：东汉，许慎《说文解字》收字9353个。明，梅膺祚《字汇》收字33179个。清《康熙字典》收字47035个。1915年《中华大字典》收字48000多个。可见汉字总数在4万个以上，

① 王懋江：《中英文词汇的词长及排列时间比较》，载《文字比较研究散论》，中央民族学院出版社，1993年。

而其常用字还不到总数的1/40。汉字的组词能力很强，如汉语公鸡、母鸡、小鸡中均有共同的“鸡”字词根，它还可以与其他字合并组成白鸡、花鸡、乌骨鸡、来亨鸡和鸡肉、鸡蛋、鸡毛掸子等“联想”新词。而英语中 Cock（公鸡）、Hen（母鸡）、Chicken（小鸡），则互不相干，没有共同词根，也无法利用共同字联想新词。因此，在汉字输入电脑后，可以用联想方式组成新词，加以选择，节省很多时间，而英语却没有这样的便利。但汉语中同音字也多，同一个［jī］音，可以有鸡、姬、基、乩、击、圾、饥、机、讥、几、积、期、跻、缉、激等不同意义，如果“公鸡”拼成“gōng jī”，就要花费一定时间来分辨究竟是“公鸡”，还是“攻击”、“供给”（gōng jǐ）的不同。由于汉字的一字一形，对同音词在字形上有严格的区别，就很容易加以辨认，不会发生使用拼音时，词意容易发生混淆的弊病。这些都是在使用汉文方块字输入电脑后，所发现的拼音文字无法与之比拟的方便。至于汉文字适合不同方言的阅读（超方言使用），以及能通过借用、改制等方法，表达不同语言，成为其他民族的书面工具，更有其巨大的优越性。中国古代北方民族的西夏文、契丹文，邻近国家如日本、朝鲜、越南的使用汉文，都是一些很好的例子。说明汉字文化圈的根基丰满，它源远流长，枝叶茂盛，无愧于世界东方辉煌的文明标志之一。

本文研究汉字在华南各民族中（包括汉民族在内）的重大历史作用，目的在于：（1）试图第一次比较系统地论述汉文字在华南各民族中的巨大影响，显示它在华南地区根基繁茂的情况。（2）以此充实汉字文化圈的研究内容，更好地阐明汉文方块字不仅超方言使用，而且经过改造后能够超语言使用的能力。当然，由于已经改造，适合了别的民族语言，所以它已不再是汉民族的方块字，而成为别的民族的方块字，如老壮文（土俗字）、旧侗文等。（3）发掘一些鲜为人知的使用汉文字事例，为进一步研究汉文字在南方各地的影响提供新的课题，反映南方一些少数民族对利用汉文方块字的向往与要求。（4）鉴于从20世纪50年代以来，彝族曾走过创制新彝文，但无法推行，而又恢复使用老彝文的新鲜经验。尝试在其他南方民族选择使用民族文字时，有所启发，提供一点参考。由于笔者能力有限，文中如有不足之处，望大家予以指正。

一

利用汉文方块字记录南方民族的语言，已经有十分悠久的历史，最著名的当然要推汉朝，刘向《说苑》中所载：鄂君子皙泛舟河中时，曾有“榜枻越人拥楫而歌”的“越人拥楫歌”。全文不长，共32字，照录如下（见下图）：

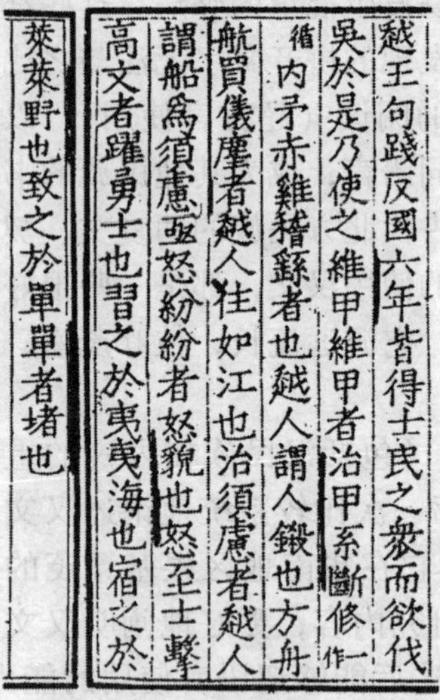
越王句踐反國六年皆得士民之衆而欲伐
吳於是乃使之維甲維甲者治甲系斷修一作
循内矛赤雞稽繇者也越人謂人鍜也方舟
航買儀塵者越人往如江也治須慮者越人
謂船爲須慮亟怒紛紛者怒貌也怒至士擊
高文者躍勇士也習之於夷夷海也宿之於
萊萊野也致之於單單者堵也

《越绝书》第三卷所载汉字记越语。（明双栢堂刊本）

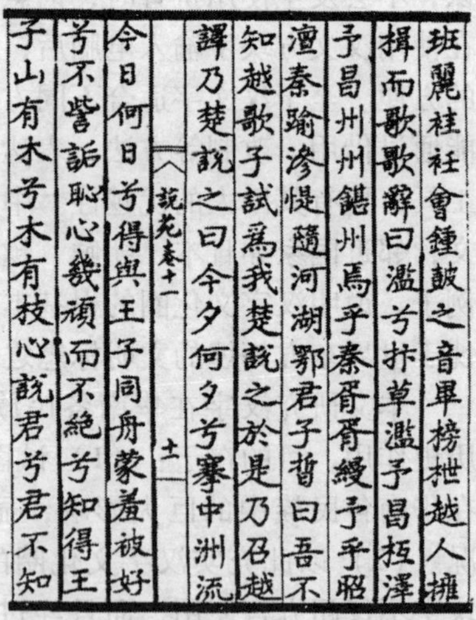
班麗袿衽會鐘鼓之音畢榜枻越人擁
楫而歌歌辭曰濫兮抃草濫予昌枑澤
予昌州州𩜱州焉乎秦胥胥縵予乎昭
澶秦踰滲惿隨河湖鄂君子皙曰吾不
知越歌子試爲我楚說之於是乃召越
譯乃楚說之曰今夕何夕兮搴中洲流
說苑卷十一　十
今日何日兮得與王子同舟蒙羞被好
兮不訾詬恥心幾頑而不絶兮知得王
子山有木兮木有枝心說君兮君不知

汉·刘向《说苑》第十一卷载“越人拥楫歌”及其译文。（上海涵芬楼借平湖葛氏传朴堂藏明抄本）

滥兮抃草滥予昌枑泽予昌州州𩜱州焉乎秦胥胥缦予乎昭澶秦逾渗惿随河湖。（汉文译意：今夕何夕兮，搴中洲流。今日何日兮，得与王子同舟。蒙羞被好兮，不訾诟耻。心几顽而不绝兮，知得王子。山有木兮木有枝，心说君兮君不知。）①

据推断，此歌词约记载于公元前528年（楚平王元年），距今已有2500年以上的历史。当代的语言学者曾将其与壮语作比较研究，认为"越人拥楫歌"中的越语与壮侗语族有着密切的关系。可以将它看做是利用汉字记音的标音作品，但其中有的生僻字，也许就是当时越人所用的方言字。其后还有"越王勾践反（返）国六年，皆得士民之众，而欲伐吴"。于是发布动员百姓的"维甲"令，其中记载"须虑"（船）、"夷"（海）、"莱"（野）、"单"（堵）等词，很可能就是当时表达古越语的越地方言字。② 可能是战国时人著的《越绝书》中（见上图），约为公元前484年之事。这都是古老的以汉字记音的古越语和汉字演变成为古越族方言字的珍贵记录。《春秋左传》还记载了楚人的语言，说"楚人谓乳（斗）穀，谓虎於菟，故命之斗穀于菟"。这是鲁宣公四年（公元前605年）之事，"斗穀"、"于菟"也是楚的方言字，而且是一个复音词。"斗穀於菟"即"乳虎"，也就是"小老虎"之意。直到现在有的汉人在给婴儿取名时，还有将其乳名叫做"小虎"的。

此后，见于《后汉书·西南夷列传》的《白狼王歌》是汉明帝永平十七年（公元7年）所记的白狼王为歌颂汉王朝中央统

---

① 见《说苑》卷十一，善说。原歌词无标点，现代学者曾为之试加标点和分句，但说法不一。此处所引，一仍其旧。《说苑》为上海涵芬楼借平湖葛氏传朴堂藏明钞本影印，载《四部丛刊正编》第17本，台湾商务印书馆印行，1979年。

② 作者不详，见《越绝书》卷三（明双栢堂版），载《四部丛刊正编》第15本，台湾商务印书馆印行，1979年。

一政权的乐德、慕得、怀得之歌。全文44句，每句4个字，共176字，它既有白狼语记音，又有汉语的译意，便于对照研究。如开始的白狼王语“提官隗构，魏冒逾糟”，即为汉语“大汉是治，与天意合”之意。现代学者研究认为，白狼语属藏缅语族，但同现代哪种语言最近，则有普米语、嘉戎语、彝语、纳西语或者古缅语、西夏语等不同说法。[①] 这是早期用汉文方块字记录白狼民族语言的最早记录。汉代杨雄的《輶轩使者绝代语释别国方言》，可以说是集录古代汉语方言的大成，与此同时，也反映了当时各地的方言字。这些方言字历经长时间的变化，有的保留，有的消失，有的演变，有的创新，随着各个方言的发展而形成现在通行的方言字。

现行方言字是由于中国的地域辽阔，汉民族分布各地，方言土语分歧复杂，甚至达到互相不能通话的地步。因此，使用不同方言土语的汉族，除了在私塾读本、官方奏折文件、告示，以及书信、契约各个方面使用以古汉语书写的汉文字外，还在民间发展了用方块文字表达自己方言土语的“方言字”。这些方言字有的是借用汉文的字意，而用方言词的发音诵读；有的是借汉文的读音，来表达方言词意义。在这两种都无法使用时，就干脆借汉字的构造方法，来制造自己的“方言字”，这种方言字除了少数字通行于一个以上的方言区以外，一般只在当地使用，出了该方言的地区，别的人就很难认识。

以中国南方地区来说，不同的汉语方言有吴方言、湘方言、赣方言、闽方言、粤方言、客家方言等。据20世记80年代中期的统

---

① 参见柯蔚南《A New Study of the Pailang Songs》（白狼歌新探），载台北《清华学报》，第12卷第1—2期合刊，1974年。陈宗祥、双文峰：《“白狼歌”歌辞校勘》，载《西南师范学院学报》1981年第1期；《“白狼歌”研究》，四川民出版社，1991年。郑张尚芳：《上古缅歌——“白狼歌”的全文解读》，载《民族语文》1993年第1期。

计，使用吴方言的有7000万人，湘方言的有2500万人，赣方言约3000万人，闽方言的有4000万人，粤方言的有5000万人，客家方言的有3700万人。粤语、闽语和客家语在海外华侨中还有很多人在使用着。他们分布地区广，人口众多。现行的汉文方块字能在普通话尚未普及之前，以方言字的形式，适应和满足各地方言的需要，并纳入该地的文字系统，这是汉文字所起的不可估量的作用。现将华南各汉语方言使用的方言字，进行搜集整理、举例如下：

由于语言是在人们口头上流通着的交际工具，因此各方言之间也不可能有绝对的界线，反映在方言字上，一方面存在着几个方言区共同使用的方言字，如量词："拃"（人的手掌张开后，从大拇指尖到中指指尖的距离，为一"拃"，约合15厘米），"庹"（成年人的两臂向左右平伸后，一手中指尖到另一手中指尖之间的距离，约合1.5米。还有名词"厝"（房子）、"仔"（幼小，孩子）等。另一方面有的方言字却仅限于该方言区内的某个小地区使用，而并不是整个方言区的共同方言字，例如，闽方言中有闽东、莆仙、闽南、闽中、闽北等不同土语群，有些方言字就仅限于土语群中使用。如"巴刹"（市场）、"马达仔"（警察）、"洞葛"（手杖）、"雪文"（肥皂）等词，都来源于马来语，是闽南的特殊词汇，而"胰皂"（肥皂）、"搁"（遗失）、"稠"（稠）、"敨"（擤）则是闽东的特殊词汇。由于各地经济、文化交流，有少数方言字随着一些词的借用而进入了普通话之中，如普通话中的"出租汽车"一词，在粤方言中是借用英语"Taxi"一词，而称之为"的士"，或"打的"（乘出租汽车），但现在普通话中对"的士"、"打的"等词已逐渐广泛使用，"的士"这一方言字也已成为汉语中的普遍用词。反映了语言文字的正在发展变化，从这个意义上说，上列方言字举例表中所列的一些方言字，也不是绝对的。

方言区	方言字	意　义	方言字	意　义	方言字	意　义
吴方言	侬	你	𪨶	漂亮	囥	藏匿
	嫑	不　要	㓟	削，去皮	汩	漱(口)
	𣍐	未　曾	揙	拉，拽	䌫	缝(衣服)
	呒拨	没　有	揿	抓	尴尬	进退两难
	氽	浮在水面	趤	爬，涉水	㑚颙	语无伦次
	覭	试一下	揿	按住	儇	聪明
	敨	麻利，强	揉	揭起	蛐蛐	蟋蟀
湘方言	卬	我	其㑚	他们	崽	儿子
	伢子	小青年	恭	日	喇	月
	晗	云	箕	大风	侬	雨
	乍内	阴	禾跳牯	蚂蚱	么皆帝	怎么样
	圞	圆	冒得	没有	么咖	为什么
	么子	什么	洋马蛾	蜻蜓	势花	活泼，能干
	邋遢	肮脏	鸡㛤	母鸡	牸牛	母牛
赣方言	伉	我	偾	你	伢，佢	他
	笐	晒衣竹竿	枽	桌子	薸	浮萍
	乌婢	臭虫	寒蠸子	蚯蚓	跍	蹲
	昵	玩儿	憨	顽皮	𡐓	菜畦
	绁	缝衣服	晬	婴儿周岁	暎	看守
	漾	热闹	敨	乘凉	烊	融化
	趴纱	蜘蛛	埰	路	骹	脚
闽方言	唐埔仔	男孩	㜁仔	女孩	悫	傻孩子
	郎罢	父亲	㜷	妻子	瘖	瘦
	脰	颈，脖子	目睭	眼睛	腷	乳房
	馌	吃	噍，哧	吮吸	嗌	吹
	搦	拿，抓	擂	拔	阌	闭眼
	嘝	吐沫	䠷	远	隂	短
	瀙	凉，冷	䜊	味淡	囝𡥅	很小
	稆	稠	挏	遗失	礇	拥挤
	豨嫲	母猪	蠿	蟑螂	虚	陶瓷
	垵	田	埰	路	殕	霉

方言区	方言字	意　义	方言字	意　义	方言字	意　义
粤方言	乜嘢	什么	冇	没有	揾	找
	攞	拿，取	畀	给	嚟	来
	谂	想	睇	看	攰	累，疲倦
	瞓	睡觉	凑啱	恰巧	叻	能干
	靓	漂亮	嘥	浪费	冚	盖
	劏	杀，宰	嗌	叫，喊	遮	伞
	餸	菜肴	喼	箱子，匣	噚日	昨天
	BB仔	婴儿	瞌	闭一眼	屌	秃，钝
	乞嗤	喷嚏	倾偈	闲谈	马骝	猴子
	呃	骗	揸	抽，拔	心抱	儿媳妇
客家方言	俚	我	佢	你	佢	他
	娘	母亲	弥，媄	母亲	媸	生育
	分	给	孩	挑	蹑	跟随
	噍	嚼	馊	馊	癯	瘦
	剧	宰杀	殕	食物表面霉菌	馝	食完
	薮	窝	唛	商标，标志	拗	折
	憏勬	手脚勤快	揿，捡	用手按物	挼	两手摩擦
	秋晡日	昨天	脉个	什么	兜	一些
	白杓	白费心思	跂	站立	桊	牛鼻环
	袖衫	衬衣	唔	不	晡	下午，傍晚

（续）

二

汉文方言字中，还有非常特殊的一个分支，即是“女书方言字”。“女书方言字”在学术界中通称为“江永女书”，指的是湖南省江永县部分地区的一种通行于妇女中的有着特殊字体的文字。在公之于众时，有人曾以为它是一种瑶族文字，后来才证实这种文字的读音是湘方言中的一种土语。因为女书方言字主要流传于湖南省江永县上江圩乡及其附近一带，所记录的自然也就是那里的土语。正如中国社会科学院语言研究所黄雪贞调查所述："在江永县发现的女书，其语音就是上江圩乡的土话，属城关片。通过反复的调查与比较，还认识到江永土话与古音及其他方言有明确的对应关系，应属汉语方言的一种"。（《湖南江永土话的多音字》）所以，它应当是汉语的一种方言字，[1] 但它是一种不同于一般的在方言区普遍通用的方言字，而只是一种在方言区中一部分妇女使用的方言字，因此根据其特点，也可以称之为"女书方言字"。

女书方言字是汉文方言字的一种，它与一般方言字相比较，有着 4 个特点，即：

一、它有自己的特殊的字体，我们知道汉字有楷、行、隶、草、篆等多种字体。而各地的方言字，一般来说，也没有固定的字体，同一个方言字可以用不同的字体书写，都同样能够辨认使用。而女书方言字则有自己的固定字体，一般人不易辨认，这与该方言字只限于在妇女中使用，有一定的关系。如果属普通字体，大家都能诵读书写，那也就不会认为其"女书"了。有的学者把它称作是一种"汉文异形字"或"异形汉字"，就是着重从字形上来说明的。为了介绍女书方言字的样品，本文作者请该文字的最早发现者、江永县文化馆的周硕沂先生特地用女书方言字写了日本著名作家夏目漱石先生的诗作《山路观枫》一首，现影印于下，以供参阅。

关于汉字的字体，除了过去和现在日常生活中使用的前述各体以外，还有一些特别描画创制的字体，仅作为点缀之用，知道的人不多，更很少使用。如清乾隆十三年（1748 年）九月，根

[1] 清华大学中文系赵丽明教授曾指出："女书是一种汉语方言文字"，"是一种异形汉字"。见《汉字与女书》，载《中国汉字文化大观》，北京大学出版社，1995 年。

石苔沐雨滑难攀，
渡水穿林往又还。
处处鹿声寻不得，
白云红叶满千山。

用女书方言字写日本作家夏目漱石诗《山路观枫》

据皇帝御旨曾编《御制盛京赋》，其中有“龙书篆”、“鸾凤篆”、“穟书篆”等字体多种（见下图，现藏北京民族文化宫图书馆）。其字体繁杂难描，使人难辨难认，很少有实际使用价值。但也说明在长期历史发展过程中，的确有人在汉文字体上费过周折。女书在形成过程中，被妇女们用以互相通信，记述长篇叙事诗歌，并用来书写扇面等。字体以实用为主，不能过于繁杂，因此形成了它比较朴实，略作偏斜，呈斜菱形，笔画又不是太多的特点。① 这是女书方言字的字体上与一般方言字不同之处。

① 李晓龙在《女书书法的启迪》中指出：“女书字体右上左下呈斜菱形的格局”，是汉字“准方形的变体”，它“较盈而不飘浮，深沉而不拘泥，笨而不拙，古色古香……表达了湘南妇女对美好生活的向往，对旧生活的哀怨，以及她们的悲欢离合”。

二、女书方言字在字体结构上，根据自己方言和使用的需要，有了自己的独特构造。如《山路观枫》诗中所写的每一个字的形都与现在通行汉字不同。中央民族大学陈其光教授认为：女书大约可以分为从常用的独体汉字演变而来的“基字”（字数较少，但出现频率高），在基字上加一个区别符号造成的“派生字”（字数最多），以及由两部分合体汉字变化而来的“双体字”（字数最少）三部分构成，因此认为“女字并不是独立创造的，而是汉字的变体和变体的派生字”。女书方言字是汉文方块字发展过程中，在华南的江永县一带所独立发展的一个分支。[1] 此外，关于女书方言字的字形构造与历史上汉文的关系，这是一个内容丰富的课题。它的深入研究，有助于进一步解决女书与古代汉字的关系，以及女书的起源等问题。

龙书篆　　鸾凤篆　　穟书篆

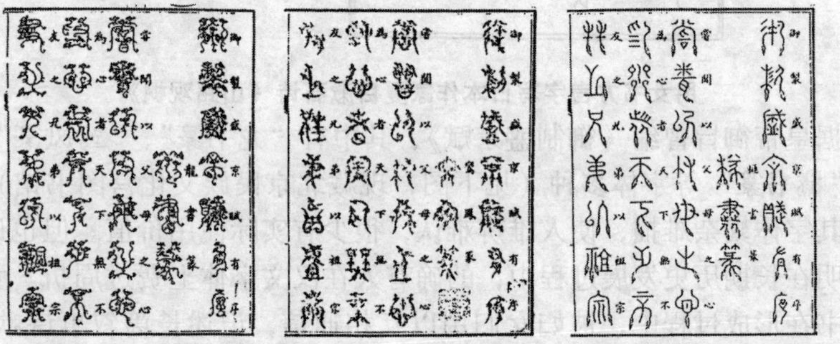

三、与一般方言字最大的不同是，女书方言字不仅在字体、字形上有自己的特点，而且这两者结合起来，有着自己的系统。因此，从这点来说，女书方言字与汉文方块字的关系应当更为古老。而且由于长期以来，在一个比较封闭的环境里独立发展，因

① 陈其光：《汉字的又一个分支——女字》，载《中央民族学院学报》1992年第5期。

此有着更多的自己的个性。从女书方言字无论从字体、字形上都有自己的系统来看，实际上已接近于一个独立的文字系统。但由于它表达的只是汉语的一个土语，而且其文字还是汉文方块字的各种变体，所以仍属于汉语文的系统之内，保留着汉语方言字的性质。这和在云南省的各地傣族中并行不悖地存在着傣仂（西双版纳傣文）、傣端（金平傣文）、傣绷（水傣文）和德宏傣文四种文字，各文字尽管自成系统，各有特点，彼此有一定差异，但由于都来源于古老的印度字母，而且都表达不同地区的傣语方言。[①] 因此，它们也都是傣文的四种方言字一样。女书方言字也是汉文方言字中带有自己特点的一种方言字。

四、女书方言字的另一最大特点就是有着它的社会性。正像方言中，有一种社会方言，只通行于一部分社会人群中一样，如行业语、江湖语等。汉文中也有一部分是社会行业用字，最显著的是过去的典当行业的用语与字体，典当业者为了避免典当人以后赎取当物时，因物品的损坏变质（如虫蛀、霉烂、受潮、脱毛等等）而发生争执，所以在典当之初，就故意把典当的东西说得很坏。如在衣服前要加“破”字；毛织品前要写“虫吃破”；皮毛服饰要写“虫吃破光板”；书籍、字画要写成“烂”、“纸片”；将翡翠、白玉写成为“硝石”；黄金要写成“冲（假）金”等。在字体上有一套非常独特、难以弁认的当铺体草书，使人不易识读和伪造。而且还把 1～10 的数字写成“么（1）、按（2）、搜（3）、臊（4）、崴（5）、料（6）、俏（7）、笨（8）、缴（9）、勺（10）”（也有写作“口、仁、工、比、才、回、寸、本、巾”的）等。这种不同的行业语和行业字，无论在中国的北方和南方都相当普遍地存在着。仅据《通俗编》、《江湖切要》、《绮谈市

① 参阅周耀文：《西双版纳傣文》、《德宏傣文》、《傣绷文》和罗美珍《金平傣文》，载《中国少数民族文字》，中国藏学出版社，1991 年。

语》、《园社锦语》、《西湖游览志全》、《北京土语辞典》、《切口大字典》等书籍的资料统计，1～10在48个行业中竟有59种以上不同的说法和写法。由于商业中竞争激烈，为了阻止外来者加入竞争，并在行业内部进行沟通，所以在数字上的行业语及由此而产生的行业字就特别丰富。此外，各行业中还有与自己经营内容有关的行业语及字，如粮食业叫“糯米”为“金钗”、“小娘”、“羊脂”、“秋风”、“瞒宫”等，将“黄豆”作“滚菜”，“蚕豆”作“天虫”，“赤豆”作“红珠”，“芝麻”作“冰屑”，“大麦”作“蓑衣”……在食品业中，将“白糖”作“满口”、“三边”，“栗子”作“民战”，“水笋”作“羊角”，“萝卜”作“白条”，“白菜”作“常青”，“藕”作“地龙”，“玉蜀黍”作“宝塔”，“柿子”作“七绝”、“虬卵”，“茄子”作“落松”，“黄瓜”作“刺虫”……餐饮业将“筷子”作“篙子”，“匙”作“卤瓢”；面馆将“桌子”作“桥头”，“筷子”作“扦子”，“凳子”作“桥梁”……这种社会行业语和行业字，内容十分丰富，是一个需要深入研究的独立课题。

女书方言字的社会性就表现在该方言地区仅限于妇女使用，成为那里女性专门使用的一种书面交际工具，这是女书方言字区别于其他方言字的一个重要特点。虽然有的学者也发现过有个别男性能掌握女书的例子。如清华大学社会科学系沈培言先生在《女书研究之我见》中介绍：据上江圩中学唐功伟校长调查，在上江圩地区历史上有过4个男性居民掌

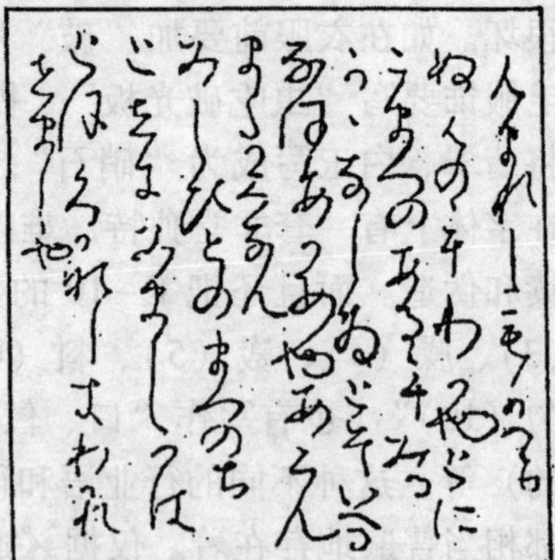

纪贯之《土佐日记》
（藤原定家摹写本）

握了女书，其中有的是汉文文盲，但对女书却能认会写。[①] 但这究竟是个别的例子，还不足于说明江圩女性方言字已不再是女性专用文字。

关于江圩女性方言字仅限于女性使用的文字类型问题，在世界的文字发展历史上似乎还很难找到同样的例子。但是，它不会是绝无仅有的唯一的女性文字。如在日本语中就有适用于妇女使用的语句，可以很容易地辨别出是女性使用的语言。同样，日本文字的平假名，在历史上就有“女文字”或“女手”的名称。因为，大约在从奈良时代末期到平安时代中期的这一段时间里，由借汉字音训注日语发音的万叶假名，像把汉字的草书体进一步简化形成和假名起同样作用的平假名过程中，出现了日本男子使用汉字，而妇女们则纯用平假名进行写作的现象，因此，平假名才有了“女文字”（おんなじ）的专称。著名的《土佐日记》，就是纯用平假名写成的作品，它的作者纪贯之虽是男子，但在文章的开头说“我想男人们写日记，妇女们当然也可以写”，就是一件假托妇女名义用假名所写的著作，表明当时妇女使用假名写作的盛行。纪贯之亲笔书写的《土佐日记》的原作已佚，现在传世的是藤原定家的摹本。从流利的字体，可见作为“女文字”的平假名作品，与使用汉字的男性文书，确有较大的不同。从平安时代中期以来，经妇女之手写成的故事、日记、随笔甚多，著名的有《源氏物语》（紫式部）、《枕草子》（清少纳言），《蜻蛉日记》（道纲母）、《和泉式部日记》、《更级日记》（孝标女）等。除了著述以外，妇女们平时写信等，也一律使用“女文字”假名，几乎不用汉字。这和当时日本男性写作时羼入大量汉字有着很大的不同。除了著述以外，妇女们平时写信等，也一律使用“女文字”假名。下举的16世纪后期日本越中守细川忠兴之妻细

---

① 《奇特的女书》，北京语言学院出版社，1995年。

川ガラシヤ（明智氏1563—1600）的“自笔消息”（亲笔信），书法类乎狂草，飘逸放任，不拘章法，简直可以看做是当时日本女书的代表作品。

值得注意的是，到了近代虽然已经不再出现妇女单用平假名写作的情况，但是在少女们使用假名进行写作时，又出现了一种“变体少女文字”，据《变体少女文字之研究》一书的作者山根

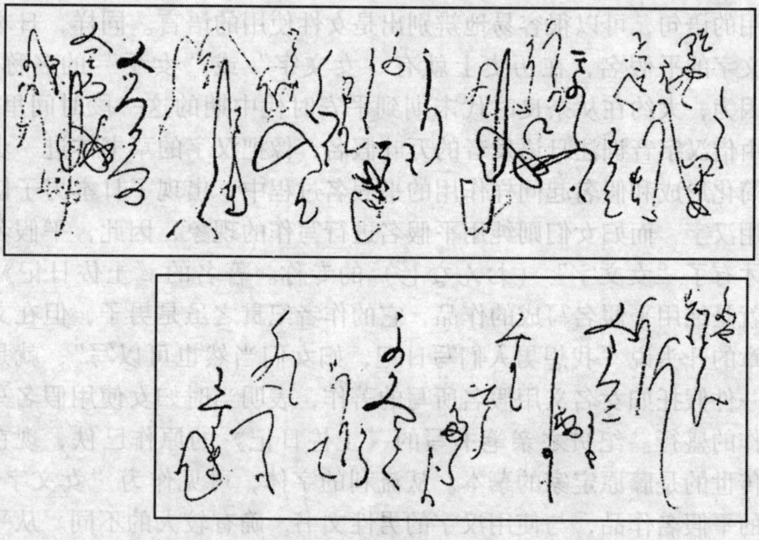

越中守细川忠兴夫人明智氏的“自笔消息”

一真先生搜集92个学校、134个公司（会社）的女性笔迹研究，指出“变体少女文字”有十大特征。其字体已形成日文写作中一个独特的分支。从一定意义上来说，它是中国女书方言字的姊妹篇，不能不说是一件十分耐人寻味的事情。由此可知，江华女性方言字并不是海内外仅有的独一无二的社会性文字，而且可以找到与它相近似的同类文字，如果加以比较，也许还可以从女性心理，社会发展历史以及女性文化特点等多方面得到启发。

汉文方块字除了方言字、行业字及带有妇女社会性的“江圩

女书”（女性方言字）之外，还在很早以前就出现了一个“土俗字”分支，从当时来说，由于没有很好的民族识别基础，所以不少人只把它看做南方某些地方性的“土字”、“俗字”，即地方性的“方言字”。实际上它记录和表达的是当时少数民族“土人”、“洞人”或“蛮人”的语言，从现代的研究看来，首先应该是壮族古代祖先的文字，是汉文字在古代少数民族中经过改造后的变体文字，详见后述。

日本变体少女文字举例

变体少女文字的十大特征

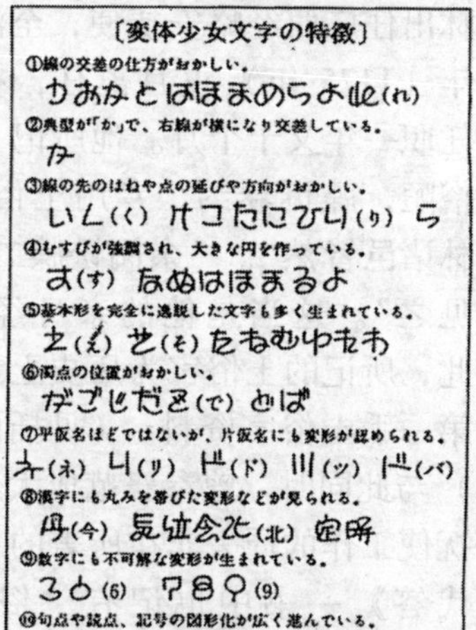

（引自山根一真：《変体少女文字の研究》第3页。1989年讲谈社文库）

载《日本圣德学园 岐阜教育大学纪要》第31集，1996年。

汉文字在华南各民族中的重大历史作用（下）

“土俗字”又称“俗字”，它最早大约见于宋代范成大《桂海虞衡志》的杂志篇。[1] 范氏自宋乾道九年（1173 年）三月到广西桂林出任广西经略安抚使，至淳熙二年（1175 年）正月离任，在那里任职一年又十个月。他所记“边远俗陋，牒诉卷约，专用土俗字，桂林诸邑皆然”。“余阅讼牒二年，习见之”。这当是他的亲身经历，因此，所记的土俗字为历史上最早的第一手土俗字资料。（见插图图一）与此同时，曾参襄范成大经略安抚使工作的周去非在所著的《岭外代答》一书中也记有“俗字”一条，二者相较，范氏记土俗字 10 个，周氏记土俗字 13 个，其中有 9 个是完全相同的。现以《桂海虞衡志》所载的 10 个土俗字为例，将它们与留传至今的广西壮族所使用的方块壮文相比较，可以列成对照表如下：

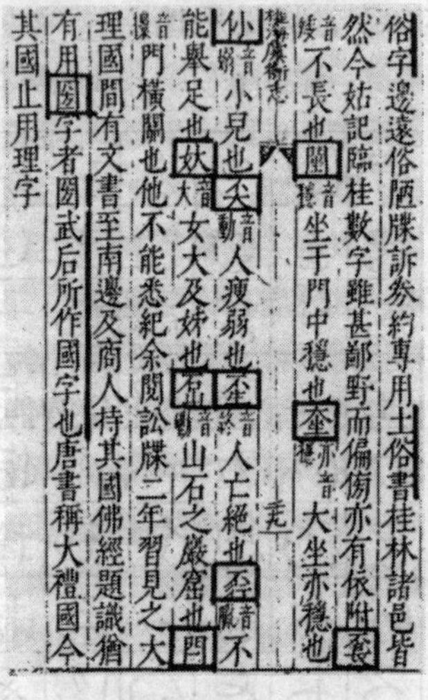
俗字邊遠俗陋牒訴券約專用土俗書桂林諸邑皆然今姑記臨桂數字雖甚鄙野而偏傍亦有依附𡘙音矮不長也閠音穩坐于門中穩也奀亦音穩大坐亦穩也仦音嫋小兒也𡚸音動人瘦弱也歪音終人亡絕也𠁡音勒不能舉足也㚢音大女大及姊也𡿨音磡山石之巖窟也閂音欄門橫關也他不能悉紀余閱訟牒二年習見之大理國間有文書至南邊及商人持其國佛經題識猶有用圀字者圀武后所作國字也唐書稱大禮國今其國止用理字

图一：现存最早的土俗字。（宋）范成大：《桂海虞衡志》所记的广西临桂俗字。（明代《增定古今逸史》丛书刻本）

① 参阅胡起望、范宏贵：《桂海虞衡志辑佚校注》，四川民族出版社，1986 年。

《桂海虞衡志》所记“土俗字”与现行“方块壮文”对照*①

土俗字	⿱不长		
原注音	矮		
原注汉意	不长也		
方块壮文	⿱不长	⿱不长	⿱不长
读音	tam	tin	kan
汉意	矮，低	短	矮，短
异体字	⿱口丁，偘，⿱品子 ⿱品土，⿰土品，⿺辶品 ⿰土寻，僜，⿸广登 丁，遖	⿱召丁，丁 ⿱契丁，⿰犭斦 ⿰矢丁，⿰矢斤	⿰矢今，听 匚

閸	⿱大坐	仦		
稳	稳	嬭		
坐于门中，稳也	大坐，亦稳也	小儿也		
閸	⿱大坐	仦	仦	仦
o：n	wan	ne：u	ni	θi:u
稳，安稳	稳	瘦削，细长	对小孩的爱称	少，小，缺少
咹，⿵門安，⿰大稳			妮，伲 嬉，滞	

奀	⿱夭王	⿱不乃	⿰女大
动	终	腊	大
人瘦弱也	人亡绝也	不能举足也	女大及姐也
奀	⿰歹台	⿰氵⿱因皿	⿰女大
nai	ta：i	un	ta
“姝奀”：小妻，妾	死	软，软弱	女童，姑娘
尕，⿱穴示 內，⿱罒米	⿱歹台，⿰歹台 殆，⿰歹太 歹，胎 胡，台	⿰言昷，⿰忄昷，⿰口昷 ⿰車昷，⿰氵昷，⿰口昷 ⿰昷欠，昷，咽 訓，訌，温 溺	馱，⿰女大 ⿰女达，妖

① 本表所列“方块壮文”主要参阅《古壮字字典》（初稿）。为了排印方便，本文将民族语言的声调标记全部简略，望读者见谅。

⿱石山	閂	
磡	攛	
山石之岩窟也	门横关也	
⿱石山	⿵冂彐	閂
ka : m	kwe:n	fun
岩洞	关闭，(⿵冂彐闭：关门)	封，封闭，封锁，塞
⿰石敢，⿱敢石，噉 ⿱敢山，嵌，敢 ⿰口感，碱，⿰石甘 鉗		闐，闔

从上表的比较中可以看出，（一）在10个土俗字中，有⿱大老、⿵門坐、⿱大坐、妖、⿱石山、閂6个字和方块壮文是完全一样的，它们不仅字形相同、含意一样，而且在发音上也是大同小异，十分近似的。在此外的4个字中，有“仦”与“奀”两字，在现行方块壮文中也有同样字形，但在含意上，已有所不同，如前者“仦”字，由“小、人”构成，在《桂海虞衡志》作“小儿”解释。而现代方块壮字则有三种解释，即“痩削、细长”、“对小孩的爱称”及“少、小、缺少”三种意义，其中以“对小孩的爱称”与“小儿”的意思最接近，可以看做是“小儿”意义的进一步发展。后者“奀”一字，由“不、大”二字构成，在《桂海虞衡志》中作“人瘦弱”的解释，而在现代方块壮字中却作抽象的“小”的意思来用，如“小老婆”（妾）一词在古壮字中即写作“⿰女米奀”（壮语中修饰语与被修饰语倒置，“⿰女米奀”直译为“妻小”，即“小妻”、“小老婆”之意）。此外只有“奀”、“⿱不子”两个土俗字在现代方块壮字中尚未找到相同的字形。“⿱不生”为人亡绝（死）之意，现代壮语（南部方言）称死作“ta:i”，按形声字的构字方法，应写作“⿱台死”、“殆”、“⿰歹太”等。其中有一个异体字“⿱不死”，没有表声的部分，与土俗字“⿱不生”的构字法相近。“不生”（⿱不生）即死，与“大老”（⿱大老）后要死的意思相近。“⿱不生”

也许是宋代广西土人（壮族祖先）关于“死”的曾使用过的一个已失传的异体字。“孬”一字原作“不能举足”解释，“不能举足”也就是脚软之意，在现行方块壮文中没有发现“孬”一字，只有读音完全不同的“𠈳”字在意义上与“孬”相近，这是在10个土俗字中，唯一没有在现行方块壮文中找到相对应文字的字，其中的原因可作进一步的推考。

范成大《桂海虞衡志》约成书于1175年，距今已有800多年的历史。他当时所记载的，主要是住在桂林一带的东部壮族先民的文字与语言，而该书作者又并不是专门做语言文字学研究，只是在自己的杂记中做的信笔记录。但相隔800多年的时间以后，将广西东部壮族先民的古代语文与近代主要流行于广西西部的方块壮文相比较，无论在时间、空间上都有很大的距离，但却发生了达到60%的文字在字形、读音与意义上完全相同的同一性。如果加上字形相同的“奀”、“歪”二字，则同一性高达80%。这是宋代土俗字与现代方块壮文有着密切关系的有力证明。而且在当代的壮族民间，也有把方块壮文直接叫做“土俗字”的，更说明这二者实际上是同一事物，并使我们可以十分有把握地说，方块壮文早在800多年以前就已十分完备，它的起源显然应当比此要早得多。

对方块壮文的起源，在史书上并无明确的记载。据有的学者研究，认为至迟到西周（约公元前1000年），壮族祖先已开始摸索创造文字。从西周到秦统一岭南之前，为方块壮文的萌芽期。从秦王朝灭亡到南越王赵佗割据岭南的93年中，大量汉文化传人岭南，一些文人官吏利用汉字的形、声、偏旁、部首结合当地语言，开始创造方块壮字。逐步累积到隋唐时期，到唐代形成了一套较完整的文字系统。从此，宋、元、明、清各代都是方块壮文的发展期。它进入了壮族社会生活的各个领域，汉文古籍、说唱、野史等被大量改编成用方块壮文记录的叙事诗，除了用于写信、记账、告状、记事等日常使用以外，还翻译佛教、道教经典，进入方块壮文的繁荣期。① 由于所有上述作品都是手写的传抄本，尚未见到印刷刻本行世，因此，有很多作品因各种原因而遭到毁坏或丢失，只有民间歌词唱本和壮剧剧作因受到爱好者重视而有较多的保存（见图二），除此以外，还有碑刻等。最著名的有现在还留存的《澄州无虞县六合坚固大宅颂》，广西上林县麒麟山麓石牛洞摩崖石刻，刻于唐永淳元年（682 年）为澄州刺史韦敬辨所撰文。另有《智诚洞碑》，唐万岁通天二年（697 年），刻于上林县智诚山麓，亦为韦敬辨所撰文。前者共刻文 381 字，后者刻文 1108 字，它主要由汉文撰写，但在总计 1489 字中，却有非规范字 33 个，如《六合大宅碑》中“畓桑滋耽，耕农尽力”。语句中的“畓”字为田上长米，即“稻田”之意，与现在通用的方块壮文“䎃”字（田之意），为互相通用的异体字。“畓”字以“米”表意，“䎃”字以“那”表音，这两个字指的都是同一个事物。说明这 33 个非汉字，很可能是当时的土俗字，也就是现行的方块壮文。除此以外，在广西宜山县安马乡古育村一个岭坡的古墓门上，还刻有“壮欢”15 首，壮欢为五言四句的壮族民歌，押腰韵和脚韵，15 首壮欢共计有 120 行，由墓内死者廖士宽在生前所编，

图二：用方块壮文写作的壮族民间长诗《布洛陀》

① 梁庭望：《古壮字及其文献新探》，并参阅黄现璠等：《壮族通史》，第 156 页，广西民族出版社，1989 年。

其中共有方块壮文74个，说明当时人们对壮族诗歌的喜爱和使用方块壮文的普遍。随着方块壮文在各地的发展，也开始出现了方块壮文的大量异体字，反映了各地壮族创造和使用方块壮文的热情和要求。从《桂海虞衡志》所记的10个土俗字中，就有“閪”、“𡘫”两个读音、意义完全相同的异体字来看，可见方块壮文的异体字一直可以追溯到12世纪的宋代。由于壮族地区长期以来没有形成一个稳定的政治、经济、文化中心，也没有建立过集中统一的自己的强有力政权，方块壮文没有取得官方文字的地位，所以也没有经过系统的正字法的整理和科学的归纳，它们长期以来在各地发展，虽然互有交流和影响，但仍不可避免地保留了大量异体字的情况。从前列对照表可以看出，“𡗶”有异体字11个，“𣻸”有异体字13个，“𥐥”有异体字10个，“𣆐”有异体字9个。除此以外，还可以找到存在异体字更多的例子，如意义为“头”、“首”，读音为“kjau”的“𩠐”字，有异体字22个。意义为“火”，读音为“fei”的“𤆊”字，有异体字19个。意义为“飞”，读音为“bin”的“𩙪”字的异体字也有19个。意义为“落”、“丢失”，读音为“tok”的“𧼯”的异体字有18个。意义为“毛”、“羽毛”，读音为“pwn”的“𣯡”字；意义为“早饭”，读音为“ŋa：i”的“𩟗”字；意义为“中间”、“一半”，读音为“kia：n”的“𥹰”字；意义为“男青年”，读音为“ba：n”的“𨶙”字等，都分别有异体字16个。此外，分别有异体字10个以上的方块壮字，还相当多，不能一一列举。据各方发表的材料综合来看，现行方块壮字的总数在10000个以上，但其中异体字可能要占到一半左右。我们知道，掌握1000个以上的汉字，就足够表达一般的汉语，在交流方面不会有太大的问题，方块壮文累计达5000个单字，可见已有了较大的积累。方块壮文在壮语中叫做Sawndip（𰃅𱍺），有“不成熟的文字”之意，其实它除了某些方面不够完善以外，长期以来在生活的各方面使用的结果表明，它已不再是“不成熟的”文字了。

为了了解方块壮文异体字情况，本文列举“⿰首夫”（头、首），“⿱巴火”（火）二字的不同异体字如下，作为例证，以供参考。

⿰首夫：料、⿰豆寸、⿰豆夫、⿰豆九、⿰豆欠、九、久、苟、⿰首夫、⿰首九、⿰首欠、⿰首求、⿰首夫、馗、趺、⿺走夫、⿺尢夫、呋、玖、位、柳、邱。

⿱巴火：⿰火巴、⿰火肥、肥、⿰火貴、費、炥、⿱弗火、⿰火微、⿱弗火、微、⿰火朱、⿰火飞、⿱火灬、⿱非火、⿰火非、炜、⿰火为、⿰巾灰、⿵门火。

关于方块壮文的构成方式，大体以形声字为主，除了借汉字表音，或借汉字表意外，多数是一半表意，一半表形。这就决定了它的不少字结构复杂，笔画较多，有的学者提出，方块壮文主要有五个种类文字构成，即（一）假借字，（二）形声字，（三）会意字，（四）借汉字，（五）自造字。[①] 也有人认为，方块壮文与越南的“字喃”（也是中国京族的方块文字）一样，都使用了假借、仿造（包括形声、会意、简化）等方式。[②] 还有的人提出，古壮文（方块壮文）可以分为四类，即（一）象形字，（二）会意字，（三）形声字，其中又可以分为“左形右声”如“⿰鱼巴”（鱼）；“右形左声”如“⿰六鸟”（鸟）；“上形下声”如“⿱山己”（山）；“下形上声”如“⿱罒田”（田）；和“外形内声”如“⿵门斗”（门）等几类。（四）借汉字。[③] 总的来说，都认为方块壮字与汉族方块字的关系十分密切，它们通过形声、会意、假借、简化、仿造等方式，改造汉文，以形成具有自己风格和特点的民族文字，这都证明了汉文化在壮民族中的深厚影响，表明了两大民族在文字间的交流融会。在这里还要指出的是，笔者认为在研究两

---

① 覃晓航：《壮族文字》“二、方块壮文”，载《中国各民族文字与电脑信息处理》，中央民族学院出版社，1991 年。

② 周有光：《汉字文化圈的文字演变》“（三）南方民族的汉字式文字”，载《中国各民族文字与电脑信息处理》，中央民族学院出版社，1991 年。

③ 张声震：《古壮字字典·序》，载《古壮字字典》，广西民族出版社，1989 年。

个事物时，如果遇到不同点很多时，就应着力找出它们的相似之处。在遇到相似点很多时，就应着力找出它们的不同之处，这样才能深化认识，更好地了解事物的特性。在方块壮文中，也要看到它除了少数自造字，如“坐”字有ʒ，ʒ，ʒ，ʒ，B等：“蝴蝶”为“ꝏ”；“拐杖”为“ㅓ”；“走”为B；树“荫”为B；“钩子”为ʟ；“低”头为3；“昂”首为Ʒ，B：“纵横交错”为⋇：“性交”为⊥：“遮盖”为ʒ；“钱”为ㄌ；“背”为3；“去”为ㄓ；“陪伴”为π；“矮”为τ等。其中有的为象形、会意，有的则从汉字的草体变化而来。除此以外，还创造了一些偏旁部首，如“ㄣ”，现在可以找到以加“ㄣ”号来组成新字的有“丁ㄣ”（大概）、“各ㄣ”（敲）、“崇ㄣ”（睡）、“烟ㄣ”（照）、“骨ㄣ”（稠）、“韭ㄣ”（逃脱）、“边ㄣ”（飛）、“考ㄣ”（瘦）等字共20多个。这是一些不同于汉文方块字的特征，表现出壮族人民在长期历史中，对汉文不是生硬地搬用和简单地仿造，而是在学习引进的过程中，也有着自己的发展和创新，这也丰富了汉字文化圈的内容。

本文笔者认为，关于方块壮文的起源和发展的研究，还有两个情况可资参照，一是与壮族地区紧密联系的越南民族使用的“字喃”的形成与发展。另一个是唐代武则天曾颁行天下18个自造字，予以推行，正式从官方最高领导的角度提出了改造汉文字的样本，对当时的时尚及一些方言字、行业字、土俗字的形成和发展，显然起到了推波助澜的作用。

越南与中国长期以来关系十分密切。越南北部过去称作“骆越”，为百越的一部分。公元前214年，秦平南越，建桂林、南海、象郡三郡。象郡包括今越南的中部、北部和现在广西壮族自治区的南部，后来赵佗建南越王国，在其地划交趾、九真二郡；汉平南越后，设立九郡，其中的交趾、九真、日南三郡也相当于今越南的北部及中部，如交趾郡共辖10县，其郡治龙编县，也就是在今河内市的东北。这三个郡的行政格局和经济、文化发展为以后越南国的建立打下了基础。从汉至后晋的1100多年时间里，越南语吸收了大量汉语，在越南语中源于汉语的借词占50%左右，从秦代开始，汉文字也传入越南，被称作“儒字”（Cho Nho），曾被作为官方文字使用。越南从李朝到陈朝末叶（1009—1413）的400多年中，曾用汉文大量写作官书与著作，见于记载的尚存33种。在使用汉字的过程中，也开始出现以汉文字记录京语的情况，据说在公元前791年时，冯兴率众反抗当地官吏的苛敛诛求而被唐军击败后，当地群众为怀念冯兴，就将其称作“布盖大王”而进行祭祀。这“布盖”二字就是越南语“父母”的记音，被借用来作为对冯兴的尊称。越南民族自己的文字“Chu Nom”（字喃，即“南国之字”的意思），大约是在这样的基础上逐渐发展起来的。长期以来，经过利用汉文方块字结构的形声、会意、假借等方法，到13—14世纪时，已形成为比较完备的“字喃”系统，据有的学者介绍，其构字法有会意，如“天”，写成“𡗶”（trói），“头目”写成“仚”（trùm）等；假借，如“有”的越南语发音为“có”，则写成“固”；“一”的越南语发音为“môt”，则写成“没”等。还有发声与意义各占一半的形声字，如“年”的发音为“nǎm”，写成为䄻；“夫”的发音为“chông”，则写作为“𫫵”或“𫫶”等。日本学者竹内与之助，曾分析“字喃”的构字有11种（见《字喃字典解说》，昭和六十三年，大学书林发行），对“字喃”的构成作了较为详细的研究。根据越南的传说，认为“字喃”为越南陈朝时期诗人韩诠创制。不论其可信程度如何，但至少反映了陈朝（1225—1450年）时期“字喃”已经集其大成，成为自成一套的文字系统。

有一部分越南民族的百姓，自400多年前以来，逐渐自越南涂山迁入中国广西防城的沿海一带，在中国被称为“京族”，因此作为京族文字的“字喃”，也是中国南方少数民族与汉文字有关的文字之一，本文后面将有所提及。关于“字喃”形成及发展的经历与时代，相信对方块壮文发展史的研究，一定会有所启示与借鉴。

唐代武则天曾作 18 字，颁行天下。有“𠀑（天）、埊（地）、𡆠（日）、𡖀（月）、〇（星）、𢘑（臣）、𡕀（载）、𡔈（初）、𠡦（年）、𠙺（正）、曌（照）、𧗟（证）、𨲢（圣）、𥠢（授）、𡙧（戴）、圀（国）”等命令在全国普遍使用，此举在一些文人儒生之间，曾引起种种议论，各有誉毁。但遗风所及，如云南安宁县大石庄《王仁求碑》（698 年）、云南楚雄城西紫溪山猢狲箐《□□护法明公德运碑》（1148 年）、姚州兴宝寺《兴宝寺德化碑》（1186 年）等碑中所刻之字犹多用武则天所颁之字，其中以“圀”字为最多。宋代范成大也说：“大理国间有文书至南边，及商人持其国佛经题识，犹有用圀者。圀，武后所作，国字也。”武后制字，不远万里，传到云南边陲，位于广西的壮族地区也不会不受影响。方块壮文在唐代有所发展，到宋代已普遍使用于讼牒文献之中，如范成大之所见。可知武则天制字的影响，起到了示范、推动的作用，这是不能忽视的。

壮族是中国人口最多的少数民族，方块壮文是汉文方块字在华南各少数民族中影响最深历史最久，成字最多的一个文字分支，所以本文对此也用较大的篇幅来叙述。与方块壮字相近似的，除了前面提到的京族的“字喃”以外，还有与壮族有紧密关系的布依族方块布依文。现简单略述如下：

京族在中国的人数不多，1990 年的统计，有 18900 多人，主要居住在广西壮族自治区南部防城各族自治县的沿海沥尾、巫头、山心三个小岛及其附近一带。京族使用的“字喃”与越南使用的"字喃"基本上相同。由于"字喃"在历史上曾作为越南国家的官方文字，翻译过中国的四书五经，并作为学习的教材，又出版有大量如《金云翘》、《大南国史演歌》、《蓼云仙传》、《金龙赤风全集》等木刻印刷本，所以文字比较规范，其异体字也不像方块壮文那样多，在构字方式上，与方块壮字相近，但实际上构成的字形，除少部分外，大部分是与方块壮文不同的，表明"字喃"走过了一条独立发展的道路。但是，"字喃"能表达越南语言，著书立说，写作文学作品，翻译中国的《论语》、《孟子》等著作，给人们一个启示，就是"字喃"能够做到的事情，相信方块壮文也一定能够做到。关于这方面经验的借鉴，以及如何在民族文字的发展上作更深入的思考，现在似乎还有学者进行认真的研究。必须指出的是，由于中国京族人口较少，对外联系必须使用汉语、汉文，少儿的学校教育也没有"字喃"的传授，因此现在京族中除若干老人以外，懂得"字喃"的人已经很少。"字喃"将成为一种不通用的古文字而存在。

布依族过去又称作"仲家"，在中国有 250 多万人（1990年），主要居住在广西壮族自治区北部，贵州省的南部一带。布依族与壮族有着十分密切的亲缘关系，不仅语言相近，而且在服饰、习俗等方面也十分近似。过去的很多关于布依族的著作，都说"布依族过去没有文字，一直使用汉文"，"在（拉丁字母拼音的）布依文创制以前，布依族没有自己的民族文字……"有些本民族学者比较审慎，除了指出"过去没有民族文字"外，也反映出"在不少地区，民间流行着一种借用汉字的形、音、义和仿造汉字形声字创造的一些方块字，人们称之为'布依字'或'土俗字'，用来记录本民族的语言"。① 由此可见，布依族过

① 王伟：《关于布依族语言文字问题》，载《布依学研究——贵州省布依学会成立暨第一次学术讨论会论文集》，1988 年。

去的确存在过一种与方块壮文相类似的“方块布依文”，只是在过去连汉文方块字都遭到贬斥的情况下，这种少数民族的“土字”、“俗字”，自然也不会受到重视，不会将它作为一种实际上客观存在的事物，进行一番认真的研究。

随着对民族调查研究的深入，以及提倡搜集、整理少数民族的古籍，已有报道说贵州安顺地区民委已收集和挖掘到藏于布依族民间的一些布依族宗教经典抄本，其中包括8卷本的《古谢歌》（流行于镇宁县扁担山区）、8卷本的《超荐经》（搜集于安顺县黄腊布依族乡），以及一卷本的《开路词》（搜集于安顺市郊的阿歪寨）等，都是一些夹杂了大量方块布依文的宗教经典。以致要读懂它，必须采取“由老经师，熟悉本民族当地方言、风土人情的老者和掌握标准记音工具（国际音标）的人，以“三结合的办法”，把读音弄准，标好准确读音，经逐字逐句的直译出每个汉字符号的意思（字义和词义），然后再将全句融会贯通，反复斟酌，加以翻译。从这些宗教经典古籍抄本可以看出，方块布依文在事实上是存在着的。由于调查的有限，所以现在发现的使用范围较窄，一般只反映在宗教经典抄本之中。相信经过进一步的挖掘，将会发现方块布依文在布依族人民生活的其他方面使用的例子。

关于方块布依文的结构，现在还没有系统整理，从布依语与壮语十分接近，以及方块布依文过去也叫“土俗字”推断，方块布依文与方块壮文之间一定有若干通用字，正如这两个民族在20世纪50年代创造拉丁字母拼音文字时，两个民族的文字方案互相通用，建立了“文字联盟”的情况一样。过去方块布依文与方块壮文同在“土俗字”的名义下，一定也出现过类似的文字联盟的情况。不过现代的文字联盟出于自觉的明确规定，而过去的文字联盟却出于客观需要而又是在不知不觉中建立的罢了。

本文以布依族的布依语学者王伟教授以及喻翠容研究员所举

的方块布依文字为例，将其与方块壮文作比较，可以发现以下四种情况。

（1）方块布依文与方块壮文完全相同。

现将与方块壮文完全相同的方块布依文例字列表如下：

方块布依文	卜、甫	哽	鲃	躺	三	岜
方块壮文	卜、甫	哽	鲃	躺	三	岜
读　　音	po	Kωm	pia	da: η	sa: m	byai
意　　义	父亲	吃	鱼	身体	三	石山

（2）方块布依文与方块壮文大体相似，只是一为表音字，一为形声字，二者相比，只是少许加了一点偏旁之类的符号。实际上可以把它们看为相同的异体字。如下表：

方块布依文	米、乜	打
方块壮文	咪、[illegible]	沰
读　　音	me	ta
意　　义	母亲	河

（3）方块布依文与方块壮文字形不同，在方块壮文的多个异体字中，暂时还没有找到与方块布依文相同的字形，这可能是在长期发展中，方块布依文有了独立发展的结果。如下表：

方块布依文	儿	蛮	酒	哓
方块壮文	劢、仂、勒、叻……	坂、板……	氿、醽……	许、呶、噃……
读　　音	lωk	mba: n	lau	nau、mau
意　　义	子女、孩子	村寨	酒	说、讲

纳	沓	鸡	要
挪、畬、那、䓶、罶……	氹、沓、𣸣……	鳰、鵝……	嘔、歐、讴、摳
na	tum	gai、kai	au
田	淹	鸡、（山）鸡	要

（4）方块布依文的有些字，在方块壮文中，却作别的字使用，即同一个字形在两种文字中分别成为两个不同解释的字，如下表：

方块布依文	沓	打	金
读　音	tum	dah	jim
意　义	淹	河	金

方块壮文	沓	打	打	金、妗
读　音	bo	tai	ta	kim
意　义	泉	眼睛	搓、编	小伙子对姑娘的爱称

以上表中方块布依文与方块壮文比较后得出四方面情况，不是从两个文字系统对比后作出的结论，而只是根据一些例字作出的比较，因此还看不出各点之间的比例情况。但据此也可以大致看出，方块布依文与方块壮文之间的确存在着不少相同的字。但也有一部分字形稍许不同，可以看做异体字的相同的字。这两部分相加，应该占其中的大部分。还有一小部分则是各有自己的方块字，以及虽然同一字形但却在理解和使用方面各有不同的字。但不管怎样说方块布依字毕竟过去存在过的一种古老方块字，是汉字文化圈中尚未完全打开的一个宝库。

四

与壮族、布依族语言相接近的有侗水语支的侗族、水族等民族。侗族、水族的过去的文字情况差别较大，本文将分别予以叙述。

关于侗族过去的文字情况，也有不少学者认为“侗族没有本民族文字，一直通用汉文”。或者说在创造拼音的侗族文字以前，一直没有本民族文字，这种说法，从总的来说，也许基本上如此。但还必须作若干说明。

根据对专业的木工建筑业调查，我们知道在侗族民间木工中存在着一种特有的建筑文字，总字数虽然不多，但的确是在日常劳动中经常使用的活文字。据李长杰主编的《桂北民间建筑》（1990年5月，中国建筑工业出版社）一书所载侗族建筑文字共有12个，现转引如下表：

侗族建筑文字符号

侗族建筑符号	ろ	ㄜ	ち	可	V	Z	Þ	ㄡ	土	子	井	纟
含　　义	前	后	左	右	上	下	中	天	土	挂	梁	方

在其他一些从民族风情角度介绍侗族建筑工艺的文章中，也提到这方面的情况，说“在实践中，侗族的建筑师们创造了一种独特的建筑文字，代代相传。经常使用的侗家建筑文字有13个……在‘香杆’和大小方条上用来标明各种图形，全部是这种文字”。[①] 该文所述13个侗族建筑文字，除了前述的12个以外，还有一个“川”（柱）字。由于字数太少，还不能完整地表示侗语句子，因此，称它为“建筑业专用符号”还比较妥当，但是文字实际上也是一种符号，只是它在表现语言、词句、概念上比较系统、完整。因此，本文采取了折中的方法，称其为“建筑文字符号”，不知道方家以为然否。

事实上，侗族过去的文字，并不仅仅表现在这几个建筑文字符号上。长期以来，侗族民间存在着“汉字记侗音”的习惯。有的研究侗语文专家，曾将“用汉字记录侗歌”的情况，归纳为三种情况：（一）直接借用汉字读音以表示侗语。如用汉字“高锦”的读音近侗语ka: u Jen（头山）的发音，用“高锦”来表达侗语“山头”之意（“头山”为倒装词，即“山头”之

① 吴浩：《巧匠神艺》，载《侗乡风情录》，四川民族出版社，1983年。

意）。用汉字“消”的读音接近侗语的Sha:u（你们）音，所以写“消”字来表示侗语“你们”的意思。（二）是借用汉字的意义，但在字下加“×”或“·”符号，表示必须用侗语的发音来读，如“风”写成“$\underset{\times}{\text{风}}$”、“$\underset{\cdot}{\text{风}}$”；“挑”写成“$\underset{\times}{\text{挑}}$”、“$\underset{\cdot}{\text{挑}}$”，就表示这两个字仍表示“风”、“挑”（担）的意思，但读音则必须用侗语的发音“lem”、“ta:p”来读。（三）是利用汉文的反切方法，来记录侗语，例如，侗语中“你”的发音为“nya”，就利用汉文“尼亚”二字相切为“nia”音，将侗语“你”写成“尼亚”，就成为“汉字记侗音”的第三种方法。除了用两个汉字相切外，还有少数用三个相切的，如侗语“走”的发音为“cha:m”，就用汉文“其阿姆”来代表侗语的“走”字。① 正如侗族学者杨权教授所说：“侗族民间盛行用汉字记录侗语，俗称‘汉字记侗音’。这既是侗族经济文化发展的产物，又是汉文化输入的产物”，② 这种用汉字记侗音所记录下来的侗族民间文学和歌册、历书、农本、药书、家谱、族谱等，统被称为“侗书”（leec Gaeml），长期在民间流传。据了解，湖南省通道侗族自治县下乡流源寨的杨光保家保存的侗款抄本已有250年以上。由此可知汉字记侗音的历史已十分久长。

据广西龙胜一带侗族民间传说：三国时代，72洞洞王孟获，在被诸葛亮收降以后，他的第9个妻子“孟婆”，带领父老乡亲迁居来到龙胜山区。据说就是这个孟婆，将原来只靠世代口传的侗歌和各种知识，用汉字记侗音的方法记录下来，为侗族人民创制了“侗书”。留传下来的各种侗书，其内容包括侗款（侗族民间法律条款）、择日、择地、择居、侗歌及耕作、喂养禽畜经验

---

① 张均如：《侗文》，载《中国少数民族文字》，中国藏学出版社，1992年。

② 杨权：《侗族民间文学史》，第7页，中央民族学院出版社，1992年。

等知识，据此传说，可见汉字记侗音的方法，可以追溯到公元3世纪的三国时代。这种民间传说的可靠程度已难于查考。但是生活在清嘉庆年的侗戏祖师吴文彩（贵州省黎平县腊洞侗族）耗费心血，编成了第一批侗戏剧本如《梅良玉》、《李旦与风蛟》等，就是用汉文记侗音的方法记录下来的。从吴文彩开始，出现了不少用汉文记侗音方法写成的侗戏和长篇叙事诗。吴文彩不仅是侗戏大师，在推动汉文记侗音的文字工作方面也起了不可磨灭的作用，难怪侗族人民除了尊其为“侗戏祖师”外，又亲切地称他为“侗族秀才”。这种汉字记侗音的方法直到最近在一些侗族知识分子所写介绍侗族风情的文章中，还经常使用，本文从1983年出版的汉文版《侗乡风情录》中统计，就发现近百个汉字记侗音的情况，现在选择一部分列举如下：

汉字记侗音	勒汉，罗汉	勒勉、罗缅	久相、主象	也	月也、月贺
意　义	男青年	女青年、姑娘	情人	朋友	集体做客

布刚	银老	撒	依美	勒温	埋美	斗撒
壮年	老人	祖母	新生婴儿	小孩、儿童	新娘	中年妇女

汉字记侗音	龙焖	月堆华	多标	美烘徐	占靠买	占南改
意　义	山泉	种公地、集体种地	插标记	风水树	吃新娘酒	鸡肉宴

腊马	腊也	多耶	桑耶、桑嘎	桑罢	桑美
(用鸡或鸭汤煮的）粥	集体宴会	唱侗歌	歌师	石匠	木匠

侗族的汉字记侗音的侗书，到了现代，不仅走出了手抄本的道路，而且从1958年开始，由出版社正式出版了书籍，其中有：

《侗族大歌》，贵州省文联编写，1958年8月，贵州人民出版社。

《侗族民歌》，贵州大学艺术系编辑，1960 年 5 月，贵州人民出版社。

《侗族民歌选》，杨通山、蒙光朝等编，1980 年 12 月，上海文艺出版社。

1988 年 10 月，由辽宁人民社出版了杨权、郑国乔整理、译注的 4 卷本《侗族史诗——起源之歌》，共长达 600 多页。

为了了解汉文记侗音的大体情况，现摘引《侗族大歌》中的一首歌词如下，以见一斑。

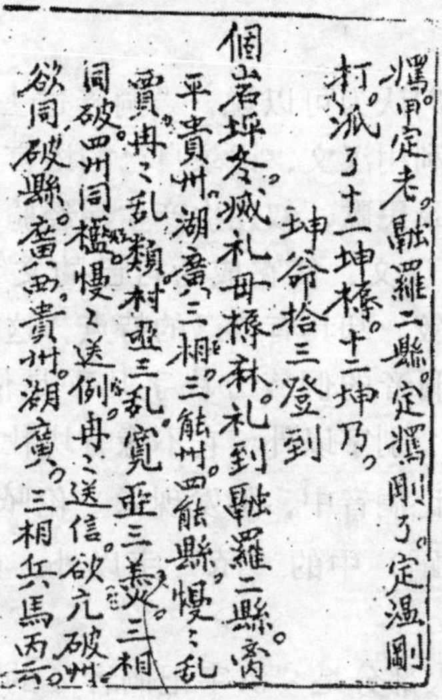

图三：汉字记侗音《埋岩本》侗书抄本之一页。

（清代同治初年～1849 年）

汉文记侗音	译 意
嘎 坑	
害益多嘎梅嘎细，	坑洞男声大歌
盖杀顶堆恶不又浆，	不唱歌来可惜歌，
盖杀顶德昂忙赏赛，	不种田地口要吃；
共后补素嘎补德昂，	不种田地肚皮空，
（汉文下有“——”者，	田地要种歌也唱。
为该两字的反切记音）	（引自《侗族大歌》第12页）

写到此处，我们认为可以说，“侗族过去没有自己的文字”是不合适的。他们利用汉文，记录自己的语言，能完整的表达意义，写作剧本，记录民歌，叙述生产生活经验等。因此，可以说侗族实际上是运用汉文，使它成为自己的文字，但是与方块壮文，方块布依文比较，却具有自己的特点，这就是：

（一）汉文记侗音的侗族方块字几乎是借用现成汉文方块字，除了极少数或个别字以外，它不像方块壮文那样创组很多新的形声字。在汉字记侗音中，除发现像“伦吰”（吹芦笙的青年头头独吹独跳的舞蹈）中的“吰”字以外，很少见到自己特有的字形。

（二）由于极大部分是“汉字记侗音”的文字，所以如果不懂侗语的话，不经翻译，就根本看不懂这种用汉字记侗音的汉文语句。因此，也说明汉文已被侗族人民接受，吸收成为自己的文字。它利用汉字写成的句子，除了少数借词和同源词以外，已与原来的汉语没有关系，它成为真正表达侗语的侗族文字。

（三）由于侗语与汉音在语音系统上各有特点，互不相同。所以有的侗音无法用汉字进行标写。在这个情况下，侗族民间不是采用创制新字的办法来加以解决。而是采用汉文过去习用的反切的办法，利用拼音来记录自己特有的语音，以弥补汉文语音与侗语发音不一致的缺点。用这种办法写成的“侗书”，就更令人难读，它更增加了侗族方块字的神秘性，以致有人认为侗族过去没有文字。

（四）由于侗语本身存在着南、北两大方言，而同一汉文在不同地区因方言、土语口音的不同，所以又有不同的读音存在。因此，同一侗语的词，在不同地区、不同人中间，可以使用不同汉文来进行记录，所以也存在“异体字”的问题。有的常用侗语词，人们经常用那几个汉字记录，约定俗成，大家都能认识通用，而有的就只能限于少数人范围内通用。这就使汉文记侗音的流行存在着困难。汉文记侗音在使用中的任意性是它作为正式的侗族文字的最大障碍。

作者发现除了有悠久历史的用汉文记侗音的侗族文字外，也有人企图改写汉文使之成为侗文的做法。据说在湖南省通道侗族自治县有一个叫吴本梅的侗族姑娘，居住的龙滩是一个极偏僻的大山区。上小学时，她不懂汉语，却要学习汉文，觉得十分苦恼。到 14 岁时，她看到当木匠的叔父在建屋木材上写了不少书本上没有的建筑文字符号，受到启发，便自己潜心研究，在三年时间内，设计了 3493 个表音单字。此后，她用 600 余个单字便将当地侗歌的歌词全部记录下来。她创造的字形有：，，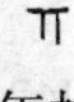，，，等。人们传颂她是侗家的“女仓颉”。直到 1983 年拉丁字母拼音的新侗文在当地试行，她才停止了自己的工作。据说她仅用一个晚上就学会了新侗文的拼音字母读音和拼法，一星期后就能运用自如。曾被当地县的古籍办公室和县志办公室聘请下乡搜集资料，还参加《侗族文化史料》一书的侗语标音工作。①

① 据通道县文化馆钱玉趾所写《江永妇女文字源头初探》一文中所介绍的资料。

这仅是一个罕见的例子，对这种依靠个人独立创制的文字，能否经得起实用的考验，是否在社会生活中具有生命力，还需要进一步的研究。但也说明侗族人民存在着迫切需要自己文字的希望和群众中蕴藏着极大创造力的源泉。

五

水族使用的“水文”，又作“水书”。水语叫做“勒虽”。因其中有一部分是汉文方块字的反写或倒写，所以又有“反文”或“反书”之称。水族在1990年统计时约有35万人，主要居住在贵州三都水族自治县及其附近。水文主要用于宗教方面，有大量关于占卜、择日等方面的抄本。水族人民每逢出行、婚嫁、丧葬、动土营建等活动，都要请鬼师择日，趋吉避凶，以求万事顺利，这些水文抄本就成为鬼师世代相传的经典。除此以外，还有一部分用以放鬼、收鬼、拒鬼的“黑书”，即所谓黑巫术。害人的鬼师可以据此确定在什么时候，朝什么方向，给什么人放什么鬼，以此祟害有仇恨的对方。因为这种黑书指导干的是见不得人的坏事，所以不仅数量很少，而且鬼师往往秘不示人，讳言其事。从这个角度来说，水文不仅在文字学上有重大的意义，而且在宗教学上也是一个值得探索的冷僻的领域。(见图四)。

水文在古代史书中记载甚少，近代的研究，首先要推介1942年在贵州大学主持社会研究部的岑家梧教授，他在1943年9月赴荔波调查水文后，写成《水书与水家来源》一文，首次对水书作了比较全面的介绍和研究，并释读了水文134个，如果包括各种异体字在内，则释读的水文单字已在270字以上。此后还有《都匀县志稿》、《三合县志略》等。《三合县志略》载：“今日贵州全省除大定有夷文外，土著中则惟有水家有文字，其余苗、瑶、仡佬之属则无之。而水家文字中，除天干地支及象形文字外，居然有文、武、辅、弼、廉、贪等字。假使当日无文化思

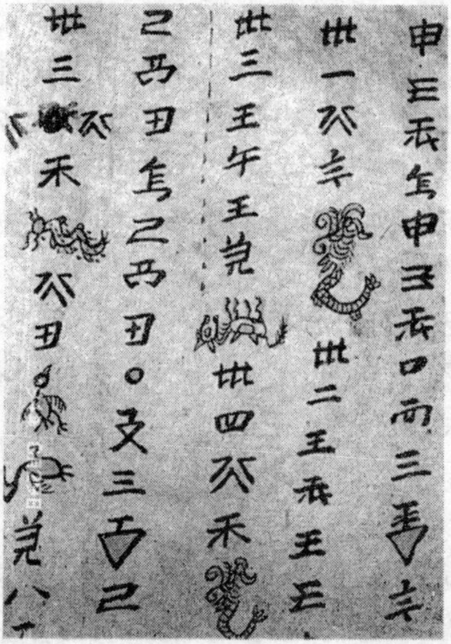

图四：用水文写作的“水书”
（现藏三都水族自治县民族事务委员会）

想、政治组织，焉有此等深切会意形容之文字。准此以谈，则水家在吾黔南为先进之民族，古文化水准亦较他族为优，后世不察，视为异类，失之过矣。”又说“其文类似古籀小篆，都匀县志称为大氏古篆之遗，第相日久，寖又讹失耳……安知非此邦民族先进于礼乐之一明徵。特惜后世传之不少，流为巫蛊所秘也哉”。对水文以及水文所反映水族文化都作了较高的评价。此外，又有由任可澄、杨恩元任总纂，于 1947 年印成的《贵州通志》土民志中载有“水家文”一节，云：“夷族无文字，惟水族诹吉占病有专书，至今传习，其文谓之水书。一称反书，大抵古篆之遗。第相沿日久，寖多讹失耳。兹录一二，亦庶几夷汉交通之迹可略让也。”它记载水文共 96 个（其中包括同文异形的异体字 4 个）。这都是 20 世纪 40 年代时，对水文的一些有价值的研究与记录。自此以后，又有水族学者潘一志在他的《水族社会历史资料稿》提及水族文字，并制作了“汉字水字对照表”。此外没有什么新的突破。据本文笔者调查，在1966—1976年的“文化大革命”期间，就有不少水书在“破四旧”的名义下，被大量损毁，仅都匀县的温泉水族乡就有上箩筐的水书被不幸烧毁，造成了水文的重大损失。

进入20世纪70年代以后，中外学者中不少人继续开拓了这项工作。在国内有张均如、王国宇、陈昌槐、潘朝霖、刘之侠、吴支贤、石尚昭、杨有义、王品魁、冷天放等。在国外，则有美国的李方桂，[①] 日本的西田龙雄[②]等。神秘的水文正在揭开其奇异的面纱，为世人所认识。

关于水文的起源，说法不一。有的传说先祖陆铎公（又作“六闸公”）等六个聪慧的老人，去仙人那里学会了“泐虽”（水文）。但在归途中，五位公公不幸病死，只有陆铎公艰辛地将“泐虽”坚持带回，但中途又遭坏人抢劫，只剩下一本水书带回家乡。他为了避免坏人谋害，故意改变字迹，用左手写字，因此出现了倒写、横写的汉字，有的还增减了笔画，形成了现在字数不多、字形特殊的水文。又有传说陆铎公在燕子洞、蝙蝠洞地方，经六年时间，精心创造了大量“泐虽”。写成水书。并据此推算出一个孩子与仙女妈妈见面的日期。此事被天上皇帝知道后，认为“泐虽”太厉害，如被水族掌握，将会产生很大力量。于是设计烧掉装满“泐虽”（水文）的房间，只剩下压在砚台下的几百个字，陆铎公就用剩下的几百字传授给子孙后代，成为残缺不全的文字系统。据岑家梧教授的调查，其内容亦大同小异。

① 李方桂：《水语研究》，载（台北）《中央研究院历史语言研究专刊之73》，1977年。

② 西田龙雄：《水文字历史的释译》，载《言语》杂志（日文），1980年8月号。

说商周之际，有叫 Rok-Dou（陆铎）的道人秘制水书，与另一创制通书（即农历历书）的圣人同游天下布道。二人从昆仑山南下，在途中互相斗法，到达江西以后，道人自量难战胜圣人，因此于夜间逃往偏僻的水家住地传道，因受水家欢迎，乃将水文传与水族，从此 Rok-Dou 成为水文的祖师。岑氏据此推测，认为“水家似为古代殷人之一支”，“水书与古代殷人甲骨文字之间，当有若干姻缘关系，亦可断言也”。（《水书与水家来源》）但也有人认为：“文字是一种稳定的文化传承，它既不易产生，也难以消亡，很难想象通过一二千年的发展，水书仍只有如此简陋的字形与寥寥数百字，因此推断，水书当始创于明末清初，至清中叶才逐渐定型而被部分加以使用。”（《水族民俗探幽》第三编，第三节）由此可见，对水文的起源，在学者中看法的差距是很大的。

水文的字数不多，是一个公认的事实，有的学者据此否认它是一种文字，而认为只是一种“符号”。但是文字本身就是一种记录语言的符号，所以说水文尽管有很多缺陷和问题，但是它能比较完整地表达意义，在一些人中通行使用，还应当承认它是一种客观存在的文字。关于水文的总字数，一般都说只有 400 多字，如《三都水族自治县概况》说，“据初步统计，水文字有 400 多个”。从一些专门作品中，如吴支贤，石尚昭的《水族文字研究》收水文 264 个，外加异体字 88 个，共计 342 个。陈昌槐的《水族文字与〈水书〉》列有《水族文字汉译一览》，共有编号水文 444 个。都没有超出上述 400 多字的范围，但据本文作者的搜集整理，包括所有各种古体，今体，异体字在内，水文的总字数可以在 628 个以上。相信如果全面搜集水书，加以综合整理比较，水文的总字数也许可能还会有所增加。而这正是深入研究水文，进一层认识水文所十分必要而又重要的一步。

关于水文的复杂的结构方式，近几年来随着研究的深入，正

水文例字表

编号	水文	汉意	编号	水文	汉意
1	[illegible]	甲	16	[illegible]	风
2	[illegible]	子	17	[illegible]	人
3	[illegible]	丙	18	[illegible]	死人
4	[illegible]	丁	19	[illegible]	鬼
5	[illegible]	癸	20	[illegible]	雷
6	[illegible]	卯	21	[illegible]	兽
7	[illegible]	未	22	[illegible]	鸟
8	[illegible]	金	23	[illegible]	虫
9	[illegible]	木	24	[illegible]	鱼
10	[illegible]	天	25	[illegible]	鸡
11	[illegible]	太阳	26	[illegible]	虎
12	[illegible]	月亮	27	[illegible]	牛
13	[illegible]	星	28	[illegible]	龙
14	[illegible]	云	29	[illegible]	猴
15	[illegible]	雨	30	[illegible]	狗

在被逐渐的阐明。如陈昌槐、刘之侠指出水族文字的特点，包括有象形、指事、会意、假借以及象形与会意、指事相结合的几种造字方法（《水族文字与水书》、《水族民俗探幽》第三编）。吴支贤、石尚昭认为水文是“表意体系文字”，其结构可以大体分为象形字、象意字、谐音字三个部分。象意字是利用象形字加以变化以会意，形成新字，如象形字“人”为人的站立形象。但横写以后，作“死人”解。倒写以后就变成“鬼”的意思。（参见《水文例字表》第 17，18，19，20 ~ 30 字）谐音字是利用象形字与其他单词的同音关系将该象形字在一定的语句中离开其本

意，而借来作为该同音字使用。因此水文经常出现一字多音（多种读法）、一字多意（多种意义）、“合体读音”（一字即一词，如这是个复音词或多音词的话，该字就有一个以上的读音）、“特殊音义”（有些音词在水族日常生活中，并不使用，只有在水书中专门使用，不是熟悉水书的人，即使懂得水语，也不理解这些水书中专用的词语）等。（《水族文字研究》）王国宇则认为

本文作者与当地学者一起调查水文墓碑（1994 年 8 月）

水文可以分为 6 类，即（1）似古体汉字，（2）似变体汉字，（3）象形字（图画文字），（4）简化象形字，（5）假借字，（6）指事字（即会意字）。（《水书与一份水书样品的释读》）从以上的各种分析说法来看，我们对水文的构造可以有一个大致的了解，由于本文的中心点着重于汉文方块字在南方各民族中的重大历史作用，所以重点探讨水文与汉文的关系。据有的学者研究，尽管水文构造方法十分复杂，但象形字占全部水文的五分之一以

下，其余大量的包括与甲骨文、金文近似的水字在内，水文中与汉字有关的各种变体还是占有相当大的比例。例如与甲骨文、金文接近的甲、癸、卯、酉（[illegible]、[illegible]、[illegible]）、寅（[illegible]、·）、戊（[illegible]、[illegible]、[illegible]）等字，（参见水文例字表第1，5，6等字）。以汉字反写成倒写的子、丁、未、五（[illegible]）、九（[illegible]）、艮（[illegible]）、丑（[illegible]）等，以及指事字左（[illegible]）、右（[illegible]），假借字因男与“南”同音，男（[illegible]）字与南字通用等。由此可见，汉文方块字在水文中的影响，与在壮族、布依族中的土俗字，京族中的“字喃”不同：一是水文中与汉文有关的方块字，采用变形的方法，以示与汉文本字的区别，这种人为制造的区别，目的在于突出水文自己的个性，也与增加宗教经典的神秘性有一定关系。而方块壮文、方块布依文与“字喃”等一般都在汉字正楷的基础上，因语言自身的需要，而增加形声或会意偏旁，使之适合自身语言特点，易读易认。二是水文对一部分有具体形象的名词等，不采用现成的汉字，而用图画式的象形字来进行表达，其中包括一些常用的基本字等。而且从同时流传在水族民间全用汉文书写的算卦、看手相的抄本看来，水族中也不乏通晓汉文的人士，如述说历史的“自从盘古分天地，三皇五帝置乾坤，几朝君王多有道，几朝无道是昏君”。“开天地，置乾坤，周文王，至圣人，孔子出，三千人……”以及卜卦的：“子时，金猫捕鼠妙对头，占得之时也带忧：早晨占得成大吉，晚间占得莫追

图五：珍稀的水文墓碑。它自下而上的诵读方式，是世界文字中独特的例子。

求……”说明汉语汉文在水族中已有相当大的影响，但是在水文书写的“水书”抄本中，却很少见到吸收这些汉字来代替象形字的现象，这说明与早期汉字有关的水文，在形成自己的独特风格以后，一直保持着自己的特征；它与汉文书写的抄本是两个同时流传的不同的文字系统。这是水文与汉文方块字既有密切关系，而又绝不相互混同的明证。

本文作者曾先后到过贵州都匀市温泉水族乡和三都水族自治县等地调查，了解一些水文及水书的情况。尤其是 1994 年夏季，在三都水族自治县与当地学者一起，根据他们提供的线索，亲自考察了那里的一块珍稀的水文墓碑，对水文及水族习俗的了解有了较多的收获。关于用水文雕刻的墓碑，过去曾在贵州省榕江县计划乡上拉力寨发现过一块。据介绍，碑上除上下款外，共有水文 18 个字，内容为墓主的生年、享年、殁时与墓葬方向等，[①] 此次本文作者在三都水族自治县发现的水文墓碑在县的周覃镇野外，距县城约 60 公里，墓在一小山丘的坡上，周围都是水稻田，草木葱茏。若不是熟人带路，难以寻觅。该水文墓碑的坟墓前方，还另有别的小墓，墓碑上没有文字，只雕有穿民族服装的正面人像及马的侧面像。水文墓碑高约 80 公分，以青石制成，雕刻粗糙，刻痕不深。上方为一太极图形。下为一个竖的长方形，内刻水文三行（见摹写图），共 23 字。经与当地学者共同研读，初步认出它是一块由下而上识读的水族文字，其内容大约为“（左行）（生于）壬寅年六十四岁，属木。（中行）（葬于水历）第一（元）乙未日卯时。（右行）（死于）戊子年丁（月）？二十五日”。与榕江县的水文墓碑一样。也是表达了墓主的生年、

① 榕江县水文墓碑见王国字：《水书与一份水书样品的释读》及《略论水书与二十八宿》等文章的介绍。两者在个别字方面稍有差别，因未见实物照片，难于准确辨认。

岁数、殁时与葬日。除此以外，没有什么上、下款，也没有其他任何文字（见图五）。值得注意的是这块水文墓碑诵读方式，不是一般习惯的自上而下顺序诵读，却颠倒过来，要从地面开始往上诵读，才能理解，这不但与世界上一般文字的诵读方式不同，而且和用水文写作的水书抄本也不一样。据我们的估计推断，认为墓内主人已是死者，不属于人而属于鬼。在水文中，“人”字是立着的人形，“鬼”字是颠倒过来的人形。因此用来说明死者情况的墓碑，也应当颠倒过来诵读才符合情况。为什么水族文字有一部分是汉字的倒写与反写，而用水文书写的句子有的为什么也要颠倒顺序，由下往上诵读，尽管我们已做了上述的解释，但是从民族心理学的角度来看，似乎还值得做进一步的研究。

水文墓碑摹写图

直　译

（右行）日五十二丁年子戊
（中行）时卯日未乙(元)一第
（左行）木年六十四申寅壬

（此碑文需要由下往上诵读）

译　意

（右行）(死于)戊子年丁(月)?二十五日
（中行）(葬于水历)第一元乙未日卯时
（左行）(生于)壬寅年六十四岁属

水文墓碑译文

用水文写作的《水书》抄本，种类甚多，按其用途分，有学习水书的基础读本《正七连庚甲》（又叫《正七》），以该书的第一句作书名，共有100多首韵的文体歌诀。内容极为广泛，凡水族社会嫁娶、营建、农事、吉庆、疾病、丧葬、吉凶、祸福、巫术等，无所不包。此外，有专门观察天象、记载星宿位置，讲述阴阳八卦、计算星宿十二宫，预测气象、记载时运，谈阴阳地理、辨吉凶祸福，以及注释有关读本、编修水族历法等各种专用的抄本。据岑家梧先生在1943年调查，认为普通水书就有560多种，其中尤以用于丧葬为多。而放鬼的"黑书"则因其秘不示人，难以访求，所以还没有一个大概的统计数字。笔者认为，在当前条件下，开展一次水书的普查，很有必要。不能再因工作中的无知，而出现珍贵的水书再次被毁的现象。在笔者访问三都水族自治县板庙寨水族老人时，得知他们过去曾有在冬季农闲时，集结年轻人在一起讲授传习水书的习惯，而现在已经停止了。水文不再使用，而能识读它的老人又日见减少。鉴于不少水字需靠人们的口传心记，因此它后继乏人，快要成为民间没有人能识读的死文字的状况，十分令人焦虑。应该设法予以抢救，要大力培养一部分能精通水文的年轻接班人。

六

中国南方民族中的苗瑶语族包括苗、瑶、畲三个民族，其中除畲族基本上使用汉文外。瑶族在使用汉字的同时还独创了少量利用汉字字形表达瑶语语音和意义的方块字，与汉文夹杂使用。苗族则十分希望拥有本民族文字，因此由本民族学者或外国传教士等，多次创制了各种各样的苗文，现将他们的情况简述如下。

中国苗族共有740万人（1990年）。此外从中国迁到东南亚，然后又迁去美国、欧洲等地的苗族，共约有100万人，他们的支系和名称较多，苗语的方言也比较分歧复杂，据本文作者统计，先后为苗族设计各种各样的文字方案，不下 15 种之多，其中有的并不流行，只有少数人知道或掌握，但也有一部分流传地区较广，使用人数也较多，还有一定数量的出版物。

苗族群众对于文字的要求十分迫切，在民间传说中，就有苗族原来拥有自己的苗文，后因官兵侵袭，在逃离家园的途中，于渡河时，苗书不幸被河水冲走的说法。这种由于迁徙的原因，而使苗文失传的故事，广泛地流传于各个苗族地区，有的苗族甚至说由于官家的迫害禁止，苗族人为了怕苗文失传，所以将有些文字形式作为图案刺绣在妇女的衣裙服饰之上。因此，有的学者根据这条线索也力图在服饰刺绣中找寻古老苗文的痕迹，有的并尝试识读了一些符号。这都反映了苗族人民对苗文的关心和向往。20 世纪 50 年代，中央民族学院学习苗语的大学生曾到贵州苗族地区实习，临别时，苗族人民向他们赠送无字锦旗，说："旗上没有写字，一是表示我们的感情丰厚，在旗上表达不完，二是希望有我们自己的文字，我们要用苗文来表达对你们的感情。"反映出他们要求有自己苗文字的心情。

根据资料和实际调查统计，苗族到现在为止，已经有过多种文字方案，大致可以分为三类：一是以汉文方块字为基础，采用形声、会意等方法，创造表达苗语的方块文字。二是完全走拼音化的道路，在采用拉丁字母的基础上，增减一些符号，设计一套表达苗族方言语音的方案，用以表达该苗语方言。三是借用汉语注音符号，或者自行设计一套字母符号，用来记录苗语，作为苗族文字使用。由于本文课题在于研究汉文字在南方民族中的历史作用，所以这里除了全面、简单的介绍各苗文方案外，重点对第一类与汉文方块字有关的苗文作一点探讨。

1. 与汉文方块字有关的苗文方案。

（1）历史记载中的苗文：这种苗文，只能看到史料中的记述，但具体情况已不清楚。如清代乾隆五年，湖南城步地区苗民起义失败以后，次年清中央王朝兵部曾议决在苗族地区编立甲长，其中提到："其从前捏造篆字，即行销毁，永禁学习。如有故违，不行首报，牌内一家有犯，连坐九家，治寨长失察之罪。"①

从上述史料可以说明，清代宝庆府城步苗族地区过去的确有过一种以汉文方块字为基础的苗文（"捏造篆字"），而且相当流行，有一定的读物或抄本，以致清王朝要下令"即行销毁"，而且"永禁学习"。可见有一定的流行使用范围。由于清代律例的严格，发现一家学习，要"连坐九家"，在高压之下，这种苗文消失殆尽，是很自然的事情。

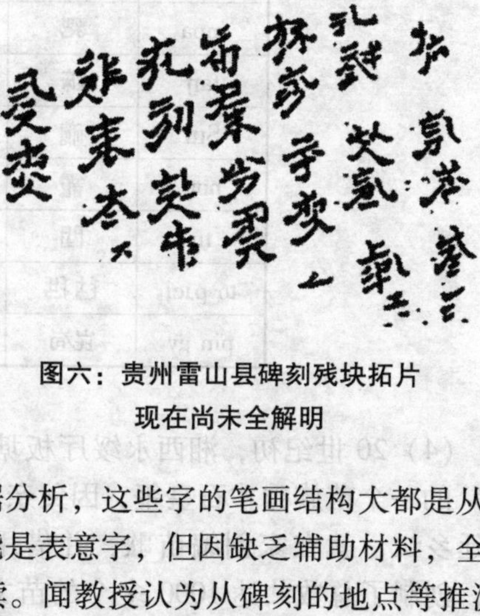

图六：贵州雷山县碑刻残块拓片
现在尚未全解明

（2）据已故的闻在宥（闻宥）教授介绍，他曾在1949年冬天收到贵州某女士所提供的大、小两张石刻碑块拓片（见图六）。据说原来竖立在雷山县（原丹江县）雷公山顶，后被打毁。只有碎块流传民间。这两张拓片即由此而得。据分析，这些字的笔画结构大都是从汉文方块字得来，并猜想可能是表意字，但因缺乏辅助材料，全部字数又少，因此还无法释读。闻教授认为从碑刻的地点等推测，"我们暂时假定这种新发现的文字为苗文"。② 这实际上是一个并

① 《宝庆府志》大政纪六。

② 闻宥：《贵州雷山新出苗文残石初考》，引自中央民族学院科研处，内部印刷本《闻宥论文集》，原载《华西文物》1951年创刊号。

未彻底解决，当待进一步研究的问题。在本文的最后部分，还要再次论及。

（3）情况比较清楚的是见于清光绪三十三年（丁未年）《古丈坪厅志》的记载，其中记录了方块苗文100多个。古丈坪现为古丈县，为苗族居住地区，据当地苗族老人说，过去曾经使用过方块苗文，但不知道创制者是谁，现在也已不再流通使用，从一些例字看来，其中大约以形声、会意字为多，与广西过去的土俗字及方块壮文，方块布依文大致相似。

古文苗文例字表

苗语	古文苗文	汉意
mpa	豝	猪
taŋ	踈	转回
Sɯ	礁	石头
noŋ	霳	雨
tu	閚	门
to pɹei	毡毬	头
pin gv	岜岿	山

（4）20世纪初，湘西永绥厅板塘寨（今花垣县龙潭乡板塘村）的一个苗族秀才石皇玺，因父亲病故，在家服孝，不能参加清廷乡试，就在家创编苗歌，并借用汉文的形、音、义加以改造，创制了总数共达1000多个的苗文方块字，并编成一本苗文字典《苗文字正谱》，还用苗文记录和编写了大量苗歌。石皇玺于清同治二年（1863年）出生于板塘寨，因此除了乳名石豹外，还自号板塘，人们都以石板塘相称，所以他创制的苗文被称为“板塘苗文”。石板塘出生在一个书香之家，父亲石庆荣（乳名石象），也是一个老秀才，家中藏书比较丰富，因此为石板塘吸

收汉文化，深受汉文化的渲染，为以后利用汉字创制苗文打下了好的基础和优越的条件。1928 年 5 月，石板塘家乡遭狂风袭击，房屋树木毁损严重，66 岁的板塘老人悲痛不已，染病而亡。他除了编制苗文字典外，还编写有《吕洞山古歌》、《祖先歌》、《相普相娘歌》、《苗歌祖师张八姐》、《苗族名人歌》、《百鸟裙》、《民国歌》、《三国演义歌》（见图七）等。长期以来，苗族歌手把他的苗歌奉为典范，努力学习，一直有着较大的影响。据说板塘苗文字典有两个抄本，一本佚于 20 世纪 50 年代初期，另一本由于 1966—1976 年的“文化大革命”，不幸被毁，所以他创造的苗文现在只能散见于他编写的苗歌之中。从板塘苗文例字表中可以看出，其方法基本上与壮族方块字、布依族方块字相同，它们应当是在汉文字影响下所发生的南方少数民族文字的同一个类型。板塘苗文的创制距今已有将近一百年的历史，现在花垣县龙潭镇一带的苗族歌师，歌手至今也还有继续使用板塘苗文的。一些苗歌研究者在 20 世纪 80 年代后期从石板塘老人的侄孙石连生处获得了他所藏的板塘苗歌手稿，并在石连生的指教下识读和翻译整理了其中的 12 首板塘方块苗文长歌，编成《板塘苗歌选》，于 1992 年 8 月作为苗族古籍在岳麓书社出版，[①] 为保存和传播这位苗族“歌圣”的成果作出了贡献。

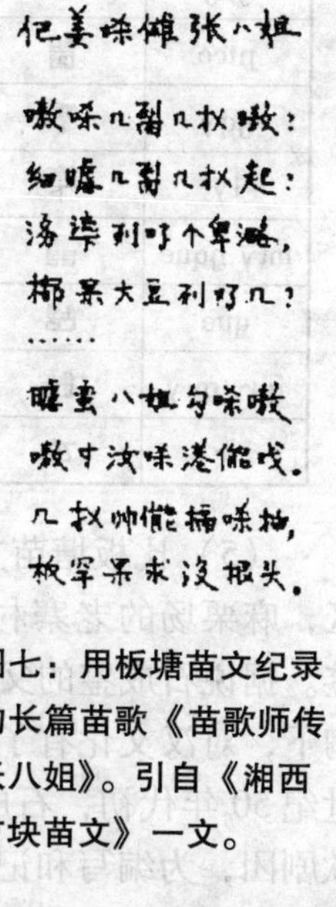

图七：用板塘苗文纪录的长篇苗歌《苗歌师传张八姐》。引自《湘西方块苗文》一文。

---

① 此外，赵丽明、刘自齐又写成《湘西方块苗文》一文予以研究和介绍。见《民族语文》1990 年第 1 期。

板塘苗文例字表

湘西苗语	板塘苗字	汉意
mpa	猑	猪
mtei	棁	布
pɔuŋ	闆	出（去）
ŋaŋ	廟	里面
ɲtco	䨓	相识
ŋqɣ	吞	吞
lɣ	流	流
mtɣ ŋque	龠	瞌睡
que	黑	黑
quɣ quɣ	皅	白
le	乞	（一）个

老寨苗文例字表

苗语	老寨苗文	汉意
a	扌	一
ɯ	口	二
pɯ	乞	我们
ɥou	冠	鸡冠
an	乙	罐
mpeŋ	迖	去
nen	谷	鼠
mpa	犭八	猪
lhie	粱	饭
Vɤ	芋	芋头
nen	虫	蛇

（5）比板塘苗文出现时间较晚，在湖南花垣县的另一个地区，麻栗场的老寨村，也出现了另一个苗文创制者，名叫石成鉴。据说石成鉴的父亲也是一个清末的秀才。他自幼在父亲的熏陶下，对汉文化有了一定的根底，同时也热爱苗族民间文学，20世纪50年代初，石成鉴和他的同伴在家乡创办了苗家自己的苗歌剧团，为编写和记录苗歌与苗剧剧本，他利用汉文方块字的构造，结合苗话语音，创制了一套与板塘苗文大致类似的方块苗文，因为石成鉴居住在老寨，所以他创拟的苗文又叫老寨苗文。老寨苗文表达的也是苗语湘西方言，所以与板塘苗文相比，除了字形不同，读音却是一样的。例如苗语中的“mpa”，即“猪”的意思，板塘苗文写作“猑”，老寨苗文却写作“犭八”字，读音，意义相同，字体却不一样，这也表明汉文有多种符号来表示语音的能力。和板塘苗文一样，老寨苗文也有一定的生命力，据

了解，现在仍活跃在花垣县及其附近苗乡中的民间苗歌剧团仍在自己的歌本中使用老寨苗文，对于这种方块苗文的使用，应该进一步总结其使用经验，探讨完善的可能性，给以必要的重视。

2. 以拉丁字母为基础的苗文方案。

由于这不属于本文研究的范围，所以只准备作一个简单的提示。据了解，已出现过的以拉丁字母为基础的苗文有：

（1）萨维那苗文。1916—1919 年，法国传教士萨维那（F. M. Savina）在越南用加了变音符号的拉丁字母创制，曾编印过《苗法词典》、《法苗词典》等。

（2）迪克宋苗文。1939 年左右，传教士荷马迪克宋（Homer Dixon）在越南创制，与萨维那苗文相类似，曾以此种文字出版过基督教读物等。

（3）石兴正苗文。1952 年前，花垣苗族石兴正曾设计过以拉丁字母为基础的苗文方案，但没有传播推广。

（4）第二工作队苗文。从 1956 年开始，中国开始了规模较大的全国民族语言调查，10～11 月在贵阳市召开"苗族语言文字问题科学讨论会"，修订并通过了由少数民族语言调查第二工作队设计的苗语各方言文字方案草案，其中包括（A）湘西苗文；（B）黔东苗文；（C）川黔滇苗文；（D）滇东北苗文，都是以拉丁字母为基础进行苗语拼写，以后又先后经过一些修改，编印出版过课本、读物、字典等。

（5）贝尔泰斯苗文和巴尼苗文。大约在 20 世纪 50 年代初，在老挝的外国学者和传教士贝尔泰斯（R. P. Bertais 又译作恩保羊）和巴尼（Barney）曾分别设计了苗文方案。这两个方案后来得到统一，字母形式趋同于国际音标。参加者还有斯莫莱（A. samlley）及苗族发音人杨英（Yai Yeeb）、陶福（Thoi Hwi）等，出版过《苗法词典》（1964，Samlley）、《苗英字典》（1969，Heibach）等。1975 年随老挝难民传入泰国，成为苗族难民共同学习的文字，现已传向世界各地。由于它形成于老挝，所以又称老挝苗文，已在各地出版了书刊、小说、论文、专著等。

（6）越南苗文。在1956—1957年，越南政府帮助苗族设计的一套拉丁字母加变音符号的苗文，正在推广使用中。

（7）杨松陆苗文。1959年在越南靠近老挝边境，苗人杨松陆（Sooh Lwi yai）设计了一套将大写拉丁字母予以正、反写的形式苗文，并假借“天帝”神授的名义来进行推广。后来杨松陆进入老挝，所以也在那里进行了传播。但总的来说，影响不大。

（8）李麦苗文。1972年，一个名为托马斯·爱米斯·李麦（Thomas Amis Lyman）的人在泰国创制一套运用拉丁字母，但接近国际音标的苗文，还编过《苗英词典》。

3. 其他字母形式的拼音苗文。①

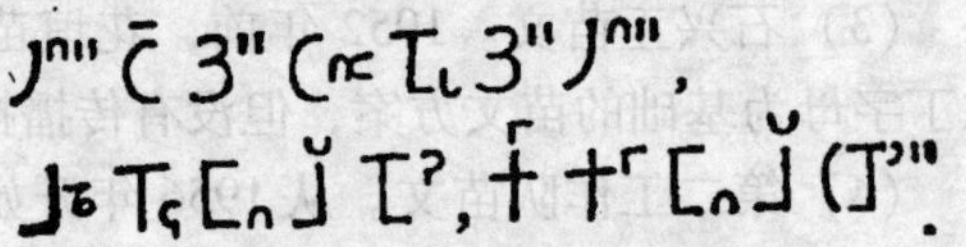

柏格理框格式苗文：“今年又逢好年景，百花盛开果实盛”。①

（1）框格式苗文（柏格理苗文）。这是苗文中时间较早。影响也较大的一套。它由英国传教士坡拉德（Samuei Poloart，又译作柏格理，潘乐得），于1906年左右在贵州威宁县石门坎地方传教时所创制，字母由直线、横线等组成，以大字母为声母，小字母为韵母，形似框格，故名“框格式文字”，由于它表达的是苗语川黔滇方言中的滇东北次方言，所以又称作“滇东北老苗文”。出版过苗文基督教《圣经》及课本等。

（2）泰隆苗文。在1932年左右，越南传教士泰隆（C. K. Trunh）在泰国创制苗文，其特点是以泰文字母拼写，只

① 引自王德光：《滇东北老苗文》。

在少数人中推行。

（3）老挝文字母苗文。在老挝曾出现过以老挝文字母拼写的苗文，其创制者与推行情况不详。

（4）注音字母苗文。又称旁海苗文。20世纪20年代时，澳大利亚传教士胡托（M. H. Hutton），汉名胡志中，在黔东南旁海地方（现属凯里市），创制以汉语注音字母为基础的拼音苗文，声母在上，韵母在下，形如“ㄈㄤ”（fang，宽）、“ㄉㄚ”（ta，回答）等。译有《新约圣书》宗教读物，但流传不广。汉语注音字母来源于汉文方块字结构，因此这种汉语注音字母苗文，也间接地与汉文字有关。

（5）石启贵速记苗文。在20世纪30～40年代，法政学校毕业的湘西苗族学者，曾作为湘南省政府参议及国民大会代表的石启贵，以横、竖、钩的字母分别表示湘西苗语的声韵母，编成苗语的“民族速记学”。但未曾推行，仅是一个方案而已。

（6）其他。还有一些其他形式的苗文，如近几十年来移居美国的苗族熊责仁（Xyooi TxawiZeb）创制的比较独特的苗文。另一个在美国的苗族冈网候（Nkai vas Hawi）展示过据说是祖传的苗文。居住法国的苗族在1977—1980年也设计过类似老挝拉丁字母的苗文等。

苗文方案的众多，显示了苗族人民对拥有本民族文字，发展本民族文化的热心，尤其是以汉文方块字为基础的苗文方案，表明了汉文字在苗族中的深厚影响。①

① 本节资料参考赵丽明、列自齐：《湘西方块苗文》、《板塘苗歌选》；龙致光：《苗语与世界语》；熊玉有：《略谈苗族文字的历史发展》、《国外苗族的文字》；王德光：《滇东北老苗文》；李德芳：《20世纪初期滇东北苗语方言区的苗文》；石启贵：《湘西苗族实地调查报告》；A. Samlley等：《The life of Shong Lue Yang：Hmong Mother · of Writing：《Mather of Writing：The Origin and Oevelopment of a Hmong Messianic Script》等论文，特此说明。

瑶语方块字例字表

瑶语	瑶语方块字	汉字
cin	杏	燕
tcou	述	桥
jou	迋	游
tsaŋ	塟	葬
can	仚	仙
tsuaŋ	衆	众
tsou	杵	树
miu	苗	戈
tcim	绵	你
tsiou	灲	州
daŋ	邓	和
iaŋ piou	阳鸟	凤凰
ui	捒	回
se	峕	是
tiə	坌	爹

居住在广西及湘南、粤北、滇南及东南亚越南、泰国、老挝等地山区的瑶族，长期以来信仰混杂了本民族祖先崇拜，多神信仰的瑶传道教，在他们珍贵保存的民间文献《评皇券牒》（又名《过山榜》，见图八），以及大量的瑶传道教经典中，主要用汉文书写，以一种部分不同于瑶语口语的语音进行诵读，其中

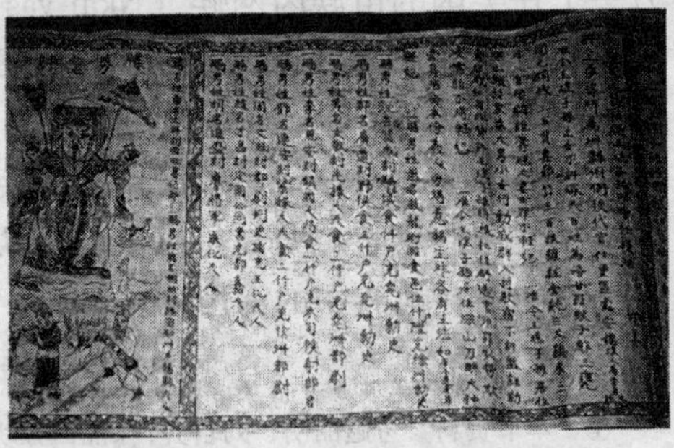

图八：瑶族基本上使用汉文、但也有少量独创的瑶语方块字。左为瑶族民间的《评王券牒》，又叫《过山榜》。（现藏泰国）

有一部分为了适应瑶语的特点和需要，所以以汉文为基础，创制了独有的瑶语方块字，在经典中与汉文夹杂使用。有的学者认为它们应当是瑶族有了自己民族文字的表现，因此，可以称之为“瑶文”①。但是总数不多，而且主要是夹在多为七言民歌体裁的汉语文字的经典中使用。从笔者见到的一些田契、婚约、信件来看，基本上是以汉语为基础的文字，除了个别的属于错别字之类的特异字以外，很少使用那些瑶语方块字。因此，对于瑶文方块字问题，到底应该给以一个什么样的说法，还值得进一步研究。从瑶语方块字例字表中可以看出，它们和土俗字的构字方式，也没有多大的差别。瑶族的拼音文字在国内外流传的也有多种，美国与中国的瑶语学者曾开会议论，希望能沟通中外的不同的以拉丁字母为基础的瑶语拼音文字方案。

七

另一种与汉文关系密切，而且历史悠久，较为人知的是古代的白文。白族主要居住在中国云南省西部大理白族自治州及其附近。白族的祖先在中国史书中称作“僰”（音白），但因明万历《云南通志》作者将“僰”作为傣族的称呼，造成此后对“僰”的理解有些混乱。白文的使用，约始于唐代，据新纂《云南通志》载：僰人雄辩法师“说法讲华严，维摩诘诸经，以僰人之言为书，其书盛传”。古石刻《故善士杨宗墓志》中有“弟杨安道书白文”之语，可见“以僰人之言为书”，使用白文的历史已经相当长久。传说记载白族上自远古，下及元初，主要为唐代南诏，宋代大理国神话传说及事迹的古代史书《僰古通记》，又称《白古通》，就是用白文书写的。可惜原书已佚，只能从一些地方志及《读史方舆纪要》等载籍中，还可看到部分摘录的译文。

① 方炳翰：《云南金平瑶文》，载《民族学报》1981 年第 1 期。

现存白文碑刻有元代至正年间（1341—1370 年）的邓川县石窦香泉摩崖及明景泰元年（1450 年）的大理喜洲《山花碑》，原碑全名："词记山花，咏苍洱境碑"，亦称"大理喜洲圣源寺杨黼碑记"。该碑记正文13 行，每行40 字（第9 行41 字，末行为39 字）。由 20 个诗段组成，每段 4 句，前三句每句 7 字，末句为 5 字，二、四句押韵，一韵到底，完全是白族民歌的风格。为研究白文和白族文化的重要资料。现在除发现的 5 块白文碑刻外，还有大量用白文书写的《大本曲》唱本，白族"吹吹腔"剧本及民歌遗存。1959 年发现于大理的汉文《仁王护国般若波罗蜜多经》，在汉字旁加注白文，表明当时的白文十分流行。有些白文著作如《西南列国志》等则已失传，十分令人惋惜。

白文例字表

白语	白文	汉意
po	波	祖父，公
p ĩ	宾	监
ta	甸	坝子、平原
ta pi	蝉	蝉、知了
to	上	上
ɛr	下	下
tsi	做	做
pɛ	背	背诵
pia	贝八	钱
to	谚	话、消息

白文的特点之一是大量借用汉字，少量为参照汉字构造而制成的自造字。其表达方式可分为四类：（1）是直接借用汉字，但以白语语音诵读，如白文例字表的"蝉"、"上"、"下"、"做"字。（2）是借用汉字读音，不管汉字原来的字义如何，而表达的却是白语意义。如例字表中的"波"（祖父）、"宾"（"监"）。（3）是参考汉字结构，自造白文方块字。大多为一半

表音，一半表意。如例字表中的“㧢”（背诵）、“贝八”（钱）、“诊”（话、消息）。（4）直接向汉语借词，从字形、字音、字义等都直接使用汉文。

现在的白族民间，一些艺人仍用白文抄写歌本。有的则全部借用汉字，却用白语来加以理解。前者可举例如下：①

白 文	汉 意
佋滈俤拿施上嗇	咱俩兄妹多相配
上嗇拿	虽相配
隮深廿隮灘……	隔河又隔水……
顛繐戛蝙瞴繐深	有情高山无情河
努隮佋滈俤	分离咱姐妹

与此同时，白族民间也存在完全用汉字记白语的情况。如大理下关一带白族民间流传的一副白语对联，完全由附近一带汉字地名组成。但连在一起后，却恰好表达了白语的完整意义。也可以算是汉文与白语相结合的文字游戏。见如下述：

汉文上联：“合乙”移哩“起五”狠“多桂”桂“埃桂”。

（汉语意义）：“合邑”移哩“七五”狠“上关”桂“下关”。

汉文下联：“白妹着”哩“火多拨”“格因”“招因”。

（汉语意义）：“白米庄”哩“房上边”“鸡邑”“作邑”。

上述对联引号“ ”中的字都是当地的汉语地名，但连在一起后，用白语理解，却变成了下述内容的一副对联：（白语意义）上联：花衣裳穿到刺丛里，上挂一下，下挂一下。

下联：白米放在屋上边，鸡吃一点，雀吃一点。

用汉字表示白语，并夹杂一部分汉语的白族语文表达方法，

① 引自徐琳、赵衍荪：《白语简志》。

现在在白族民间仍有存留。1991 年春节（农历辛未年新年），在昆明市由大理白族自治州文化局及云南省博物馆举办的“白族民俗展览”就在白洁圣妃（邓赕诏诏主咩逻皮之妻）的神龛旁，张贴了一份现在白族农村中仍在通用的《白语本祖祭文》，其中正文 128 字，以汉字读白语音，解白语意的共 63 字，占总字数的 49.2%；而以汉字读白语，解汉意的共 65 字，占 50.8%。全文以红圈断句。凡汉字读白语解汉义的字之下则标有红点，使借汉字、读白语、表白语的字与借汉字、读白语、表汉意的字有所区别，成为汉、白语言交融的作品。特引其本文的前四句如下，以供参考。

《白语本祖祭文》：止甲跪合斗日汪，桃红柳绿呼只佳。

富华喷烟富招买，日月重光辉。

汉　　译：时轮转到二月份，桃红柳好时辰。

春风吹过蜂鸟鸣，日月重光辉。

大理白族人在日常使用白语交际或书写白文时，喜欢插入一些汉语借词。在传统的心理习惯上认为，这是文化水平较高的表现。民间艺人在唱词中也往往插入汉语借词，以显示自己的“文采”。这是一种民族间喜爱文化交流，显示民族亲近的心理体现，应该说是民族交往中的可喜现象。

与其他一些少数民族一样，1958 年少数民族语言调查第三工作队，为白族拟订了以拉丁字母为基础的拼音文字方案。1982 年以后，又设计了大体与之相近的白文新方案，正在试验推广中。

八

居住在云南省南部红河与西双版纳一带的哈尼族，以及云南省西北部怒江一带的傈僳族，他们的语言都属于藏缅语族的彝语支。现代的研究曾认为他们过去没有自己的文字，有的只是原始的“刻木结绳记事”（哈尼族），或辛亥革命时外国传教士利用大写拉丁字母及其变体拼写傈僳语。另一种称为“大写字母拼音文字”，一种称为“框格拼音文字”。但是，经过深入调查，可以了解不仅哈尼族有汉字式的民族文字，而且傈僳族也有着自己独特的音节文字。其中有一部分利用汉字的音读与训读，带有象形、会意的特点；也有一部分是难于说明来源的独体字，有着自己的特点。现分别说明如下：

哈尼语方块字例字表

哈尼语	哈尼方块字	汉意
pɔ lɔ	㊊	月亮
pɯmɔ	不妈	太阳
ʃv mv	述么	启明星
u	莪	天
mɛ	妹	地
nu	奄	白天
ʃu ɣu	送卧	深夜
Xu ji	荷玉	雨水
ɔ ɯ	阿厄	泉水
ŋɔ ʃɔ	⿰鱼阝	鱼
khɔ	靠	庄稼
tʃɛ	折	牲畜
ti	迭	生育
zʅ	⿺走去	走

哈尼族现有 125 万多人（1990 年），主要居住山区，善种梯田。在唐代被称作“和蛮”，与中央王朝有着一定的联系。靠近内地的哈尼族，受汉族经济文化的影响比较大。哈尼族方块字，主要是利用汉字记录哈尼语豪白方言中的哈尼话，其主要的方式有二：一为用改造过的汉字，来记录哈尼语单词，它是有自己独特字形的哈尼字词，如“㊊”（pɔ lɔ，月亮）、“⿰鱼阝”（ŋɔʃɔ，

鱼)、“[illegible]”（zɿ，走）等。这类字的总字数不多，是哈尼文字中有自己构字特点的一部分。二是利用现有汉字，将与哈尼语读音相近的汉字，直接借用来记录哈尼语词汇，看起来是汉字，也用汉语的发音诵读，但如果不懂哈尼语，是完全读不懂的。如“不妈”（pɯmɔ，太阳）、“妹”（mɛ，地）、“靠”（khɔ，庄稼）、“荷玉”（Xu ji，雨水）、“折”（tʃɛ，牲畜）等，[1]这种利用新造单字和以借汉字记哈尼语音的方法所构成的哈尼方块字，曾在保存哈尼族口头传说、历史、文化，以及记录祭祀经典等方面起到了一定的作用。曾主要流传于墨江哈尼族自治县的癸能、碧溪一带。但由于它并不广泛通用，而且在以汉字记录哈尼语音方面有着一定的局限性，所以不能成为流传广泛的通用文字。从1953年开始，语言工作者曾以拉丁字母形式设计过哈尼文字方案，但只停留于方案阶段，至1957年才帮助哈尼族创制了以哈雅方言中的哈尼次方言为基础的哈尼文，于1958年开始试行。另有一种以碧卡方言为基础的拼音文字，则停留于文字方案阶段，未获推广。已出版有哈尼文课本、哈汉词汇对照、报纸，以及整理哈尼民间文学，编译哈尼语广播稿等各个方面。

傈僳语音节方块字例字表

傈僳语	音节方块字	汉意	傈僳语	音节方块字	汉意
mɯ	[illegible]	尾	thu	[illegible]	桶
Sa	王	三	Kɯ	[illegible]	骗
o　du	[illegible]　目	头	Su	[illegible]	别人
li	[illegible]	逃脱	ʒi	丅	水
tsho	[illegible]	楼	dʒɛ	[illegible]	冷
pa	[illegible]	公	dʒi	[illegible]	走
ʃua	[illegible]	穷	li	[illegible]	重

---

① 参阅王尔松：《哈尼族文化研究》，中央民族大学出版社，1994年。

傈僳语	音节方块字	汉意	傈僳语	音节方块字	汉意
la		来	ma		竹
mɯ		鸣	ŋa		是
e		他	ʒl		脱

傈僳族的名称。最早见于唐人著述，《蛮书》中就有关于“傈僳”的记载。当时被认为是“乌蛮”的一部分。现在有60万人左右（1990年）。他们和哈尼族一样，各地傈僳族的发展也不平衡。有的地区发展较快，但怒江沿边四县（碧江、福贡、贡山、泸水）中，直到20世纪50年代，却还有不少傈僳族过着刻木记事的生活。傈僳族的音节文字就是在20世纪初，由维西傈僳族自治县叶枝乡傈僳族农民汪忍波（即“哇士波”1900—1965年）所创制的。这种在澜沧江上游维西县城西北地区流行的傈僳族音节文字，与从拉丁字母演变来的老傈僳文，从滇东北苗文字母演变来的禄劝傈僳文一起，被认为是20世纪初傈僳族地区出现的三种不同类型的文字，它反映了当时傈僳族人民对自己文字的迫切需要与向往。

汪忍波的傈僳族音节文字最早大约起始自1922年8月。据说当后汪忍波将一些结构比较简单的符号刻在光滑的硬石板上，共有87个字，“其中字形相同的54个，不重复的字形33个”。3个月共制字300多个。到民国七年（1929年）已开始在乡间流传，“学习这种文字的已有千余人”，读法从左到右，“一字一音，只论同音，不论同意义”。“字的形体是仿汉字而来的”。[①]但长期以来没有得到有关方面的重视。此后，汪忍波用自己创制的音节文字编写了《傈僳语文课本》（又称《傈僳文字典》），其中共使用了1330个字，除去重复出现的不计外，实有单字918

① 《傈僳族两种文字》，载云南《正义报》，1944年11月16日。

个。他把这些字编成长短不一、大致押韵的歌谣291句，凡有来学习的人，都赠以抄本一册。据调查，创造这种文字以来，汪忍波在40年中已撰写了30多部音节文字的书籍，其中包括《汪忍波自传》、《故事书》、《戛玛巴的故事》、《孤儿和龙王公主》、《骰子》、《招魂》、《造太阳月亮》、《求雪》、《晒盐》、《驱邪经》、《祭天神经》等。用以写成上述书籍的音节文字，有点、横、竖、撇、捺、折、钩、曲线、弧线和圆圈10种笔画，其构字法根据分析有“象形、会意字”、“派生字”、“假借及形训字”、“按音造字”与“按词造字”5种。据研究傈僳音节文字的学者的见解，认为这种音节文字不是凭空拼凑，“而是有它独特的较为科学的造字规律可循”。[①] 傈僳族音节文字是在汉文字的影响下，具有独创性的新型文字。它语言优美，词句精练，记述了傈僳族的历史、宗教、习俗、战争及工农业生产等。填补了傈僳族缺少文献的空白，在中国西南民族的文字发展史上作出了自己的贡献。（参见附图图九）[②]

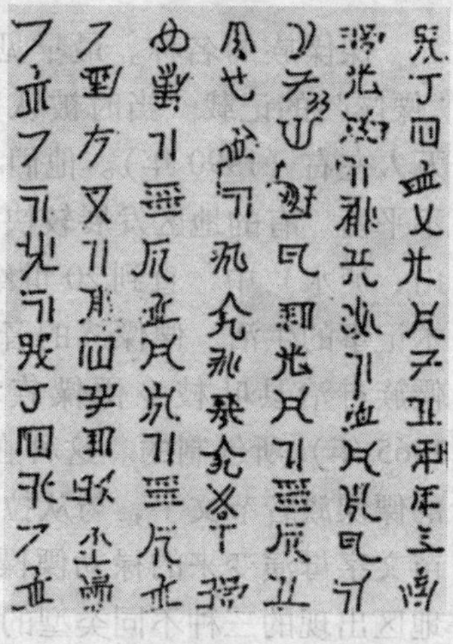

图九：傈僳族音节文字写本《哇士波（汪忍波）自传》[②]

① 木玉璋：《傈僳族音节文字及其文献》及《傈僳族音节文字的研究及发掘工作》、《傈僳族音节文字文献概述》、《傈僳族音节文字文献译注》等文。分别载于《怒江民族语文》（1991.1）、《民族古籍》（1990年第一期）、《维南县民间文学集成资料》第二辑等刊物。

② 傈僳族音节文字著作样品，《汪忍波自传》中的一页。从左往右竖读，原文无标点。

九

中国南方的民族众多，不仅汉语方言分歧复杂，而且各少数民族中的语言和方言的差异也很大。表现在文字方面，除了各种汉语方言字、特殊字（行业字、女性字……）以外，在各少数民族中还使用着借用汉字字形，改造汉字结构，多种多样的变化现象。除此以外，还存在一些目前还未能解明的，类似汉文字体的民族文字之谜。这种未明字体在各地均有所发现。如贵州关岭布依族苗族自治县晒甲山悬崖石壁中长约百米的“红岩天书”。四川出土的春秋战国器物上的150个不同图符的“巴蜀符号”。原存衡山，现置绍兴禹庙的似篆非篆的“岣嵝碑”。贵州省赫章彝族地区新近发现的如草似篆笔画盘弛弯曲，字形粗细不一，疏落有序，共有4480个字的“夜郎天书”。在浙江省仙居县淡竹乡的高达128米陡壁上，发现有人工镌凿形迹的日纹、虫纹与蝌蚪文，传说为大禹治水流传下来的“仙居蝌蚪文”等。

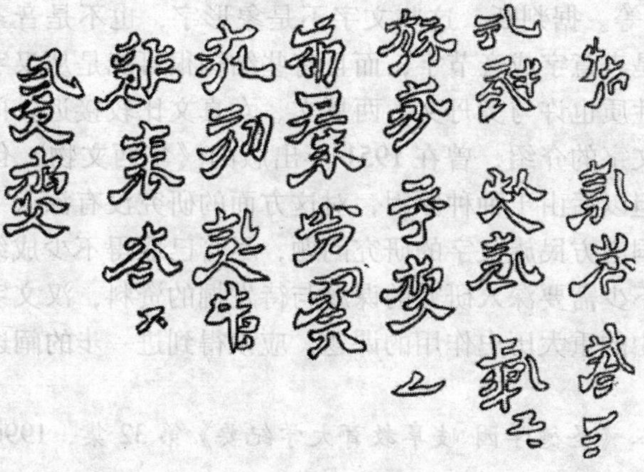

图十：贵州雷山县发现未明文字（之一）

本文前述苗族文字部分，曾提到在贵州雷山县发现的两块文字残石拓片。据得到这两张残石拓片的闻在宥教授在 1949 年冬的介绍，初步“假定”为苗文的文字拓片。但由于缺少任何稍为有力的证据，因此只好认为这仅是一个“暂时假定”而已。贵州雷山县发现的这两块拓片，一大一小（见附图）。大块保留 32 字（其中完整的 22 字，不完整的 10 字）。另一块较小，可以辨认的字有 7 个字（其中完整的 2 个，不完整 4 个，及仅存极少部分的字一个）。这 39 个字数也仅是根据常理的判定，还不能作为定论。因为其中有的字可能本来是两个字，却因写得比较接近，而被看成为一个字，如“㮶”字。有的被看成为两个字的，却可能原来是上下结构的同一个字，如“礻”字与下面紧接着的“穴”字等。据判断，这些文字不是象形字，也不是音素字，而很可能是表意字或音节字；而且有些结构很可能是从汉字演化而来，其性质也许与契丹文、西夏文、女真文比较接近。闻宥教授对这种文字的介绍，曾在 1951 年出版的《华西文物》创刊号上发表，但以后由于种种原因，对这方面的研究没有深入下去。看来，中国南方民族文字的研究问题，尽管已取得不少成绩，但今后还有不少需要深入研究的课题与待发掘的资料，汉文字在华南各民族中的重大历史作用的课题，应该得到进一步的阐述。

图十一：贵州雷山县发现未明文字（之二）

日本《圣德学园 岐阜教育大学纪要》第 32 集，1996 年

壮族“土俗字”的现状和前景

关键词：壮族（Zhuang）土俗字（local ethnic character）文字（writing）汉字（HanChinese character）文艺（literatureandart）快板（kuaibanr，rhythmic comic talk）

1. 壮族传统文化的发展、变化
2. 历史上的壮族土俗字
3. 从古装壮剧《西厢记》剧本看土俗字
4. 土俗字中存在较多的异体字
5. 现在使用土俗字的状况及其前途

在中国的56个民族中，壮族是人口最多的一个少数民族。据1990年全国人口普查（7月1日）的统计，当时共有壮族15489630人。占全国各少数民族中的第一位。如果将他们和北欧一些国家的人口相比，则大约超出北欧三国人口的总数，如丹麦（Danmark）、挪威（Norway）、芬兰（Finland）三国加在一起，其人口总和也没有达到壮族一个民族的人口那么多。[①] 壮族主要居住在中国南方的广西壮族自治区的西部以及近邻的云南省东南部（建立有文山壮族苗族自治州）；此外，还有在广东省西北部连山壮族瑶族自治县等地。

---

① 见联合国人口司，1994年世界人口统计：丹麦5173000人，挪威4318000人，芬兰5083000人。三国人口总和15574000人，其人口总和比中国壮族1990年7月，旧普查人口15489630人还要少10多万人。资料来源：《世界人口的现状和未来》（联合国人口司公布材料）。

1．壮族传统文化的发展、变化

壮族是古代百越民族的后代，历史十分悠久。在史书中先后有西瓯、骆越、乌浒、俚獠、狼、土等名称，后来才有“撞”、“獞”、“徸”的名称1949年后改写为“僮”，1956年统一改写为现在通用的“壮”字。人口众多，历史悠久的壮族，拥有丰富灿烂的传统文化。广西宁明县明江沿岸绵延长达20多公里的花山崖壁画，距江水面高20～60米。有的画面长达170米，共画有大、小人像1300多个；最大的高约3米，最小的仅30厘米。他们双臂往上曲伸，两脚叉开，呈舞蹈形象。此外并画有动物、船只、铜鼓等，现已发现共达近200处。这是壮族先民遗留下来的文物珍品。珍藏在壮族民间的铜鼓，以青铜铸成。圆形中空，面平无底，高约尺余，大小不等，直径从10余厘米直到150厘米以上不等。鼓面中心铸有太阳，光芒四射；此外并有蛙、牛等立体图像；四周遍布花草、鱼虫、钱币等浮雕，反映了壮族古代的青铜冶炼水平以及有关的生活习俗。现已发现各类铜鼓1500件，是以壮族为主的壮侗语族各民族的共同文化遗产。

“土俗字”是壮民族又一有悠久历史的精神文化杰作。它的历史源远流长。早在12世纪的史书中已见到有明确的记载。按照最保守的估计已有约1000年以上的历史。关于壮族土俗字（方块壮文）的起源、构成以及它们与京族“字喃”，方块布依文的关系等，笔者在另一篇论文《汉文字在华南各族中的重大历史作用》中，已有所记述，所以在本文中予以简略。此文重点在于说明“土俗字”的现在和未来。

本文作者于1998年8月到广西的南部边境，从东端的东兴市、防城港到西端的凭祥、龙州、靖西、百色等地，目睹了壮族地区的变化。这和笔者在20年前的调查情况相比，有很多的感慨。记得在1978年时，笔者到凭祥市边境——友谊关附近一带调查时，曾看到那里的村寨中，包括年轻姑娘在内的壮族女性，还都穿着深色的民族服装，头上包着黑色的头帕，无一例外。在街上的各种现代服饰中，十分醒目。在20年后的今天，又重新来到这里，即使努力寻找，想再见到过去的那种深色民族服装，已完全看不到了。20年前普遍的民族服饰，竟成了历史的陈迹。据《凭祥市志》的主编李若檀先生告知，这种民族服装的大量改变，约发生在1988年以后，则已有10年的时间了。这种“近看一朵花，远看像乌鸦。出门光脚丫，回家吃木瓜”的状况已经一去不返了。有的年轻人甚至已记不起过去的那些情况。看着村、镇街道上身着现代服饰的姑娘，已很难从外表上分辨出她们的民族成分。

从服饰变化来看，有的人认为，在长期的历史发展中，壮族的传统文化已很少保留，或者说基本上已“汉化”了。其实这是一种误解，值得深思。因为民族文化的范围很广，它既包括衣、食、住、行等各方面的物质文化，又包括语言文字、民间文学、诗歌舞蹈、节日宗教等在内的精神文化。民族传统文化是这些民族文化在长期发展中，最受民族大众所喜闻乐见的，比较稳定的民族传统的结晶。它既不是短期内流行的“摩登”的形式与内容，也不是因受某种影响而经常发生变化的事物。从这个意义上说，如果对壮族文化进行深入的研究探讨，就可以发现在若干方面还保留着众多的壮族传统文化，如歌墟、对歌、节日、婚俗、民族传统饮食、口头文学、民居等。而现在仍在民间使用的“土俗字”就是壮族传统文化中的突出遗产，对它的现状与前景，值得有识之士进行研究和为之作应得的评价。

各地壮族社会在历史上曾出现过土司政权，他们的势力范围大小不同，延续时间长短不一。有的土司之间有亲属关系，有的却彼此之间存在有世代仇恨。整个壮族地区从来也没有建立过统一的政权。而各地土司又往往以接受汉文化，使用汉文为官方文字，因此，壮族自己的土俗字则没有受到重视，长期处于在各地民间自由流通的境地，尽管在宗教、通信、商卖、记事、文艺等各方面广泛使用。土俗字的使用历史长，流通地区广，但很少注意它的统一、规范，它是广大群众所日积月累地逐渐丰富起来的。也正是上述这些原因，土俗字也有着一些缺陷，如存在各地的异体字较多、没有正字规则之类的共同约法加以统一、缺少正规的识字读物、也没有必要的出版物等问题。这也阻碍了土俗字的长足发展。20世纪50年代在研究、讨论壮族文字问题时，有些人十分低估壮族原有土俗字的作用。尤其是当时全国正值普遍流行贬低汉文方块字的潮流，片面追求汉文字的拼音化、拉丁化。这种错误的观点认为形声字是“落后”的，拼音文字是“先进”的，认为“形声字”无法进入机械化，是文字机械化的一大障碍。并错误地认为“拼音字”只需打入拼音字母就可组成文字，因此是文字机械化的唯一捷径，是世界文字的唯一前途和人类文字的必经道路。因此，在当时的这种思潮下，为少数民族创制文字的工作，一律要走拼音的道路，并首先在壮族地区实行。他们完全抛掉壮族土俗字的这一基础，而以拉丁字母为基础创制全新的壮文新方案，并投入大量资金，设出版社，办壮文学校，出版新壮文报纸、读物，培训新壮文教师和骨干，甚至作为少数民族新创制文字的代表，印在了国家货币人民币上面。经过几十年的发展证明，尽管推行新壮文的工作十分努力，但是拉丁化拼音壮文不符合壮族文化发展规律，当然不能收到理想的效果。甚至发生了一些由县政府工作人员以汉文写稿，由报社编辑部译成新壮文拼音文字刊载在报纸上，然后寄回原单位，却没有人再去阅读的笑话。这种浪费很大，收效甚微，不但没有达到利用创制文字，普遍消灭文盲，并有助于日常生活的目的。而且也耽误了旧壮文、“土俗字”的收集、研究、整理、改进的机会，使旧壮文自生自灭，并造成了土俗字“落后”、“无用”的种种误解。一方面是浪费，另一方面是丢弃，这是壮族文字在发展过程中的重大损失。

事实上，在一些壮族高度聚居的地区，例如，广西壮族自治区南部的靖西县，在全县总人口中，壮族占99%以上，因此，那里保留有浓厚的壮族习俗，在家庭内部及日常生活中，使用壮语，不仅在民间墙报、诗歌创作、书信记事等方面还使用土俗字记录壮语，而且在地方的正规报刊上，还不时发表土俗字的诗歌及使用土俗字的文学作品（见资料1及资料2）。

（资料1）靖西县文化馆1981年编写的小壮剧。

图为该壮剧剧本中用老壮文书写的壮语对话。

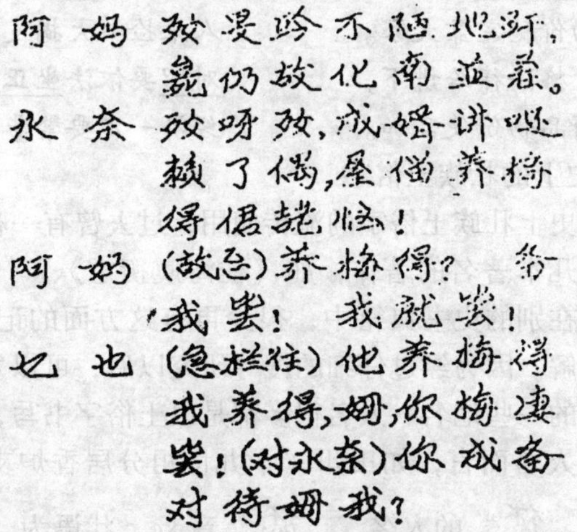

（资料2）1998年4月30日、广西壮族自治区《靖西报》除了全文刊登《价格法》，还发表壮语的《歌唱〈价格法〉》，其中就使用了若干旧壮语。

歌唱《价格法》（壮语）

黄安成

形势那讲路堆官，　商品标价做生意，
备留先论价格法。　服务收费要合法。
改革开放好到地，　要做到公平开岁，
市场生意栎啦啦。　有利社会和国家。
经济得繁荣昌盛，　提防莽人安鬼计。
人民百姓心开花。　谋取暴利做违法。
江行开岁千万祥，　搅乱市场恩经济，
物价稳定靠大家。　人来捡举大揭发。
价格法律给讲下，　对留要依法坐正。
商品物价使乱加。　经济一定要繁华。

2. 历史上的壮族土俗字

关于历史上壮族土俗字的流传使用，过去曾有一种误解，认为除了少数几本著名的著作，如《桂海虞衡志》、《岭外代答》以外，似乎在别的史书典籍中，很少再有这方面的记载。其实，这是一种误解。因为经过仔细的搜寻研究以后，可以发现，历史上壮族地区的一些地名、人名很多都是以土俗字书写，并借此留传下来。以人名而言，如田州《十九世祖分居香炉支派记》所载，其中有“[illegible]”的人名，“[illegible]”音 ke，壮语为“他们”之意。另一《十九世祖分居那沙支派记》记载中，则有“煖”之人名，“煖”有“荣”、“[illegible]”等异体字，读音［ŋa:i］，为“艾绒”之意。据《读史方舆纪要》卷 110 引《土夷考》载：大新县恩城州“古名恩上”，实为“恩𨑜”。“𨑜”为土俗字，读作［kɯn］时，有方位词“上”、“上面”之意，异体字有[illegible]、忐、

⿱不土等。又读作［hɯn］时，为动词“上［山］”、”登［山］”之意，也有异体字引、⿰足引、上、登等。由此可知，恩城州原名恩上辷，而“辷”则为土俗字。恩城州（现广西大新县）土官原为“侬”姓，宗皇佑四年（1052 年）广源州首领侬智高起兵反宋失败后，因他们未参与侬智高起兵，所以得宋皇帝恩赏，赐改为“赵”姓，并世代传承。“侬”系土俗字，直到现在还在壮族民间使用。读［do：ŋ］音，为“亲家”之意。又读［nu：ŋ］音，为弟、妹之意，有异体字⿱口往、⿱吕往、侬等。通过“侬”字，又可以知道古代壮族姓氏中使用的又一个土俗字。在壮语地名方面，从古留传至今的简直难以胜数。今广西百色市西北的“汪甸”地名，原来却是洪武九年（1376 年）废来安府，并入田州府时，内有土俗字的。“⿰目往殿”地名，“汪甸”是从“⿰目往殿”所改过来的。光绪《广西舆地全图》载南丹州内有 13 哨，其中的“北⿰女太”哨名，“⿰女太”就是土俗字，读作［ta∶i］音，又有“外祖母”之意。与民间大量广泛使用土俗字相比，在竭力追求汉化，攀附祖先来自北方的上层贵族，通常都采取摒弃土俗字的态度，而努力学习使用汉语、汉文。如明崇祯六年（1633 年）李天培所撰《恩城州官族赵素养墓志》所述，就称墓主人“幼习诗书”，“善能右军（王羲之）楷书，重优文词”。反映了当时土官及官族对汉文化的追求倾向。同时也说明壮族民间的“土俗字”，一直未登“大雅之堂”，不为“正统”的土官阶层所承认。历史的发展，没有为壮族土俗字的形成、统一、广泛使用创造有利的条件，但是“青山留不住，毕竟东流去”。由于土俗字符合人民群众的需要，适合文化传统，因此，在困难条件下，也终于在实际中存留下来了。

3. 从古装壮剧《西厢记》剧本看土俗字

本文作者于 1998 年夏在靖西县调查，搜集到靖西县文艺队在1985年元月编印的古装壮剧《西厢记》剧本。全剧分偶遇、和诗、解围、赖婚、潜流、幽会、拷红、团圆共8场，全部使用壮语对白与壮语唱词。第一场“偶遇”写唐贞元十七年（公元785年）二月，书生张君瑞在普救寺佛堂门前偶遇小姐崔莺莺之事。幕开以后，张生就用壮语唱词起板演唱，唱词显然也是用土俗字书写的：“走⿰屋出店房，⿸广来普救寺观佛寺。哎哟，过得嚓哝流名，实在故乾⿰口戒，架赖呀！（转采花）正柱画龙凤并飞，咟门对麒麟侈照，⿰屋堂樨象帮鞦飞高，门梁刻千兵万马，每碏砖眕闍覞影，过得不名头天下。”这段土俗字唱词的汉语译意大致如下：“走出店房，来到普救寺观佛堂。哎哟，难怪那么出名，实在很干净，真的呀。（转采花调）正中的柱子画龙凤齐飞，大门口有一对麒麟相互照映，屋檐像一群风筝高飞，门梁上刻有千兵万马。每块砖都亮得看见人影，难怪会名传甲天下。”从这里可以看出以下一些特征：

（1）土俗字全部为方块壮文，其结构、形式大体与汉字相类似。

（2）每个土俗字的结构，以两个方块字复合在一起居多。这两个方块字一般来说，分别起着表音与表意的作用，以便达到见字以后，就能发出该词的读音，认识这个字的意义。如第一句中的“走⿰屋出店房”一句的“⿰屋出”字。其左边的“屋”旁，是标示其壮语发音［oːk］；右边的“出”，显然就是表示其意义为“出”之意。同样的，其第2句“⿸广来普救寺观佛堂”中的“⿸广来”字，也是土俗字。⿸广来发音为［ma］，也有异体字⿰马来、麻等，其意义为“来”。“眕闍覞”字采取了“麻”字的“广”边，表示发音为［ma］，其中的“来”则是意义“来”的表示，它的组字方法与其他土俗字是一样的。由于各地壮族群众在使用土俗字时，各有自己的组字习惯，所以各地的同一壮语词写成土俗字时会有不同的组成方法。

同一状语，在不同地区，会有不同的异体字。以“[illegible]”为例，在不同地区有不同的异体字，如[illegible]、[illegible]、[illegible]、[illegible]、[illegible]、[illegible]、[illegible]等。不同的异体字，显然给土俗字的推行、普及、使用增加了不少的困难。分散的相对隔绝的壮族社会，没有为土俗字的统一提供条件。

（3）如上所述，土俗字的组成，参照了汉文方块字的构成方式。但是由于壮语与汉语的区别，不仅有词汇上的不同，而且在语法上也是不一样的，所以土俗字在壮语句子中的排列，与汉语句子中词的组合方式也是不同的，例如，汉语句子中的形容词在被形容词之前，而壮语则与之相反。汉语中的“红花”，在壮语中则变为了“花红”。上述所引唱词中。“咟閗对麒麟侈照”一语中，土俗字“咟閗”二字，“咟”的发音为［pa:k］，另有异体字[illegible]、[illegible]、吡、剥等，为“嘴”、“口”的意思。“閗”的发音为［tou］，有[illegible]、[illegible]、[illegible]、[illegible]、[illegible]、[illegible]、門等异体字，是“门”的意思。“咟閗”即“口门”之意。按照壮语的语法结构规律，土俗字“口门”在汉语中也就是“门口”之意。由此可知，壮语土俗字不仅有自己的文字构造，自己的语词发音，而且在语句结构中，也是按照壮语的语法构造来排列的。直译土俗字“咟閗”为“口门”，实际上却是“门口”之意。

（4）由于壮语中有一部分是汉语借词，所以表现在文字上，也往往直接借用汉字，因此，在土俗字的语句中出现了夹用汉文的现象。如前述唱词中的“普救寺”、“观佛堂”、“画龙凤并飞”、“麒麟”、“千兵万马”等。

（5）每句唱词，一般为7个单字，这和汉语歌词的七言诗形式相接近，反映出壮语诗词与汉语诗词存在着共通之处。作为古装壮剧的唱词，大多是这一类七字诗句，如《西厢记》最后一场“团圆”中小姐崔莺莺与侍女红娘的对唱就是比较典型的唱词：

小姐：吃苦不陋倌推论，
　　　（吃苦不忘向谁说）①
　　　花开花落氏满𢆥。
　　　（花开花落又一年。）
红娘：小姐——
　　　总是梅旲得[illegible][illegible]，
　　　（总有一天得相见，）
　　　[illegible]籴文[illegible]故色时。
　　　（月亮进入云彩暂时的。）
小姐：佲[illegible][illegible][illegible]心头[illegible]，
　　　（我在屋里心头乱，）
　　　佲[illegible]蹬[illegible][illegible]不雷？
　　　（你在天边不知怎么样？）
红娘：姐夫别[illegible]故[illegible]哑，
　　　（姐夫不去也可以。）
　　　昙旲念姐十二时！
　　　（日夜想姐十二时！）
小姐：[illegible][illegible]列怕[illegible][illegible][illegible]，

① 本括号中的句子，是前一句土俗字唱词的汉语译意。本文土俗字壮语的汉译，得到了中国社会科学院民族研究所李旭练研究员的帮助，特此致谢。

（天亮又怕见蝴蝶，）

靓蚋蟒黑列䕯怕昙跤。

（天黑又担心夜长。）

红娘：但得梅昙二碗籴，

（只要每天有两碗饭，）

謡过时卯列时㨂。

（挨过卯时到戌时。）

4. 土俗字中存在较多的异体字

上述所述古典壮剧《西厢记》中的12句壮语唱词中，大致可以统计出，在所引的84个方块字中，其中与汉语文字相同的大约只有20个字。还不到全部使用的文字的四分之一。如果用土俗字表达现代事物的语句，相信有关的汉语借词会增加一些。但必须注意的是，在古壮文中有相当一部分的“汉语文字”，实际上无论在发音、意义上与汉语文字原来的音义是完全不同的，所以，它们实际上也属于土俗字范围之内。举例如下：

打。异体字：𠯘、𥄮、哆、𥆤、他、䀀、䏘。读音：da。意义：眼睛。

盆。异体字：哎、㚘、宾、㨠、龛、贫。读音：baen。意义：①成、可以、行。②如此、这样。③好像、类似。④全、整。

空。异体字：𡘙、𤝑、㚏、洪、𡘮、𡘩、𪐛、𠯕、𡉚、𡘶、宏、𡘺。读音：hung。

意义：大。例：𤜶空（“大猪”之意）。①

① “𤜶空”直译为“猪大”之意。按壮语的被形容词在前，形容词在后的习惯组成。如译成汉语，则为“大猪”之意。

九。异体字：赽、趹、[illegible]、[illegible]、[illegible]、[illegible]、料、[illegible]、[illegible]、[illegible]、馗、苟、吷……读音：gyaeu。意义：首、头。

罗。异体字：[illegible]、[illegible]、嚕、[illegible]、[illegible]、[illegible]、[illegible]、喏、鲁、喏、兰。读音：ro。意义：①认识、晓得、懂、会。②还是、或、或者。

耳。异体字：[illegible]、[illegible]、疑、宜、议、咡、[illegible]、椬。读音：ngei。意义：思念、思索、考虑、寻思。

六。异体字无。读音：loeg。意义：①序数词：六。②福分。

篇。异体字无。读音：bien。意义：翻（书）。例：篇[illegible]（翻书）。

架。异体字：[illegible]、呷、[illegible]、[illegible]、[illegible]、[illegible]、[illegible]、[illegible]、[illegible]、[illegible]、[illegible]、[illegible]、[illegible]、[illegible]、[illegible]、[illegible]。读音：gya。意义：孤儿。

弄。异体字：[illegible]、[illegible]、[illegible]、[illegible]、[illegible]、[illegible]。读音：rung。意义：抚养、哺养、抚育。

从上举10个使用汉文字成为“土俗字”的例子，可以说明以下几个问题：一、在土俗字的文章、书信、剧本、唱词、宗教经典等抄本中，有不少类似常用汉字的字，实际上却与汉字本来的音义完全不同，或者是只借发音，却为壮语意义；或者意义相同，但发音却全不一样，因此，它已脱离汉字范畴，成为土俗字一部分。由此来看，说壮语土俗字“自成体系”是完全有道理的。二、由于土俗字本身有很多异体字，有的字中，甚至出现一个土俗字因地区不同而有多达二三十个异体字的现象，这是土俗字在各地长期分别使用的结果。因此，上述使用汉字为土俗字的例子中，除没有或仅有个别异体字的现象。例如，数词“六”以外，其他汉字土俗字都有大量的异体字存在，如“架”［gya］的异体字有16个，“空”［hung］的异体字有12个，“九”

［gyaeu］的异体字有13个以上等，说明这些汉字土俗字在同一个字的异体字中，只占十几或二十几个之一，它们的比例及使用频率是相当小的。一般来说，很多人喜欢舍弃汉字而使用自己拼制的能表音又释意的土俗字。三、绝大部分土俗字，都是利用汉字的部首、偏旁或个别汉字作构成土俗字的部件，两相拼和而成新字。因此，它能表明汉字与土俗字的密切关系，又说明两者之间各成系统，各自反映自己的语音、语义特点。在构成复合词时，则又遵守壮语的构词规律，如被形容词在形容词之前（见前注释："大猪"称作"猪大"等）。四、以汉字为基础，经过改换变化成为其他民族文字的情况，并不仅仅是壮语的土俗字一种。例如，越南民族与我国京族的"字喃"，构字方式就与土俗字比较接近。此外，还有构字方式另成系统，与土俗字大不一样的古代西夏文字等。方块汉文作为世界一大文字统而言，它既能表音、表意又能利用各种方式搭配组合，其组合之巧妙，使用之方便，构成潜力之巨大，如果利用得当，是可以有很光辉的前途的。

5．现在使用土俗字的状况及其前途

1998年7月，本文作者在广西壮族自治区壮族居住最多的靖西县调查时，曾和一部分懂得古壮文（土俗字）的人士一起座谈。承蒙他们热情告知，才知道现在的新壮文（拼音文字）并不能完全反映当地的靖西话，而目前在靖西县民间及文化部门的文艺作品中，却还继续使用着土俗字。云南省丽江县的纳西族人民，十分珍爱和使用自己的传统文字——东巴文，在门前贴象形文字东巴文的对联，大厅的中堂、门柱也挂着东巴文的联句，整个县城充满着东巴文化的气息。相信靖西县也会从丽江县东巴文化的发展得到启发，使自己的土俗字文化能够复兴。据参加会议的一些人说，现在有的政府机关部门如宣传部开会时仍使用壮语交流，文化厅等部门也是如此。在学校上课时，用汉语学习时有的仍要以壮语作补充解释。在农村中的乡村剧团还使用土俗字剧本，以壮语演出剧目（见资料3），用土俗字记录山歌的情况。甚至在地方报刊《靖西报》中，还发表使用土俗字的文章或全用土俗字写作的诗歌。1998年4月30日《靖西报》刊登的《歌唱〈价格法〉》就是其中的一例（见资料2）。1997年11月5日《靖西报》甚至刊登了长篇壮话快板《学习十五大文件》的文艺作品（见资料4），其中使用土俗字的段落更是多得不可胜数。深受群众的欢迎和喜爱。现在摘录部分于后，以见土俗字在现实生活中的根基之深，以及进一步发展的可能性。

壮话快板：

听了广播看电视，
又梅报纸照扣它。
头头堂堂都背得，
梅劳刷礼叟大家。
果柿层熟含优百，
条舌咱亚皮百厚。
张旗弄刷看得醒，
跟党咁登梅劳差。
瓜椤仍再学，
认识给重厚。

（资料3）靖西县文艺队编印的新壮剧《生路》。全剧用土俗字编写，但也有少量汉语字句。

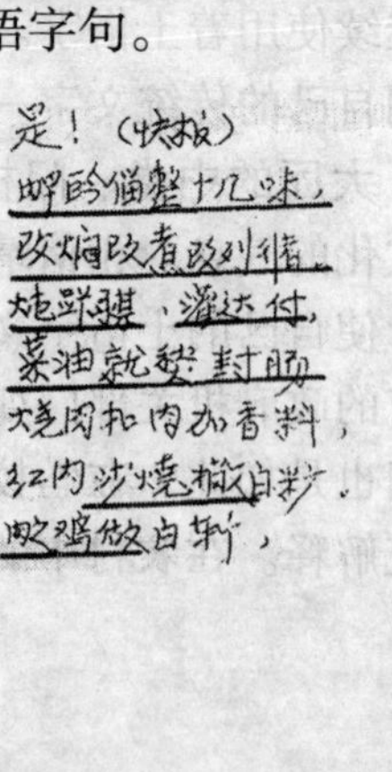

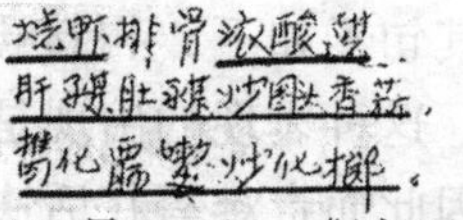

（资料4）1997年11月5日，《靖西报》刊登的“壮话快板”，全文用汉文记录壮话，是土俗字的进一步发展。

一九九七年十一月五日　　　　靖西报

·壮话快板·

学习十五大文件

●彭志达

人物：
公学、婆习、父宣、母传、叔贯、婶彻。
道具：各位手拿一份报刊。公学戴帽，袋子备有试题纸条。
［锣鼓声声。
（台右内喊）哎——
公学、婆习呀，大家出门呀陋——
（台左内喊）哎——
父宣、母传、叔贯、婶彻呀，快哟卡啰！
［木鱼哆哆。
公学、婆习：（台左出）
党留召开十五大，
会议精神传天下。
全党全民并学习，
小小老老心开花。
父宣、母传、叔贯、婶彻：（台右出）
吔——
碰俘公学化婆习，
双你积极先干卡。
公学、婆习：
哎哟——
父宣母传笑嘿嘿，
叔贯婶彻跟肯麻。
合：江总书记恩报告，
句句重要坚备岜。
贯彻执行要认真，
行动纲领照卑那，
照卑那。
公学：（白）吔——听听大家讲的还考，学习十五大精神，掌握理论根底度厚啵。
父宣、母传：（板）
听了广播看电视，
又梅报纸照扣它。
叔贯、婶彻：（板）
头头堂堂都背得，
梅劳刷礼叟大家。
婆习：哦，备啵！夺瓜——（板）
真陋假陋我怀疑，
仍是考试讲出麻。
公学：（白）是，大家麻考试，我出二十恩题目，由大家麻抽签，人谁捡得条谁题目就讲条谁。好梅呀？
众：（白）好呀！（板）
讲呀考试就考试，
加深认识怕星嘎！
公学：（摘下帽子当盆子，把备好试题条子放入帽里。白）大家注意啰，成人成人捡，成人成人答。
婆习：（抽签，打开纸条）
众：（检查题目，问）江总书记做的报告，恩题目大面嘎事？
婆习：喂，大家看准，下面说明，条给由大家共同回答。
众：是，大家回答《高举邓小平理论伟大旗帜，把建设有中国特色社会主义事业全面推向二十一世纪》。
公学：畚得面！（板）
大家念准背得好，
象备水流梅脑差。
恩题目，备张旗，
大会主题照扣它。
（白）下面，俘人谁捡呀？
父宣：我父宣，争捡签，
不用它兴用蒙华。
（抽签，打开纸条）
众：（检查题目，念）
优在江总书记做的报告内江，分梅十恩大内容，请大家轮流按顺序金嘅题目读出麻。
父宣：哎，我先讲！条第头：“世纪之交的回顾和展望”
母传：条第二：“过去五年的工作”
叔贯：条第三：“邓小平理论的历史地位和指导意义”
婶彻：条第四：呃、呃、

从上引的壮话语句看来，可以发现一个特点，就是可能由于新闻报纸检字、铸字的麻烦与困难，所以已完全不用原有的用汉字重新组合的老的土俗字。而用现成的汉字，利用发音的相同，表达壮语，成为老旧的土俗字的新发展，使土俗字发展到一个新的阶段。不过，由于汉语与壮语各有自己的语音特点，所以汉字无法表达全部的壮语发音，因此，在同一篇文字中出现了个别的拉丁字母拼音现象。其句子如下“再接再厉再答新，梅使讲 Loij 梅使差”（见资料 5）。这种表现的出现是土俗字发展，还不够成熟的表现。我们不能因此而责难写壮话快板的作者，而应该给以热情的帮助，一起来想办法，完善土俗字。

（资料 5）由于壮语有自己的特点，所以汉字不能全部表达某些壮语语音。因此，出现个别以罗马字拼写壮语的现象。（原载《靖西报》）

对答象备放炮亮，
乒乒乓乓响腊腊。
再接再厉再答新，
梅使讲Loij 梅陡差。

《日本国立民族学博物馆文集》，2001 年

桂西访古记

在广西壮族自治区成立二十周年的前夕，我们到左江、右江流域的凌云、百色、田阳、田东、靖西、上思、凭祥、龙州等地，进行了一些关于壮、瑶族社会历史的调查访问。所到之处，受到各级领导和同志们的关怀与支持，有了一点收获。现将其中关于广西古代地方史中的几个问题，略记如下。

一、泗城土府遗迹

汽车盘越过重重高山，我们来到了四面环山的一大片峒场，这就是凌云县城的所在地。凌云，据县志所述，因境内有高峻的凌霄山而得名。它原是泗城府的所在地。所谓泗城，据说是由于治内有澄碧、龙渊、龙溪、西溪四条水流而得名。但也有说是因“盘江绕其北，驮娘江包其南，澄碧、布柳两河分流贯其中”而得名。不过无论哪种说法，我们都可以看到，它反映出在这块石山岩溶地区里，由于有大小川流的环绕，对农、林各业的生产，有着很大的好处。

据记载，宋代已有泗城州，属邕州横山寨。古州城在今县城的西南。到明洪武初年，移治古磡洞，才迁到现在的县城一带来。清顺治十五年（1658 年）设泗城府，以土府所在地为中心，东到谋隘巴更（现为凤山县属），西到门伦者仙（现为百色县属），北到贵州罗甸县境，南到百色县茶亭街头，都是它的管辖范围。《田州岑氏源流谱》说：“（岑）怒木罕，（岑）世兴三子。兴奏请以怒木罕分管龙州峒地，今为泗城始祖。”其时当在元顺帝年间。此后，岑家土官绵延不绝，直到清雍正五年（1727

年）岑映宸时才改设流官。岑氏土官的辖地既宽，世袭统治的岁月又久，真是：皇帝江山，改朝换代；土官山河，统治依旧。土官，就是当地的土皇帝。

在凌云，我们在县委统战部部长腊文光等同志的带领下，攀越峭壁，到孤悬于迎晖山腰的叫做“吊天龙”的山穴里，看了明代土官岑云汉的夫妇合葬墓。此墓已被盗，只剩下空空的墓穴和残断的石碑了。但是，从我们经过的几处峭壁鸟道来看，要把这对土官夫妇的棺材抬来埋葬，实在不是易事。由此，也可以反映出这些土皇帝对属下农奴统治的残暴，看到他们是如何地作威作福，压榨人民。

关于这个坟墓，我们还听到一个关于农奴向土官作斗争的有趣传说。其中有一段讲，土官这个坟墓的风水很好，尤其凑巧的是对面山坳正好有一股清泉，每当行人翻山经此，感觉口渴的时候，就正好有清冽的泉水可供解渴。但是，由于泉眼位置较低，行人必须跪下低头才能喝着，这样就正好形成了一个向对山坟墓跪下朝拜的局面。土官就是利用这个地形，让每个翻山越岭的过往行人都自动地向他的坟墓跪拜叩头，土官非常得意。但在群众知道土官的这个诡计以后，都感到十分气愤，终于想了一个办法，在泉水另一面修了一条道路，让每个行人到这里以后，背过身来弯腰喝水，这样就正好把每个人的屁股朝向了土官的坟墓，用这个办法来亵渎那“神圣不可侵犯”的土官老爷，为大家出了一口气。在访问中，我们听到了不少这一类表达群众幽默与机智的故事传说。

在县城，我们还看到了几所据说原属土官衙门范围内的房屋，它比原来旧街上的简陋民房要高大、壮观得多。在“破四旧”中，凌云县的几个有心人，把原属土官衙门前的一对石狮子埋到了地下，现在已挖出来陈列在电影院门前。从这对雕刻精美的石狮子身上，我们可以想象到当时泗城府土官衙门的宏大规模，也使我们欣赏到了当时处在偏僻山区中的劳动人民的精湛手艺。

我们知道，岑氏土官家族在右江地区占有很大的势力，我们所到的一些古代州县，在过去往往是岑氏官族的统治范围。从凌云县街上一直保留到新中国成立前夕的婚姻习俗中，还可以看到土官统治的暴虐，一些凌云的老人告诉我们说，过去这里的街上，人结婚时，一般都有新娘要到深夜方始进入夫家的习惯。这是为什么呢？不明情况的年轻人说，这是因为白天要劳动，所以到晚上才结婚。其实他们不知道这里面包含着一层土官压迫的血泪原因啊！原来泗城的土官过去还保留着一种中世纪“初夜权”的特权。即在百姓结婚前，要先把新娘送进衙门，任由土官糟蹋，三天后才能送还与新郎结婚。因此，当时的群众为了躲避土官的凌辱，才采取了这种在深夜时，瞒着土官，悄悄地送新娘过门的办法。天长日久，就变成了一种习俗。所以后来尽管土官已经没有这种特权，结婚时也采用了点火把、放爆竹公开进行的方式，但新娘在黑夜进夫家门的习惯却依旧保留了下来。有谁知道，一个结婚仪式的细节，却包含着这样一段令人痛楚的历史。对民间的一些习俗，应当看到它们都不是偶然形成的，如果我们找出它们产生的深刻的历史原因和阶级烙印，对于研究和说明当地的历史，一定会有很大的帮助。

二、土官不会讲“官话”

土官是不是“土人”（壮族）？这是一个在广西地方史上众说不一的问题。

翻开广西的一些地方志书和土官家谱，往往会发现有许多土官的祖先是宋代随狄青征侬智高而来的说法。例如，田州府、泗城府的岑氏土官祖先岑仲淑，忠州、江州、迁隆州黄氏土官祖先黄胜奇，恩城州土官祖先赵仁寿，茗盈州土官祖先李德卿，全茗州土官祖先许文杰，下雷州土官祖先许天全，都康州土官祖先冯昆崆，思明州土官祖先黄善璋，镇远州土官祖先赵昂升，罗白土县土官祖先梁敬宾，罗阳土县土官祖先黄东堂，上映土州土官祖先许公顺等皆是。奇怪的是，他们其中的不少人都说原籍是“山东青州府益都县人”。反之，载明土官的先人就是本地土著的，却为数不多，仅有东兰州的韦氏土官，说他们的先人韦君长原是“文兰峒”的“蛮长”①，那地州土官罗氏的先人是“宋熙宁初，土人罗世念来降，授官世职”②。永安长官司“授土人韦万妙等为正副长官”③。令人惊异的是，南丹州莫氏土官先人莫洪燕，据《舆地纪胜》载：“开宝七年（974 年），酋帅莫洪燕自称节度使遣牙校陈绍现奉表修贡求内属。”其事在《宋史》、《明史》都有所述，但南丹莫氏土官家谱、碑刻与传说中，却还要说自己的始祖是莫伟勋，为狄青部将，随来广西。其实狄青之事，已后于记载中的莫洪燕七十多年，所谓莫伟勋之说，实在无足征信。所以早在清代就有人指出：“南丹土官呈送宗图册称始祖莫伟勋，原籍山东青州府益都县人，宋时随征南丹峒蛮，予世职，传二世莫尚、三世莫简、四世莫以忠、五世莫金，即明太祖所命为知州者，核与宋、元、明诸史不符，且并无证据。”④ 说明有些土官确实有假托祖先为内地汉人的现象。

现在，且让我们抛开枯燥的书本征引，来听一个民间流传的关于土官不会讲“官话”的笑话吧。上思县的一位老先生告诉我们说，过去过春节时，土官们都要讲几句“官话”（汉族普通话），一是显得排场，想用来说明自己不是“土人”，而是祖先

---

① 《明史》卷 317
② 嘉庆《广西通志》卷 59
③ 嘉庆《广西通志》卷 60
④ 道光《庆远府志》卷 14

来自内地的“官人”。二是企图取个吉利。但是迁隆州土官虽说祖先来自山东，却不会讲“官话”，在大年初一早晨，他叫家里差役摆好香案后，放上两排柑橘、两个粽粑等物，准备求神祈福。这时，土官指着供品说：“柑子两排”、“粽子两个”，但由于咬字不清，却说成了“疳死两排”、“肿死两个”，变成了今年土官家里要死很多人的不吉利的话。接着，他又把出门求“发财”，说成为出门去“化财”，成了完全相反的意思。土官不懂“官话”，却硬要装腔作势地讲“官话”，结果就变成了老百姓谈论讥嘲的笑料。

那么，从这个民间传说中，我们能得到一些什么启示呢？

一、“官话”是封建社会中长期以来的官场用语，如果土官祖先真的来自北方汉族地区，他们为了保持官族的尊严与地位，必然会在家庭及其应酬的范围内，顽强地使用这种语言，很可能会长期保持土话（壮话）、客话（汉语地方方言）和“官话”（汉语普通话）互通的局面。但是，后来的土官，只懂土话，不懂官话，甚至只得硬学几句不像样的官话。说明土官的先人，到底是内地汉族，还是当地土著，是一个值得深究的问题，需要做进一步的考察。

二、再退一步说，即使土官的先人的确是来自内地的汉族，但是在当地长期居住的结果，从经济、文化、语言、习俗等各方面，都已与当地土著融为一体，都已经逐渐“壮化”了。后来的土官只懂土话，不会“官话”的现象也表明他们“壮化”的程度已经很深。因此，他们再也不能被看成是汉人，而只能看成是壮人了（是否有个别土官是其他少数民族成分的，还可以研究）。这与我们在调查中，大部分的土官后代与当地群众，都众口一词地说土官是壮族，不是汉族的结论是一致的。所以说，“广西的土官是壮族”这句话，从一定意义上来说，是可以成立的。

三、民族是历史上形成的人们共同体，它可以包含各种不同的来源。汉族如此众多的人口，就是容纳了历史上许多别的民族成分的人们而形成的。所以，土官的祖先来源是一个问题，后来的土官民族成分又是另一个问题，这两个问题，既有联系，又有区别。土官的祖先，也可能有从内地迁来的，但也很可能有后代土官为了使祖先显赫一些而伪托来自内地的。对此，我们还可以再作进一步的研究。据说有的同志曾仔细查阅了跟随狄青来广西的将、官、军、士人名资料，但却很难发现我们前引的那些土官先人的姓名与事迹，从而认为土官祖先是随狄青而来的说法，值得怀疑，我们以为，这也不失为探讨问题的一种途径。

一个笑话给了我们一点关于了解土官民族成分的启示，至于进一步的研究，还是留待对这方面的问题有兴趣的同志去进一步地深入分析吧。

三、瓦氏夫人墓

田阳县田州镇，是明代田州土府的所在地。著名的抗倭女英雄瓦氏夫人就是田州府第十六代土官岑猛的妻子。她死后，就葬在田州附近。关于瓦氏夫人，过去民间曾流传有不少故事，但现在提到瓦氏夫人时，知道的人已不太多了，大家熟悉的，也只有“长奶夫人”一个故事了。故事说：明代的时候，田州有一个壮族女将军，外号叫“长奶夫人”，她勇敢善战。因为她的两只奶很长，打仗的时候，骑一匹大马，手里拿着三叉矛，背上还背着一个小孩，日夜冲锋陷阵。当她听到小孩哭声的时候，就把胸前的两只奶甩向背后给小孩吃，故称“长奶夫人”。她的坟墓到底在什么地方，众说不一。听说前几年有的同志去找过好几次，但也没有一致的结论。

“长奶夫人”，就是瓦氏夫人，她是归顺直隶州（今靖西县）土官岑璋的女儿，生于明弘治九年（1496 年）。从小跟随她的父亲学习武艺，尤精兵法。长大以后，嫁给岑猛为妻，因与其夫同宗而改瓦姓，生子岑邦彦。嘉靖六年（1527年）岑猛和岑邦彦因与明军作战相继死亡。瓦氏抚育其孙岑芝，袭知州事。后来，岑芝又死于战事。瓦氏又抚育其曾孙岑大禄袭知州事，因岑大禄年幼，由瓦氏摄政。瓦氏夫人历经丧夫失子的变故，在扶植孙子与曾孙的活动中，锻炼和增长了政治、军事才能，“凡州之利病，躬为规划，内外凛然”①。当时，正值倭寇（日本海盗）大肆侵犯我国东南沿海，山东、江浙官军节节败退，形势万分危急的时候，朝廷议征广西俍兵剿倭。嘉靖三十三年（1554年），督抚带着朝廷的檄文到田州来征兵，瓦氏以曾孙岑大禄年幼，不能任兵事，毅然以杀倭卫国为己任，愿亲自督兵赴阵。督抚壮之，转奏朝廷，授瓦氏为女官参将，带领广西俍兵前往东南沿海剿倭。次年四月，到达苏州，隶于总兵俞大猷部下。旋屯兵于金山卫（今属上海市），扼倭寇巢穴。五月，倭寇倾巢犯嘉兴。瓦氏奉命会同永顺、保靖土兵及其他各军分兵合击，大败倭寇于王江泾，斩首二千余级，焚、溺死者不计其数，夺得了抗倭以来第一次大捷，“自军兴以来，称战功第一”②，扭转了抗倭以来屡战屡败的局面，为抵御倭寇，保卫祖国领土安全建立了很大的功绩。因此，东南沿海广大群众给瓦氏以很高的评价，到处流传着“花瓦家，能杀倭”的民谣；朝廷也给瓦氏以很高的奖赏，封她为二品夫人，并赏给她很多银币。其后，瓦氏因病告假归田州，死于田州官署，终年五十九岁。

对这样一位抗倭卫国的女英雄，壮族人民对她历久不衰地传颂和怀念，这是十分自然的事情。从各族人民团结战斗、共同抵御外侮的传统教育来看，至今还有着一定的意义。但可惜的是作为历史文物的瓦氏夫人墓，却由于种种原因，其确实所在地已经

① 嘉庆《广西通志》卷27《瓦氏传》）

②《明史》卷205《张经传》

众说纷纭，难以辨认了。

我们在调查中了解，瓦氏夫人坟墓的前面曾竖有大、小两块墓碑。大墓碑已经找不到了，小墓碑现在放在平街屯前一个鱼塘旁边作为过道之用，其碑文字迹还可以看得很清楚，文曰：“前明嘉靖特封淑人岑门十六世祖妣瓦氏太君之墓。钦赐四品官田州知州世袭云骑尉又一恩骑尉军功加二级二十六世裔孙煜立。嘉庆拾年岁次乙丑仲夏月中浣谷旦。”但是，由于墓碑同坟墓已经分了家，瓦氏墓究竟在什么地方，就只能依靠当地老人的指点了。

那么，究竟去找谁来指点呢？有的说它在现田阳县粮管所所在地；也有的说那兰生产队甘蔗地里的那个三合土坟堆就是。这次，我们在县文化馆碰到了黄明标同志，据他告诉我们，过去他家是瓦氏夫人墓旁的一个“独家村”，对瓦氏夫人墓原来情况他父亲是最熟悉的了。我们真是喜出望外，遂与他约定，找他父亲一起去看瓦氏夫人墓。

黄明标同志的父亲黄雄威同志是一个54岁的壮族农民。他一家原来住在那斗屯，旁边就是瓦氏夫人墓，他从小就在瓦氏夫人墓旁玩耍、放牛，经常站在瓦氏墓碑前躲雨、遮阴，后来这两块墓碑及墓前的一对石狮和一对石柱虽然被搬走了，但那里遗留下来的一个坟堆，还清清楚楚地绝不会弄错。我们和自治区民族研究所、田阳县委统战部、县文化馆的同志一起，组织了一个小小的自行车队，在黄雄威同志的带领下，绕过生产队的丰饶的田野，来到田州公社那兰大队那兰生产队原那斗屯近旁的一块甘蔗田前，在茂盛的甘蔗林旁，我们察看了这个外貌已没有什么显著特征的土堆，但土堆旁的一棵柳树，还可以作为寻找它的一个标志。就在这个其貌不扬的残冢里，安葬着一个壮族人民经常传颂的抗倭女英雄。这个比较确切的瓦氏夫人墓距离原来被认为瓦氏墓的三合土坟堆约有五十米远，据黄雄威同志说，那个三合土坟堆以及粮管所的墓地，原来也是岑氏的坟墓，但并不是瓦氏夫人墓。他过去亲眼所见的墓碑竖立情况，就是一个十分有力的证据。在墓前，黄雄威同志还为我们描述了过去瓦氏夫人墓的陈设情况，给我们展现了一个古代壮族女英雄坟墓的规模宏大的情景，增添了大家对这个历史人物的敬仰。

四、靖西县的最早开辟者

靖西县，位于桂西边境，与越南接壤，素有“小桂林”之称。这里的景色秀丽，气候宜人，登上归春河畔宾山上的小塔，从一个个窗口远眺俯瞰，就是一幅幅生机勃勃的画图：这边是新旧建筑并立的新靖镇街道；那边是金黄色的稻田围绕着亭亭玉立的山峰，山脚底下是炊烟缕缕的村庄；正在修建的人民公园、图书馆、招待所等新的建筑，将把这个县城装扮得更加美丽。

在靖西，我们翻阅了《归顺直隶州志》（光绪）和《靖西县志》（民国），发现它们都记载着宋末张天宗开辟靖西（古名顺安峒）的事迹。据记载，张天宗，江西广信府广丰县人，曾起兵从文天祥，失败后，于宋景炎元年（1276 年）“收拾残兵三百余”，“率众携眷口遁入粤西，次浔州，元兵破静江路，天宗奔安南，越山迷路，窜抵本峒，辟疆奠众”。并且由他及其部众“焚薮决泽”，“汆谷播种”，“草创庐舍”，“作亭田”，“立牛魂节”，开辟田园，称“顺安峒”，众推张天宗为“峒主”，至明永乐十年（1412 年）五世孙张龙时，被镇安府土官岑志纲的次子岑永福所杀，始改为岑氏土官所统治，后改称归顺州，即今靖西县。

从上述记载看来，似乎张天宗到此之前，这里完全是一片荒野，而张天宗及其残部三百人，乃是靖西县的开山始祖。

在细雨纷飞的一个星期天，我们同县委统战部、县文化馆的同志一道来到了古顺安峒的治所——那签，即现在的靖西县城郊公社旧州街。在这里，我们在当地同志的向导下，在旧州街附近看了张天宗及其儿子张神宝、张神佑等的坟墓。张天宗墓的碑文是“大宋上大夫总理阁省兵权开辟峒主讳天宗张公墓”，张神宝墓的碑文是“大宋顺安峒主讳神宝张公墓”，张神佑墓的碑文是“大宋顺安峒主讳神佑张公墓”等。但是，这些墓碑并不是当时立的，张神宝的墓碑是清同治三年（1864 年）立，张天宗、张神佑等墓碑是清光绪十年（1884 年）立，都是晚清时候才立的。这些晚清时候立的碑文，与晚清时人写的州志持同一种说法，是很自然的事情，而且张天宗的墓碑上还把他夸大成“总理阁省兵权”的峒主，已是前所未有的提法，看上去也十分不伦不类。

更有意思的是，旧州街上的一些老人，他们从民间传说中为我们提供了另外一些不同的看法。据他们说，张天宗到旧州之前，这里原来是“苗人”居住的。不过，他们所说的“苗人”，并不是专指苗族，而是对少数民族的一种概称，意思是说原来这里就有少数民族居住着。据说，当时他们多半住在山坡上，现在“邓七”地方的一些开荒坡，就是由“苗人”首先开辟的。平地也有人居住，只因树木丛生，蛇兽太多，所以居民不多。张天宗来了之后，战胜了大蟒蛇，这一带地方才兴旺起来。

民间传说对我们有很大启发，它反映了人民群众对张天宗开辟靖西的说法，持有不同的意见，对照记载看来，这种说法比较接近历史的真实。仔细查对一些史书记载，就可以看出，靖西的开辟并不是开始于南宋末年，而是很早以前的事情。据记载，早在唐代，包括靖西县在内的左、右江一带，就属于邕管羁縻州县，是所谓“侬峒”、“黄峒”的地区。唐元和初年（806 年），左江壮族首领黄少卿等“归附”，被唐朝拜为归顺州刺史（参见《新唐书·南蛮传》），这个归顺州是邕管羁縻州，当在左、右江一带，可能就是后来的归顺州。尤其是北宋时，壮族首领侬智高接受宋朝封的广源州刺史，也曾管辖到靖西县的雷、火、频、婆四峒。雷峒过去属于靖西县，现在是大新县下雷公社；频峒为今靖西县岳圩公社；婆峒可能是现在靖西县坡那公社。四峒大部分是原归顺州范围。后来，侬智高又在安德州建立根据地，号称“南天国”，这个安德州，就是现在靖西县的安德公社。侬智高失败后，宋朝继续利用壮族首领为土官，封侬宗旦知雷、火峒，以其子侬日新知温润峒。温润峒即湖润峒，今靖西县湖润公社就是其地。由此可见，张天宗并不是靖西县的最早开辟者，在张天宗之前，靖西县各个地方，甚至比顺安峒所在地的旧州偏僻得多的地方，不但早已开辟，而且早已成为壮族首领政治活动的重镇。

回过头来，再看一下关于张天宗开辟靖西的记载，还可以发现其中不乏言过其实的地方。例如张天宗创立“牛魂节”之说。其实，在每年四五月间，水田耕作完毕之后，壮族农民过去一般要选一吉日，杀鸡、蒸五色糯米饭，祭祀祖先，并招牛魂。因为传说耕牛在春耕中可能因被呵斥、鞭打而失魂，所以耕作完毕要为之招魂，实际上是农业民族在忙完以后，人畜聊示休息酬劳之意的习俗，它广泛流传在各个壮族地区，并非仅仅靖西一隅。但是，为了强调张天宗的创始者的地位，后人就把这样的一些习俗的创立也附会到他的身上去了。因此说，靖西的开垦，张天宗及其部属的到来，一定会带来先进地区的生产工具和技术，推动了当时生产力的发展。但是，追本溯源，世代居住在这里的壮族先人的最早的开辟功绩，也是不容湮没的。

载《广西民族学院学报》，1979 年第 2 期

访日散记

一、随想

（一）浮想联翩

从北京登机，飞行近两个小时便到达上海，从这里再升空离境，飞向东京。

我坐在飞往日本东京的飞机上，俯视着茫茫云海，不禁浮想联翩。

中国和日本是一衣带水的近邻，长期以来有着十分密切的关系。传说秦始皇曾派徐福带领三千童男童女入海，到蓬莱仙岛去求长生不老的灵药，谁知一去不返。据说他们到了日本，就在新宫市东北数里的波多须浦登陆。所以那里一直又叫做“秦住”或“秦须”，后来在新宫境内还留下了徐福宫和徐福墓的遗迹。

汉光武帝于中元三年（57 年）时，曾对前来奉贡朝贺的倭奴国使节赐以“汉倭奴国王”的金印。这颗印后来在日本博多湾的志贺岛出土，上为蛇纽、下为方印，高 2.236 厘米，重 108.72 克，金色灿烂，是中日两国之间关系密切的最好见证。

据史书记载统计，从唐贞观四年（630 年）至乾宁元年（894 年）的 260 多年间，日本向唐派出正式与非正式使者共达 25 次。每次都包括留学生、学问僧、工匠、医生、水手等。往往多达五六百人。唐代著名诗人李白的好友晁衡，又名阿倍仲麻吕，就是从日本来长安留学后，成为唐明皇的客卿，备受朝廷信任、重用的日籍学者。李白有一次误听晁衡在返国途中船沉身死的消息后，曾写一首著名的《哭晁卿衡》诗：“日本晁卿辞帝者，征帆一片绕蓬壶。明月不归沉碧海，白云愁色满苍梧。”表达了两国学者之间深厚的友谊。

我作为被日本东京大学东洋文化研究所前所长、著名文化人类学家中根千枝教授邀请访日的学者，有责任为增进两国之间的文化交流，加强学者之间的友谊而努力。

怀着万千的思绪，经过两个多小时的飞行，就首先看见了耸立在天边的日本的象征——富士山。我联想到唐代大和尚鉴真为了东渡日本，曾六次启程，两次遇险，在12年内历尽各种困难，以致双目失明。终于在天宝十三年（753年），经过35天的海上颠簸，于12月20日到达日本鹿儿岛的枕崎市西南坊津。那时他已是67岁高龄。鉴真给日本带去了佛法、医学等，在日本产生了很大的影响。从鉴真东渡的艰辛，要840小时的航行到现代只要两个多小时的翱翔，我们的时代已有很大的进步。科技的发展缩短了地理上的距离，那么我们有理由要求人们之间的关系也应当更加密切。机上的广播，告诉我们飞机正在降落。满怀着激情，我终于来到了这个在战争中曾遭到很大破坏，现在却建设得相当繁荣的国家。我写这个《访日散记》，也就是想加深我们对东邻了解，增进友谊，并从他们经济的迅速发展中，寻找对我们有益的启示。

（二）物价

在日本生活，首先碰到的，就是日本的物价问题。

据美联社报道，美国国际商业公司1984年对全世界各大都市的调查表明，东京生活消费指数之高竟居世界第二位，仅次于尼日利亚的首都拉各斯，它已经是连续四年在全世界保持第二位的高消费指数的地位了。我们在东京咖啡馆喝一杯咖啡要花300日元或350日元（折合人民币4.50~5.25元），吃一碗放两片叉烧肉的汤面，要花550日元（折合人民币8元多），据当时了解的物价是：猪肉100克（2两）120~180日元（折合人民币6~

9元一斤)；米每1000克342日元（折合人民币2.56元一斤)；一大块生姜100日元（折合人民币1.50元)；大白菜半棵80日元（折合人民币1.2元)；牛肉最贵，每100克要398~428日元（折合人民币30~32.7元一斤)，不过生肉质量的确很好。日本的“松阪牛”十分著名，它的肉像猪的五花肉。一层瘦肉夹着一层肥肉，又鲜又嫩。据说这是给牛喂啤酒的缘故，才能长成这样好的肉。

日本是一个岛国，人多地狭，在37.2万多平方公里的土地上，居住着1.2亿多人（1984年10月统计)，平均每平方公里就有320人左右居住，而耕地面积却只占全国总面积的16%。在这样的情况下，要达到生活用品的自给是很困难的。我曾看到一个调查材料说在日本人的30种常用食品中，90%以上都不能自给。除了像紫菜、大米外，其余的大部分要从国外输入。从远道运来的食品车船辗转，几经换手，加上日本劳动力贵，国民生活水平高，习俗又崇尚消费，因此那些日常食用品的价格自然就贵了。连一些常到国外旅游的日本人，他们对国外的物价有些了解，也常叹气说：东京的食物太贵了。

贵的不仅是食物，买书也贵，一般的通俗画报，发行量大，几百日元可以买一本，但是专业书，由于买的人少，加上有一定学术价值，所以售价就相当高。我在东京大学的书店里，买一本精装的专业书，才300页，定价4500日元。大学里的人买可以打九折，也要4050日元，折合人民币60多元，最近日本民族学振兴会会长、著名的民族学家白鸟芳郎教授送我一本他的著作《华南文化史研究》，是一本有668页的精装书，定价12000日元，折合人民币180多元。有的同志见了说：想不到一个月工资还买不了一本书。看来，日本的书商也是按质论价的。通俗的、普及的便宜，有学术价值的、专业的就贵，而且贵得有点惊人。

当然，在日本也并不是一切都贵，与其他各国比较，汽车、彩电、冰箱、相机、收录机、胶卷、录音带等工业品，相对来说，就比较便宜。我刚到日本时，买了个微型录音机，才10000日元左右，一个全自动机相26780日元（约折合人民币400元），由于是外国人，可以免税，所以比日本本国人买还便宜一点。日本的工业品价廉，在国际市场有竞争能力，像小汽车的输出，连美国也感到恼火。这与他们的工业发展水平高，自动化较普及，科学技术发达有密切的关系。这是一个值得注意的重大问题。

（三）节奏、效率

初到日本，有几点感觉最明显。一是他们的生活节奏快。大部分人都是急匆匆的，看不见悠闲自在、踱方步走路的人。美国加利福尼亚大学的教授曾在美、英、日、意、印尼等国与我国台湾的一些大城市作过一次有趣的调查：在各地繁华大街上记录了100人的步行速度，发现东京人走30米路只用20.7秒时间；检查各地15家银行的挂钟，发现日本平均误差只有30秒；检验各地邮局工作人员，粘贴一枚邮票的平均速度，包括找零钱在内，日本只用25秒钟，在几个测试项目中都是名列第一。由此可见，说日本人生活节奏快就不单是印象，而是有科学根据的。我和东京大学的一位年轻女助教上街，她个子虽然矮小一点，但是她的步子很快，如果不是紧走几步，我就跟不上她了。

日本人的工作几乎是八小时一贯制，没有“中午休息”的说法。他们对午饭后要睡一会儿这件事，感到有些不可理解。一般来说，机关、公司、学校工作人员中午在餐厅里吃点简单的午餐，就很快回到办公室工作，所以白天的工作是不中断的，效率自然也就提高了。

在日本除了大学里教授的办公室是小房间以外，我所见到的大学、政府机关和公司的办公室，以及日本最大报纸——《朝阳新闻》的编辑部等，几乎一律是大房间办公。有的房间之大简直就像一个大厅。里面办公桌一张紧挨一张，只有一个角落放几张沙发、一个茶几，作为接待来访的客人联系工作之用。坐在办公桌前的每个人都埋头工作，做自己的分内之事，没有扎堆聊天，也不能聊天，因为这会妨碍别人。不能悠闲地喝茶看报，因为待办的工作必须尽快办完、办好，而且在大庭广众之下，人人忙碌的情况下，也不好意思这样做。在公司里，如果玩忽职守，拖拖沓沓，那就要考虑饭碗问题了。

再有一点是工作有计划，遵守时间。日本人几乎人人有一个手册，上面印好了一年的日期。所有计划中的工作、会议、约会等都一一预先填写在这个小本上。我们与教授约会、座谈，或预定去什么地方，往往双方都把自己的手册掏出来，先查一下是不是事先已有别的约会和工作，如果没有，就把双方同意的时间、地点填入小本。一是备忘，二是避免与别的约会冲突，更好地全面安排自己的时间。而且约会必须守时，先来后到都是不行的。在此前后，每一个人都安排着别的工作要干。我们常说的“时间就是金钱、效率就是生命”，在日本人那里，这是一种较好的体现。

这种快节奏、高效率、认真工作的态度，很值得我们学习。

（四）教育

日本科学技术的发展，有它的基础，那就是教育的普及和提高。一百多年前的日本儿童入学率只有0.28%，全国90%以上的人都是文盲，它的科学技术是落后的。

可是自明治维新后，由于注重教育的发展，所以教育的普及率和质量大幅度提高。据美国哈佛大学教授、社会学家埃兹拉·沃格尔写的《日本的金质奖章》一书中统计说，在20世纪70年代，文盲在美国占到总人口的20%，而在日本却只占1%，在1975年，日本上完中学的学生总数占97%，而在美国却只占79%。连领导世界科技潮流的美国都比不上，可见日本的教育事业的程度。

现在日本的教育制度是进行九年的义务教育，即小学六年和中学三年（相当于我国初中）。中学毕业后，再上高等学校三年（相当于我国高中），然后是大学或各种专修学校。1981 年日本全国有大学（四年制）451 所，短期大学（二年制）523 所，升学率在高中毕业生中占到 35% 以上。不过日本的大学也良莠不齐，有的私立大学入学容易，但学费很贵。一些有名的国立或私立大学，投考就十分困难，有的高等学校（高中）毕业的青年，往往还要上二三年补习学校后才能考入。

在东京我们曾两次到东京杉并区第四小学访问，与一年、二年级小学生座谈，了解虽然不多，但也多少反映出日本小学教育的一些情况。

第四小学在东京是一所普通小学，设备并不是特别好的。可它有自己的游泳池、室内体育馆和上课时每人有一架风琴的音乐教室等，也算是相当齐全的了。

一年级小学生的班主任福山奈绪美小姐，是大学毕业生，除小学教师工作外，还正在学习中文，喜爱文化人类学科。我们是在一次关于民族研究的讨论会上认识的。在参观之前，小学生们已经知道将要来中国客人，所以也多少做了一点准备。在表演的节目中，有的使用乐器，有的唱歌，最后还轮流上台合作表演了类似皮影戏的童话故事剧。我们问老师，这是不是平时的文娱活动，她回答说，演皮影戏属于“佐料”，而不是文娱活动。原来他们是通过这种有趣的活动来学习光与影的关系。

表演完毕后，小学生们便“叽叽喳喳”地向我们提问题：中国人的食物是什么？您对日本有什么感想？中国最值得骄傲的东西是什么？你小时候玩什么？中国为什么自行车很多？中国有没有高层建筑？中国有没有高利贷？中国的火灾多不多？中国有几种电车，车票贵不贵？这些提问，反映了小学生们的知识面，也反映了他们日常碰到和想到的问题。例如，正因为日本高利贷问题严重，孩子们耳濡目染，才会提出中国是否存在高利贷的问题。如果是中国的儿童，我想是绝对不会提出这样的问题来的。

与此同时，我们也一一询问他们，长大了想干什么？

东京都杉并区第四小学一年、二年级的学生们长大了想干什么？答案是多种多样的。男学生想做商人、工资收入者、公共汽车司机、棒球或相扑运动员等，也有相当一部分人回答说还没有想好。只有一个人说“想当日本国总理”。其志向可谓大矣。女学生们则想当航空小姐、钢琴教师、美容师、漫画家、兽医、保姆、科学家等。孩子们对自己未来的设想，还处在幼稚的阶段，随着年龄的增长，他们的志愿将发生各种变化。但是从他们最早的对未来的憧憬来说，可以看出他们对未来的职业还没有什么高低贵贱之分。想当运动员、司机、保姆、美容师的，也有想当商人、总理、教师的，全都出于自然，没有感到这里面有什么差别存在。

日本的大部分中小学都有自己统一的校服，随着季节的不同，也同时更换。据说这与培养学生的纪律，训练青少年们的集体精神，爱护学校的声誉，并避免在服饰上表现出家长间的贫富差别，不使学生产生自卑或骄傲感等有关。

由于时间及机会的关系，我们本来想去参观一下中学的，可是终究没有去成。从和一些中学生及小学生家长的接触中，了解到一些颇有启发的东西。

首先是中、小学校十分重视与家长的联系和工作，每个学校都有家长会的组织，选有负责人，并有时参加学校工作的讨论。每个学期期末、校庆及学生毕业典礼，都必定邀请家长参加，所以学校与家长的关系密切，校内与家庭内同时注重学生的成长。有时在地铁车站，可以看见一群穿童子军服的大人，起先以为是老师带学生郊游，后来才知道是家长会的家长们组织同班学生出去活动。可见家长会在学校中还起着辅导教师的作用。

其次是学校中兴趣小组很多，这些小组打破年级界限，以高年级同学带动低年级同学，加上任课老师的帮助，广泛培养孩子的兴趣，发挥他们的天赋，增加他们的活动和组织能力，对增进知识、独立思考，都有很大的好处。

还有就是中、小学里，每学期必做一次旅行活动。小学生到近处的名胜古迹，一天内来回。中学生则要到较远的地方去“合宿”几天。通过这种活动可以接触社会，接近大自然，在美丽的山水中陶冶性情，开阔眼界，增加感性认识。

日本人他们从小注意培养孩子们讲礼貌、讲卫生等方面的习惯，日本人在出门离家、回家进门、开始吃饭、吃完饭以后，都要讲一些礼貌用语，表面上看来似乎有一点繁文缛节，都是一些空话，但也要看到这种长期习惯的培养，对培养一个人讲礼貌，尊重对方等是有一定关系的。有一次我们在公园里，看见小学生们在活动以后，临走之前的最后一个节目，就是老师带领学生，每人拿一个塑料口袋，仔细地捡拾他们活动时丢下的糖纸、果核、汽水罐等，一定要把所有的废弃物拣净才走。这种自觉爱护公共场所的卫生，值得我们学习。

二、田野调查

(一)

我刚到东京不久，研究我国华南少数民族的专家白鸟芳郎教授就提议说，你是研究中国山区少数民族的，来到日本，也应该去看看山区农村的日本人。于是，在白鸟芳郎教授的主持下，和他的研究生一起，利用新年放假的机会，驱车到丹波山村去进行一次短期的调查。

丹波山村在东京都以西，山梨县的东北角。上午从东京的市中心乘汽车出发，一路上，淑德大学的常见纯一教授热情地为我们作讲解，将沿途在近几十年来从荒野建为城镇的经过，一一加以介绍。30多年前，白鸟芳郎教授曾带过几个学生去过这个山村调查，所以对那里过去的情况比较熟悉。常听教授说那个山区过去很穷，穷到小孩子们没有见过大米，老人病重时，想吃一顿大米饭都没有办法，只能借点大米放到竹筒中拿到病床边，听一听竹筒中摇动的大米声音，以借安慰。然而近几十年来那里发生了很大的变化，村民生活水平有了很大提高。盖了新房，通了公路，通了电，发展了山区旅游，"贫困"两字已抛进太平洋。他对山区这种新旧的巨大变化，欣喜之情，溢于言表。

当晚我们就住在丹波山村的一家"民宿"里。"民宿"是日本小城镇或农村居民家中自设的客栈，它比旅馆便宜，接待十分亲切。那家"民宿"主人得知我们是中国客人，显得特别高兴，晚餐时请我们品尝了新猎获的熊肉，并亲自前来敬酒。晚饭后，我们又在一起座谈，从他们那里具体了解日本山民的生活。"民宿"的主人，叫木下昇，59岁，有一个老母亲已经82岁。据说他们原来姓佐佐木，迁来已有四代，祖先以养蚕为生，曾一度搬到八王子市居住，因在那里经营破了产，又搬回来，并到木下家上门，所以才由佐佐木改姓木下。这和我国有些瑶族地区，男子到女家上门后，要改从女姓的习俗是一样的。木下先生的父亲过去靠给城里来的登山家带路和打鹿出售。这里河里的石灰岩上长一种紫菜，他们也采收紫菜和蘑菇出售。现在为了保护生态环境，原来的刀耕火种地已全部废弃，改为植树造林。

我们问他们现在的生活情况如何？木下先生说，这里原来是天皇御料林，后来因有一年遭特大台风，森林破坏很大，所以就把山区给了山梨县。在1952年左右，这里成为国家公园，现有约70%的山地属东京市所有，另有30%归民间所有，主要用于造林伐木。但因每年要交税，所以计算起来，得到的利益就不太多。东京都所有的山林为原始森林，不许砍伐，主要是为了保护水源，维持生态平衡。由于不再搞刀耕火种，所以这里后来一直以林业、猎业、钓鱼、民宿、小商业等为生，每年夏季，这里气候比较凉爽，城里有大批人到这里度夏，河滩上搭盖帐篷作短期居住，给这个山村的商业、旅游业增添不少收入，一个旅游季节的收入，往往可以维持一年的生活。

木下先生还是村猎友会会员，为了保护野兽的繁殖和生存，这里的狩猎有一套规定，很值得我们借鉴。

(二)

由于现代科学技术的发展，狩猎者手中的武器日益精良，所以对山区野兽的生存是一个巨大的威胁。如果不加以限制，一些稀有品种很快就有灭绝的危险。即使没绝灭，但如果生态失去平衡，对自然界也有很大危害。为此，日本政府在当地规定，只有每年十一月十五日到次年的二月十五日这三个月时间内，可以入山狩猎，其余时间一律封山，禁止猎人入内。

在狩猎季节里，并不是随便什么人都可以进山打猎的。凡是狩猎的猎人都必须向政府登记，由有关部门发给许可证。木下先生领到的是《乙种狩猎者登录证》，每年要交款二万一千日元。对犯有刑事犯罪前科的人，不许拥有猎枪，当然也领不到这种狩猎许可证。除了在规定时期内出猎外，法律还规定，在可以装五发枪弹的霰弹猎枪内，只能一次装入3发，不许多装，意思是不让猎人在同一时间打得较多的野兽。违犯这些规定的，都要取消狩猎资格，并追究责任。领有甲种狩猎者登录者，除了可以使用猎枪外，还允许使用网套和陷阱。但是据木下先生说，现在基本上不发这种甲种狩猎许可证了。

我们百色山区野兽较多，过去有野猪、猴子之类，危害较大。也拥有蛤蚧、果子狸、鹰嘴龟、山瑞等珍贵滋补的野生动物，能为山区居民创造较大的收益。但是如果不对猎捕活动严加管理，就有减少或灭绝的危险，有关林业部门应当鉴于国内外的教训，吸收人家的经验，尽快地作出一些行之有效的规定，为我们子孙后代造福。

在座谈中还提到了目前日本农村中比较普遍存在的一个问题，就是农村的青年男女大批地拥向城市，所以山区里只剩下老人、妇女和儿童，在一起座谈的几位老人都叹气说："再过几十年，丹波村不知怎样了？也许变得没有人住了。"第二天我遇见丹波山村村长守屋幸夫先生，从他送给我的资料中知道，这个村在1959年是464户，2390人；到1974年时，下降为413户，1009人。户数下降51户，人口减少了881人。到1980年又下降为405户、1290人。与1959年相比，21年来，减少了59户，1100人。这只是一个大概的估计数。

为了防止男青年离开山村，村议会设法在村内开办工厂，曾请板崎钢铁公司来厂里设了几个车间（分厂），但是能容纳的人数不多，并不能彻底地解决问题。山村的负责人说，他们今后还准备再盖几个车间，但是要从外面找资金来建厂并不容易，而且厂建成后，工人是否有保证也很难讲，因为大城市的繁华对那些青年人的吸引太大。

丹波山村有一个部落原来在山上，后来才搬到山脚河边来。白天，白鸟芳郎教授与我们一起，沿着狭窄的山路去看那个废弃的山村时，我看着那土路、山林和蓝天，似乎与我在广西山区调查时的情况没有什么不同，根本没有什么在异国他乡的感觉。也许这是我们同时在亚洲的东方、有着相似的纬度、相似的传统、尤其是有着密切的友谊，如同家人的生活所带来的感觉吧。

（三）

位于丹波山土的废旧小村，原是丹波山村所畑部落的住地，原有7户，五年前已下搬6户，现在只有一户住在那里。村内最大的房屋，已有2000多年的历史。

我们测量和调查了这座大房屋，因为它是日本过去民间居住的一个代表。屋为两层，过去楼上专作养蚕，楼下住人，十分宽敞。进门要脱鞋，里面有起居间、客厅、佛坛等。一般的房间都比较开阔，但年轻夫妇的卧室却十分窄小。起居间内设有方形火塘，上有铁制三脚架，可以烧水煮饭。这种习惯与我国南方山区一些少数民族的情况相类似。在调查中，白鸟芳郎教授还告诉我们一些日本人的生活习俗。如在火塘四边，左侧为主人座位，右侧为客人座位；晚上都睡在榻榻米（用席子包着的地板）上，但是不准以头向北，因为以头向北是死人的摆法等。

丹波山村内有神社一所，山民们宗教活动较多。每月 17 日要祭山神，凡是猎人和搞林业及建筑业的人都要带盐、米、酒去祭祀。山神以一棵粗大的树木之下的石头作为象征，与我国南方有些农村也相类似。为了狩猎安全，还有每月逢八（即八日、十八日、二十八日）不能出猎的习俗。至于它的起源，没有进一步去探索。

我们到丹波村的时间，正值新年。每逢此时，村里都要举行拉“松引”的活动。就是将砍来的松树、松枝和各家的门松一起，扎成大捆，高如楼房，然后以几十人的力量，由倾斜的山道的一端向上拉到另一端。半途中，还专门有人向拉松引的人及观众抛掷橘子，喜笑作乐。这仪式等于将整条村街清扫了一遍，也带走了各家的不祥，以祈求和平及来年村寨无病无灾。据说这种活动，已有 300 年的历史，这些年来，附近各地赶来观看的人很多，也算是冬天旅游淡季中的一个高潮吧。

丹波山村经过若干年的努力，除了建有相当漂亮二层的村公所以外，还有两所小学，有学生共 95 人。两所中学，有学生 67 人。有医务所一家，医务人员 6 人，以及邮局、消防队、派出所等。丹波中学的室内体育馆，建筑相当讲究，宽敞明亮、设备齐全，并设有舞台，同时可作集会之用。村里还为学校教师专门建筑了三层楼的洋式公寓，生活比较舒适。全村 405 户中，共有电话 353 台，大、小汽车共 416 辆。日本的山区农村建设与对森林、水土、野兽的保护等已做出了一些成绩。但是，也不可避免地存在一些问题，年轻人的外流，不仅影响了这里农业、林业的发展，也使当地老年人忧虑这里村寨的前途。我是第一次深入这个偏远山区农村的中国人，但愿今后能有机会再去看看那里的发展情况。

胡起望教授专著、文章目录

一、专著

1.《中国少数民族》（合作项目，主要执笔人之一），人民出版社，1981 年。

2.《瑶族简史》（合作项目），广西民族出版社，1983 年。

3.《盘村瑶族》（二人合作），民族出版社，1983 年。

4.《中国少数民族历史人物志》（第一辑，三人合作），民族出版社，1983 年。

5.《中国少数民族历史人物志》（第二辑，三人合作），民族出版社，1985 年。

6.《中国少数民族历史人物志》（第三辑，三人合作），民族出版社，1987 年。

7.《中国少数民族历史人物志》（第四辑，三人合作），民族出版社，1989 年。

8.《瑶族〈过山榜〉选编》（五人合作），湖南人民出版社，1984 年。

9.《瑶族研究文集》（二人合编），中南民族学院民族研究所，1985 年。

10.《桂海虞衡志辑佚校注》（二人合作），（宋）范成大原著，四川民族出版社，1986 年。

11.《民族词典》（集体编写，任分科主编），上海辞书出版社，1987 年。

12.《瑶族研究论文集》（与香港中文大学两位教授合编），

民族出版社（中、英文版），1988 年。

13.《苗族研究论丛》（二人合编），贵州民族出版社，1988 年。

14.《中国风俗辞典》（集体编写，任编委），上海辞书出版社，1990 年。

15.《中国民族史》（集体著作），中国社会科学出版社，1994 年。

16.《中国少数民族节日风情》（二人合作），台湾商务印书馆，1994 年。

17.《中国少数民族节日》（二人合作），商务印书馆，1996 年。

18.《文化人类学辞典》（上、下，任主编，集体项目），远方出版社，2001 年。

19.《中国少数民族史概要》（集体编写），山西教育出版社，2000 年。

20.《辞海》（民族分册），上海辞书出版社，1985 年。

二、文章

1.《台湾高山族》，载《地理知识》1978 年第 2 期。

2.《盘瑶语的"巧话"》，载《中国语文》1957 年第 7 期。

3.《马克思恩格斯对摩尔根〈古代社会〉的评价》（二人合作），载广西《学术论坛》1978 年第 1 期。

4.《广西少数民族在历史上对祖国经济文化发展的贡献》（二人合作），载《广西民族学院学报》1978 年第 3 期。

5.《桂平纪行》（二人合作），载《广西民族学院学报》1979 年第 4 期。

6.《桂西访古记》（二人合作），载《广西民族学院学报》1979 年第 2 期。

7.《〈明史·广西土司传〉校补》，载《民族研究》1979年第2期。

8.《乾嘉苗民起义参加人供单简述》，载《贵州民族研究》1980年第3期。

9.《瑶族〈过山榜〉析》（二人合作），载《中央民族学院学报》1981年第2期。

10.《邝露和他的〈赤雅〉》载《民族研究》1981年第2期。

11.《蔡元培和民族学》，载《民族学研究》（第一辑），民族出版社，1981年。

12.《从民族学资料看数量观念的发展》，载《民族研究》1982年第1期。

13.《中国少数民族文字使用概况》（日文），载日本《民博通信》1983年第22期。

14.《瑶医简述》，载《中央民族学院学报》1983年第1期。

15.《中国南方少数民族研究的动向》（日文），载日本学习院大学东洋文化研究所所报1983年第3期。

16.《中国少数民族研究》（日文），载日本《东南亚历史与文化》1984年第13期。

17.《大瑶山盘瑶的社会组织》，载日本东京大学《东洋文汇研究所纪要》1984年第94册。

18.《瑶族研究概述》，载《民族研究动态》1985年第3期。

19.《港台学术界的瑶族研究》，载《民族研究动态》1985年第4期。

20.《白鸟芳郎新著〈华南文化史研究〉》，载《民族研究情报资料》第4期。

21.《东京所见“苗图”概述》，载《民族研究论文集》1985年第5集。

22.《从日本的国会辩论看雾社起义》，载《民族研究》

1985 年第 6 期。

23. 《近代国外瑶族研究概述》，载《中央民族学院学报》1986 年第 1 期。

24. 《日本的阿伊努人》，载《民族学研究》（第八辑），民族出版社，1986 年。

25. 《瑶族的产育制度》（日文），载日本国立民族学博物馆《民博通信》1986 年第 32 期。

26. 《日本的民族学》，载《民族研究情报资料》第 5 期。

27. 《苗族研究概述》，载《黔东南社会科学》1987 年第 3、第 4 期。

28. 《试论瑶族游耕的发展》，载《云南社会科学》1988 年第 1 期。

29. 《中东南少数民族的社会历史特点》，载《中央民族学院学报》1988 年第 6 期。

30. 《中国瑶族的多样世界》（日文），载《日本观光文化研究所纪要》1988 年。

31. 《苗族对丰富祖国文化宝库的贡献》，载《黔东南社会科学》1988 年第 4 期

32. 《瑶族传统文化与现代文化的几个问题》，载《瑶族研究论文集》，广西民族出版社，1992 年。

33. 《花蓝瑶的亲属称谓》，载《花蓝瑶社会组织》1989 年。

34. 《东邻馆藏“苗图”实录》，载《黔东南社会科学》1989 年第 1 期。

35. 《加强瑶族社会、历史、文化的研究》，载《中央民族学院学报》1989 年第 2 期。

36. 《近年来中国大陆的民族学研究》，香港中文大学人类学系学术交流讲座。

37. 《民族学研究新的发展》，载《中央民族学院学报》

1990 年第 4 期。

38.《民族地区的返贫现象及其原因》，载《中央民族学院学报》1991 年第 4 期。

39.《多元一体的瑶族》载《中华民族研究新探索》，中国社会科学出版社，1991 年。

40.《瑶族·畲族·苗族的姓名》，载《中国人的姓名》，中国社会科学院出版，1992 年。

41.《瑶族游耕文化初探》（英文），载《华南瑶族近期国际研究论文集》，盘古社，1992 年。

42.《中国的瑶族研究概述》（英文），载《华南瑶族近期国际研究论文集》，盘古社，1992 年。

43.《论瑶传道教》，第四次瑶族研究国际研讨会论文，1993 年。

44.《跨境民族初探》，载《日本金沢大学文学部论集》，1993 年，第 12 号。

45.《十三世达赖北京行纪》（题记），载《学术论文集》，辽宁大学出版社，1993 年。

46.《〈新田瑶族志〉序》，湖南郴州地区美术印刷厂，1994 年。

47.《法兰西瑶族》，载日本《岐阜教育大学纪要》1995 年第 29 集。

48.《开拓民族研究的新领域》，载《日本圣德学园岐阜教育大学纪要》，1995 年，第 30 集。

49.《中国民族教育的现状》，日本岐阜教育大学，1996 年。

50.《槃瓠文化与密洛陀文化》，载《日本圣德学园岐阜教育大学中国语学科研究论文集》，1996 年。

51.《汉文字在华南各民族中的重大历史作用》（上、下篇），载《日本圣德学园岐阜教育大学纪要》，1996 年第 32 集、

1997 年第 34 集。

52.《近代小瑶山地区土地关系的历史研究》，载《日本圣德学园岐阜教育大学纪要》，1997 年第 34 集。

53.《中国最西南角上的瑶族》，载《日本圣德学园岐阜教育大学纪要》，1998 年，第 35 集。

54.《对中国语教学的几点理解》，载《日本岐阜圣德学园大学中国语学科研究论文集Ⅱ》，1999 年。

55.《壮族“土俗字”的现状和前景》，载《日本国立民族学博物馆文集》，2001 年。

56.《费老与金秀瑶山》，载《费孝通与大瑶山》，香港华通出版社，2005 年。